Reichs-Versicherungsordnung

mit Anmerkungen

Herausgegeben von
Mitgliedern des Reichsversicherungsamts

Band IV

Invalidenversicherung

(Viertes Buch der RVO.)

Zweite, neubearbeitete Auflage

Springer-Verlag Berlin Heidelberg GmbH 1930

ISBN 978-3-662-23119-7 ISBN 978-3-662-25090-7 (eBook)
DOI 10.1007/978-3-662-25090-7

Aus dem Vorwort zur ersten Auflage

Die Reichsversicherungsordnung hatte in der Rechtsprechung und der Rechtsübung noch nicht völlig gesicherte Grundlagen gefunden, als die Ereignisse des Krieges und die überaus schwierige Nachkriegszeit in die Entwicklung eingriffen. Insbesondere machte die schnell fortschreitende Geldentwertung auf allen Gebieten des öffentlichen Versicherungsrechts fortgesetzt mannigfache Änderungen nötig, die häufig nur für kurze Zeit wirksam wurden, um dann wieder weiteren Neuerungen Platz zu machen. Dabei erwies sich vielfach der Weg der ordentlichen Gesetzgebung als zu schwierig oder zu weitläufig, so daß die dringend gebotenen Neuregelungen im Wege der einfachen Verordnung, zu deren Erlaß die Reichsregierung oder der Reichsarbeitsminister ermächtigt worden war, erfolgen mußten. So trat ein wenig befriedigendes Ergebnis ein; auf einem Gebiete, das für weite Volkskreise persönlich, wirtschaftlich und politisch von großer Bedeutung war, entstanden Zweifel über den Umfang des geltenden Rechts, das verstreut in einzelnen Gesetzen und Verordnungen nicht mehr klar und deutlich offen lag. Aus diesem Grunde war der Reichsarbeitsminister bereits durch Artikel LXIII des Gesetzes über Änderungen der Reichsversicherungsordnung vom 19. VI. 1923 (RGBl. I S. 686) ermächtigt worden, die Reichsversicherungsordnung in der jetzt geltenden Fassung neu herauszugeben. Nach umfangreichen Vorarbeiten ist die Reichsversicherungsordnung in der jetzt geltenden Fassung unter dem 15. XII. 1924 (RGBl. I S. 779) bekanntgegeben worden. Die völlige Zusammenfassung des Versicherungsrechts war damit aber noch nicht erreicht, so wertvoll die neue Herausgabe der Reichsversicherungsordnung auch war. Die gesetzlichen Vorschriften wurden teilweise durch Verordnungen ergänzt, auf welche die Reichsversicherungsordnung ausdrücklich verweist, ferner blieben wichtige Gebiete, so die Zulagen der Unfallversicherung, selbständig durch besondere Gesetze und Verordnungen geregelt. Ganz einfach ist danach das Gesamtgebiet auch jetzt noch nicht zu übersehen, abgesehen davon, daß die Vorschriften vielfach erst durch die Rechtsübung Leben und Inhalt gewinnen. Die Verlagsbuchhandlung Julius Springer ist deshalb an Mitglieder des Reichsversicherungsamts mit der Anregung herangetreten, die Entscheidungen, die von Versicherungsbehörden oder Gerichten zu den einzelnen Vorschriften der Reichsversicherungsordnung und der sie ergänzenden Gesetze ergangen waren, in gedrängter Form zusammenzustellen, um auf diese Weise den allgemeinen Überblick über die gesamte Rechtslage zu erleichtern. Dieser Anregung ist in der Hoffnung entsprochen worden, damit den Zielen des öffentlichen Versicherungsrechts einen Dienst zu erweisen. Die Zusammenstellung verfolgt vorzugsweise praktische Zwecke, um die Beteiligten, die Versicherten und ihre Vertretungen, die Versicherungsträger, die Ärzte, die Gerichte und allgemein die Behörden über den gegenwärtigen Stand der Rechtsprechung und der Rechtsübung auf dem Gebiete der Sozialversicherung zu unterrichten und ihnen dadurch die Rechtsverfolgung oder die Erfüllung ihrer Aufgabe zu erleichtern. Die Rücksicht auf diese praktischen Zwecke gebot es auf der anderen Seite, von jeder Kritik oder sonstigen Stellungnahme zu einzelnen wissenschaftlichen Streitfragen abzusehen.

Vorwort zur zweiten Auflage

Seit dem Erscheinen der ersten Auflage des vierten Bandes der „Reichsversicherungsordnung mit Anmerkungen" haben auf dem Gebiete der Invalidenversicherung eine Reihe neuer Gesetze wesentliche Änderungen gebracht. Durch das Gesetz zur Änderung der Reichsversicherungsordnung und des Angestelltenversicherungsgesetzes vom 25. Juni 1926 (RGBl. I S. 311), durch die beiden Gesetze über Leistungen in der Invaliden- und Angestelltenversicherung vom 8. April 1927 (RGBl. I S. 98) und vom 29. März 1928 (RGBl. I S. 116) und endlich durch das Gesetz über Leistungen in der Invalidenversicherung vom 12. Juni 1929 (RGBl. I S. 135) insbesondere sind die Vorschriften über Kinderzulagen und Waisenrenten neugefaßt und ist das Ruhen der Renten aus der Invalidenversicherung beim Zusammentreffen mit Renten aus der Unfallversicherung wieder eingeführt worden. Weiter wurden die Steigerungsbeträge für die Beitragsmarken der bis zum 30. September 1921 gültigen Lohnklassen sowie die Beiträge zur Invalidenversicherung erhöht. Endlich ist der Anspruch auf Hinterbliebenenfürsorge erweitert worden. Eine umfangreiche Rechtsprechung hat sich an diese Änderungen angeknüpft, aber auch sonst sind zahlreiche neue Entscheidungen auf dem Gebiete der Invalidenversicherung ergangen. In der zweiten Auflage sind daher die neuen Vorschriften in den Gesetzestext eingearbeitet und die Anmerkungen entsprechend der Weiterentwicklung der Rechtsprechung und Verwaltungsübung umgearbeitet und ergänzt worden. Die neuen Gesetze, Erlasse, Verordnungen und oberstrichterlichen Entscheidungen sind bis zum 1. März 1930 berücksichtigt.

Die zweite Auflage ist von dem Direktor im Reichsversicherungsamt, Universitätsprofessor Dr. Dersch und dem Senatspräsidenten Dr. Lippmann bearbeitet.

Berlin, den 16. März 1930.

Die Herausgeber.

Inhaltsverzeichnis

Viertes Buch: Invalidenversicherung

Anhang

Abkürzungen

AN. = Amtliche Nachrichten des Reichsversicherungsamts, von 1928 ab Amtliche Nachrichten für Reichsversicherung.
Arb. Vers. = Die Arbeiter-Versorgung. Zeitschrift für die gesamte Sozialversicherung im Deutschen Reiche.
AV. = Angestelltenversicherung.
AVAV. = Arbeitslosenversicherung.
AVG. = Angestelltenversicherungsgesetz.
AVAVG. = Gesetz über Arbeitsvermittlung und Arbeitslosenversicherung in der Fassung der Bekanntmachung vom 12. Oktober 1929 (RGBl. I S. 162).
Bay. LVAmt = Mitteilungen des Bayerischen Landesversicherungsamts.
Begr. = Begründung.
Bek. = Bekanntmachung.
BG. = Berufsgenossenschaft und die gleichnamige Zeitschrift.
BRG. = Betriebsrätegesetz.
Breith. = Breithaupt, Sammlung der Entscheidungen des Reichsversicherungsamts, der Landesversicherungsämter, der Oberversicherungsämter und anderer Entscheidungen aus dem Gebiete der Arbeiterversicherung (nach dem Bande angeführt).
DB. = Dienstbeschädigung.
EuM. = Entscheidungen und Mitteilungen des Reichsversicherungsamts.
FMBl. = Finanz-Ministerialblatt.
G. = Gesetz.
GVBl. = (Bayer.) Gesetz- und Verordnungsblatt.
Gruch. = Beiträge zur Erläuterung des Deutschen Rechts. Begründet von Gruchot.
GrS. = Großer Senat.
HbdUV. = Handbuch der Unfallversicherung.
HMBl. = Ministerialblatt der (Preuß.) Handels- und Gewerbeverwaltung.
JMBl. = Justiz-Ministerial-Blatt.
JV. = Invalidenversicherung.
JuAV. = Invaliden- und Altersversicherung.
JuHV. = Invaliden- und Hinterbliebenenversicherung.
KG. = Kammergericht.
Komm. Ber. = Kommissionsbericht.
Komp. = Der Kompaß, Organ der Knappschafts-Berufsgenossenschaft.
Komp. E. = Entscheidungen des Reichsversicherungsamts und der Landesversicherungsämter in Unfallversicherungsstreitigkeiten. Anlage zu „Der Kompaß".
KrK. = Krankenkasse.
KV. = Krankenversicherung.
KnV. = Knappschaftsversicherung.
LG. = Landgericht.
LVAmt = Landesversicherungsamt.
LVAnst. = Landesversicherungsanstalt.
MfV. = Minister für Volkswohlfahrt.
Monatsschr. = Monatsschrift für Arbeiter- und Angestellten-Versicherung.
MVG. = Mannschaftsversorgungsgesetz vom 31. Mai 1916.
OLG. = Oberlandesgericht.

OPG. = Offizierpensionsgesetz vom 31. Mai 1906.
OVA. = Oberversicherungsamt.
OVAO. = Verordnung über Geschäftsgang und Verfahren der Oberversicherungsämter vom 24. Dezember 1911.
OVG. = Oberverwaltungsgericht.
RAM. = Reichsarbeitsminister, Reichsarbeitsministerium.
Reger = Reger, Sammlung der Entscheidungen usw.
RG. = Reichsgericht.
RGSt. = Entscheidungen des Reichsgerichts in Strafsachen.
RGZ. = Entscheidungen des Reichsgerichts in Zivilsachen.
RKG. = Reichsknappschaftsgesetz in der Fassung der Bekanntmachung vom 1. Juli 1926 (RGBl. I S. 369).
RPA. = Reichs-Postamt.
RPM. = Reichspostministerium.
RVA. = Reichsversicherungsamt.
RVAO. = Verordnung über Geschäftsgang und Verfahren des Reichsversicherungsamts vom 24. Dezember 1911.
RVAnst. f. A. = Reichsversicherungsanstalt für Angestellte.
Rverf. = Reichsverfassung.
RVG. = Reichsversorgungsgesetz.
RVGer. = Reichsversorgungsgericht.
RVM. = Reichsverkehrsministerium.
RVO. = Reichsversicherungsordnung.
Sächs. LVAmt = Grundsätzliche Entscheidungen des Sächsischen Landesversicherungsamts.
Soergel = Soergel, Jahrbuch des Reichsversicherungs- und Reichsversorgungsrechts.
UV. = Unfallversicherung.
UVV. = Unfallverhütungsvorschriften.
V. = Verordnung.
VA. = Versicherungsamt.
VAO. = Verordnung über den Geschäftsgang und Verfahren der Versicherungsämter vom 24. Dezember 1911.
VerfGes. = Gesetz über das Verfahren in Versorgungssachen.
VMBl. = Volkswohlfahrt (Amtsblatt des Preuß. Ministeriums für Volkswohlfahrt).
ZBl. = Zentralblatt für das Deutsche Reich (Reichsministerialblatt).

Erster Abschnitt.

Umfang der Versicherung

I. Versicherungspflicht

§ 1226 [1 2 3]. Für den Fall der Invalidität und des Alters sowie zugunsten der Hinterbliebenen werden versichert [4 5 6 7 8]

1. Arbeiter [9], Gesellen [10], Hausgehilfen [11],
2. Hausgewerbtreibende [12],
3. die Schiffsbesatzung [13] deutscher Seefahrzeuge und die Besatzung von Fahrzeugen der Binnenschiffahrt, mit Ausnahme der Schiffsführer, Offiziere des Deck- und Maschinendienstes, Verwalter und Verwaltungsassistenten sowie der in einer ähnlich gehobenen oder höheren Stellung befindlichen Angestellten, soweit sie nach dem Angestelltenversicherungsgesetze versicherungspflichtig oder versicherungsfrei sind,
4. Gehilfen [14] und Lehrlinge [15], soweit sie nicht nach dem Angestelltenversicherungsgesetze versicherungspflichtig oder versicherungsfrei sind.

Voraussetzung der Versicherung ist für die im Abs. 1 unter Nr. 1, 3 und 4 bezeichneten Personen, daß sie gegen Entgelt [16] (§ 160) beschäftigt [8] werden.

Ges. v. 30. IV. 22 (RGBl. I S. 465, 480), V. v. 16. XI. 22 (RGBl. I S. 883), Ges. v. 10. XI. 22 (RGBl. I S. 849), Ges. v. 13. VII. 23 (RGBl. I S. 636).

1. Für die Knappschaftsversicherung gilt § 1226 ebenfalls gemäß § 67 RKG. Er gilt aber nicht für andere Sonderanstalten (§ 1372). Über das Verhältnis zur AV. siehe Anm. 7b und c.

2. Eine Zusammenstellung von Einzelheiten aus der Rechtsprechung enthält die „Anleitung des RVA. über den Kreis der nach der RVO. gegen Invalidität und gegen Krankheit versicherten Personen" vom 26. IV. 12, abgedr. AN. **12** 721.

3. Eine gesetzgeberische Ergänzung für die Anwendung des § 1226 ergibt sich aus § 1 Abs. 4 AVG. und dem auf Grund dessen vom RAM. erlassenen Berufskatalog, offiziell bezeichnet als „Bestimmung von Berufsgruppen der Angestelltenversicherung" vom 8. III. 24 (RGBl. I S. 274, 410) nebst Ergänzungsverordnungen vom 4. II. 27 und 15. VII. 27 (RGBl. I S. 58, 222), s. u. Anhang II. Diese Bestimmung von Berufsgruppen ist bindend; sie ist aber nicht erschöpfend. Daher ist nicht ausgeschlossen, daß ein Beschäftigter, der nicht unter die Bestimmungen fällt, trotzdem nach den allgemeinen Grundsätzen des § 1 AVG. in die AV. gehört und damit für die IV. ausscheidet; AN. **24** 226.

Eine weitere Ergänzung des § 1226 ergibt sich aus § 193 AVG., wonach bei Streit der Versicherungsträger über die Zugehörigkeit eines Beschäftigten zur AV. oder IV. eine gemeinsame schriftliche Erklärung des Arbeitgebers und Arbeitnehmers bindend ist.

Doppelversicherung ist nur möglich, wenn jemand gleichzeitig in zwei Beschäftigungsverhältnissen zu verschiedenen Arbeitgebern steht, von denen das eine nach dem AVG., das andere nach der RVO. versicherungspflichtig ist; AN. **25** 304.

4. Werden versichert. Der § 1226 gibt die Grundsätze für das Versicherungsverhältnis bei der Versicherungspflicht.

a) Die Vorschrift des § 1226 enthält nur die Voraussetzungen für den Eintritt der Versicherungspflicht, bedeutet jedoch noch nicht, daß mit ihrem Vorliegen ohne weiteres die betreffende Person auch schon als „versichert" gilt. Die Worte „werden versichert" haben vielmehr den Sinn, daß beim Vorliegen der angegebenen Voraussetzungen die Verpflichtung zur Beitragsleistung eintritt; AN. (J. und AV.) **95** 135. Erst durch die erfolgte Beitragsleistung entsteht dann die Eigenschaft als Versicherter; KommB. **4** 190, 191.

b) Versicherter ist nur derjenige, dessen Anwartschaft aus der Beitragsleistung noch nicht erloschen ist; AN. **03** 371. Sie geht aber noch nicht ohne weiteres verloren mit der Befreiung von der Versicherungspflicht, sondern die Eigenschaft als Versicherter bleibt auch in diesem Falle so lange bestehen, als die Anwartschaft noch nicht nach den allgemeinen Regeln erloschen ist; AN. (J. und AV.) **94** 151. Über das Verhältnis des Begriffes „Versicherter" zu dem Begriff „Versicherungspflicht" siehe Anm. a.

Die Anwendung der Übergangsbestimmungen in Art. 64 RVO. setzt zwar ebenfalls einen „Versicherten" voraus. Im Sinne dieser Vorschrift ist aber „Versicherter" derjenige, der nach dem Inkrafttreten der Versicherungspflicht für seinen Berufszweig versicherungspflichtige Arbeiten geleistet hat, auch wenn keine Beiträge entrichtet sind; AN. (J. und AV.) **91** 156, **92** 28, 125, **95** 213, 221, AN. **97** 518, **99** 160. Die Beschäftigung muß aber tatsächlich ausgeübt sein, so daß für die Anwendung der Vorschrift die bloße Ausstellung einer Quittungskarte nicht ausreicht; AN. (J. und AV.) **91** 149, ferner auch nicht das bloße Vorliegen von Krankheitszeiten; AN. (J. und AV.) **92** 119, 140, oder die Aufnahme in eine Kasseneinrichtung; AN. (J. und AV.) **93** 157.

Die Anwendung des § 1 der Bekanntmachung über die Anrechnung von Militärdienstzeiten usw. vom 23. XII. 15 (RGBl. S. 845) — betroffen sind die Militärdienstzeiten des Weltkrieges — setzt dagegen einen „Versicherten" im Sinne der allgemeinen Begriffsbestimmung voraus, verlangt also vorherige Beitragsleistung, und zwar die Verwendung mindestens einer Beitragsmarke für die Zeit vor dem Militärdienst, sowie ferner, daß die Anwartschaft hieraus noch nicht endgültig erloschen war und auch ihr Wiederaufleben nicht ausgeschlossen war; AN. **18** 190, 423.

c) Das Versicherungsverhältnis ist öffentlich-rechtlicher Art. An den Tatbestand einer versicherungspflichtigen Beschäftigung werden öffentlich-rechtliche Folgen geknüpft. Mit einem Versicherungsvertrag hat das nichts zu tun. Ungeachtet der äußeren Ähnlichkeit mit einem zweiseitigen Rechtsverhältnis stehen sich hier Rechte und Pflichten nicht als die beiden wesentlichen, sich gegenseitig bedingenden Glieder eines privatrechtlichen Vertrages gegenüber; diese Rechte und Pflichten haben vielmehr, ohne voneinander in ihrem Wesen abhängig zu sein, lediglich das öffentliche Recht als Grundlage; AN. (J. und AV.) **95** 135.

Die gesetzlichen Voraussetzungen der Versicherungspflicht und ihre Wirkungen sind von der Willenseinigung des Arbeitgebers und Arbeitnehmers grundsätzlich unbeeinflußt. Z. B. wenn Arbeitgeber und Arbeitnehmer sich entgegen dem gesetzlichen Tatbestand über das Bestehen der Versicherungspflicht geeinigt haben und nur der Streit über die Höhe der Beiträge oder über die Zulässigkeit nachträglicher Beitragsentrichtung entsteht, ist diese Einigung für die entscheidenden Stellen unverbindlich; Soergel **2** 343 (RVA.), ArbVers. **13** 587, 308 (Pr. OVG.). Aus diesem Grunde kann, wenn tatsächlich kein abhängiges Arbeitsverhältnis vorliegt, nicht schon durch bloße Hingabe von Geld ein solches künstlich durch den Willen der Parteien geschaffen werden; Monatsschr. 15 84 (Bay. LVA.). Ein Scheingeschäft vermag ebensowenig ein Beschäftigungsverhältnis als Grundlage für die Versicherungspflicht zu schaffen; AN. 99 624. Liegt aber tatsächlich ein Beschäftigungsverhältnis vor, das nicht nur zum Schein eingegangen ist, so wird es nicht etwa dadurch seiner Eigenschaft als Grundlage für das Versicherungspflichtverhältnis entkleidet, daß es von den Parteien in der Absicht eingegangen ist, ein Zwangsversicherungsverhältnis zu begründen; AN. 99 624.

Einflußnahme der Parteien auf das Versicherungsverhältnis aber bei der Frage der Zugehörigkeit zur AV. oder JV. nach § 193 AVG. Bei Schutzpolizei und Soldaten ist bzw. war Antrag nach § 1226a zum Eintritt der Versicherungspflicht nötig.

Der Beweggrund, aus dem die Beschäftigung eingegangen ist, ändert an dem Eintritt der Versicherungspflicht, da es sich um öffentlich-rechtlichen Versicherungszwang handelt, grundsätzlich nichts. Die Versicherungspflicht tritt daher auch ein, wenn die Beschäftigung aus religiösen Gründen aufgenommen ist; AN. 05 436, 07 477. Darüber, daß in solchen Fällen unter Umständen der Begriff der Entgeltlichkeit entfällt, siehe unten Anm. 16.

Wenn aber das Beschäftigungsverhältnis gegen die guten Sitten oder gegen die Strafgesetze verstößt, so tritt keine Versicherungspflicht ein; Anl. des RVA. Ziff. 9 a. E. Doch tritt Versicherungspflicht ein, wenn innerhalb eines an sich erlaubten Gewerbes verbotswidrig bestimmte Arten von Arbeitnehmern beschäftigt werden, z. B. Frauen, Jugendliche, Kinder (Anl. des RVA. a. a. O.). Sie tritt ferner auch ein z. B. bei der Reinmachefrau eines Bordells, da deren Tätigkeit nicht gegen die guten Sitten verstößt; ArbVers. 17 398 (OVA. Dresden), nicht aber bei einer Wirtschafterin in einem Bordellbetrieb; EuM. 22 148. Ferner besteht die Versicherungspflicht für die Beschäftigten eines Vereins, der gesetzwidrig für seine Mitglieder Briefe zu billigeren Preisen als die Reichspost befördert; Monatsschr. 15 331 (Sächs. OVG.).

Wegen der öffentlich-rechtlichen Natur der Versicherungspflicht kann, wenn die gesetzlichen Voraussetzungen der Versicherungspflicht nicht gegeben sind, auch durch bloße Beitragsleistung grundsätzlich kein Versicherungsverhältnis begründet werden; denn eine gewissermaßen vertragliche Begründung der Versicherung auf diese Weise durch Leistung und Annahme von Beiträgen ist dem Gesetz grundsätzlich nach dem oben geschilderten Wesen des Versicherungsverhältnisses fremd; AN. 12 676, 96 152. Ausnahmen aber nach § 1445 Abs. 2 und 3. Näheres siehe § 1445 Anm. 5 ff.

5. Werden versichert; zeitlicher Geltungsbereich der Versicherungspflicht.

Gesetzliche Änderungen der Versicherungspflicht wirken nicht auf die Zeit vor ihrem Inkrafttreten zurück; AN. 00 698, 01 190, 02 288.

6. Werden versichert; räumlicher Geltungsbereich der Versicherungspflicht.

Der Versicherungszwang ergreift grundsätzlich alle im Inland verrichteten Tätigkeiten, auch wenn sie mit einem ausländischen Betrieb zusammenhängen. Durch die Vorschriften des Friedensvertrages von Versailles wird die Versicherungspflicht der Besatzungen ausländischer Rheinschiffe, die geschlossenes deutsches Hoheitsgebiet befahren, nicht berührt; AN. 27 586.

Ausländer sind also auch dann versicherungspflichtig, wenn sie demnächst in das Ausland zurückzukehren beabsichtigen und nach menschlicher Voraussicht die Wartezeit nicht erfüllen werden; AN. 11 398. Ausnahme bei polnischen Arbeitern nach dem Beschl. des ehemaligen Bundesrats vom 21. II. 01; AN. 02 380. Näheres hierzu siehe § 1233 Anm. 2. Eine Ausnahme davon, daß der Versicherungszwang alle Tätigkeiten im Inland ergreift, besteht ferner für die Besatzung fremder Kriegs-

1*

schiffe; denn solche Kriegsschiffe gelten völkerrechtlich als Teile des Inlandes, so daß ihre Besatzung auch beim Aufenthalt in inländischen Gewässern nicht unter die deutschen Versicherungsgesetze fällt; AN. (J. und AV.) **97** 380.

Anderseits findet aber der Versicherungszwang an den Grenzen der inländischen Staatsgewalt schlechthin seine Schranke. Tätigkeiten im Ausland unterliegen deshalb grundsätzlich nicht der Versicherungspflicht, auch wenn sie von Inländern im Auftrag eines inländischen Betriebes ausgeübt werden, selbst wenn sie in Grenzgebieten im Sinne des § 1314a RVO. stattfinden; AN. (J. und AV.) **92** 48, AN. **97** 333. Dagegen wird eine Tätigkeit im Ausland dann als versicherungspflichtig behandelt, wenn sie sich nach Lage des Falles als Teil, Zubehör, Fortsetzung oder Ausstrahlung eines inländischen Betriebes darstellt. Die beschäftigten Personen werden in diesem Fall gewissermaßen als im Inland beschäftigt betrachtet. S. Anm. zu § 1330. Dabei wird nicht etwa verlangt, daß die betreffenden Arbeitnehmer schon vorher im Inland beschäftigt waren; AN. **04** 506. An sich werden diese Grundsätze auch auf Ausländer angewendet, die unter solchen Umständen für einen inländischen Betrieb im Ausland tätig sind. Aber in der Entsch. AN. **09** 546 ist hervorgehoben, daß in solchen Fällen tatsächlich dieser Standpunkt sich nicht immer durchführen läßt. Für die Binnenschiffahrt siehe auch Bek. v. 27. XII. 99 (RGBl. S. 725) Nr. 7, abgedr. Anh. III. Für die Seeschiffahrt ist dagegen ausschließlich die Staatszugehörigkeit des Fahrzeuges maßgebend (§ 1226 Nr. 3 in Verbindung mit § 165); die deutschen Seeschiffe werden gesetzlich dabei als deutscher Boden behandelt; AN. **98** 265.

Durch die V. des RAM. zur Regelung der sozialen Versicherung der bei Reparationsarbeiten im Ausland beschäftigten Arbeitnehmer v. 10. VII. 29 (RGBl. I S. 136; AN. **29** 295) sind die von deutschen Arbeitgebern bei Reparationsarbeiten im Ausland beschäftigten deutschen Arbeitnehmer den Vorschriften der deutschen sozialen Versicherung unterstellt worden; sie gelten insoweit als in Deutschland beschäftigt.

7. Werden versichert; persönlicher Geltungsbereich und Abgrenzung von der AV.

a) Nach Begr. z. J. und AVG. S. 40, 72 sollte die Versicherungspflicht ursprünglich nur die gegen Lohn arbeitenden Personen des Arbeiterstandes sowie die den Arbeitern in ihrer Lebenshaltung etwa gleichstehenden Betriebsbeamten, ferner die Handlungsgehilfen und Handlungslehrlinge umfassen. Die Betriebsunternehmer wurden auf die freiwillige Versicherung verwiesen (Begr. z. J. und AVG. S. 43). Durch die spätere Gesetzgebung wurden die Werkmeister und Techniker als den Betriebsbeamten gleichstehend hinzugefügt. Begr. z. JVG. S. 239. Die sonstigen Angestellten sowie die Lehrer und Erzieher wurden mit Rücksicht auf die vielfach ungünstige und unsichere wirtschaftliche Lage dieser Kreise ebenfalls einbezogen; Begr. z. JVG. S. 239. Die RVO. erweiterte den Kreis noch durch Hinzufügung der Gehilfen und Lehrlinge in Apotheken, der Bühnen- und Orchestermitglieder; Begr. RVO. S. 387.

b) Schließlich wurde dann durch das G. v. 30. IV. 22 (RGBl. I S. 465) allgemein die Versicherungspflicht der Hausgewerbtreibenden in der Invalidenversicherung eingeführt, und ferner wurden zur Beseitigung der doppelten Pflichtversicherung im Verhältnis der JV. zur AV. diejenigen Personengruppen, die bis dahin in beiden Versicherungszweigen als versicherungspflichtig aufgeführt waren, aus § 1226 herausgenommen und ausschließlich in das AVG. verwiesen. Diese sind daher im § 1226 von da ab teils überhaupt weggefallen, teils nur unter dem ausdrücklichen Vorbehalt aufgeführt, daß die Invalidenversicherungspflicht lediglich insoweit Platz greift, als die betreffenden Personen nicht schon in die AV. fallen (§ 1226 Nr. 4).

c) Als Folge der Beseitigung der Doppelversicherung ergab sich gleichzeitig die Notwendigkeit zur Regelung der sogenannten „Wanderversicherung". Unter Wanderversicherten versteht das Gesetz diejenigen Personen, die in der JV. und AV. Beiträge geleistet haben (§ 1254a).

8. a) Für das Vorliegen eines Beschäftigungsverhältnisses ist erforderlich, daß tatsächliche Arbeit geleistet wird, so daß die Zeiten, in denen ohne Fortdauer der Arbeitsbereitschaft die tatsächliche Arbeit aufhört, nicht von der Versicherungspflicht erfaßt werden. Versicherungspflichtig ist daher ein im Jahreslohn stehender Hirte, der nur in den Sommermonaten beschäftigt wird, nur während dieser Zeit; AN. **01** 633, ferner die zur Hofarbeit verpflichtete Ehefrau eines Gutsarbeiters nur für die Zeit, in der sie tatsächlich zur Arbeit kommt; AN. (J. und AV.) **92** 23. Besteht jedoch ständige Dienstbereitschaft, die auch für die Pausen eine persönliche Abhängigkeit in der Entschließung des Arbeitgebers zur Folge hat, so wird diese Zeit versicherungsrechtlich der Arbeit gleichgestellt und wird daher vom Versicherungszwang mit umfaßt; (AN. **24** 84). Die Versicherungspflicht besteht daher auch für Urlaubszeiten, wenn der Lohn weitergewährt wird und Dienstbereitschaft vorliegt; AN. **14** 655, EuM. **3** 146, Monatsschr. **15** 136 (Bay. LVA.), a. a. O. 595 (Sächs. LVA.), ferner für Sonn- und Feiertage bei Verpflichtung zur Arbeit an diesen Tagen, selbst wenn nur ausnahmsweise wirklich an diesen Tagen gearbeitet wird; AN. **17** 393, **18** 178, **19** 163. OVG. **37** 886. Demgemäß ist auch ein Wäger, der täglich einige Stunden in der Börse anwesend sein muß, auch während der übrigen Zeit versicherungspflichtig; AN. **99** 651.

Das Beschäftigungsverhältnis besteht dabei zwischen dem Arbeitgeber und dem tatsächlich Beschäftigten. Läßt sich letzterer durch einen Ersatzmann vertreten, so ist daher der Ersatzmann während dieser Zeit der Beschäftigte im Sinne der JV. und für ihn der Beitrag zu entrichten; AN. **99** 625.

Das Beschäftigungsverhältnis erlischt auch nach der Beendigung der tatsächlichen Beschäftigung des Arbeitnehmers nicht, solange das der Beschäftigung zugrunde liegende Dienst- oder Arbeitsvertragsverhältnis und der sich daraus ergebende Anspruch des dienstbereiten Arbeitnehmers auf die Gewährung des vertragsmäßigen Entgelts weiter bestehen; AN. **27** 581 (Gr.Sen) u. AN. **29** 66 (zu vgl. auch EuM **22** 238). Dagegen wird durch Streik und Aussperrung das Beschäftigungsverhältnis regelmäßig unterbrochen, da während solcher Zeit keine Verfügungsgewalt des Arbeitgebers über die Arbeitskraft des Arbeitnehmers besteht; AN. **23** 273, ArbVers. **33** 54 (RVA.).

b) Das Beschäftigungsverhältnis erfordert ferner, daß die Stellung in persönlicher und wirtschaftlicher Hinsicht abhängig ist.

Wer sich einem fremden Betrieb derart einordnet, daß er Tätigkeiten verrichtet, die nach der herkömmlichen Auffassung zu den notwendigen Geschäften eines Betriebs gehören, ist damit im allgemeinen unselbständiger Arbeiter; z. B. Fuhrwerker, die mit eigenem Gespann sich vollständig in einen fremden Bergwerksbetrieb eingliedern; AN. (J. und AV.) **94** 82, Leichenfrauen, die in einem Beerdigungsinstitut angestellt sind; AN. (J. und AV.) **93** 128, AN. **98** 270, während solche Personen sonst selbständig sind, ferner Winzer, Baumwarte, die einen größeren Teil eines fremden landwirtschaftlichen Betriebes versehen; AN. (J. und AV.) **92** 36, **93** 3, 116, Gutsschmied, der sich in ein Gut als Gehilfe eingliedert; AN. **10** 582, die Eckernförder Waadenzieher (als Gehilfen der Fischer); EuM. **20** 147, ferner auch sogenannte Agentinnen bei einer Kleinbahn, die für ihre Tätigkeit (Fahrkartenverkauf, Mitteilung über die Ankunft von Gütern und Begehen der Bahnstrecke) ein nicht geringfügiges Entgelt erhalten; EuM **23** 210, — über die Versicherungspflicht der als sogenannte Partenfischer gegen Anteil am Fange tätigen Fischer vgl. EuM. **21** 268. — Selbständig dagegen sind Viehkastrierer; AN. (J. und AV.)

93 118, Viehwäscher; AN. (J. und AV.) **93** 272, kleine Handwerker auf dem Lande; AN. (J. und AV.) **92** 12, **93** 81, da sie einzelne abgegrenzte Leistungen besonderer Art ausführen, die nicht eigentlich zur Wirtschaft des Kunden gehören, sondern als Gegenstand eines selbständigen Gewerbebetriebes angesehen werden, ferner Inhaberinnen von Wäscheannahmestellen einer Wäscheanstalt und Wäschefabrik, denen über die Art und Zeit ihrer Geschäftsführung keinerlei Anweisungen gemacht sind, die nebenher noch andere Geschäfte betreiben dürfen, nach eigenem Ermessen Personal einstellen können und lediglich für die verkauften, fertig gelieferten Wäschestücke eine bestimmte Stückvergütung (Provision) erhalten, ohne daß ihnen eine Mindestvergütung zugesichert ist; AN. **27** 24, sowie Zeitungsbesteller in einem ländlichen Bezirk, die die Zeitungen zu einem um 40 RPfg im Monat billigeren Vorzugspreis vom Verlag beziehen, denen also ein Wiederverkäuferabschlag eingeräumt ist; EuM. **22** 150. Die Grenzziehung zwischen Arbeitnehmer und selbständigem Unternehmer, wie sie das Betriebsrätegesetz in den §§ 10 bis 12 und das Arbeitsgerichtsgesetz im § 5 vergenommen haben, kann nicht schlechthin auf das Gebiet der Sozialversicherung übernommen werden; EuM. **22** 150.

Besonders sichtbar kommt die persönliche Abhängigkeit dadurch zum Ausdruck, daß der Beschäftigte bei der Arbeitsausführung im einzelnen den Weisungen, der Überwachung, Regelung der Arbeitszeit, der Arbeitsfolge oder des Arbeitsverfahrens durch den Auftraggeber unmittelbar unterliegt. Allerdings darf dabei nicht das Vorliegen von Anordnungen, die ein Dienst- oder Arbeitsherr einseitig erteilt, verwechselt werden mit den näheren Vertragsbedingungen, wie sie der Besteller einer gewerblichen Leistung auch mit zweifellos selbständigen Unternehmern regelmäßig vereinbart; AN. **98** 562. Anderseits kann ein persönliches Abhängigkeitsverhältnis, das zur Annahme eines Arbeitsverhältnisses noch ausreicht, auch noch bei einer auf ein geringes Maß herabgesetzten persönlichen Einwirkung des Arbeitgebers vorliegen, insbesondere wenn diese Beschränkung der Einwirkung auf räumlicher Trennung des Arbeitnehmers vom Arbeitgeber beruht; z. B. Winzer, Weingärtner eines abwesenden Weinbergbesitzers; AN. (J. und AV.) **92** 36, AN. **05** 437, Aufsichtsmann in der Marsch, der die Vieh- und Weidewirtschaft eines entfernt wohnenden Besitzers als Gehilfe leitet; AN. (J. und AV.) **93** 150.

Für die Entscheidung der Frage, ob persönliche Abhängigkeit vorliegt, ist ferner von Bedeutung, ob die Tätigkeit des Beschäftigten in dessen eigener Arbeitstätte oder Wohnung ausgeübt wird und er demgemäß losgelöst von dem Betrieb oder der Wirtschaft des Auftraggebers die Dauer, Reihenfolge und Einteilung seiner Arbeit frei regeln kann, oder ob er bei dem Auftraggeber unter dessen Augen tätig ist. Nach diesen Gesichtspunkten sind Wäscherinnen, Plätterinnen und Näherinnen hinsichtlich ihrer häuslichen Beschäftigung als selbständige Unternehmer, dagegen hinsichtlich der Arbeit bei dem Kunden als versicherungspflichtige Arbeitnehmer angesehen worden; AN. (J. und AV.) **93** 81, nicht aber Personen, die mit Hilfe von Angehörigen in der eigenen Wohnung für Saatzüchtereien gegen Entgelt Früchte verlesen; AN. **29** 19. Ferner bedeutet Spinnen in eigener Behausung, insbesondere für wechselnde Auftraggeber, keine unselbständige Arbeitnehmerbeschäftigung; AN. (J. und AV.) **93** 183. Kinderpflege in eigener Behausung der Pflegerin ist nicht versicherungspflichtig, wohl aber, wenn sie in einem Kindergarten tätig ist; AN. **09** 457, **10** 399. Die Umstände des Einzelfalls entscheiden hier stets in ihrer Gesamtheit; daher kann an Hand dieser Prüfung sich im Einzelfall nach der besonderen Sachlage auch trotz Ausübung der Tätigkeit in eigener Wohnung das Vorliegen einer persönlichen Gebundenheit ergeben, die zur Bejahung der Versicherungspflicht führt. Letzteres wurde z. B. angenommen bei der Schreiberin eines Notars, die in ihrer eigenen Wohnung beschäftigt wurde; AN. **96** 270, ferner bei einem Stuhlbauer, der in eigener Betriebstätte für einen fremden Unternehmer arbeitet, obwohl aus der zunächst nur als vorübergehend angenommenen räumlichen Trennung ein Dauerzustand geworden ist, weil zwischen ihm und dem Unternehmer ein Verhältnis persönlicher Abhängigkeit von im wesentlichen der gleichen Art besteht, wie zwischen letzterem und den in der Fabrik selbst beschäftigten Arbeitern; Breith. **14** 137 (Sächs. LVAmt).

Für die Annahme wirtschaftlicher Selbständigkeit und also gegen die Bejahung eines Lohnarbeitsverhältnisses spricht es, wenn die übernommene Leistung nicht nur in der Verrichtung von Arbeiten, sondern zu einem erheblichen Teil zugleich in einer dem Beschäftigten nach eigenem Ermessen obliegenden Lieferung oder wenigstens der Bereitstellung wertvollerer Einrichtungen oder Gegenstände, wie z. B. von Baugerüsten oder eines Fuhrwerks, besteht. In solchem Fall ist in Wirklichkeit die Vergütung eine Mischung von Lohn, Kapitalersatz, Zins- und Unternehmergewinn, also kein Arbeitsentgelt aus unselbständiger Arbeit. Demgemäß ist eine Frau, die als Gutsarbeiterin von dem Dienstherrn tagsüber mit der Beaufsichtigung der Kinder der auf Arbeit abwesenden Gutsleute beauftragt ist, als Lohnarbeiterin der Versicherungspflicht unterworfen worden; AN. **99** 625, während anderseits eine Frau, die gegen feste Vergütung die völlige Verpflegung von Ortsarmen in ihrem Hauswesen besorgt, als selbständige Unternehmerin zu gelten hat; AN. (J. und AV.) **92** 30. Entsprechend ist ein Baumwart in Württemberg, der für mehrere ländliche Besitzer die jährlich wiederkehrenden Arbeiten in ihren Obstgärten ausführt, also nur in fremden Betrieben als Hilfsarbeiter tätig ist, keine eigene Wirtschaft besitzt, keine Rohstoffe usw. liefert und sonst landwirtschaftliche Taglohnarbeiten verrichtet, als versicherungspflichtiger Arbeitnehmer angesehen worden; AN. (J. und AV.) **93** 116, ebenso ein Bauweingärtner in Württemberg, der in ähnlicher Weise wie der Baumwart in fremden Weingärten beschäftigt war; AN. (J. undAV.) **93** 3. Versicherungspflichtig ist ferner eine Milchträgerin, die mit dem Gespann und den Gefäßen eines Landwirts die in dessen Betrieb gewonnene Milch zur Stadt fährt, täglich zu kommen verpflichtet ist und auch sonst in seiner Wirtschaft und seinem Haushalt arbeitet, auch wenn sie selbst die Kunden, an die sie die Milch absetzt, bestimmt und die Preise für sie selbst festsetzt; AN. **99** 654. Selbständiger Unternehmer dagegen ein selbständiger Landwirt, der für eine Gemeinde Zuchtstiere hält, wobei er eine geschäftliche Gefahr trägt und einen Stall nebst geschlossenem Raum zu stellen hat; AN. **10** 473. Unselbständig sind Kochfrauen, die gegen eine tageweise oder nach dem Umfang der Arbeit festgesetzte Vergütung Mahlzeiten in der Wohnung der Auftraggeber herrichten; AN. (J. und AV.) **94** 38, AN. **96** 472. Als selbständig gelten solche und ähnliche Personen dagegen, wenn sie nicht lediglich Arbeit leisten, sondern eine gewisse Gefahr tragen und einen Unternehmergewinn erzielen, indem sie z. B. für eigene Rechnung Geschirr oder Hilfspersonen stellen oder die Lieferung der Speisen oder der dazu nötigen Waren übernehmen; AN. (J. und AV.) **95** 238 (Kasinowirtinnen), AN. **99** 626 (Halten eines Kosttisches für wechselnde Teilnehmer); AN. **05** 585 (Ökonom eines Lehrerseminars); AN. **00** 558 (Haushälter eines Hotels, der den Hotelomnibus zum Bahnhof fuhr, aber nicht persönlich, sondern durch von ihm gehaltene Hilfskräfte, und der verschiedene Pferde teils für eigene Rechnung, teils für diesen Omnibus verwendete).

Ist der Beschäftigte für eine Mehrzahl von Auftraggebern tätig, so kann je nach Lage der Umstände eine Mehrheit von unselbständigen Beschäftigungsverhältnissen oder auch selbständige Unternehmereigenschaft vorliegen. Z. B. ist eine Botenfrau, die von Haus zu Haus Aufträge für Gänge nach anderen Ortschaften sammelt, selbständige Unternehmerin; AN. (J. und AV.) **91** 173, während eine Botin, die ausschließlich oder überwiegend nur für einen oder zwei Auftraggeber Botengänge besorgt, versicherungspflichtige Arbeitnehmerin ist; AN. (J. und AV.) **93** 172. Lohnfuhrwerker, die für wechselnde Auftraggeber Fuhren besorgen, sind selbständige Gewerbtreibende, auch wenn sie in Zeit- oder Taglohn bezahlt werden; AN. (J. und AV.) **94** 82, ebenso auch ein Lohnfuhrmann, der zwar hauptsächlich für 4 Unternehmer vertragsmäßig Fuhren leistete, aber auch für beliebige andere tätig sein konnte, auch nicht zu persönlicher Arbeit, sondern nur zur Hergabe von Fuhrwerk und Fuhrmann verpflichtet war, und sich einen Knecht hielt, der ihn mehrfach vertrat; AN. (J. und AV.) **94** 82, Fall 2. Nach Lage des Falles kann aber auch ein Verhältnis persönlicher Abhängigkeit zwischen dem Fuhrmann und bestimmten Auftraggebern bestehen und demnach Lohnarbeit vorliegen; AN. (J. und AV.) **94** 82, Fall 3, AN. **99** 224. Zeitungsausträger im Dienst eines bestimmten Unternehmens sind grundsätzlich unselbständige Arbeitnehmer; AN. **04** 527. Zeitungskolporteure jedoch, die sich ihren Kundenkreis selbst suchen, keiner Aufsicht unterliegen, auch andere Druckschriften als die der sie beschäftigenden Zeitungsverleger vertreiben dürfen, sind selbständige Unternehmer und daher nicht versicherungspflichtig, selbst wenn sie an einen bestimmten Absatzpreis gebunden sind und der Verleger die nicht verkauften Zeitungen zurücknimmt; AN. **02** 240. Anderseits wird aber die Invalidenversicherungspflicht eines Zeitungsausträgers nicht dadurch ausgeschlossen, daß der Verlag der Zeitung mit ihm einen als „Kolporteur-Vertrag" bezeichneten Vertrag geschlossen hat, in welchem ihm das Inkasso der vom Verlag festgesetzten und quittierten Abonnementsgelder übertragen, sein Lohn je Exemplar der bestellten und bezahlten Zeitungen berechnet, ihm empfohlen wird, neue Leser zu werben, und ihm für jeden neu geworbenen Leser eine Prämie versprochen sowie die Beschäftigung von Hilfspersonal gestattet wird; AN. **29** 164.

Der Umstand allein, daß die Arbeitstelle häufig gewechselt wird, also nacheinander, nicht nebeneinander eine größere Zahl von Auftraggebern vorhanden ist, ist im allgemeinen für die Frage der Versicherungspflicht nicht entscheidend, z. B. versicherungspflichtige Straßenkehrer für eine Anzahl von Hausbesitzern; AN. (J. und AV.) **91** 132, versicherungspflichtig auch ein Kopfschlächter, der auf einem Schlachthof für mehrere Schlächtermeister Vieh schlachtet und abhäutet; Monatsschr. **13** 677 (RVA.).

Keine persönliche Abhängigkeit und daher keine Versicherungspflicht besteht bei gewissen Personen, die zur Leistung von Diensten zwar öffentlich bestellt und verpflichtet sind, aber von den Weisungen ihrer Anstellungsbehörde unabhängig sind und auch den privaten Auftraggebern frei gegenüberstehen, z. B. Leichenfrauen; AN. (J. und AV.) **93** 128. — Doch über Versicherungspflicht von Leichenfrauen in Beerdigungsinstituten siehe Anm. unten —, öffentliche Wäger; AN. (J. und AV.) **92** 113.

Immerhin kann aber eine Person, die an sich in einer selbständigen Stellung sich befindet, doch eine äußerlich gleichartige Tätigkeit nach den besonderen Umständen auch in einem persönlichen und wirtschaftlichen Abhängigkeitsverhältnis zu einem Arbeitgeber ausüben und ist dann versicherungspflichtig, z. B. ein selbständiger Buchbindermeister, soweit er als Aktenhefter von einer Behörde beschäftigt wird; AN. **04** 526, Leichenfrauen in einem von der Stadt geführten Beerdigungsinstitut; AN. **98** 270, ein im übrigen selbständiger Gutsschmied als Gehilfe des Gutes; AN. **96** 397, **10** 582.

c) Auf die zivilrechtliche Erscheinungsform des Beschäftigungsverhältnisses kommt es nicht entscheidend an. Unter anderem ist die zivilrechtliche Form der Entlohnung, insbesondere ob Zeitlohn oder Akkordlohn, grundsätzlich für die Versicherungspflicht nicht entscheidend; AN. (J. und AV.) **93** 118, **94** 144, 145. Doch kann in Zweifelsfällen die Form der Entlohnung Schlüsse auf das Wesen des Beschäftigungsverhältnisses gestatten. Dabei spricht die Gewährung von Zeitlohn mehr für Unselbständigkeit, während für Selbständigkeit mehr diejenigen Lohnformen sprechen, die dem Unternehmergewinn der Art nach sich nähern. In letzterer Hinsicht fällt besonders in die Wagschale, ob der Beschäftigte eine schwankende Gegenleistung bezieht, bei der er eine Gefahr der Marktlage trägt, und die Möglichkeit eines Gewinnes hat, oder ob die Gegenleistung sich innerhalb fester, dem üblichen Arbeitslohn entsprechender Grenzen hält; AN. (J. und AV.) **93** 65, **94** 143. Vgl. weiter über Zeitungskolporteure die Entsch. AN. **29** 164 oben Anm. 8b.

Es ist überhaupt kein nach bürgerlichem Recht gültiger Dienst- oder Arbeitsvertrag erforderlich, sondern die persönliche und wirtschaftliche Abhängigkeit entscheidet schon für sich allein; AN. (J. und AV.) **93** 102, AN. **97** 289. Daher sind auch die sogenannten Kleinakkordanten als selbständige Beschäftigte im Sinne der JV. angesehen und der Versicherungspflicht unterworfen worden. Es handelt sich dabei um Fälle, in denen jemand von einem Unternehmer einen kleineren Teil eines Werkes (z. B. einer Bauausführung) oder Arbeiten eines einzelnen Betriebszweiges (z. B. einer Gutsziegelei), in der Weise übertragen erhält, daß er die übernommenen Arbeiten in gewissem Umfang selbst leitet und zu dieser Ausführung seinerseits bezahlte Hilfskräfte heranzieht. Ob derartige Personen im Einzelfall versicherungspflichtig sind, läßt sich nur nach den Umständen des Falles beurteilen. Dabei kommt namentlich in Betracht, ob die Arbeiten zu einem fremden Betrieb gehören, ob der Zwischenmann auf eigene Rechnung tätig ist, ferner ob diesem nach den getroffenen Vereinbarungen eine geringere oder größere Selbständigkeit bezüglich der Leitung der Arbeitsausführung sowie Verwertung etwaiger Betriebserzeugnisse zukommt, weiter welches Maß eigener Verantwortlichkeit und geschäftlicher Gefahr er trägt, ferner ob er selbst mitarbeitet, ob er nur eine dem üblichen Arbeiterlohn entsprechende Vergütung bezieht oder einen Unternehmergewinn zu erzielen in der Lage ist, endlich welche Lebensstellung er sonst einnimmt und dergleichen; AN. (J. und AV.) **92** 35, Anl. des RVA. Ziff. 13. Einzelfälle s. dort.

Wenn somit auch kein zivilrechtlicher Arbeits- oder Dienstvertrag zur Bejahung des Beschäftigungsverhältnisses im Sinne der JV. nötig ist, so ist doch anderseits das Vorliegen einer festen Vereinbarung mit zeitlicher Erstreckung als ein Umstand anzusehen, der mehr für Unselbständigkeit spricht, während es für Unternehmerstellung spricht, wenn nur eine Kette einzelner Aufträge vorliegt. Daher ist für die versicherungsrechtliche Stellung von Brotausträgerinnen und ähnlichen Personen von Bedeutung, daß sie mit Kündigung angenommen oder ihre Beziehungen jederzeit lösbar sind; AN. (J. und AV.) **93** 135.

Anderseits begründen geschäftliche Beziehungen, die sich in einer Rechtsform wie z. B. Pacht und dergleichen abspielen, gleichwohl die Versicherungspflicht unter dem Gesichtspunkt des Lohnarbeitsverhältnisses, wenn unter der gewählten Rechtsform sich wirtschaftlich ein Lohnarbeitsverhältnis verbirgt. Auch insoweit tritt demgemäß die äußere Rechtsform und Benennung hinter dem wirtschaftlichen Gehalt versicherungsrechtlich zurück. Daher ist versicherungspflichtig ein Forstarbeiter, dem ein Teil seines ländlichen Anwesens pachtweise überlassen ist, wogegen er mit seinem Zugvieh und unter Hilfe eines Knechtes Schlagholz talwärts zu befördern hat; denn die Rechtsform der Pacht kommt hier nur als Mittel für die Durchführung gelohnter Waldarbeit in entlegenen Bezirken und für die Gewährung eines angemessenen Entgelts in Betracht; AN. (J. und AV.) **92** 115. Ebenso ist eine Toilettenwärterin auf einem Bahnhof, die äußerlich in einem Pachtvertrag zur Bahnhofsverwaltung steht, aber in der Tat Arbeiterin im Eisenbahnbetrieb ist, als versicherungspflichtige Arbeiterin anzusehen; AN. (J. und AV.) **93** 171. Ferner ist versicherungspflichtig ein Gärtner, dem gegen die Verpflichtung zur Unterhaltung eines herrschaftlichen Gutsgartens und zur Leistung einzelner Wirtschaftsdienste gewisse Gartennutzungen unter Auferlegung einer Geldzahlung zum Ausgleich überwiesen sind; AN. **99** 437, ein Droschkenkutscher, der einen Wagen von dem Fuhrherrn für einen bestimmten Betrag zur Benutzung übernimmt und den verdienten

Überschuß behält; AN. **96** 385, ferner sogenannte Schiffspächter, die in Wirklichkeit als Personen der Schiffsbesatzung sich darstellen; AN. (J. und AV.) **93** 65, **95** 241.

Bei mittelbaren Arbeitsverhältnissen, d. h. in Fällen, in denen der Beschäftigte unmittelbar zwar von einem Mittelsmann angenommen wird, der Erfolg seiner Arbeit aber einem Dritten zugute kommt und der Lohn seiner Arbeit in der dem Mittelsmann gewährten Vergütung inbegriffen ist, besteht Versicherungspflicht auch des mittelbar Beschäftigten. Wenn der Mittelsmann selbständig gegenüber dem Dritten ist, so ist er und nicht der Dritte der Arbeitgeber. In solchem Fall liegt daher kein mittelbares Beschäftigungsverhältnis vor; z. B. sind die Hilfskräfte bei Zwangsversteigerungen, die ein Gerichtsvollzieher einstellt, aus diesem Grund Arbeitnehmer des Gerichtsvollziehers; AN. **09** 589. Ist dagegen der Mittelsmann seinerseits unselbständig, so ist er selbst zwar unmittelbar Arbeitnehmer des Dritten, der von ihm eingestellte Gehilfe dagegen ist mittelbarer Arbeitnehmer des Dritten und als solcher versicherungspflichtig. Eine Putzfrau, die in einer Gastwirtschaft vertragsmäßig den Kellnerinnen obliegende Reinigungsarbeiten verrichtet und auch von den Kellnerinnen bezahlt wird, ist daher mittelbare Arbeiterin des Gastwirts; AN. **06** 513. Mittelbare Arbeiterin der Schulverwaltung ist die in der Schulreinigung beschäftigte Ehefrau eines Schuldieners, auch wenn nach Abzug der Unkosten kein Betrag an der Pauschvergütung mehr übrigbleibt, der für ihre Tätigkeit als Vergütung gelten könnte; AN. **13** 605. Zeitungsausträger, die von einem Zwischenmann angestellt sind, stehen in mittelbarem Arbeitsverhältnis zum Zeitungsverlag; AN. **13** 841, Breith. 3 170 (RVA.). Eine Frau, die in einem Fabrikkindergarten die Kinder der Fabrikarbeiter wartet und von dem Fabrikanten eine Arbeiterwohnung zum halben Mietwerte erhält, ihre übrige Bezahlung aber von den Eltern der Kinder bezieht, ist gleichwohl mittelbare Arbeiterin des Fabrikanten, da der Kindergarten zu seinem Fabrikbetrieb zu rechnen ist; AN. **11** 399. Hofgänger oder Scharwerker, die von den Instnern kraft der in dem Vertrag von dem Gutsherrn begründeten Verpflichtung zur Gutsarbeit bestellt werden und für die der Instmann den Lohn als Teil seines eigenen Lohnes mitempfängt, sind mittelbare Arbeiter des Gutsherrn, da sie in dessen Betrieb und nach dessen Weisungen beschäftigt werden und ihm das Ergebnis ihrer Tätigkeit zugute kommt; AN. (J. und AV.) **91** 124, **93** 68.

In allen solchen Fällen mittelbarer Arbeitsverhältnisse bedarf es nicht etwa immer einer ausdrücklichen Abmachung zwischen dem mittelbaren Arbeitgeber und dem mittelbaren Beschäftigten; es genügt vielmehr, wenn von vornherein bei der Einstellung des Mittelmannes auf die Mitwirkung der Hilfskraft z. B. seiner Ehefrau gerechnet wurde. Auch genügt es, wenn die Hilfskraft durch den Mittelsmann zwar ohne Abrede mit dem Arbeitgeber, aber doch mit dessen Wissen tatsächlich die Arbeiten des Mittelmanns in erheblichem Umfang mit verrichtet, z. B. bei Ehefrauen; AN. **00** 830. Ja, es genügt sogar auch, wenn der mittelbare Arbeitgeber keine Kenntnis von der Einstellung der Hilfsperson durch den Mittelsmann hat, sofern der Arbeitgeber wenigstens nach Lage der Umstände annehmen muß, daß jener zur Ausführung der ihm übertragenen Arbeiten einer Mithilfe bedarf; AN. **01** 637. Daher ist die Frau des Hausvaters eines Rettungshauses als mittelbare Arbeiterin der Verwaltung des Rettungshauses angesehen worden, obwohl ein Vertrag nur mit ihrem Ehemann abgeschlossen war und das neben dem Unterhalt beider Ehegatten gezahlte Gehalt nur dem Ehemann gewährt wurde; AN. (J. und AV.) **95** 108, AN. **99** 625. Entsprechend ist die Ehefrau eines Armenhausverwalters unter ähnlichen Umständen als versicherungspflichtige Gehilfin im mittelbaren Arbeitsverhältnis der Armenhausverwaltung erklärt worden; AN. **00** 830. Daß Frauen von Schuldienern als Angestellte der Schulverwaltung versicherungspflichtig sind, ist ebenfalls anerkannt; AN. **03** 369. Entsprechend sind Ehefrauen von Gutstagelöhnern, die das Heuwerben im Akkord übernommen haben, als mittelbare Arbeiterinnen der Gutsherrschaft angesehen worden; AN. **06** 641, ferner die Ehefrau des Geschäftsführers einer Gastwirtschaft, die durch ihre Mitarbeit eine Hilfskraft ersetzte und auf deren Mitwirkung von vornherein gerechnet wurde, als mittelbare Arbeitnehmerin des Inhabers der Gastwirtschaft; AN. **04** 504, ferner die Ehefrau eines Briefträgers bei der Verrichtung der diesem von der Postbehörde übertragenen Arbeiten im Postgebäude als mittelbare Arbeiterin der Postverwaltung; AN. **05** 434.

Wenn dagegen der Arbeitnehmer seine Ehefrau oder eine sonstige Hilfsperson nur zu seiner Bequemlichkeit oder gar gegen den Willen des Arbeitgebers zu seiner Hilfe heranzieht, so besteht zwischen dem Arbeitgeber und der Hilfsperson kein mittelbares Arbeitsverhältnis; AN. **01** 637, **03** 370. Z. B. kein mittelbares Arbeitsverhältnis zwischen dem Hauseigentümer und einer vom Hausverwalter nur zu seiner Bequemlichkeit angenommenen Treppenreinigerin; AN. **12** 870.

Beschäftigungsverhältnisse, die zwar äußerlich gespalten sind, aber wirtschaftlich sich als *einheitliche Beschäftigungsverhältnisse* darstellen, dürfen, da auch hier nicht die juristische Erscheinungsform das Ausschlaggebende ist, aus versicherungsrechtlichen und praktischen Gründen tunlichst nur einheitlich beurteilt werden. Z. B. unterliegt ein landwirtschaftlicher Tagelöhner, der den Maulwurfsfang nur gelegentlich im Anschluß an seine Lohnarbeit betreibt, auch bezüglich des Maulwurfsfangs der Versicherungspflicht, obwohl das berufsmäßige Maulwurfsfangen an sich eine selbständige Erwerbstätigkeit ist; AN. (J. und AV.) **92** 3, **93** 93. Ebenso ist die Pflege von Gräbern für Private, die ein Totengräber im Anschluß an seine Hauptbeschäftigung übernimmt, zusammen mit dieser der Versicherungspflicht unterworfen, obwohl an sich die gewerbsmäßige Gräberpflege als selbständige Tätigkeit anzusehen ist; AN. (J. und AV.) **93** 132, **92** 2.

Da somit zahlreiche Tätigkeiten ebensowohl in der Form der Lohnarbeit wie in der eines selbständigen Unternehmens ausgeübt werden können und ein verschiedenes Wesen annehmen, je nachdem ein berufsmäßiger Lohnarbeiter oder ein sonst gewerblich selbständiger in Betracht kommt, ist vielfach in zweifelhaften Fällen auch darauf Gewicht gelegt worden, welche *Lebens- und wirtschaftliche Stellung* der Arbeitende im übrigen einnimmt; AN. (J. und AV.) **93** 81, 116, 150, **94** 143, **95** 249.

d) Das Beschäftigungsverhältnis wird nicht dadurch etwa ausgeschlossen, daß nicht der Arbeitgeber, sondern ein *Dritter das Entgelt gewährt*; denn in diesem Fall gibt der Dritte gewissermaßen für Rechnung des Arbeitgebers diese Zahlung. Daher sind auch Kellner und andere Bedienstete, die im wesentlichen auf Trinkgelder oder auf Gebühren angewiesen sind, doch Arbeitnehmer des Wirtes oder derjenigen Stelle, für die sie tätig sind; AN. (J. und AV.) **91** 158, **92** 29, 32, 114, **93** 102, 128, **95** 108. Entsprechend ist eine Frau, die in einem Fabrikkindergarten die Kinder der Fabrikarbeiter wartet, Arbeiterin des Fabrikbesitzers, obwohl sie abgesehen von freier Wohnung, die ihr der Fabrikbesitzer gewährt, die Bezahlung von den Eltern der Kinder erhält; AN. **11** 399. Schleifer in der thüringischen Kleineisenindustrie sind Arbeiter des Schleifereibesitzers, obwohl sie von den Herstellern der Eisenwaren bezahlt werden; AN. **04** 525.

Der Entgelt braucht auch nicht unmittelbar an den Arbeitnehmer gezahlt zu werden, sondern es kann auch eine Mittelperson die Vergütung von dem Arbeitgeber erhalten, ohne daß das Beschäftigungsverhältnis zwischen dem Arbeiter selbst und dem Arbeitgeber dadurch versicherungsrechtlich beeinflußt wird. Näheres siehe Anm. 16.

e) *Verwandtschaft* steht grundsätzlich der Bejahung eines Lohnarbeitsverhältnisses nicht entgegen. Immerhin aber ist hier im Einzelfall genau zu prüfen, ob in der Tat ein Lohnarbeitsverhältnis vorliegt, ob also in Wirklichkeit die Arbeit und der angebliche Lohn im Verhältnis von Leistung und Gegenleistung zueinander stehen oder ob nicht vielmehr nur ein familienhaftes Gemeinschaftsleben, eine unverbindliche Hilfeleistung unter wirtschaftlich und sozial Gleichgestellten aus sittlichen oder Anstandsrücksichten oder auch eine auf der Unterhaltspflicht beruhende Gewährung der Lebensnotdurft vorliegt. Dabei ist neben den wirtschaftlichen auch auf die ethischen Gesichtspunkte Wert zu legen; AN. **24** 115. Es können somit in solchen Fällen immer nur die Umstände des Einzelfalls entscheiden. Als Umstände, die für eine Bejahung eines Lohnarbeitsverhältnisses sprechen, kommen dabei in Betracht, ob der beschäftigte Verwandte überhaupt eine verwertbare Arbeitskraft darstellt, ferner ob er Lohnarbeit bei Fremden auch vorher schon ausgeführt hat, ob der Verwandte, der ihn beschäftigt, tatsächlich einer gelohnten Dienstkraft bedurfte und auch sonst eine zu halten pflegte, auch ob eine bestimmte Vergütung vereinbart ist und regelmäßig gewährt wird, und ob sie den Leistungen angemessen ist, ferner ob der Verwandte Arbeiten nicht nur nach eigenem Gutdünken, sondern mit einer gewissen Stetigkeit bestimmte Arbeiten verrichtet; AN. (J. und AV.) **91** 156, **93** 91, **94** 37, AN. **98** 269, **99** 624, **11** 515. (Eltern bei Kindern), AN. **05** 435, **10** 558, 647, **11** 401, 419, **24** 115, **26** 447, **28** 277 — KV. der sog. Meistersöhne — (Kinder bei Eltern), AN. **09** 475, **10** 659, **11** 398 (Geschwister beieinander).

Die Beschäftigung eines Ehegatten bei dem andern Ehegatten ist dagegen in allen Fällen versicherungsfrei (§ 159), sofern nicht etwa die Ehefrau dadurch, daß sie ihrem Ehemann bei der Arbeit hilft, in ein mittelbares Arbeitsverhältnis zum Arbeitgeber des Ehemannes tritt; AN. **00** 830, **03** 369, **06** 641 und die sonstigen einschlägigen in Anm. c im Abschnitt über mittelbares Arbeitsverhältnis angeführten Entscheidungen. Im übrigen s. § 159 Anm. im 1. Band.

f) Der Beweggrund, aus dem das Beschäftigungsverhältnis eingegangen ist, ist grundsätzlich für die versicherungsrechtliche Beurteilung ohne Belang; AN. **07** 477. Weiter siehe auch die in Anm. 4c unter diesem Gesichtspunkt angeführten Entscheidungen, insbesondere auch die Entscheidungen zu den Fällen, in denen das Beschäftigungsverhältnis gegen das Gesetz oder gegen die guten Sitten verstößt.

g) Über den Einfluß der Staatsangehörigkeit auf das Beschäftigungsverhältnis siehe die in Anm. 6 erwähnten Entscheidungen.

h) Nur freie Beschäftigungsverhältnisse unterliegen der Versicherungspflicht. Dies sind solche, bei denen ein freier wirtschaftlicher Austausch von Arbeit und Lohn stattfindet. Daher sind alle Beschäftigungsverhältnisse, die von unfreien Arbeitern zwar auch gegen Geld oder Geldeswert aber unter obrigkeitlichem Zwang ausgeübt werden, keine versicherungspflichtigen Beschäftigungsverhältnisse im Sinn des Gesetzes, z. B. nicht die Beschäftigung von strafgefangenen Insassen von Arbeitshäusern und Besserungsanstalten; AN. (J. und AV.) **93** 111. Dasselbe gilt regelmäßig auch für jugendliche Personen, die im Rahmen der öffentlichen Zwangsfürsorgeerziehung, die durch den Strafrichter oder die sonst zuständige Behörde angeordnet ist, Arbeiten in einer Anstalt verrichten; sie werden aber versicherungspflichtig, wenn sie unter Fortdauer der Zwangserziehung außerhalb der Anstalt als Lehrling, Knecht, Dienstmädchen oder in sonstiger unter § 1226 fallenden Weise beschäftigt werden; AN. **99** 532, **11** 583. Bzl. der Notstandsarbeiten sind solche nach der FürsorgepflichtV. und solche in der Erwerbslosenfürsorge, jetzt wertschaffende Arbeitslosenfürsorge zu unterscheiden. Nicht versicherungspflichtig ist eine Beschäftigung auf Grund des § 19 der FürsorgepflichtV. vom 13. II. 24 (RGBl. I S. 100); EuN. **22** 377. Das Reichsarbeitsgericht nimmt allerdings je nach den Umständen hier auch ein zivilrechtliches Arbeitsverhältnis an (vgl. Bensheimer Sammlung Bd. 7 Nr. 58 — RAG. S. 259 — und die dort erwähnten weiteren Entsch. des Reichsarbeitsgerichts). Anderseits sind die nach der V. über Erwerbslosenfürsorge mit Notstandsarbeiten beschäftigten Arbeitslosen erst seit dem 1. V. 1925 versicherungspflichtig; EuM. **19** 131 (BayLVAmt), zu vgl. §§ 9, 33, 34 der Bestimmungen über öffentliche Notstandsarbeiten vom 30. IV. 25. Für das jetzige Recht der wertschaffenden Arbeitslosenfürsorge vgl. § 139 Abs. 4 S. 3 AVAVG.

Über Kriegsgefangene s. AN. **17** 573, Zivilgefangene Erl. des Kriegsministeriums in HMBl. **17** 271 und Anhang IV, Anm. 4 zu Abschn. C des G. v. 23. VII. 21.

i) Mitunternehmerschaft ist dann anzunehmen, wenn nach Lage der Umstände mehrere Personen ohne die einem Lohnarbeitsverhältnis eigentümliche Unterordnung als gleichberechtigt einander gegenüberstehen oder sich gemeinsam bei einem Unternehmen beteiligen; AN. (J. und AV.) **92** 80, AN. **96** 252. Aus diesen Erwägungen sind als Mitunternehmer angesehen worden die Mitglieder einer Kommission-Kompagnie; AN. (J. und AV.) **93** 153, einer Wägergenossenschaft; AN. (J. und AV.) **93** 155, eines Dienstmännervereins; AN. **98** 269, da in all diesen Fällen ein geschäftlicher Leiter zwar gewisse Vorrechte hatte, sich aber trotzdem nicht als Arbeitgeber, sondern nur als der Erste unter Gleichen darstellte, ferner die Leichenbegleiter in Bremen, die als Gesellschaft die Geschäfte unter ihre Mitglieder verteilen; Monatsschr. **14** 418 (RVA.), ArbVers. **14** 311 (RVA.), auch Korbmacher, die sich zu einer Produktivgenossenschaft zusammenschließen; ArbVers. **20** 186 (RVA.).

Es kann aber auch jemand, der an einem Gesamtunternehmen beteiligt ist, für dasselbe Unternehmen abhängige Lohnarbeit verrichten; denn in solchem Falle ist Träger der Arbeitgeberschaft die Gesamtheit als solche; AN. **97** 318. Voraussetzung ist aber persönliche Abhängigkeit bezüglich der Dienste; sie ist nur dann vorhanden, wenn das Mitglied auf die Entschließungen der Gesamtheit keinen maßgebenden Einfluß ausüben kann; AN. **02** 386. Versicherungspflichtig ist demgemäß ein Gewerke als Häuer für seine Gewerkschaft; AN. **97** 318. Mitglied einer Stierhaltergenossenschaft als Stierhalter; AN. **10** 439.

9. Arbeiter in dem hier gebrauchten Sinn sind Personen, die als lediglich ausführende Hilfskräfte hauptsächlich ihre körperliche Arbeitskraft einem anderen zur Verfügung stellen, wobei allerdings im Einzelfall die Arbeitsleistung auch nicht unerhebliche Kenntnisse und selbst geistige Tätigkeit erfordern kann; AN. (J. und AV.) **93** 90, AN. **96** 174. Zu den Arbeitern gehören daher z. B. auch Drucker, Präzisionsmechaniker und dergleichen besonders ausgebildete Facharbeiter; AN. (J. und AV.) **93** 90, AN. **96** 174, auch Modellsteher; AN. (J. und AV.) **91** 172, Almoseneinsammler für fremde Rechnung und Begleiter eines Drehorgelspielers; AN. **98** 270. Jedoch über die Abgrenzung des Arbeiters vom selbständigen Unternehmer in den Fällen, in denen es sich um Handwerker mit besonderen Fachkenntnissen handelt, siehe Anm. 8b und die Entscheidungen AN. (J. und AV.) **92** 12, 138, **94** 157, **96** 397, AN. **00** 719, **99** 652, **10** 582.

Im übrigen siehe über den Begriff des Arbeiters Anm. 7 und 8.

10. Gesellen sind die in einem Handwerksbetrieb beschäftigten, fachmäßig vorgebildeten Personen; Anl. d. RVA. Ziff. 38 Abs. 4.

11. Die Abgrenzung des invalidenversicherungspflichtigen Hausgehilfen vom angestelltenversicherungspflichtigen Hausangestellten nimmt Abschn. A Ziff. XIX der Bestimmung von Berufsgruppen der Angestelltenversicherung vom 8. III. 24 (RGBl. I S. 274, 410) vor. S. Anhang II.

12. Hausgewerbtreibende. Begriff „Hausgewerbtreibende" siehe § 162 und die Anmerkungen dazu in Bd. 1.

13. Schiffsbesatzung. Über denjenigen Teil der Schiffsbesatzung, der unter die AV. fällt, siehe § 1 Abs. 1 Nr. 7 AVG. Er lautet: „... werden versichert ... 7. Aus der Schiffsbesatzung deutscher Seefahrzeuge und aus der Besatzung von Fahrzeugen der Binnenschiffahrt Schiffsführer, Offiziere des Decks und Maschinendienstes, Verwalter und Verwaltungsassistenten, sowie die in einer ähnlich gehobenen oder höheren Stellung befindlichen Angestellten ohne Rücksicht auf ihre Vorbildung. Als deutsches Seefahrzeug gilt jedes Fahrzeug, das unter deutscher Flagge fährt und ausschließlich oder vorzugsweise zur Seefahrt benutzt wird". Vgl. dazu Abschn. D der „Bestimmung von Berufsgruppen der Angestelltenversicherung" vom 8. III. 24 (RGBl. I S. 247, 410), s. Anhang II. Maschinisten auf Fahrzeugen der Binnenschiffahrt sind nicht angestelltenversicherungspflichtig, sondern gehören in die JVPflicht; und zwar ist dies auch in einem Falle angenommen worden, in dem der Maschinist eines Schleppdampfers die Maschinen- und Kesselanlage selbständig unter seiner Leitung hatte und ein oder mehrere Heizer sowie nach Bedarf vorübergehend auch weitere Hilfspersonen unterstellt waren. Die Eigenschaft als gehobener Angestellter ist verneint worden; AN. **24** 206.

Über die Versicherungspflicht bei vorübergehendem Einfahren eines ausländischen Kauffahrteischiffes in inländische Binnengewässer siehe Bek. v. 27. XII. 99 „betr. die Befreiung vorübergehender Dienstleistungen von der Versicherungspflicht..." (RGBl. 99 S. 725) Ziff. 7, 8 und 9, abgedr. Anh. III.

14. Gehilfen sind nicht nur die Gewerbegehilfen im engeren Sinn, wie z. B. Kellner; AN. **10** 469, sondern der Ausdruck ist in der weiteren Bedeutung eines Arbeitsgehilfen im allgemeinen zu verstehen. Es fallen daher unter die Gehilfen alle Hilfspersonen eines Arbeitgebers, deren Tätigkeit in wirtschaftlicher und sozialer Hinsicht derjenigen des Arbeiters, Gesellen oder Hausgehilfen im wesentlichen gleichwertig ist; AN. **99** 648. Ferner können auch Humoristen darunter fallen; EuM. **25** 49.

Bei der Abgrenzung ist seit Schaffung der besonderen AV. die Grenze nach oben gegenüber den Angestellten im Sinne des AV. wesentlich. Daher sind zahlreiche Entscheidungen der Instanzen der AV. hier von Bedeutung. Außerdem greift die Bestimmung von Berufsgruppen der Angestelltenversicherung" v. 8. III. 24 (RGBl. I S. 274, 410), ergänzt durch V.en v. 4. II. 27 und 15. VII. 27 (RGBl. I S. 58, 222), s. u. Anhang II, ein, die diejenigen Berufsgruppen, die keine Gehilfen im Sinne der JV., sondern Angestellte im Sinne der AV. sind, näher umschreibt; abgedr. Anh. III.

Aus der Rechtsprechung zur AV. ist hervorzuheben: Nicht Angestellte im Sinne des AVG., sondern Gehilfen im Sinne der JV. sind: ein Kranführer, der einen zur Beförderung von Schiffsladungen bestimmten Kran bedient und keine Leitungsbefugnisse hat; AN. **24** 64, ein Hafenwächter der im wesentlichen nur körperliche Überwachungsarbeiten leistet und dabei unmittelbar einem Hafenmeister und weiterhin dem Hafeninspektor untersteht; AN. **27** 23, die einem Kulturbauamt unterstellten Uferwärter, die unter Leitung des Kulturbauwarts die nicht schiffbaren Wasserläufe ihres Bezirkes zu beaufsichtigen haben, wozu sie besonderer technischer Kenntnisse nicht bedürfen, und die hierbei im wesentlichen körperlich tätig sind und nur nebenher als Ausfluß ihrer Tätigkeit schriftliche Arbeiten einfacher Art außerhalb eines Büros zu leisten haben; AN. **27** 265. Das gleiche gilt für Feuerwehrleute der Werksfeuerwehr eines kleineren Werkes, die lediglich den Feuerschutz auf den Werksanlagen ausüben und neben dem eigentlichen Feuerwehrdienst noch zu Arbeiten im Betriebe herangezogen werden; AN. **26** 275. Dagegen sind die Mitglieder einer städtischen Berufsfeuerwehr, die nicht Beamte sind, aber nach ihren Aufgaben und Kenntnissen den Beamten der Feuerwehr gleichstehen, nach Ziff. XVIII Nr. 2 der Bestimmung v. Berufsgruppen der AV. v. 8. III. 24 (RGBl. I S. 274) Angestellte; AN. **26** 273. Gehilfen im Sinne der JV. sind Hilfswachtmeister bei einem Amtsgericht, die in der Hauptsache Botengänge verrichten, auch Zustellungen ausführen und in ganz geringem Umfang im Botenzimmer schriftliche Arbeiten verrichten; AN. **25** 302, Einkassierer und Messerableser von Gas-, Elektrizitäts- und Wasserwerken, die hauptsächlich im Außendienst Geld einkassieren und die Gas- usw. -messer ablesen, Listen hierüber führen und nur in ganz geringem Umfang eine Bürotätigkeit ausüben; AN. 24 228, Monatsschr. 24 615, die Einkassierer und Messerableser eines städtischen Gas-, Wasser- und Elektrizitätswerks, die in den Haushaltungen den Stand der Gas- und Wassermesser sowie der Stromzähler ablesen, den Verbrauch berechnen und die Geldbeträge dafür einnehmen; AN. 25 180, sowie die Fahrkartenausgeber einer Hochbahn, die an den Schaltern der Bahnhöfe Fahrkarten verkaufen und über die verkauften Fahrkarten nach Vordrucken abrechnen; AN. 29 70, während die Kassiererin einer Ausstellung, die außer dem Verkauf der Eintrittskarten den Vertrieb von Katalogen, Führern, Geländeplänen, Postkarten usw. zu festgesetzten Preisen an die Besucher zu besorgen hat und zur Erzielung eines möglichst hohen Warenumsatzes kaufmännische Fertigkeit besitzen muß, als Angestellte nach § 1 Abs. 1 Nr. 4 AVG. anzusehen ist; AN. 29 176. Als Angestellte sind anzusehen Webmeister einer Textilfabrik, die neben der Vorrichtung der Webstühle überwiegend die Weber zu beaufsichtigen und anzuleiten und dabei Fehler an den Webstühlen abzustellen haben, sowie Rauhmeister einer Textilfabrik, die neben der Zurichtung der Rauhmaschinen überwiegend die Rauher anzuleiten und zu beaufsichtigen haben; AN. 28 315. Diese Entscheidung gründet sich auf die Novelle zur Bestimmung von Berufsgruppen der AV. v. 15. VII. 27 (RGBl. I S. 222); damit sind die älteren Entscheidungen zur versicherungsrechtlichen Beurteilung von Stuhlmeistern (vgl. AN. 25 224, 26 448) überholt. Gehilfe im Sinne der JV. ist ein sogenannter Textilmeister in der Stärkereiabteilung einer Spinnerei und Weberei, der nach Anweisung des Betriebsleiters die Stärkemischungen zu kochen, die zum Stärken erforderlichen Stoffe abzuwägen und das Lager dieser Stoffe zu verwalten hat, der in der Hauptsache die Anweisungen des Betriebsleiters auszuführen, die Arbeiten nicht abzunehmen und nur in ganz geringem Umfang schriftliche Arbeiten zu erledigen hat; AN. 27 263, und ein Botenmeister, der in der Hauptsache körperlich tätig ist, aber auch die Aufsicht über die vier mithelfenden Laufburschen führt; Breith. 15 187. Ferner sind Gehilfen im Sinne der JV. Kontrolleure, die in der Werkstatt einer Maschinenfabrik die Werkstücke im Verlauf der Herstellung auf ihre Zeichnungsmäßigkeit hin zu prüfen haben, bei Nichtbeanstandung eines Werkstücks den Kontrollstempel auf das Werkstück setzen und dem Arbeiter den Akkordschein unterschreiben, bei erheblichen Abweichungen des Werkstücks von der Zeichnung die Entscheidung des Kontrollobermeisters über die Abänderung oder weitere Verwendung des Werkstücks einzuholen haben und somit nicht mit der Entscheidung über die Arbeitsabnahme im Innendienst beschäftigt sind; AN. 29 71, Monteure, die bei auswärtigen Bauarbeiten das Eindecken von Dächern mit Betonplatten auszuführen haben, die Aufsicht über einige Hilfsarbeiter ausüben und überwiegend dabei selbst körperlich mitarbeiten; AN. 26 307, und Verwieger in einem Hüttenbetrieb, die überwiegend mit der Bedienung der Waage beschäftigt sind, Wiegezettel ausschreiben, Eintragungen einfacher Art in Wiege- und ähnliche Bücher machen und keine Aufsicht über Arbeiter führen; AN. 28 122. Die Versicherungspflicht von Verwiegern in einem Hüttenbetrieb ist dabei nicht nach Abschnitt A II Nr. 6 der Bestimmung von Berufsgruppen der AN. vom 8. III. 24, sondern nach § 1 Abs. 1 Nr. 2 AVG. zu beurteilen; AN. 28 122. Vorzeichner, die im Konstruktionsbüro fertiggestellte Zeichnungen ohne wesentliche Änderungen auf das Papier oder auf die Werkstücke übertragen — Werkstattsystem — (Anreißer, Ankörner), fallen unter die JV; AN. 23 280 (OSchG. f. AV.), Monatsschr. 23 510, während diejenigen Vorzeichner, die zur Entlastung des Konstruktionsbüros Zeichnungen, die nicht im einzelnen ausgearbeitet sind, ergänzen und dann auf das Papier oder das Werkstück übertragen, also nach dem sogenannten Skizzensystem arbeiten, keine Gehilfen nach der JV., sondern Angestellte im Sinne der AV. sind; AN. 23 280 (OSchG. f. AV.). Gehilfen im Sinne der JV. sind die Gehilfen eines Optikers, die nur ab und zu im Laden beim Bedienen der Kunden helfen, im übrigen aber in der Werkstatt mit dem Löten von Fassungen, Anmontieren der Reparaturteile, Bohren und Ansetzen von Brillengläsern, Justieren von Fassungen und Operngläsern u. dgl. beschäftigt sind; AN. 25 331, ebenso die Hilfsgefangenenaufseher, deren Tätigkeit in der Hauptsache in der Überwachung der Gefangenen, ihrer Vorführung und in der Verabreichung des Essens an sie besteht, auch wenn sie kleinere schriftliche Arbeiten versehen; AN. 25 301. Schulhausmeister, an öffentlichen Schulen, die auf Privatdienstvertrag angestellt sind und in der Hauptsache mit der Reinigung, Heizung und Lüftung des Schulgebäudes, der Sauberhaltung der Einrichtung, mit dem Öffnen und Schließen der Haustüren, Regulieren der Schuluhr und Läuten der Schulglocke befaßt sind, sind invalidenversicherungspflichtig, auch wenn sie die Lehrpersonen bei der Beaufsichtigung der Kinder, namentlich beim Kommen und Gehen und auf den Vorplätzen zu unterstützen haben; AN. 25 314. Als Gehilfen im Sinne der JV. sind ferner anzusehen Fernsprecher, die bei den Betriebsabteilungen der Reichskanalverwaltung im wesentlichen fernmündliche Meldungen über die Verkehrsverhältnisse auf dem Kaiser-Wilhelm-Kanal entgegenzunehmen und an Beamte der Betriebsabteilung weiterzugeben haben sowie Anordnungen dieser Beamten fernmündlich an die zuständigen Dienststellen übermitteln; AN. 27 407, ebenso Hallentelephonisten, die im wesentlichen an den in einer Gasthofhalle oder in den dazu gehörigen Räumen aufgestellten Fernsprechzellen tätig sind, insbesondere die Fernsprechgebühren anzunehmen und die Gäste an die Fernsprecher zu holen haben. Sie gehören nicht zu den Telephonisten im Sinne des Abschnitts B Nr. 2 der Bestimmung von Berufsgruppen der AV.; AN. 28 317. Ein Krankenwärter in einer Krankenanstalt, der keine Prüfung in der Krankenpflege abgelegt hat und dessen Haupttätigkeit in Arbeiten untergeordneter Art, wie Aufräumen der Zimmer, Austeilen der Speisen, Überführen der Kranken u. dgl. besteht, ist invalidenversicherungspflichtig; AN. 26 385, dagegen sind angestelltenversicherungspflichtig (nach § 1 Abs. 1 Nr. 6 AVG. — Abschnitt C der Bestimmung von Berufsgruppen der AV.) Pflegerinnen in Krankenanstalten, die in der Hauptsache mit der eigentlichen Krankenpflege beschäftigt werden, die u. a. die Stationsleiterinnen in der Krankenpflege unterstützen, Fieber messen, Puls zählen, Arzneien und Spritzen nach Anweisung verabreichen müssen, auch wenn sie daneben körperliche Arbeiten, wie Reinigungsarbeiten u. dgl. zu verrichten haben; AN. 27 264, sowie Pfleger und Pflegerinnen in einer Irrenanstalt, deren Hauptaufgabe darin besteht, die Kranken zu überwachen, zu beobachten, sie bei der Arbeit anzuleiten und beruhigend auf sie einzuwirken, auch wenn sie außerdem noch mit Arbeiten untergeordneter und körperlicher Art, z. B. Reinigungsarbeiten u. dgl. beschäftigt werden; AN. 27 314. Krankenbesucher einer Krankenkasse unterliegen der Angestelltenversicherungspflicht gemäß § 1 Abs. 1 Nr. 6 AVG. in Verb. mit Abschn. 6 der Bestimmung von Berufsgruppen der AV., sofern sie neben dem Besuch der Kranken zugleich Ermittlungen, wenn auch einfacher Art, anzustellen haben; AN. 29 174. Als Angestellter ist auch anzusehen ein im Laboratorium eines Zahnarztes Beschäftigter, der nach dessen allgemeinen Weisungen, im übrigen aber selbständig und ohne Hilfskräfte die gesamte Herstellung des Zahnersatzes vornimmt (Zahntechniker); AN. 25 335. Nicht zu den angestelltenversicherungspflichtigen Zahntechnikern im Sinne des Abschnitts C der Bestimmung von Berufsgruppen der AV. gehören aber Personen, die in einem rein gewerblichen Betriebe für die handwerksmäßige Herstellung von Zahnersatz, sofern der Betrieb nicht Zwecke der Wohlfahrt verfolgt, beschäftigt werden; AN. 26 387. Ein Röntgentechniker, der selbständig die Aufstellung von Röntgenanlagen, gegebenenfalls mit Hilfskräften, vorzunehmen hat, dabei körperlich mitarbeitet, auch kleine, eilige Reparaturen in der Werkstatt vornimmt, der nach der Aufstellung das Bedienungspersonal in der Handhabung der Röntgenapparate und in der photographischen Aufnahmetechnik unterweist, schwierigere physikalische Messungen an den Apparaten vornimmt, Schaltschemen entwirft, der bereits bestehende Röntgenanlagen nachprüft und über seine Tätigkeit schriftliche Berichte, nötigenfalls mit Vorschlägen über Konstruktionsverbesserungen, erstattet, ist angestelltenversicherungspflichtig; AN. **29** 172. Das gleiche gilt für eine Haushälterin in einem katholischen Pfarrhaushalte, welche die Hauswirtschaft selbständig leitet, keine groben Arbeiten zu verrichten hat, Hilfskräfte selbständig einstellen und entlassen kann, in Vertretung des Pfarrers Besuche von Angehörigen des Pfarrbezirkes empfängt, von ihnen pfarramtliche Mitteilungen entgegennimmt und bucht, und welche ehrenamtliche Aufgaben der Armenpflege erledigt; AN. **27** 347, vgl. auch Breith. **15** 107 (Erlaß des Reichsarbeitsministers). Angestelltenversicherungspflichtig ist auch eine Empfangsdame bei einem Zahnarzt, welche die Patienten zu empfangen, Sprechzeiten zu vereinbaren, den Fernsprecher zu bedienen, Instrumente zuzureichen und zu reinigen, Zahnfüllungen herzustellen und schriftliche Arbeiten zu erledigen hat; AN. **30** 33. Gehilfen im Sinne der JV. sind Lokomotiv- und Triebwagenführer sowie Zugführer einer Industriebahn, die im Gegensatz zur Reichsbahn nicht dem öffentlichen Verkehr dient, und deren Verkehr sich nicht auf der freien Strecke und auf Stationen abwickelt; AN. **28** 198, **29** 343. Als verantwortlich im Verschiebedienst Tätige im Sinne des Abschnitts A XVII Nr. 1 der Bestimmung von Berufsgruppen der AV. gelten nur diejenigen, die zu selbständigen Anordnungen im Verschiebedienst berechtigt sind. Hierzu gehören nicht die Rangiermeister einer Industriebahn, die in einer aus drei Mann bestehenden Rotte lediglich als I. Rangierer im Rangierdienst arbeiten, keine selbständigen Anordnungen treffen dürfen, sondern lediglich nach den Anweisungen des Aufsichtsbeamten handeln, diese sind also invalidenversicherungspflichtig; AN. **29** 343. Dasselbe gilt für Kondukteure auf einem die Elbe befahrenden Personendampfer (AN. **29** 345). Schlafwagenschaffner, die in der Hauptsache mit körperlichen Arbeiten, nämlich mit dem Bewachen und Instandhalten der Schlafwagen, Herrichten der Bettplätze, Aufräumungsarbeiten und Hilfeleistungen für die Reisenden beschäftigt sind, daneben noch Vordrucke ausfüllen, Bettkarten sowie Speisen und Getränke an die Reisenden verkaufen, unterliegen der JV.; AN. **30** 26. Als Angestellte sind dagegen anzusehen der Kapitän eines Seeleichters im Sinne des § 6 Abs. 3 der Verordnung über die Besetzung deutscher Kauffahrteischiffe mit Kapitänen und Schiffsoffizieren vom 25. VII. 25 (RGBl. II S. 709) — als Schiffsführer gemäß § 1 Abs. 1 Nr. 7 AVG. —, auch wenn er in gewissem Umfange beim Laden und Löschen körperlich mitarbeitet; AN. **28** 124, der Hilfssteuermann sowie der Maschinist eines zur Seefahrt verwendeten Hochseemotorschiffs von 80 PS; AN. **28** 162 und auch die wissenschaftlichen Fischer und Hilfspräparatoren bei der Staatlichen Biologischen Anstalt in Helgoland, die wissenschaftliche Kenntnisse und Erfahrung sowie Geschicklichkeit im Präparieren und Konservieren oder im wissenschaftlichen Lichtbildaufnehmen haben müssen; AN. **28** 162.

15. Lehrling ist derjenige Beschäftigte, der sich zum Zweck seiner Fachausbildung in einem Beschäftigungsverhältnis befindet, einerlei ob ein ausdrücklicher Lehrvertrag abgeschlossen ist oder nicht, einerlei auch, ob Entgelt entrichtet wird, einerlei schließlich auch, ob die Ausbildung in einem Betrieb oder im Dienste einer Behörde oder öffentlichen Körperschaft stattfindet; AN. **17** 513, **18** 168. Über diejenigen Lehrlinge, die unter die AV. fallen, siehe § 1 Abs. 1 Nr. 3 und Abs. 2 AVG. Unter die JV. fallen z. B. auch Landwirtschaftseleven, die in der Ausbildung für einen der im Abschnitt A XVI Nr. 1 der Bestimmung von Berufsgruppen der AV. vom 8. III. 24 genannten Berufe begriffen sind, nur körperliche Arbeiten zu leisten haben und außer freiem Unterhalt ein sogenanntes Taschengeld von 20 RM. monatlich erhalten; AN. **29** 166, ferner Lehrköchinnen in einem Hotelbetrieb; AN. **18** 168. Keine Lehrlinge dagegen sind Mädchen, die zwar von einer gewerbsmäßigen Schneiderin im Nähen oder Schneidern unterwiesen werden, die aber ihre erworbenen Kennt-

nisse nur zu ihrem Hausbedarf zu verwenden beabsichtigen: EuM. **9** 39, Monatsschr. **18** 258 (RVA.), ebenso sind Fachschüler keine Lehrlinge; AN. **29** 4.

16. Entgeltlichkeit der Beschäftigung ist erforderlich. Begriff des Entgelts siehe § 160 und die Anmerkungen dazu im 1. Band.

Wird bei Fortdauer des Beschäftigungsverhältnisses für eine verhältnismäßig nicht erhebliche Zeit kein Entgelt gezahlt, so wird dadurch für diese Zeit das Fortbestehen eines versicherungspflichtigen Lohnarbeitsverhältnisses nicht ausgeschlossen; AN. **24** 84. Dabei läßt sich die Frage, ob ein an sich fortdauerndes Beschäftigungsverhältnis durch eine Unterbrechung der Arbeitsleistung und die Einstellung der Lohnzahlung während dieser Unterbrechung seines Charakters als eines Lohnarbeitsverhältnisses entkleidet wird, nicht nach bestimmten einheitlichen Merkmalen, sondern nur nach den besonderen Umständen des einzelnen Falles entscheiden; AN. **24** 84. Z. B. ist bei unbezahltem Urlaub von 2 Tagen und 8 Tagen die Fortdauer des Lohnverhältnisses angenommen worden, ebenso bei einer fast vierwöchigen Unterbrechung der Tätigkeit einer Fabrikarbeiterin, die durch ihre Niederkunft und das Beschäftigungsverbot des § 137 Abs. 5 GewO. veranlaßt war; Entsch. d. Preuß. OVG. **37** 386, Reger **19** 330, **28** 389. Dagegen ist bei durch Arbeitsunfähigkeit verursachten Unterbrechungen der Arbeitsleistung von 2 Monaten und 8 Monaten das Fortbestehen eines Lohnarbeitsverhältnisses verneint worden; EuM. **12** 93.

§ 1226a. Den in § 1226 Abs. 1 bezeichneten Personen stehen Angehörige der Schutzpolizei [1] im Sinne des § 1 des Reichsgesetzes über die Schutzpolizei der Länder vom 17. Juli 1922 (Reichsgesetzbl. I S. 597) sowie Soldaten [2] gleich, wenn sie bei ihrer vorgesetzten Dienststelle die Versicherung beantragen [3].

G. v. 17. VII. 22 (RGBl. I S. 597), G. v. 10. XI. 22 (RGBl. I S. 849) Abschn. B Art. I Nr. 2, G. v. 31. V. 22 Soldatenversicherungsges. (RGBl. I S. 542) und G. v. 10. XI. 22 (RGBl. I S. 849) Abschn. B Art. I Nr. 2, G. v. 10. VII. 26 (RGBl. I S. 402).

1. Begriff „Angehörige der Schutzpolizei" siehe § 1 des Reichsges. über die Schutzpolizei der Länder v. 17. VII. 22 (RGBl. I S. 597). Dieses Ges. und die alte Schutzpolizei sind aufgehoben durch Ges. v. 10. VII. 26 (RGBl. I S. 402).

2. Begriff „Soldaten" siehe § 1 Abs. 1 S. 3 des Reichswehrges. v. 23. III. 21 (RGBl. S. 329).

3. Als Ausführungsbestimmungen hierzu sind ergangen:

a) Bzl. der Schutzpolizei AusfB. v. 10. III. 24 (RGBl. I S. 270); jedoch vgl. hierzu jetzt Anm. 1.

b) Bzl. der Soldaten AusfB. v. 6. III. 23 (Heeresverordnungsblatt **23** S. 129). Sie lautet:

„1. Zu § 1226a der Reichsversicherungsordnung (RVO.) und § 2 Nr. 1 des Versicherungsgesetzes für Angestellte (VGfA.) in der Fassung des Gesetzes über die Änderung der RVO. und des VGfA. v. 10. XI. 22 (RGBl. I S. 849).

Beantragt der Soldat seine Aufnahme in die Invaliden- und Hinterbliebenen- oder Angestelltenversicherung, so hat die vorgesetzte Dienststelle eine Verhandlung darüber aufzunehmen. Der Versicherte kann jeweils bis zum Schlusse eines vollen Versicherungsjahrs erklären, daß er aus der Versicherung ausscheidet; tut er es nicht, so gilt die Versicherung als um ein weiteres Jahr verlängert. Das Versicherungsjahr wird vom Tage der Entrichtung des ersten Beitrags ab gerechnet.

2. Zu § 1226a RVO. und § 2 Nr. 1 VGfA. in der Fassung des Gesetzes vom 10. November 1922.

Macht der Soldat von der Berechtigung Gebrauch, sich in der Invaliden- und Hinterbliebenenversicherung und außerdem in der Angestelltenversicherung zu versichern, so wird aus Mitteln der Heeres- und Marineverwaltung nur der Arbeitgeberanteil aus einer der beiden Versicherungen, und zwar der höhere gezahlt.

3. Zu § 1234 RVO. und § 9 VGfA. in der Fassung des Gesetzes vom 10. November 1922.

Zu den beitrittsberechtigten Soldaten gehören die Offiziere und Deckoffiziere mit einer Dienstzeit von weniger als zehn Jahren, die Unteroffiziere und Mannschaften mit einer Dienstzeit von weniger als achtzehn Jahren, wovon wenigstens zwölf wirklich abgeleistet sein müssen.

Nach Vollendung der im ersten Absatz angegebenen Dienstzeiten sind die Soldaten versicherungsfrei. Sie dürfen die Versicherung gemäß § 1244 RVO. und § 15 VGfA. in der Fassung des Gesetzes vom 10. November 1922 auf eigene Kosten fortsetzen."

§ 1227. Eine Beschäftigung, für die als Entgelt nur[2 3] freier Unterhalt[1] gewährt wird, ist versicherungsfrei.

1. Freier Unterhalt ist dasjenige Maß von wirtschaftlichen Gütern, das zur unmittelbaren Befriedigung der notwendigen Lebensbedürfnisse des Arbeitnehmers erforderlich ist. Dazu gehören nicht nur Unterkunft, Beköstigung, Kleidung u. dgl., sondern auch mancherlei kleinere, je nach dem Alter, dem Geschlecht und den Lebensgewohnheiten verschiedene Leistungen, die auch bei geringen Ansprüchen an Behaglichkeit nicht wohl entbehrt werden können; AN. (J. und AV.) **91** 179, 180. An sich fällt auch der freie Unterhalt unter den Begriff des Entgelts. Nur begründet die Sondervorschrift des § 1227 eine Ausnahme hinsichtlich des Eintritts der Versicherungspflicht trotz der Entgeltlichkeit; AN. (J. und AV.) **92** 3, AN. **98** 627.

2. Nach Art und Maß müssen die Sachbezüge zur Bestreitung des Unterhalts geeignet und bestimmt sein, widrigenfalls § 1227 nicht anwendbar ist. Demgemäß gehören nicht hierher z. B. Landnutzung, Weide, Gespannvorhaltung, da sie nicht zur unmittelbaren Befriedigung der Lebensbedürfnisse dienen; Anl. d. RVA. Ziff. 20c. Bei Gewährung von Lebensmitteln ist zu prüfen, ob sie nach Umfang und Art des Bedarfs unmittelbar zum Verbrauch oder Gebrauch, oder nach vorbestimmtem Maße zur beliebigen Verfügung gegeben werden. Daher fallen nicht unter § 1227 die Arbeitsverhältnisse der Deputatempfänger; AN. (J. und AV.) **91** 178, **92** 120.

Aus dem gleichen Grunde wird die Grenze des freien Unterhalts im Sinne des § 1227 dann überschritten, wenn die gewährte Menge erheblich das Maß des persönlichen Bedarfs übersteigt, z. B. Gewährung einer Wohnung, die das Wohnbedürfnis des Beschäftigten und seiner Ehefrau überschreitet; Monatsschr. **17** 370 (RVA.), ferner wenn eine Arbeiterin auf dem Anwesen ihres Arbeitgebers außer dem eigenen Unterhalt noch die Beköstigung ihres kranken Ehemannes abverdient; EuM. **6** 268 (Bay. LVAmt). Immerhin kommen geringfügige Mehrleistungen, wie z. B. zeitweise Gewährung der Unterkunft auch für dritte Personen, insbesondere Verwandte, nicht als Hindernis gegenüber der Anwendung des § 1227 in Betracht; Anl. d. RVA. Ziff. 20c Abs. 2. Nicht als nebensächliche Geldleistung ist der einem landwirtschaftlichen Arbeiter neben Kost und Lohn gezahlte Betrag von jährlich 150 M. angesehen worden, verglichen mit dem durchschnittlichen damaligen Jahresarbeitsverdienst erwachsener landwirtschaftlicher Arbeiter von 600 M.; Monatsschr. **14** 699 (Sächs. LVAmt).

Ebenso wie der gesamte freie Unterhalt nur dann unter § 1227 fällt, wenn er das Maß des persönlichen Bedarfs nicht überschreitet, gilt dasselbe auch für einzelne dazugehörige Leistungen, wie z. B. Wohnung oder Beköstigung; AN. (J. und AV.) **91** 178. Dabei ist bei der Gewährung freier Wohnung davon auszugehen, daß im allgemeinen ein einzelner Raum für das Wohnbedürfnis einer einzelnen Person ausreicht und daher durch Überlassung mehrerer Räume das Maß des freien Unterhalts überschritten werden kann. Doch wird der Rahmen des freien Unterhalts nicht überschritten, soweit zugleich Familienangehörigen des Arbeitnehmers, z. B. dem Ehegatten und unerwachsenen Kindern, deren Erhaltung einen Teil und Ausfluß der Selbsterhaltungspflicht des Arbeitnehmers bildet, ein ihrem Wohnbedürfnis entsprechendes Unterkommen gewährt wird; AN. **02** 387. Daher ist die Anwendbarkeit des § 1227 verneint worden bei einer alleinstehenden Hausreinigerin, der eine Wohnung von Stube und Küche überlassen war, ferner bei einer Hausreinigerin, die mit ihrem Ehemann eine Stube und Küche bewohnte, und deren Ehemann durch eine Unfallrente in den Stand gesetzt war, für seinen notdürftigen Unterhalt selbst zu sorgen; AN. **02** 387, ferner bei einer Pförtnerin, die nur für sich zu sorgen hatte, und der eine aus drei Zimmern und Küche bestehende Wohnung eingeräumt war; AN. (J. und AV.) **91** 179. Anderseits wurde das Vorliegen lediglich freier Unterhaltsgewährung bejaht bei einem verheirateten Pförtner, dem nur zwei Räume zur Verfügung gestellt wurden: AN. **02** 387. Die Zahlung eines geringen Barbetrags neben Gewährung einer den Bedarf des Arbeitnehmers nicht übersteigenden Wohnung schließt aber die Anwendung des § 1227 nicht aus; AN. **02** 387. Ebensowenig steht dem § 1227 entgegen, wenn gegen das in bestimmter Höhe festgesetzte Arbeitsentgelt der ganze Mietzins oder ein Teil davon aufgerechnet wird. Daher ist § 1227 für gegeben erachtet worden in einem Fall, in dem eine verheiratete Hausreinigerin monatlich von der 14 M. betragenden Miete für Stube und Küche nur 4 M. zu zahlen hatte, während 10 M. für die Hausreinigung aufgerechnet wurden; AN. **02** 387.

3. Begriff des freien Unterhalts im Verhältnis zu Geldleistungen. Da unter den freien Unterhalt, wie in Anm. 1 hervorgehoben ist, nur Sachleistungen fallen, erfüllen Geldleistungen niemals die Voraussetzung des § 1227, auch wenn sie den unbedingt zum Lebensunterhalt erforderlichen Betrag nicht übersteigen oder nicht einmal erreichen, wie z. B. das Kostgeld bei Lehrlingen; AN. (J. und AV.) **91** 54, AN. **96** 271. Allerdings kann gerade bei Lehrlingen unter Umständen der Begriff des Entgelts wegen der Geringfügigkeit überhaupt zu verneinen sein; Näheres hierüber siehe § 160 und die Anm. dazu im I. Band.

Eine Geldaufwendung wird auch nicht dadurch zur Sachleistung, wenn der Arbeitgeber damit den Zweck verfolgt, dem Arbeitnehmer Kost oder Wohnung bei einem Dritten zu ermöglichen oder sich Kleidungsstücke anzuschaffen, und zwar ist auch dann keine Sachleistung im Sinne des Gesetzes anzunehmen, wenn der Arbeitgeber in jedem einzelnen Bedarfsfalle dem Arbeitnehmer selbst den zur Anschaffung des erforderlichen Gegenstandes notwendigen Geldbetrag (z. B. zur Anschaffung eines Kleidungsstückes) aushändigt; AN. (J. und AV.) **92** 139, AN. **07** 477. Ebensowenig genügt es zur Bejahung einer Sachleistung, daß die in bar gewährte Vergütung schließlich nur in Gestalt des freien Unterhalts dem Beschäftigten zugute kommt, wie z. B. Aushändigung des Barbetrags an den Ehemann gleichzeitig für die mittelbare Beschäftigung der Ehefrau; AN. (J. und AV.) **93** 68, AN. **11** 404.

Neben dem vollständigen oder teilweisen Unterhalt gewährte unerhebliche Barlohnzahlungen (sogenanntes Taschengeld), die den Empfänger in den Stand setzen sollen, gewisse geringfügige Lebensbedürfnisse zu befriedigen, schließen die Anwendung des § 1227 nicht aus; AN. (J. und AV.) **91** 155, **92** 36, 120, AN. **96** 271. Es ist aber zu prüfen, ob nach Lage des einzelnen Falles unter Berücksichtigung der Lebensumstände der Beteiligten die neben der Sachleistung gewährte Geldsumme sich als nebensächliches Zubehör der Sachleistung darstellt. Der gleiche Geldbetrag kann bei einer solchen Prüfung in einfachen Verhältnissen als von wesentlichem Werte, unter anderen Umständen aber im Vergleich zu den Unterhaltskosten oder für besser gestellte Berufsgruppen nur als Taschengeld anzusehen sein; AN. (J. und AV.) **91** 153, 156, **92** 4, **93** 91, AN. **07** 477 und die vorher in dieser Anmerkung angeführten Entscheidungen. U. a. kommt auch weiter in Frage, ob der betreffende Geldbetrag in bestimmter Höhe und in festen Zeitabschnitten gezahlt wird, oder ob ein nicht fest bestimmter Geldbetrag in Frage steht, der dem jeweiligen Bedarf, z. B. für Tabak, Wirtshausbesuch, in wechselnder Höhe ohne Abrechnung angepaßt wird; Anl. d. RVA. Ziff. 20b Abs. 1. Schließlich ist in einem Falle die selbständige Bedeutung der Geldleistung aus dem Grunde bejaht worden, weil es sich zwar an sich vielleicht um geringfügige Beträge im Einzelfall gehandelt hätte, die aber vom Arbeitgeber aufgespart und sodann in einer Summe dem Beschäftigten ausgezahlt wurden; AN. **06** 640.

Besteht ein Anspruch auf baren Lohn, so ist die Anwendung des § 1227 regelmäßig auch dann ausgeschlossen, wenn außer freiem Unterhalt ein Barlohn nicht vereinbart ist und auch nicht gewährt wird; AN. **04** 624. Nur wenn der neben dem freien Unterhalt versprochene Barlohn nicht ausgezahlt worden ist und demgemäß aus den Umständen des Falles ein tatsächlicher, wenn auch vielleicht nach bürgerlichem Rechte nicht bindender Verzicht auf den Geldlohn zu folgern ist, ist § 1227 anzuwenden; AN. (J. und AV.) **93** 67. Diese Grundsätze gelten auch, wenn neben dem Unterhalt ein Barlohn in der Absicht gezahlt wird, dadurch die Anwendung des § 1227 auszuschließen. Es ist daher in solchem Fall Versicherungsfreiheit aus § 1227 anzunehmen, sofern nicht gerade ein Scheingeschäft vorliegt; AN. **99** 624.

Die eben angeführten Grundsätze über die Beurteilung des Geldlohns neben freiem Unterhalt werden nicht nur angewendet, wenn bares Geld neben freiem Unterhalt gewährt wird, sondern auch, wenn die Geldleistung in Gestalt einer Aufrechnung des Geldlohnes gegen eine Schuld des Arbeitnehmers erfolgt; AN. **98** 397.

§ 1228 [1]. Versichert sind auch Deutsche, die bei einer amtlichen Vertretung des Reichs oder eines deutschen Landes im Ausland oder bei deren Leitern oder Mitgliedern beschäftigt sind [2].

Bek. v. 15. XII. 24 (RGBl. I S. 779).

1. Die Begr. z. RVO. bemerkt auf S. 388, 389 hierzu:

„Der Versicherungszwang endet begrifflich an den Grenzen der inländischen Staatsgewalt, im Ausland Beschäftigte unterliegen der Versicherungspflicht nicht, ohne Unterschied, ob sie selbst Inländer oder Ausländer oder bei Inländern oder bei Ausländern bedienstet sind. Tatsächlich wurden jedoch nach einer Vereinbarung zwischen den beteiligten Verwaltungen deutsche Bedienstete der diplomatischen Vertreter des Reichs oder eines Bundesstaats im Ausland, ferner aber auch der sonst im Ausland verwendeten deutschen Beamten als versicherungspflichtig angesehen. Das Gesetz will hier einen klaren Rechtszustand schaffen und die deutschen Bediensteten der Behörden, ihrer Leiter und Mitglieder, die zur Vertretung des Reichs im völkerrechtlichen Sinne im Ausland berufen sind, durch eine ausdrückliche Bestimmung für versicherungspflichtig erklären. Weiterzugehen und die deutschen Bediensteten aller Offiziere und Beamten des Reichs im Ausland der Versicherungspflicht zu unterwerfen, hält es nicht für erforderlich."

2. Ausnahme Bek., „betr. die Befreiung von der Versicherungspflicht nach § 1232 der Reichsversicherungsordnung", v. 9. VII. 13 (RGBl. **13** S. 571), abgedr. in § 1232 Anm. 1b.

§ 1229. Der Reichsarbeitsminister kann mit Zustimmung des Reichsrats allgemein oder in einzelnen Bezirken die Versicherungspflicht für bestimmte Berufszweige erstrecken auf Gewerbtreibende und andere Betriebsunternehmer, die in ihren Betrieben[2] regelmäßig keinen oder höchstens einen Versicherungspflichtigen[3] beschäftigen[1, 4, 5].

G. v. 30. IV. 22 (RGBl. I S. 465).

1. § 1229 bezieht sich auf diejenigen Betriebsunternehmer, die, ähnlich wie die Arbeiter, ihren Unterhalt durch eigener Hände Arbeit verdienen; Begr. zum J. und AVG. S. 73.

2. Durch die Worte „in ihren Betrieben“ kommt zum Ausdruck, daß die in der Hauswirtschaft beschäftigten Versicherungspflichtigen nicht mitzählen; Komm-Ber. zur RVO. **4** 21, 22.

3. Nur durch die Beschäftigung von versicherungspflichtigen Personen, nicht wie nach früherem Recht schlechthin durch die Beschäftigung von Lohnarbeitern, wird die Anwendbarkeit der Vorschrift ausgeschlossen; AN. **98** 627.

4. Bzl. der Erhebung der Beiträge siehe § 1436.

5. Bisher ist kein Gebrauch von § 1229 gemacht.

§ 1230 ist weggefallen.

G. v. 30. IV. 22 (RGBl. I S. 465) Art. VIII.

§ 1231[1]. Die Reichsregierung kann[2] bestimmen, wieweit die deutschen Bediensteten ausländischer Staaten und solcher Personen, welche nicht der inländischen Gerichtsbarkeit unterstehen[3], die Pflichten der Arbeitgeber zu erfüllen haben.

Bek. v. 13. XII. 24 (RGBl. I S. 779).

1. Die Vorschrift ist aufgenommen wegen der Zweifel, inwieweit die Arbeitgeber der inländischen Bediensteten ausländischer Staaten und solcher Personen, die von der inländischen Gerichtsbarkeit befreit sind, die den Arbeitgebern auferlegten Verpflichtungen zu erfüllen haben; Begr. z. RVO. S. 389.

2. Von der Befugnis ist Gebrauch gemacht in der Bek. des ehemaligen Bundesrats, „betr. die Invaliden- und Hinterbliebenenversicherung der deutschen Bediensteten ausländischer Staaten und solcher Personen, welche nicht der inländischen Gerichtsbarkeit unterstehen“, v. 6. III. 12 (RGBl. S. 191). Sie lautet:

„Auf Grund des § 1231 der Reichsversicherungsordnung hat der Bundesrat bestimmt, daß die deutschen Bediensteten ausländischer Staaten und solcher Personen, welche nicht der inländischen Gerichtsbarkeit unterstehen, die Pflichten der Arbeitgeber bei der Invaliden- und Hinterbliebenenversicherung nach den Vorschriften des Vierten Buches der Reichsversicherungsordnung zu erfüllen haben.“

3. Der inländischen Gerichtsbarkeit unterstehen insbesondere nicht die exterritorialen Diplomaten; AN. **15** 458. Ein im Inland wohnender ausländischer Berufskonsul, auch Generalkonsul, gehört in seiner Eigenschaft als solcher dagegen nicht zu dem diplomatischen Korps und genießt daher nicht das Recht der Exterritorialität. Seine ausländischen persönlichen Bediensteten sind daher versicherungspflichtig; AN. **15** 458.

§ 1232. Die Reichsregierung bestimmt[1], wieweit vorübergehende Dienstleistungen versicherungsfrei bleiben[2].

Bek. v. 15. XII. 24 (RGBl. I S. 779).

1. Von der Vorschrift ist in zwei Fällen Gebrauch gemacht worden, nämlich:

a) durch Bek. v. 27. XII. 99, „betr. die Befreiung vorübergehender Dienstleistungen von der Versicherungspflicht gemäß § 4 Abs. 1 des Invalidenversicherungsgesetzes" — jetzt gemäß § 1232 RVO. — (RGBl. 99 S. 725), die gemäß Art. 104 EG. z. RVO. in Kraft geblieben ist; s. Anhang III.

b) durch Bek., „betr. die Befreiung von der Versicherungspflicht nach § 1232 der Reichsversicherungsordnung", v. 9. VII. 13 (RGBl. 13 S. 571). Sie lautet:

„Auf Grund des § 1232 der Reichsversicherungsordnung hat der Bundesrat bestimmt, daß vorübergehende Dienstleistungen von Deutschen, die bei einer amtlichen Vertretung des Reichs oder eines Bundesstaats aushilfsweise beschäftigt werden, versicherungsfrei bleiben."

2. Schulkinder, die in den Ferien in landwirtschaftlichen Betrieben tätig sind, sind bei diesen „vorübergehenden Dienstleistungen" versicherungsfrei; EuM. 20 150.

§ 1233[1]. Die Reichsregierung kann[2] bestimmen, daß Ausländer versicherungsfrei sind, denen die Behörde den Aufenthalt im Inland nur für eine bestimmte Dauer gestattet hat.

Die Arbeitgeber zahlen dann nach Anordnung des Reichsversicherungsamts[3] so viel an die Versicherungsanstalt, wie sie sonst aus eigenen Mitteln zahlen müßten.

Bek. v. 15. XII. 24 (RGBl. I S. 779).

1. Die Ausnahmevorschrift des § 1233 verfolgt den Zweck, „da die Beschäftigung der ausländischen Saisonarbeiter vielfach als vorübergehende Dienstleistung nicht angesehen werden könne, die Versicherungsfreiheit Platz greifen zu lassen, da es unbillig sei, solche Arbeiter zu Beiträgen heranzuziehen, die nach Ablauf einer bestimmten Frist das Inland wieder verlassen müßten"; Begr. z. JVG. S. 245.

2. Von der Befugnis nach § 1233 ist Gebrauch gemacht in der Bek., „betr. die Befreiung von Ausländern von der Versicherungspflicht nach dem Invalidenversicherungsgesetze", v. 7. III. 01 (ZBl. 01 S. 78). Sie lautet:

„Der Bundesrat hat in seiner Sitzung v. 21. II. 01 auf Grund des § 4 Abs. 2 Satz 1 des Invalidenversicherungsgesetzes (RGBl. 99 S. 463) beschlossen,

„daß polnische Arbeiter russischer und österreichischer Staatsangehörigkeit, welchen der Aufenthalt im Inlande nur für eine bestimmte Dauer behördlich gestattet ist und welche nach Ablauf dieser Zeit in das Ausland zurückkehren müssen, der Versicherungspflicht nach dem Invalidenversicherungsgesetze nicht unterliegen sollen, sofern diese Arbeiter in inländischen land- oder forstwirtschaftlichen Betrieben oder in deren Nebenbetrieben beschäftigt werden, und daß diese Bestimmung v. 1. IV. 01 ab in Kraft treten soll".

Diese Bekanntmachung ist gemäß Art. 104 EG. z. RVO. noch in Kraft, und zwar findet sie jetzt auch Anwendung auf Arbeiter polnischen Stammes, die aus einem der an den jetzigen östlichen und südöstlichen Grenzen des Deutschen Reiches neu entstandenen Staaten zugewandert sind und die Staatsangehörigkeit eines dieser Staaten besitzen. Der Hinweis auf die russische oder österreichische Staatsangehörigkeit hat nur die Bedeutung einer Herkunftsbezeichnung. Insbesondere trifft auch die weitere Voraussetzung des Beschlusses, daß der Aufenthalt im Inland nur für eine bestimmte Zeit behördlich gestattet ist, in Preußen zu, da in Übereinstimmung mit dem Erlaß des Preuß. Min. d. Innern v. 7. XII. 22 (MinBl. f. d. preuß. inn. Verw. 22 Sp. 1181), die vor dem Kriege erlassenen landespolizeilichen Vorschriften, nach denen ausländische Landarbeiter grundsätzlich nach Beendigung der Saisonarbeit, d. h. nach dem 15. Dezember eines jeden Jahres in ihre Heimat zurückkehren müssen, nach wie vor als in Geltung befindlich anzusehen seien. Sie sind auch nicht durch die V. des Präsidenten der Reichsarbeitsverwaltung vom 2. I. 23 über die Einstellung und Beschäftigung ausländischer Arbeiter (RABl. 23 S. 43) beseitigt worden. Der Umstand, daß der hiernach in Preußen fortbestehende Rückkehrzwang für ausländische Landarbeiter aus politischen und wirtschaftlichen Erwägungen seit einer Reihe von Jahren tatsächlich nicht durchgeführt wird, ist für die Anwendbarkeit des erwähnten Bundesratsbeschlusses v. 21. II. 01 ohne rechtliche Bedeutung; AN. **19** 373, **21** 185, **25** 256.

Außer in Preußen (AN. **04** 505) sind solche Bestimmungen ergangen z. B. in Sachsen (V. des Ministeriums des Innern v. 29. VII. 12, Arch. f. Reichsvers. **13** S. 3), Lübeck (AN. **09** 427).

Es genügt das Vorliegen einer rechtlichen Beschränkung in der Dauer des Aufenthalts, während es unerheblich ist, ob die Verwaltungsbehörde auch tatsächlich davon Gebrauch macht; AN. **25** 256 und die oben in Anm. a am Ende weiter erwähnten Entscheidungen. Ebenso unerheblich ist es, ob die von der einzelstaatlichen Verwaltung getroffenen Vorkehrungen genügende Gewähr dafür bieten, daß jeder einzelne ausländische Arbeiter auch tatsächlich das Reichsgebiet verläßt; AN. **09** 427. Schließlich ist es auch unerheblich, wenn ein ausländischer Arbeiter vorzeitig nach dem Inland zuzieht; AN. **14** 778.

Über die Zulassung der Arbeiter zum Aufenthalt im Inland und über die dabei zu erledigende Vorfrage, ob die in Betracht kommenden Arbeiter polnische Arbeiter in dem oben erörterten Sinn sind, bestimmen ausschließlich die Verwaltungsbehörden der Länder. Eine nochmalige Prüfung der letzteren Frage durch die Instanzen der JV. bei Streit über die Versicherungspflicht ist ausgeschlossen, ebenso wie auch die Prüfung der Rechtmäßigkeit der Zulassung; AN. **04** 505.

Zu land- oder forstwirtschaftlichen Betrieben gehören nicht die Erschließungsarbeiten in Moor- und Ödländereien, so daß die dort beschäftigten Arbeiter nicht unter den Bundesratsbeschluß vom 21. II. 01 fallen; AN. **16** 757. Im übrigen aber ist der Begriff des landwirtschaftlichen Nebenbetriebs nach denselben Grundsätzen wie in der UV. zu bestimmen; AN. **12** 945.

Für die Vergangenheit, soweit es sich um die Kriegszeit handelt, ist wegen der etwaigen Nachwirkung bei einer jetzt beantragten Rente mit älteren Beschäftigungszeiten festzuhalten, daß die russisch-polnischen Zeitarbeiter infolge der militärischen Aufenthaltsbeschränkungen während des Krieges als unfreie Arbeiter und daher nach dem in § 1226 Anm. 8h angegebenen allgemeinen Grundsatz nicht als versicherungspflichtig angesehen wurden; AN. **15** 460, **16** 443, **21** 185 und § 1226 Anm. 8h. Dies blieb zunächst auch noch nach der Kundgebung über die Errichtung des Königreichs Polen vom 5. XI. 16; AN. **18** 314.

3. Ausführungsbestimmungen des RVA. zu dieser Vorschrift sind:

a) Bek., „betr. die Entrichtung der gemäß § 4 Abs. 2 Satz 2 des Invalidenversicherungsgesetzes zu zahlenden Beträge" v. 31. III. 02; AN. **02** S. 380. Sie lautet:

„Auf Grund des § 4 Abs. 2 Satz 2 des Invalidenversicherungsgesetzes werden an Stelle der Bekanntmachung vom 23. März 1901 (Amtliche Nachrichten des RVA. 1901 S. 365, Reichs- und Königlich Preußischer Staatsanzeiger Nr. 75 vom 28. März 1901) folgende Bestimmungen erlassen:

1. Jeder Arbeitgeber, welcher Ausländer beschäftigt, die nach dem Bundesratbeschluß vom 21. Februar 1901 (Zentralblatt für das Deutsche Reich S. 78) von der Versicherungspflicht befreit sind, hat dies binnen drei Tagen nach Beginn der Beschäftigung dem Vorstande der Versicherungsanstalt anzuzeigen.

2. Der Vorstand übersendet dem Arbeitgeber ein Muster für eine von diesem aufzustellende Nachweisung, in deren Spalten folgende Eintragungen vorgesehen sein müssen:

a) Vor- und Familienname des Arbeitnehmers;

b) falls der Arbeiter noch nicht 16 Jahre alt ist, Jahr und Tag der Geburt;

c) Beginn und Dauer der Beschäftigung;

d) die Angabe, ob der Arbeiter über das laufende Halbjahr hinaus weiter beschäftigt wird.

Das Muster soll ferner an geeigneter Stelle einen Hinweis auf die Strafbestimmungen des § 176 Abs. 1 und 2 des Invalidenversicherungsgesetzes enthalten.

3. Der Arbeitgeber hat dieses Muster für das laufende Halbjahr (vom 1. Januar bis zum 30. Juni oder vom 1. Juli bis zum 31. Dezember) auszufüllen und bis zum 1. August bzw. 1. Februar dem Vorstande der Versicherungsanstalt einzusenden.

4. Der Vorstand prüft die Nachweisungen, stellt den danach zu entrichtenden Betrag fest und fordert den Arbeitgeber unter gleichzeitiger Mitteilung der Unterlagen dieser Berechnung (Zahl der Arbeiter und Beitragswochen, Höhe der Beiträge) auf, den Betrag an die Versicherungsanstalt auf deren Kosten einzusenden. Die Verwendung von Beitragsmarken zum Zwecke der Zahlung ist unzulässig.

5. Bei Fortdauer der Beschäftigung finden Ziff. 2 und 3 entsprechende Anwendung.

6. Für die Zeit bis zum 1. Juli 1902 bleibt es dem Vorstande der Versicherungsanstalt überlassen, nach den bisher geltenden Bestimmungen vom 23. März 1901 zu verfahren."

b) Rundschreiben des RVA. „an die Vorstände sämtlicher Versicherungsanstalten zur Bek. über die für ausländische polnische Arbeiter zu zahlenden Beträge", v. 31. III. 02; AN. **02** 381.

c) Rundschreiben des RVA. an die Versicherungsanstalten, „betr. die Buchung der für ausländische polnische Arbeiter gezahlten Beträge", v. 8. I. 02; AN. **02** 382.

§ 1234 [1]. Versicherungsfrei [8] sind die in Betrieben oder im Dienste des Reichs, der Deutschen Reichsbahn-Gesellschaft, eines Landes, eines Gemeindeverbandes [3], einer Gemeinde oder eines Versicherungsträgers Beschäftigten [2], wenn ihnen Anwartschaft [4] auf Ruhegeld [4] im Mindestbetrage der Invalidenrente nach den Sätzen der ersten Lohnklasse sowie auf Witwenrente [5] nach den Sätzen der gleichen Lohnklasse und auf Waisenrente [5] gewährleistet [6] ist.

Ob eine Anwartschaft [4] als gewährleistet [6] anzusehen ist, entscheidet für die Beschäftigten in Betrieben oder im Dienste des Reichs oder eines vom Reiche beaufsichtigten Trägers der Reichsversicherung der zuständige Reichsminister; im übrigen entscheidet die oberste Verwaltungsbehörde [7] desjenigen Landes, in dessen Betrieben oder Dienste die Beschäftigung stattfindet oder in dessen Gebiete der Gemeindeverband oder die Gemeinde liegt oder der Versicherungsträger seinen Sitz hat.

Die Gewährleistung der Anwartschaften bewirkt Befreiung von der Versicherungspflicht von dem Zeitpunkt ab, an dem sie tatsächlich verliehen wurde. Sie hat keine rückwirkende Kraft.

Bek. v. 15. XII. 24 (RGBl. I S. 779), Reichsbahn-Personalges. v. 30. VIII. 24 (RGBl. II S. 281), VO. v. 13. II. 24 (RGBl. I S. 62).

1. Als Zweck der Vorschrift führt die Anl. d. RVA. Ziff. 25 folgendes aus:

„Die §§ 1234, 1235, 1237 bis 1242 der RVO. regeln für das Gebiet der Invalidenversicherung Ausnahmen von der Versicherungspflicht. Sie gehen davon aus, daß sich die Versicherung erübrigt für Personen, die bereits anderweit eine ausreichende Fürsorge genießen oder die wegen des Zwecks oder der Art ihrer Beschäftigung voraussichtlich nicht zu einer anspruchreifen Anwartschaft gelangen werden."

2. Der Personenkreis umfaßt nicht nur Beamte, sondern auch sonstige „Beschäftigte" in den in Frage stehenden Betrieben und Verwaltungen. Anl. d. RVA. Ziff. 26.

Begriff „Beamter" siehe § 1235 Anm. 2.

3. Gemeindeverbände sind nur die politischen Verbände von Gemeinden. Eine sächsische Schulgemeinde ist nach früherem Recht daher nicht als Kommunalverband angesehen worden; AN. (J. und AV.) **94** 177, auch Anl. d. RVA. Ziff. 26.

4. Anwartschaft auf Ruhegeld.

„Anwartschaft" auf Ruhegeld ist ein geringeres Erfordernis als die bereits erworbene Pensionsberechtigung. Sie umfaßt nicht nur diejenigen Personen, die im Fall ihrer Dienstuntauglichkeit sofort ein Ruhegeld zu fordern haben würden, die also allen sonstigen Anforderungen, insbesondere hinsichtlich der vorgeschriebenen Dienstzeit genügt haben; vielmehr erfaßt sie auch diejenigen Personen, die in eine an sich mit Ruhegeldberechtigung ausgestattete Stelle eingerückt sind, aber den gesicherten Anspruch auf Ruhegeld erst durch Zurücklegung einer längeren Dienstzeit zu erwerben haben. Aber auch vor der Erlangung einer solchen Stelle wird die Anwartschaft regelmäßig bereits dann angenommen, wenn dem Beschäftigten nach dem Abschluß seiner Ausbildung, wozu unter Umständen auch eine sogenannte Probezeit gerechnet werden kann, eine Stellung (z. B. als Diätar) übertragen wird, die nach den bestehenden Verwaltungsgrundsätzen den allgemein üblichen Übergang zu einer Anstellung mit späterer Ruhegeldberechtigung bildet; Anl. d. RVA. Ziff. 26 Abs. 3, ferner AN. **00** 836. Daher kann eine Anwartschaft auch schon bei nur widerruflicher Anstellung angenommen werden, sofern sie regelmäßig nach einiger Zeit in eine feste mit Ruhegeldberechtigung ausgestattete übergeht; AN. **00** 836 (Bauschreiber im früheren Schwarzburg-Rudolstadt). Das gleiche gilt bei einer Anstellung auf Kündigung oder bei einer Beschäftigung als Hilfsarbeiter, die eine hergebrachte Vorstufe für die Verleihung einer mit Aussicht auf Ruhegeld verbundenen Stelle bildet, wobei eine bestimmte Grenze für den Zeitraum, innerhalb dessen die Ruhegeldberechtigung erreichbar sein muß, für die Bejahung einer Ruhegeldanwartschaft nicht zu verlangen ist; AN. **02** 547. Daher ist die Pensionsanwartschaft bei einem hessischen Gerichtsschreibergehilfen bejaht worden, der nach den damaligen Verhältnissen etwa 11 bis 12 Jahre in dieser Stellung und sodann 5 Jahre als Hilfsgerichtsschreiber zuzubringen hatte, bis erst die Pensionsberechtigung erworben wurde; AN. **02** 547. Dagegen ist die Anwartschaft verneint worden bei einer Wartezeit von 20 Jahren bei einem Küsterschullehrer in Mecklenburg-Schwerin; AN. **09** 549. Bejaht wurde die Anwartschaft bei preußischen Justizkanzleigehilfen, die 10 Jahre Wartezeit hatten; AN. **13** 364, ferner bei preußischen Hilfsgefangenenaufsehern mit einer Wartezeit bis zu 7¾ Jahren; AN. **13** 444. Zur letzteren Entscheidung vgl. auch Verfügung des Preuß. Justizmin. v. 28. V. 13 (JustMinBl. **13** S. 174), durch die die Beachtung der letzteren Entscheidung den Justizbehörden anempfohlen wurde.

Einzelfälle; AN. **00** 835 (Hilfslehrer an Schulen), **00** 836 (widerruflich angestellte Staatsdiener im ehemaligen Schwarzburg-Rudolstadt), **01** 630 (Postagent in Preußen), **02** 547 (Gerichtschreibergehilfen in Hessen), **03** 368 (Städtische Lehrerinnen), **04** 520 (Württembergische Postunterbeamte und württemberg. Telegraphenanwärter), **04** 519 (Fürstlich schaumburg-lippischer Domanialbeamter), **04** 523 (Württemberg. Arbeitslehrerin), **06** 644 (Lehrerin als Vertreterin an einer städtischen Volksschule), **07** 430 (Lehrer an ritterschaftlichen Landschulen in Mecklenburg-Strelitz), **09** 548 (Küsterschullehrer in Mecklenburg-Schwerin), **13** 364 (Preußische Justizkanzleigehilfen), **13** 444 (Preußischer Hilfsgefangenenaufseher), **13** 746 (Gemeindeangestellter), **14** 777 (Städt. Arbeiter), **23** 36 (Württemberg. Verwaltungskandidaten);

„Ruhegeld" setzt voraus, daß es sich um rechtlich geregelte Bezüge handelt. Daher fallen diejenigen Bezüge nicht hierunter, bei denen es in dem Ermessen der vorgesetzten Dienstbehörde steht, ob sie gewährt oder weiter gezahlt werden, mag auch das Ermessen durch Rücksichten auf Bedürftigkeit und Würdigkeit bestimmt werden; AN. (J. und AV.) **91** 150, **93** 103; AN. **97** 589, **02** 483, **04** 523, **07** 431, **09** 549.

Der Ruhegeldanspruch braucht aber nicht notwendig gegenüber der Anstellungsbehörde zu bestehen, sondern kann auch gegen ein drittes Rechtssubjekt gerichtet sein; AN. **02** 547, **04** 520, **07** 490, Begr. zum JVG. S. 246.

Doch ist in jedem Fall Voraussetzung, daß es sich um einen wirklichen Rechtsanspruch handelt, der in sicherer Aussicht steht. Die Ruhegeldeigenschaft ist daher bejaht worden in den Fällen, in denen ein Beamter zum Beitritt zu einer Pensionsanstalt verpflichtet war, deren Leistung durch Zuschüsse oder durch Gewährleistung von seiten des Staats oder von Kommunalverbänden sichergestellt war; AN. **02** 547. (Pensionsverein der berufsmäßigen bayer. Gemeindebeamten), **04** 520 (Unterstützungsverein für Angestellte der württemberg. Verkehrsanstalten), **04** 627 (Städt. Pensionskasse), **07** 490 (Pfälzische Pensionsanstalt), **08** 519 (Braunschweigische Witwen- und Waisen-Versorgungsanstalt).

Immer aber muß der Ruhegeldanspruch auf Grund eigener Dienstleistung erworben werden. Der Begriff des Ruhegelds ist daher verneint worden für Witwenpension auf Grund der Anstellung des Ehemannes; AN. **12** 944, ferner bei einer Fürsorge, die eine Sonderanstalt ihren Mitgliedern über die reichsgesetzliche Fürsorge hinaus gewährt; AN. **02** 487. Demgemäß war auch für die früheren Büroassistenten der Reichsversicherungsanstalt für Angestellte keine Ruhegeldanwartschaft im Hinblick darauf angenommen worden, daß ihnen die gesetzliche Fürsorge nach dem AVG. gewährleistet war; AN. **17** 276.

Die Eigenschaft einer Geldrente als Ruhegeld wird dadurch nicht ausgeschlossen, daß sie durch Vereinbarung an Stelle ursprünglich gezahlter Sachleistungen getreten ist; AN. **06** 284.

Einzelfälle; AN. (J. und AV.) **91** 148; AN. **99** 589 (vom Staat übernommene Haftpflichtrente); AN. (J. und AV.) **91** 150 (eine badische Sustentation), **91** 153 (Gnadenunterstützung auf Grund der preuß. Kabinettsorder v. 22. VII. 84), **93** 103 (Mecklenburgische Gnadenunterstützung), **97** 354 (Militärpension, Kriegszulage, Zulage für Nichtbenutzung des Zivilversorgungsscheines), **99** 591 (Unterstützung aus der Arbeiterpensionskasse einer staatlichen Fabrik), **02** 547 (Pensionsanspruch gegen den Pensionsverein der bay. Gemeindebeamten), **03** 543 (Zuschuß zur Militärpension auf Grund des G. v. 31. V. 01), **04** 519 (Ruhegeld eines fürstl. schaumburg-lippischen Domanialbeamten), **04** 628 (Pension und Unterstützung einer Irrenpflegerin, die bei einer bay. Kreisirrenanstalt angestellt war), **04** 520 (Versorgungsanspruch gegen den Unterstützungsverein der Angestellten der württemberg. Verkehrsanstalten), **05** 280 (Versorgungsrente städt. Arbeiter), **06** 285 (Verstümmelungszulage), **08** 518, **09** 459 (Alters-, Kriegs- und Verstümmelungszulagen nach dem Inkrafttreten des Mannschaftversorgungsges. v. 31. V. 06), **08** 519 (Witwengeld aus der Braunschweigischen Beamten-, Witwen- und Waisen-Versorgungsanstalt).

5. Anwartschaft auf Witwenrente und Waisenrente.

Begriff Anwartschaft siehe im einzelnen Anm. 4.

Grundsätzlich bedarf es zum Eintritt der Versicherungsfreiheit des § 1234 in jedem Fall sowohl der Anwartschaft auf Ruhegeld als auch derjenigen auf die erwähnten Hinterbliebenenbezüge; Anl. d. RVA. Ziff. 26 Satz 3. Jedoch sind bei weiblichen Angestellten Ausnahmen gemacht worden; denn es müssen zwar beide Voraussetzungen für diejenigen Personengruppen, an die der Gesetzgeber als Regelfall gedacht hatte, stets erfüllt sein. Bei anderen Personengruppen aber brauchen nur diejenigen Voraussetzungen erfüllt zu sein, die nach der besonderen Art des Falles vernünftigerweise in Frage kommen können. Die Versicherungsfreiheit einer ledigen Lehrerin an einer preußischen öffentlichen Volksschule ist daher in einem Fall angenommen worden, in dem ihr nur Anwartschaft auf Ruhegeld gewährleistet war. Dabei wurde von der Erwägung ausgegangen, daß sie im Fall der Heirat nach der damals bestehenden Verwaltungsübung aus dem Dienste zu scheiden hatte! AN. **13** 360. Bei verheirateten Lehrerinnen bedarf es aber in jedem Fall der Gewährleistung einer Anwartschaft auf Hinterbliebenenfürsorge, damit § 1234 zutrifft; AN. **14** 776.

6. Gewährleistet ist die Anwartschaft dann, wenn ein wirklicher Rechtsanspruch in sicherer Aussicht steht, z. B. auch, wenn der Beamte zum Beitritt zu einer Pensionsanstalt verpflichtet ist, deren Leistung durch Zuschüsse oder Gewährleistung von seiten des Staates oder von Kommunalverbänden sichergestellt ist. Es bedarf also nicht eines Anspruchs gegen die anstellende Behörde selbst; AN. **02** 547. Weitere Entscheidungen siehe oben Anm. 4. Die in § 1234 genannten Beschäftigten sind nur dann versicherungsfrei, wenn ihnen die dort bezeichneten Ansprüche gegen ihren Arbeitgeber auf Grund des derzeitigen Beschäftigungsverhältnisses zustehen; Breith. **15** 230.

7. Oberste Verwaltungsbehörde ist für die Anwendung des § 1234 in Preußen auf Grund des § 110 der Regierungspräsident, für den Stadtkreis Berlin der Oberpräsident in Charlottenburg, Erl. v. 14. VI. 24 (VMBl. **24** S. 257).

8. Die Versicherungsfreiheit aus § 1234 hat nicht zur Folge, daß etwa die freiwillige Versicherung ausgeschlossen wäre; AN. **97** 589. Dagegen ist die Selbstversicherung nicht mehr möglich; AN. **02** 391.

Anwartschaftserhaltende Wirkung hat der Eintritt der Versicherungsfreiheit nicht, sondern die Anwartschaft aus den vorher geleisteten Beiträgen erlischt unter den allgemeinen Voraussetzungen; AN. (J. und AV.) **94** 151.

Die Versicherungsfreiheit beschränkt sich nicht unbedingt auf die dienstliche Tätigkeit, sondern erstreckt sich jedenfalls dann, wenn sie den Kern der wirtschaftlichen Stellung des Betreffenden im ganzen ausmacht, auch auf nebenhergehende andere Beschäftigungsverhältnisse; AN. (J. und AV.) **93** 85.

§ 1235[1]. Versicherungsfrei sind

1. Beamte[2] des Reichs[2], der Deutschen Reichsbahn-Gesellschaft, der Länder[2], der Gemeindeverbände[3] [2], der Gemeinden[2] und der Versicherungsträger, Lehrer und Erzieher an öffentlichen Schulen oder Anstalten, solange sie lediglich[4] für ihren Beruf ausgebildet werden,

2. Soldaten[5], die eine der im § 1226 bezeichneten Tätigkeiten im Dienst[5] oder während der Vorbereitung zu einer bürgerlichen Beschäftigung ausüben, auf die § 1234 anzuwenden ist,

3. Personen, die während der wissenschaftlichen Ausbildung[6] für ihren zukünftigen Beruf gegen Entgelt tätig sind.

Bek. v. 15. XII. 24 (RGBl. I S. 779), G. v. 10. XI. 22 (RGBl. I S. 849), Reichsbahn-Personalges. v. 30. VIII. 24 (RGBl. II S. 281).

1. Über den Zweck der Vorschrift siehe Näheres § 1234 Anm. 1.

2. Die Beamteneigenschaft muß nach § 1235 auch bei denjenigen Personen, die noch in der Ausbildungszeit sind, schon vorhanden sein; AN. **20** 386, **23** 36.

Ob die Beamteneigenschaft vorliegt, bestimmt sich nach den für die dienstliche Stellung maßgebenden gesetzlichen oder Verwaltungsvorschriften (Dienstpragmatik);

AN. 99 433, 435, 586, 588. Es kommt wesentlich auf das Vorliegen eines Dienstverhältnisses auf staatsrechtlicher Grundlage an. Dabei beweist eine Beeidigung und sonstige Verpflichtung nicht unbedingt die Beamteneigenschaft. Die Beamteneigenschaft fällt auch nicht überall mit derjenigen im Sinne des Strafrechts zusammen. Auch gestattet die Art der Tätigkeit keinen sicheren Schluß auf die Zugehörigkeit zu den Beamten, da auch Bedienstete mit untergeordneten, rein mechanischen Aufgaben Beamte sein können; AN. (J. und AV.) **91** 168, **92** 37, **02** 392 und Anl. d. RVA. Ziff. 27 Abs. 3.

Einzelfälle: Bejaht wurde die Reichsbeamteneigenschaft z. B. für Postagenten; AN. (J. und AV.) **93** 85, AN. **97** 589, Posthilfsboten; AN. (J. und AV.) **95** 109.

Verneint wurde die Reichsbeamteneigenschaft für einen von einem Pastagenten privat angenommenen Postboten; AN. (J. und AV.) **92** 45, ferner für einen von einer Privatposthalterei angenommenen Postillion; AN. **96** 253, ferner für Postaushelfer; AN. **92** 392.

Bejaht wurde die Eigenschaft als Länderbeamter: Für Kanzleigehilfen im preuß. Justizdienst, wenn sie zur Deckung eines dauernden Bedürfnisses angenommen sind; AN. (J. und AV.) **91** 159, ferner für Kanzleigehilfen, die unter die Kanzleiordnung für die preuß. Gerichte und Staatsanwaltschaften v. 27. III. 07 fielen; AN. **13** 364, für preuß. Hilfsgefangenenaufseher; AN. **13** 444, Schuldiener an höheren staatlichen Schulen in Preußen; AN. (J. und AV.) **92** 15, erster Drucker der staatlichen metallographischen Anstalt in Sachsen; AN. **99** 435, akademischer Förster an der Universität Jena; AN. **99** 719, Gerichtschreibergehilfen in Hessen; AN. **02** 547.

Verneint wurde die Eigenschaft als Länderbeamter für einzeln gelohnte Nachtwächter an einem preußischen Justizgefängnis; AN. (J. und AV.) **91** 168, württemberg. Notariatsgehilfen; AN. **03** 366.

Gemeindebeamten sind die von Gemeindeverbänden oder Gemeinden für bestimmte Stellen ordnungsmäßig ernannten Personen; AN. **02** 390 und Anl. d. RVA. Ziff. 27 Abs. 4. Daher sind keine Gemeindebeamten die in Württemberg ohne Übertragung einer bestimmten Stelle im kommunalen Dienst widerruflich beschäftigten Kanzleigehilfen und Verwaltungskandidaten; AN. **02** 390.

Trotz Fehlens einer förmlichen Anstellung kann aber hier unter Umständen kraft Gesetzes ein Beamtenverhältnis bestehen; AN. **97** 469, **99** 430, **02** 596. In Bayern wird für die Stellung als Beamter einer Kreisgemeinde die Verleihung einer Bestallungsurkunde vorausgesetzt; AN. **11** 520. Im übrigen siehe über den Begriff des bay. Gemeindebeamten AN. **08** 563. In Preußen wird für die Kommunalbeamteneigenschaft gemäß § 1 des G., betr. die Anstellung und Versorgung der Kommunalbeamten, v. 30. VII. 99 (GesS. S. 141), verlangt, daß der Betreffende für den Dienst eines Kommunalverbandes angestellt ist; die Anstellung erfolgt auch hier durch Aushändigung einer Anstellungsurkunde; AN. **11** 499.

Einzelfälle: AN. (J. und AV.) **91** 169 (Kämmerer eines Marktfleckens in Hannover), **91** 170 (Stadtschreiber in Hessen-Nassau), **92** 11 (Stadtrechner in Hessen-Nassau), **92** 20 (Bay. Stadt- und Marktschreiber), **92** 81 (Beamter einer Kommunalsparkasse), **92** 83 (Vorsteher eines preuß. städt. Eichamtes), **93** 86 (Sächsischer Gemeindediener), **93** 88 (Fleischbeschauer beim städt. Fleischbeschauamt), **93** 128 (Württemberg. Leichenschauer und Leichenfrauen), **93** 131 (Städt. Leichenbitterin), **94** 37 (Techniker einer bay. Distriktsgemeinde), **94** 157 (Flurwächter), **94** 177 (Sächsischer Schulhausmann), **97** 271 (Vorsteher eines sächsischen städt. Eichamtes), **97** 469 (Straßenreinigungsaufseher), **99** 430, 432, 433 (Nachtwächter), **02** 481 (Badischer Ratsschreiber), 547 (Bay. Marktschreiber), **05** 438 (Württemberg. Fleischbeschauer), **03** 363 (Pfändersammler), **04** 358 (Markthallenaufseher), **06** 488 (Feldhüter in der

Rheinprovinz), 07 478 (Aufseher usw. einer hannoverschen Provinzial-Heil- und Pflegeanstalt), 08 563 (Maschinisten usw. eines städt. Elektrizitäts- und Wasserwerkes, Schulhausdiener und Kanzlisten einer bay. Stadtgemeinde), 07 530 (Fleischbeschauer), 11 499 (Bürogehilfen einer preuß. Stadt), 23 36 (Württemberg. Verwaltungskandidaten).

3. Begriff Gemeindeverbände siehe § 1234 Anm. 3.

4. Die Ausbildung lediglich für ihren Beruf wird nicht ausgeschlossen, wenn der Beamte zugleich zur Erledigung eines Teiles der laufenden Geschäfte verwendet wird; AN. **13** 365. Daher ist die Versicherungsfreiheit aus § 1234 bejaht worden bei einem aktiven Oberjäger der Klasse A während seiner sechsmonatigen Beschäftigung im Forstbetriebe; AN. **10** 583, dagegen verneint worden bei einem zur Reserve beurlaubten Jäger der Klasse A, der von einer Gemeinde als Hilfsförster beschäftigt wurde; AN. **09** 428 (die beiden Entscheidungen betreffen die alten militärischen Verhältnisse).

5. Soldaten siehe Reichswehrgesetz v. 23. III. 21 (RGBl. S. 329) § 1.

Ob die betreffende Tätigkeit als im Dienste ausgeübt anzusehen ist, richtet sich nach den dienstpragmatischen Vorschriften. Dabei gelten die bei Zivilbehörden probeweise beschäftigten Soldaten nach der Absicht des Gesetzes als versicherungsfrei; Begr. z. RVO. S. 391. § 1235 gilt jedoch nicht bei außerdienstlicher Beschäftigung gegen Lohn, z. B. bei Beschäftigung von Soldaten, die aushilfsweise in der Ernte arbeiten; AN. (J. und AV.) **91** 124. Dabei ist jedoch im einzelnen zu prüfen, ob ein abhängiges Beschäftigungsverhältnis bei dem Dritten vorliegt; AN. **10** 469, 470 (Verneinung des Abhängigkeitsverhältnisses bei Mitgliedern einer Militärkapelle bei Musikaufführungen für Private). Auch ist bei Soldaten, die in Privatbetrieben beschäftigt werden, zu prüfen, ob es sich um eine Kommandierung handelt, oder ob sie beurlaubt sind. Nur im letzteren Fall tritt Versicherungspflicht ein; AN. **17** 245, **18** 339. Ob eine Kommandierung oder eine Beurlaubung vorliegt, richtet sich nach der vom Truppenteil gewählten Form; Bescheid des Kriegsministeriums v. 3. XII. 17 ArbVers. **18** 92. Die Versicherungspflicht wurde verneint, wenn die Beschäftigung des Kriegsbeschädigten einen Teil der ärztlichen Behandlung bildete, sich also als sogenannte Arbeitstherapie darstellte, während Kriegsbeschädigte, die zur Beschäftigung in einen Betrieb beurlaubt waren, als versicherungspflichtig behandelt wurden; AN. **17** 324 (Geschäftsbericht des RVA.), AN. **16** 710 (Erl. des Kriegsministeriums v. 16. VI. 16). Demgemäß sind auch Kriegsbeschädigte, die in Invalidenschulen-Werkstätten zur Ausbildung beschäftigt wurden, als nicht versicherungspflichtig angesehen worden; AN. **17** 626.

6. Eine Tätigkeit während der wissenschaftlichen Ausbildung setzt voraus, daß die Ausbildung des Beschäftigten noch nicht abgeschlossen ist und ferner, daß die Tätigkeit während der wissenschaftlichen Ausbildung stattfindet; AN. **00** 835. Daher sind für versicherungsfrei erklärt worden Hilfslehrer, die sich auf die zweite Prüfung vorbereiten; AN. **00** 835, ausländische Lehrer, die in ihrer Heimat die erforderlichen Prüfungen teilweise abgelegt haben und in Deutschland an einer Privatschule tätig sind; AN. **04** 524, Praktikanten, die zur Vorbereitung ihrer Ausbildung an einer Technischen Hochschule zunächst gegen Entgelt in einer Fabrik oder in einem anderen Gewerbebetrieb beschäftigt werden; AN. **29** 310, während nach altem Recht als invalidenversicherungspflichtig angesehen wurden Lehrer, die nach Ablegung der für den öffentlichen Schuldienst befähigenden Prüfungen an einer Privatanstalt unterrichteten; AN **00** 835, ferner französische Lehrassistenten an einer deutschen höheren Schule; AN. **10** 398.

§ 1236. Versicherungsfrei ist, wer invalide[1] ist oder wer eine Invaliden-[2], Witwen-[3] oder Witwerrente nach den Vorschriften dieses Gesetzes oder eine Witwerrente nach den Vorschriften des Angestelltenversicherungsgesetzes bezieht.

G. v. 10. XI. 22 (RGBl. I S. 849) Abschn. B, Nr. 4.

1. Invalide ist einerseits derjenige, der dauernd invalide ist, und zwar wenn er beim Inkrafttreten der IVPflicht für seinen Berufszweig bereits dauernd invalide war, von da ab; AN. (J. und AV.) **91** 156, **95** 213, ferner wenn er im Laufe eines versicherungspflichtigen Beschäftigungsverhältnisses dauernd invalide wird, von diesem Zeitpunkt an; AN. (J. und AV.) **92** 55, Monatsschr. **17** 678 (Sächs. LVAmt), ArbVers. **17** 348 (Sächs. LVAmt).

Anderseits ist invalide auch derjenige, der vorübergehend invalide ist; jedoch scheidet er aus der Versicherungspflicht in diesem Fall erst mit dem Ablauf der 26. Woche der vorübergehenden Invalidität aus; AN. **97** 353, **00** 696. Bis dahin unterliegt er noch vollständig der Versicherung, so daß Krankheitswochen, die in die ersten 26 Wochen der vorübergehenden Invalidität fallen und nach den sonstigen Voraussetzungen als Ersatzzeiten anrechenbar sind, auf die Wartezeit anzurechnen sind; AN. (J. und AV.) **93** 59. Die Anrechnung weiterer Beitragswochen auf Grund der Krankheit ist demgemäß unmöglich, und zwar auch derjenigen Wochen, die sich als Fortsetzung der innerhalb der ersten 26 Wochen begonnenen Krankheit darstellen; AN. **14** 693, ArbVers. **17** 375 (Sächs. LVAmt), EuM. **18** 333 (Bayr. LVAmt). Auch die Vorschrift des § 1279 Abs. 4 führt zu keiner anderen Beurteilung, da dort nur verlangt wird, daß durch die Krankheit zeitweise Arbeitsunfähigkeit eintritt, aber nicht, daß sie die Invalidität zur Folge hat; Monatsschr. **17** 281 (RVA.). Der Eintritt der 27. Woche vorübergehender Berufsunfähigkeit schließt nicht nur von der Versicherungspflicht aus, sondern verhindert auch die Möglichkeit zur Entrichtung freiwilliger Beiträge; AN. **97** 353, **00** 696. Er bewirkt aber auch nach allgemeinen Grundsätzen, daß die bis dahin erworbene Anwartschaft nicht mehr erlöschen kann; AN. **03** 514, **09** 422.

Der Eintritt des gesetzlichen Alters von 65 Jahren schließt dagegen noch nicht die Versicherungspflicht und auch nicht die Möglichkeit zur freiwilligen Versicherung aus. In der früheren Rechtsprechung wurde aber eine Rückverwendung freiwilliger Beiträge auf den Zeitpunkt vor Eintritt des 65. Lebensjahres aus der Erwägung ausgeschlossen, daß nach Eintritt des Versicherungsfalles nicht mehr einseitig die Rechtslage zugunsten einer Partei durch Handlungen der anderen Partei verschoben werden könne; AN. **11** 414 (Erw. Sen.). Sie ist jedoch in der späteren Rechtsprechung verlassen, und zwar ohne Anrufung des Groß. Senats, da die Gesetzgebung inzwischen die besondere Altersrente beseitigt hatte. Nunmehr wird auch die Zurückentrichtung freiwilliger Beiträge auf die Zeit vor Vollendung des 65. Lebensjahres zugelassen; AN. **27** 432. Wird aber auf Grund des Alters bereits die Invalidenrente bezogen, siehe Anm. 2.

2. Invalidenrente fällt unter die Vorschrift nicht nur, wenn sie auf Grund der Invalidität, sondern auch wenn sie auf Grund des gesetzlichen Alters bezogen wird; AN. **25** 48. Letzteres gilt jedoch nur für die Invalidenrente wegen Alters, die auf Grund der Neufassung des § 1236 infolge der Novelle vom 10. XI. 22 bezogen wird, während der Bezug einer Altersrente des alten Rechtes nicht die Versicherungspflicht ausschließt; AN. (J. und AV.) **91** 148. Auch die freiwillige Versicherung ist durch den Bezug einer Altersrente alten Rechtes für die Zukunft nicht ausgeschlossen; AN. **24** 81. Die unter neuem Recht wegen Alters bewilligte Invalidenrente, die sogenannte Alters-Invalidenrente hindert sowohl den Bezieher am Verbleiben in der Pflichtversicherung als auch schließt sie die Möglichkeit der freiwilligen Beitragsentrichtung aus; AN. **25** 48.

3. Eine Witwe, die wegen Vollendung des 65. Lebensjahres Witwenrente aus

der JV. bezieht und deshalb nach § 1236 versicherungsfrei ist, kann bis zum Eintritt dauernder oder vorübergehender Invalidität freiwillige Beiträge zur Erfüllung der Wartezeit in ihrer eigenen Versicherung entrichten; AN. 29 167.

§ 1237. Auf seinen Antrag wird von der Versicherungspflicht befreit[1 8],

wem[2] von dem Reiche[3], der Deutschen Reichsbahn-Gesellschaft, einem Lande, einem Gemeindeverband, einer Gemeinde oder einem Versicherungsträger, oder

wem[2] auf Grund früherer Beschäftigung als Lehrer oder Erzieher an öffentlichen Schulen oder Anstalten

Ruhegeld[4], Wartegeld oder ähnliche Bezüge[5] im Mindestbetrage der Invalidenrente nach den Sätzen der ersten Lohnklasse bewilligt[6] sind und daneben Anwartschaft auf Hinterbliebenenfürsorge (§ 1234)[7] gewährleistet ist.

Auf seinen Antrag wird von der Versicherungspflicht auch befreit, wer Ruhegeld aus der Angestelltenversicherung oder eine knappschaftliche Pension bezieht.

Reichsbahn-Personalges. v. 30. VIII. 24 (RGBl. II S. 281), G. v. 16. XI. 22 (RGBl. I S. 849), Reichsknappschaftsges. v. 23. VI. 23 (RGBl. I S. 454).

1. Wird befreit, bedeutet, daß die Versicherungspflicht aufhört, dagegen nicht, daß auch die Rechte aus einer früheren Pflichtversicherung ohne weiteres verlorengingen; AN. (J. und AV.) **94** 151. Der Befreite kann sich daher unter den allgemeinen Voraussetzungen freiwillig weiter versichern; AN. **97** 589. Auch wird letzteres sogar unter Umständen für ihn notwendig, um den Verlust der Anwartschaft zu verhüten; denn durch die Befreiung wird nicht etwa die Anwartschaft aus den bis dahin erworbenen Beiträgen aufrechterhalten, sondern sie erlischt, wenn die allgemeinen Voraussetzungen für das Erlöschen eintreten; AN. **06** 281.

2. Wem. Es handelt sich hier nicht nur um gewesene Beamte im Sinne des § 1235; AN. (J. und AV.) **92** 116, **93** 163, **96** 429, **99** 590. Auch Beamtenwitwen, die eine Witwenpension beziehen, können befreit werden; der Gewährleistung einer Anwartschaft auf Hinterbliebenenfürsorge steht der Genuß der Witwen- und Waisenpension gleich. Demgemäß ist die Befreiung bewilligt worden für die Witwe eines bayr. Volksschullehrers auf Grund ihrer Witwenbezüge; AN. **10** 651.

3. Von dem Reich muß das Ruhegeld, Wartegeld oder der ähnliche Bezug gewährt werden. Es genügt nicht, wenn der Bezug aus einer Pensionskasse oder Fürsorgekasse erfolgt. Daher wurde nicht hierher gerechnet der Fall, daß der Bezug aus einer elsaß-lothringischen Pensionszuschußkasse gewährt wurde; AN. **02** 483, ebensowenig ein Bezug aus der Fürsorgekasse für hessische Kommunalbeamte; AN. **10** 529.

Voraussetzung der Befreiung ist nur, daß die betreffenden Bezüge bewilligt sind, so daß die Befreiung nicht dadurch unzulässig wird, daß der bewilligte Bezug ruht z. B. wegen anderweitiger Beschäftigung des Berechtigten im Staatsdienst; Anl. d. RVA. Ziff. 32.

4. Begriff Ruhegeld. Zunächst siehe § 1234 Anm. 4.

Die Beziehung auf ein früheres Dienstverhältnis ist wesentlich. Deshalb stellt sich z. B. eine Haftpflichtentschädigung, die vom Staat auf Grund privatrechtlicher Haftung gewährt wird, nicht als Ruhegeld im Sinne des § 1237 dar; AN. **99** 589. In dem Begriff des Ruhegeldes liegt weiter, daß die Fortdauer des Bezugs sichergestellt ist, ohne daß jedoch einzelne Verwirkungsfälle begrifflich die Befreiung ausschlössen. Sie ist daher auch wirksam, wenn eine Verwirkung des Bezugs wegen Zuchthausstrafe eintritt; AN. **99** 590.

Auf die äußere Bezeichnung des Bezuges kommt es nicht entscheidend an. Ein Ruhegeld im gesetzlichen Sinn ist auch angenommen worden bei Kriegszulagen an frühere Militärpersonen, ferner bei Zulagen für Nichtbenutzung des Zivilversorgungsscheins, bei Anstellungsentschädigungen und Alterszulagen; AN 97 354, 03 543, 04 360. Kein Ruhegeld dagegen sind die Versorgungsansprüche auf Grund des Reichsversorgungsgesetzes; AN. 24 15.

5. Ähnliche Bezüge sind Bezüge, die ihrer Art nach wie die in Anm. 4 erwähnten Bezüge sich darstellen, aber nicht auf einem Rechtsanspruch zu beruhen brauchen; es genügt vielmehr, wenn es sich um tatsächlich gesicherte Leistungen handelt, die nach Lage der Umstände einem eigentlichen Ruhegeld gleichwertig sind, mögen sie auch äußerlich z. B. als Unterstützungen bezeichnet sein; Anl. d. RVA. Ziff. 32.

Demgemäß ist als pensionsähnlicher Bezug anerkannt worden eine „fortlaufende, jährliche, jederzeit widerrufliche Unterstützung", die ein Gemeindeverband einem früheren Krankenwärter an Stelle der Pension bewilligt hatte; AN. 07 412, ferner das einem dienstunfähigen Beamten bis zu seiner Pensionierung weiter gezahlte Gehalt; AN. 07 413, 10 528.

Ob eine ausreichende Gewähr gegeben ist, beurteilt sich nach den Umständen des einzelnen Falles. Dabei fällt insbesondere ins Gewicht, ob die Gewährung der Zuwendung nur im Ermessen der bewilligenden Stelle steht, ob die Zuwendung widerruflich ist, ob der Widerruf bei einer Änderung der die Bewilligung voraussetzenden Umstände z. B. der Würdigkeit und Bedürftigkeit des Empfängers zulässig ist und bei gleichartigen Bezügen tatsächlich in nicht unbedeutendem Umfang stattfindet. Liegt letzteres nicht vor, so steht die formelle Widerruflichkeit nicht der Befreiung von der Versicherungspflicht entgegen; AN. 01 612, 03 542, 17 559.

Dagegen ist die Eigenschaft als pensionsähnlicher Bezug in folgenden Fällen verneint worden: bei der Zahlung aus dem Staatsfonds zu Unterstützungen für ausgeschiedene Elementarlehrer und Lehrerinnen in Preußen; AN. 01 612, ferner bei Unterstützung eines dienstunfähigen Militärbeamten aus dem ehemaligen Kaiserlichen Dispositionsfonds; AN. 03 542; bei einer von der Heeresverwaltung aus Reichsmitteln gewährten Arbeiterunterstützung, soweit nicht das Reich in eine bestehende Verpflichtung eingetreten war; AN. 03 544, bei einer Unterstützung, die einem ehemaligen Gehilfen der Reichsdruckerei bewilligt war; AN. 09 460, bei Reichsbeihilfen an Kriegsteilnehmer; AN. 10 527, für Beihilfen auf Grund des § 46 Abs. 1 des Mannschaftsversorgungsgesetzes v. 31. V. 06; AN. 09 458, für Zuschüsse an die im Landesdienst von Elsaß-Lothringen beschäftigt gewesenen Personen; AN. 09 460, bei Unterstützungen an dienstunfähige Notariatsgehilfen in Bayern; AN. 10 528, beim Ruhegehalt eines Kreisstraßenwärters in Hessen; AN. 10 529, bei Unterstützung eines schwarzburgischen Hofbediensteten aus der ehemals fürstlichen Hofkasse; AN. 04 476, beim Ruhegeld eines schaumburg-lippischen Domanialbeamten; AN. 04 519, Sustentation einer oberbayerischen Irrenpflegerin; AN. 04 628.

Ob der Bezug die geschilderten Voraussetzungen erfüllt, hat die über den Befreiungsantrag befindende Behörde im Einzelfall zu prüfen; Anl. d. RVA. Ziff. 32.

Die RVO. hat die Befreiungsmöglichkeit auf Grund einer Rente der reichsgesetzlichen Unfallversicherung beseitigt, die der § 4 Abs. 3 J. und AVG. und der § 6 Abs. 1 JVG. kannten; Anl. d. RVA. Ziff. 32 Abs. 2.

6. Die Bewilligung des Bezugs setzt nicht voraus, daß der Bezug auch unbedingt in jedem Augenblick fortlaufend tatsächlich gewährt wird, sondern die Befreiung bleibt auch bestehen, wenn der Bezug z. B. wegen anderweitiger Beschäftigung des Berechtigten im Staatsdienst ruht; Anl. d. RVA. Ziff. 32 Abs. 3.

7. Die Anwartschaft auf Hinterbliebenenfürsorge ist grundsätzlich zwar in allen Fällen neben dem bewilligten Ruhegeld oder ähnlichem Bezug er-

forderlich. Jedoch sind Befreiungen auch ohne Anwartschaft auf Hinterbliebenenfürsorge lediglich auf Grund des Bezugs von Ruhegeld oder ähnlichen Bezüger bewilligt worden bei ledigen Personen, da nach der Absicht des Gesetzgebers das Fehlen einer Anwartschaft auf Hinterbliebenenfürsorge die Befreiung nur dann hindert, wenn Familienmitglieder, die Hinterbliebenenansprüche geltend machen können, vorhanden sind; AN. **17** 559, Begr. z. RVO. S. 392. Die Entscheidung, ob eine Anwartschaft auf Hinterbliebenenfürsorge gewährleistet ist, steht lediglich den nach § 1234 Abs. 2 zuständigen Stellen zu; zuständig ist dabei für frühere Reichsbedienstete der den betreffenden Zweig der Reichsverwaltung leitende Reichsminister (für das Gebiet der AV. ergangen); AN. **26** 386. Begriff Anwartschaft siehe § 1234 Anm. 4a. Wird somit der Kreis der fürsorgeberechtigten Angehörigen des Pensionärs nach den Verhältnissen bei Erhebung des Befreiungsantrags bestimmt, so wird doch „die Befreiung wieder aufhören müssen, wenn sich die Verhältnisse ändern und neue bisher nicht gedeckte Fürsorgeansprüche in Frage kommen. Demnach wird ein männlicher oder weiblicher Beamter, wenn er nach seiner Versetzung in den Ruhestand eine Ehe eingeht, von der Versicherungspflicht nicht befreit werden können und seine etwa vorher ausgesprochene Befreiung wird wegfallen müssen; denn durch die staatliche Fürsorge sind nur die Witwe und die Waisen aus einer vor Ablauf der Dienstzeit geschlossenen Ehe sichergestellt". Begr. zur RVO. S. 392.

8. Läßt sich der Wartegeldempfänger nicht befreien, so ist nicht nur der das Wartegeld übersteigende Teil, sondern der volle vom Arbeitgeber gezahlte Betrag als Arbeitsverdienst anzusetzen; EuM. **23** 259.

§ 1238. Auf ihren Antrag werden von der Versicherungspflicht befreit Versicherungspflichtige, die während oder nach der Zeit eines Hochschulunterrichts zur Ausbildung für ihren künftigen Beruf oder in einer Stellung beschäftigt werden, die den Übergang zu einer der Hochschulbildung entsprechenden versicherungsfreien Beschäftigung bildet.

Praktikanten, die zur Vorbereitung ihrer Ausbildung an einer Technischen Hochschule zunächst gegen Entgelt in einer Fabrik oder in einem anderen Gewerbebetrieb beschäftigt werden, gehören nicht zu den Personen, die an sich versicherungspflichtig, aber gemäß § 1238 berechtigt sind, ihre Befreiung von der JV. zu beantragen, sondern zu den Personen, die gemäß § 1235 Nr. 3 RVO. gesetzlich von der JV. frei sind; AN. **29** 310.

§ 1239. Auf seinen Antrag wird von der Versicherungspflicht befreit[1], wer im Laufe eines Kalenderjahres Lohnarbeit nur in bestimmten Jahreszeiten[2] für nicht mehr als zwölf Wochen oder überhaupt für nicht mehr als fünfzig Tage übernimmt[3 4 5], im übrigen aber seinen Unterhalt selbständig erwirbt oder ohne Entgelt tätig ist. Die Befreiung ist nur zulässig, solange nicht einhundert Beitragsmarken verwendet worden sind.

Die Reichsregierung kann näheres bestimmen[6].

1. Begrifflich setzt die Befreiung voraus, daß andernfalls Versicherungspflicht bestehen würde. Daher kommt die Befreiung nicht in Frage, wenn es sich nur um eine solche vorübergehende Dienstleistung handelt, die auf Grund des § 1232 und der dazu ergangenen Ausführungsbestimmungen ohnedies versicherungsfrei ist; AN. **09** 591.

2. In diesem Falle kommt es nur auf die Zahl der Wochen an, in denen der Saisonarbeiter arbeitet, dagegen nicht auf die Zahl der Arbeitstage. Unerheblich ist dabei, ob er volle Wochen oder Wochenteile arbeitet; Soergel **3** 212 (RVA.).

3. Lohnarbeit im Sinne dieser Vorschrift ist nur diejenige Lohnarbeit, die an sich versicherungspflichtig ist; Soergel **2** 324 (RVA.).

4. Ob die Anwartschaft aus den Beiträgen im Augenblick der Entscheidung über den Befreiungsantrag erloschen ist, ist ohne Bedeutung; es genügt, daß sie einmal gültig entrichtet waren; AN. 07 492.

5. Wird befreit... Über die erfolgte Befreiung wird eine Versicherungsfreikarte ausgestellt; Bek. v. 24. XII. 99 abgedr. Anm. 6. Gebühr für die Ausstellung der Versicherungsfreikarte siehe V. v. 4. X. 23 (RGBl. I S. 936) (siehe Anm. 6).

6. Die Reichsregierung kann Näheres bestimmen. Dies ist geschehen durch Bek. v. 24. XII. 99, „betr. die Befreiung von der Versicherungspflicht auf Grund des § 6 Abs. 2 des Invalidenversicherungsgesetzes" (RGBl. 99 S. 721). Sie ist abgeändert worden durch V. v. 4. X. 23 „über die Gebühren für Versicherungsfreikarten" (RGBl. I S. 936) und sodann durch V. v. 16. IV. 24 (RGBl. I S. 405).

In dieser Fassung lautet die Bek. v. 24. XII. 99 folgendermaßen:

„1. Über Anträge auf Befreiung von der Versicherungspflicht gemäß § 6 Abs. 2 des Invalidenversicherungsgesetzes (§ 1239 Abs. 1 RVO.) entscheidet die für den Wohnort des Antragstellers und, sofern dieser im Inland keinen Wohnort hat, die für seinen dauernden Aufenthaltsort zuständige untere Verwaltungsbehörde (VA.).

2. Dem Antrag ist nur stattzugeben, wenn folgende Voraussetzungen zusammentreffen:

a) es muß amtlich bekannt oder glaubhaft nachgewiesen sein, daß der Antragsteller in der Hauptsache seinen Lebensunterhalt als Betriebsunternehmer oder anderweit selbständig erwirbt oder ohne Lohn oder Gehalt tätig ist;

b) es muß feststehen, daß für denselben nicht bereits 100 Beitragsmarken verwendet sind;

c) die untere Verwaltungsbehörde (VA.) muß unter Berücksichtigung der wirtschaftlichen Lage des Antragstellers und der örtlichen Verhältnisse pflichtmäßig zu der Überzeugung gelangt sein, daß der Antragsteller in demjenigen Kalenderjahre, für dessen Dauer die Befreiung von der Versicherungspflicht beantragt wird, entweder nur zu bestimmten Jahreszeiten in nicht mehr als zwölf Wochen, oder zwar zu beliebigen Jahreszeiten, aber insgesamt an nicht mehr als fünfzig einzelnen Tagen Lohnarbeit übernehmen wird.

Minderjährige bedürfen der Genehmigung des Antrags durch ihren gesetzlichen Vertreter.

3. Über die Befreiung ist dem Antragsteller eine Versicherungsfreikarte in grüner Farbe in der halben Größe der Quittungskarte nach dem anliegenden — nicht mit abgedruckt — Muster auszustellen. Für die Ausstellung der Karte kann eine Gebühr erhoben werden, deren Höhe der Reichsarbeitsminister bestimmt*).

Die Befreiung gilt für die Dauer des Kalenderjahres und für den Umfang des Reichs.

Die Versicherungsfreikarte ist dem Arbeitgeber bei der Lohnzahlung, im Falle des Einzugsverfahrens (§§ 1447 ff. RVO.) aber binnen der zur Anmeldung bei der Einzugsstelle vorgesehenen Frist, vorzuzeigen. Geschieht dies nicht, so ist der Arbeitgeber verpflichtet, die fälligen Beiträge zu entrichten und der Arbeiter hat sich den entsprechenden Lohnabzug gefallen zu lassen. Dabei finden die Bestimmungen des § 131 Abs. 2 (§ 1414 RVO.) Anwendung.

4. Die Befreiung ist von der Behörde, welche sie bewilligt hat, zurückzunehmen, wenn die befreite Person dies beantragt.

Die Befreiung muß von dieser Behörde (Abs. 1) widerrufen werden, wenn sich ergibt, daß eine der in Ziffer 2 unter a und b vorgesehenen Voraussetzungen für

---

*) 5 Rentenpfennig nach V. des RAM. v. 8. III. 24 (RGBl. I 255), jetzt sinngemäß 5 Reichspfennig.

deren Bewilligung schon bei der Ausstellung der Versicherungsfreikarte gefehlt hat oder daß eine dieser Voraussetzungen nachträglich in Fortfall gekommen ist.

Ergibt sich, daß die Lohnarbeit des Befreiten während der Geltungsdauer der Versicherungskarte die in Ziffer 2 unter c vorgesehene Dauer wesentlich überschritten hat, so ist die Befreiung für den Rest des Kalenderjahres von der für die Ausstellung der Versicherungsfreikarte oder für den Beschäftigungsort zuständigen unteren Verwaltungsbehörde (VA.) zu widerrufen. Ergeht der Widerruf von einer anderen als derjenigen Behörde, welche die Versicherungsfreikarte ausgestellt hat, so ist der letzteren Behörde unter Darlegung der für den Widerruf maßgebend gewesenen Tatsachen hiervon Mitteilung zu machen.

Die Versicherungsanstalt ist befugt, den Widerruf der Befreiung zu beantragen.

5. Gegen die Versagung und den Widerruf der Befreiung, sowie gegen die Ablehnung des Antrags auf Widerruf ist Beschwerde an die zunächst vorgesetzte Behörde zulässig, welche endgültig entscheidet.

6. In dem Falle der Zurücknahme oder des Widerrufs der Befreiung ist die Versicherungsfreikarte durch die untere Verwaltungsbehörde (VA.) des Wohnorts oder dauernden Aufenthaltsorts oder des Beschäftigungsorts wieder einzuziehen.

7. Durch die Landes-Zentralbehörde wird bestimmt, von welchen Staats- oder Gemeindebehörden die in Ziffer 1 bis 4 und 6 den unteren Verwaltungsbehörden zugewiesenen Verrichtungen wahrzunehmen sind.

8. Auf vorübergehende Dienstleistungen, für welche der Bundesrat gemäß § 4 Abs. 1 (§ 1232 RVO.) die Versicherungspflicht allgemein ausgeschlossen hat, finden diese Bestimmungen keine Anwendung."

§ 1240. Über den Antrag entscheidet[1] das für den Wohnsitz[2] des Antragstellers zuständige Versicherungsamt (Beschlußausschuß). Hat der Antragsteller im Inland keinen Wohnsitz, so entscheidet das Versicherungsamt seines dauernden Aufenthalts. Auf Beschwerde entscheidet das Oberversicherungsamt endgültig.

Die Befreiung wirkt vom Eingang des Antrags an[3].

1. Die Entscheidung spielt sich in den Formen des Beschlußverfahrens ab. Es müssen alle Beteiligten zugezogen werden; AN. **13** 483.

2. Wohnsitz siehe § 7 BGB. Er lautet: „Wer sich an einem Orte ständig niederläßt, hat an diesem Orte seinen Wohnsitz."

Der Wohnsitz kann gleichzeitig an mehreren Orten bestehen.

Der Wohnsitz wird aufgehoben, wenn die Niederlassung mit dem Willen aufgehoben wird, sie aufzugeben."

Dazu auch weiter u. a. §§ 10, 11 BGB. Sie lauten:

„§ 10. Die Ehefrau teilt den Wohnsitz des Ehemanns. Sie teilt den Wohnsitz nicht, wenn der Mann seinen Wohnsitz im Ausland an einem Orte begründet, an den ihm die Frau nicht folgt und zu folgen nicht verpflichtet ist.

Solange der Mann keinen Wohnsitz hat oder die Frau seinen Wohnsitz nicht teilt, kann die Frau selbständig einen Wohnsitz haben."

„§ 11. Ein eheliches Kind teilt den Wohnsitz des Vaters, ein uneheliches Kind den Wohnsitz der Mutter, ein an Kindes Statt angenommenes Kind den Wohnsitz des Annehmenden. Das Kind behält den Wohnsitz bis es ihn rechtgültig aufhebt.

Eine erst nach dem Eintritt der Volljährigkeit des Kindes erfolgende Legitimation oder Annahme an Kindes Statt hat keinen Einfluß auf den Wohnsitz des angenommenen Kindes."

3. Zeitpunkt des Beginns der Wirkung des Antrages. Ist der Befreiungsantrag nicht unmittelbar beim Versicherungsamt, sondern bei einer anderen deutschen

Behörde gestellt, so wirkt die Befreiung vom Eingang des Antrages bei dieser Behörde an; AN. **29** 313 (AV.).

§ 1241. Das Versicherungsamt (Beschlußausschuß) widerruft die Befreiung, sobald ihre Voraussetzungen nicht mehr vorliegen. Auf Beschwerde entscheidet das Oberversicherungsamt endgültig.

Bei Verzicht[1] auf die Befreiung und bei ihrem endgültigen Widerruf tritt die Versicherungspflicht wieder in Kraft[2].

1. In der bloßen Tatsache der Entrichtung von Beiträgen kann für sich allein ein solcher Verzicht noch nicht erblickt werden; EuM. **1** 193 (Sächs. LVAmt).

2. Wieder in Kraft tritt die Versicherungspflicht nach erfolgtem Verzicht oder Widerruf nur für die Zukunft, nicht mit Rückwirkung; AN. **00** 688.

§ 1242. Das Reichsversicherungsamt kann[2] auf Antrag[2] des Arbeitgebers bestimmen, wieweit § 1234, § 1235 Nr. 1, §§ 1237, 1240, 1241 gelten für

1. die in Betrieben oder im Dienst anderer öffentlicher Verbände[1] oder von Körperschaften[1] oder als Lehrer und Erzieher an nicht öffentlichen Schulen oder Anstalten Beschäftigten, wenn[2] ihnen die im § 1234 bezeichneten Anwartschaften[3] gewährleistet sind oder sie lediglich für ihren Beruf ausgebildet werden,

2. Personen, denen auf Grund früherer Beschäftigung bei solchen Verbänden oder Körperschaften, Schulen oder Anstalten Ruhegeld, Wartegeld oder ähnliche Bezüge im Mindestbetrage der Invalidenrente nach den Sätzen der ersten Lohnklasse bewilligt sind und daneben eine Anwartschaft auf Hinterbliebenenfürsorge (§ 1234) gewährleistet ist,

3. Beamte und Bedienstete der landesherrlichen[4] Hof-, Domanial-, Kameral-, Forst- und ähnlichen Verwaltungen, der Herzoglich Braunschweigischen Landschaft und der Fürstlich Hohenzollernschen Fideikommißverwaltung.

G. v. 21. VII. 22 (RGBl. I S. 654) Art. I Nr. 6.

1. Öffentliche Verbände oder Körperschaften sind nicht nur solche des Inlandes, sondern auch des Auslandes; AN. **12** 1144 (Bek. v. 14. XII. 22, betr. Bedienstete der österreichischen Staatsbahnen).

2. Von der Befugnis des § 1242 hat der ehemalige Bundesrat in seiner Verwaltungsübung vielfach in bedingter Weise Gebrauch gemacht, derart, daß er die Anwendung der Vorschrift für Personen, die im Betriebe oder im Dienste anderer als der im § 1234 bezeichneten öffentlichen Verbände oder von Körperschaften beschäftigt sind, aussprach mit dem Zusatz, daß die Befreiung von dem Arbeitgeber beantragt werden muß. Z. B. Bundesratsbeschluß v. 4. III. 25; AN. **15** 418:

Dieser Antrag ist an die beteiligte LVAnst., dagegen nicht an das VA. zu richten; AN. **16** 561. Führt die Stellungnahme der LVAnst. zu einem Streite darüber, ob die gesetzlichen Voraussetzungen für die Befreiung von der Versicherungspflicht vorliegen, so ist dieser Streitfall als eine Beitragsstreitigkeit im Verfahren nach § 1459 zum Austrag zu bringen. In diesem Verfahren wird zugleich auch ein Streit darüber entschieden, welche Wirkung dem Antrag hinsichtlich des Zeitpunktes, in dem die Befreiung eintritt, zukommt; AN. **17** 522. Die Befreiung kann aber nicht für eine vor dem Eingang des Antrages des Arbeitgebers beim RVA. liegende Zeit ausgesprochen werden (für das Gebiet der AV.); EuM **19** 244.

3. Wenn der ehemalige Bundesrat auf Grund des § 7 J- und AVG. beschlossen hat, daß Beamte eines Verbandes von der Versicherungspflicht befreit sein sollen

sofern sie mit Pensionsberechtigung angestellt sind, so gilt dies auch für die Zeit nach dem Inkrafttreten des JVG. sowie auch der RVO. mit der Maßgabe, daß eine Pensionsanwartschaft zum Ausschlusse der Versicherungspflicht genügt; AN. 04 519.

4. Zu den landesherrlichen Hofverwaltungen gehört jetzt nach der Staatsumwälzung die Hofstaats- und Vermögensverwaltung einer prinzlichen Nebenlinie des ehemaligen preußischen Königshauses nicht. Sie hat vielmehr jetzt privaten Charakter und bietet nicht mehr diejenige Sicherheit öffentlich-rechtlicher Art, die in früherer Zeit für die Ansprüche auf Ruhegehalt usw. bestand; AN. 25 101; vgl. auch EuM. 20 151.

§ 1242a [1 6]. (1) Scheiden [2 3] Personen, die gemäß § 1234, § 1235 Nr. 1, 2, § 1242 versicherungsfrei sind, aus der versicherungsfreien Beschäftigung aus, ohne daß Ruhegeld oder Hinterbliebenenrente (§ 1234) oder eine gleichwertige Leistung auf Grund des Beschäftigungsverhältnisses gewährt wird, so sind für die Zeit, während der sie sonst versicherungspflichtig gewesen wären, Beiträge zu entrichten [4], und zwar für jede Woche bis zum Schlusse des Jahres 1923 in der Lohnklasse II, für die spätere Zeit in der dem jeweiligen Lohne entsprechenden Lohnklasse. Die Beiträge sind frühestens von dem Zeitpunkt der Einführung der Versicherungspflicht für die in Frage kommende Berufsgruppe an zu entrichten. Für Ersatzzeiten im Sinne der §§ 1279, 1279a und im Sinne des Artikel II C des Gesetzes über die anderweite Festsetzung der Leistungen und der Beiträge in der Invalidenversicherung vom 23. VII. 21 (RGBl. S. 984) unterbleibt die Beitragsentrichtung. Der Eintritt des Versicherungsfalls steht der Nachentrichtung von Beiträgen für die Zeit bis dahin nicht entgegen. Das Abzugsrecht gemäß § 1432 steht dem Arbeitgeber nicht zu. Wenn Personen für den gleichen Zeitraum in der Invaliden- und Angestelltenversicherung zu versichern sein würden, sind keine Beiträge zur Invalidenversicherung zu entrichten.

(2) Die nachentrichteten Beiträge gelten als rechtzeitig entrichtete Pflichtbeiträge.

(3) Sind für die Zeit nach dem Eintritt in die versicherungsfreie Beschäftigung freiwillige Beiträge entrichtet, so bleiben sie im Falle der Nachentrichtung von Pflichtbeiträgen gemäß Abs. 1 für die Berechnung der Leistungen neben den Pflichtbeiträgen auch insoweit wirksam, als sie auf den gleichen Zeitraum entfallen. Der § 1290 findet insoweit keine Anwendung.

(4) Ob Ruhegeld oder Hinterbliebenenrente den Vorschriften des § 1234 entsprechen, oder ob die an ihrer Stelle gewährte Leistung gleichwertig ist, entscheiden die nach § 1234 Abs. 2 zuständigen Stellen.

(5) Treten die Personen in eine andere, ebenfalls nach § 1234, § 1235 Nr. 1, 2, § 1242 versicherungsfreie Beschäftigung über, so ist ihnen eine Bescheinigung zu erteilen über die Zahl und Höhe der für sie nachzuentrichtenden Beiträge sowie über die Kalenderwochen, auf welche die Beiträge entfallen. Eine gleiche Bescheinigung ist dem zuständigen Versicherungsträger unter Angabe des neuen Arbeitgebers zu übersenden. Die Beiträge gemäß Abs. 1 sind erst dann nachzuentrichten, wenn beim Ausscheiden aus der zweiten oder der sich anschließenden weiteren versicherungsfreien Beschäftigung ebenfalls nicht Ruhegeld oder Hinterbliebenenrente (§ 1234) gewährt wird.

(6) Die Reichsregierung kann mit Zustimmung des Reichsrats weitere Ausnahmen zulassen, in denen die Nachentrichtung von Beiträgen unterbleibt oder aufgeschoben wird, und hierfür Näheres bestimmen.

V. v. 13. II. 24 (RGBl. I S. 62, 172, 255), Art. II Nr. 2, G. v. 28. VII. 25 (RGBl. I S. 157, Art. I Nr. 3, G. v. 29. III. 28 (RGBl. I S. 117)[5].

1. „Bei Bemessung des Gehaltes (Lohns) der bezeichneten versicherungsfreien Personen wird auf den ihnen später zustehenden Pensionsanspruch Rücksicht genommen. Es ist daher gerechtfertigt, in allen Fällen, in denen das versicherungsfreie Beschäftigungsverhältnis endet, ohne daß die Pension gewährt wird, dem Arbeitgeber die Pflicht aufzuerlegen, für die Beschäftigungszeit Beitragsmarken zur Invalidenversicherung nachträglich zu entrichten"; Begr. zur V. v. 13. II. 24, RABl. **24** 95.

2. Die Beiträge sind nur dann nachzuentrichten, wenn das Ausscheiden aus der versicherungsfreien Beschäftigung nach dem 1. X. 23 stattfindet. Ist der versicherungsfreie Beschäftigte bei demselben Arbeitgeber zuerst an sich invalidenversicherungspflichtig, später an sich angestelltenversicherungspflichtig, so greifen beim Übertritt von der ersteren zur letzteren Tätigkeit die Vorschriften des § 1242a Platz. Beim Austritt aus seinem ganzen Beschäftigungsverhältnis sind Beiträge zur JV. dann nicht nachzuentrichten, wenn die an sich invalidenversicherungspflichtige, aber versicherungsfreie Art seiner Beschäftigung schon vor dem 1. X.. 23 aufgehört hatte; AN. **29** 261.

3. „Auch die Fälle, in denen der Beschäftigte auf Grund disziplinarischer Entscheidung oder auf eigenen Wunsch ausscheidet, sind betroffen, da es unbillig erschien, für diese Fälle die nachträgliche Beitragspflicht auszuschalten"; Begr. zur V. v. 13. II. 24.

4. Sind Beiträge zu entrichten. „Dies betrifft auch die zeitlich unbeschränkte Annahme der Beiträge in Fällen, in denen bereits der Versicherungsfall eingetreten ist; natürlich aber nur für Zeiten, die vor diesem Zeitpunkt liegen"; Begr. zur V. v. 13. II. 24.

5. Hierzu vgl. V. v. 3. IV. 28 (RGBl. I S. 138) u. G. v. 31. III. 28 (RGBl. I S. 134).

6. Der Art. 4 des G. zur Änderung der RVO., des AVG. und des RKnG. v. 29. III. 28 (RGBl. I S. 117), wonach Personen, die vor dem Inkrafttreten dieses Gesetzes (d. i. 1. IV. 28) in eine nach § 1234, § 1235 Nr. 1, 2, § 1242 RVO. versicherungsfreie Beschäftigung eingetreten sind, freiwillige Beiträge für die Zeit vom 1. X. 23 ab nachentrichten können, auch wenn sie die Verzichterklärung nach § 1242c RVO. in der bisherigen Fassung nicht oder nicht rechtzeitig abgegeben haben, gilt auch für die Personen, die vor dem 1. X. 23 in eine nach § 1234, § 1235, Nr. 1, 2, § 1242 RVO. versicherungsfreie Beschäftigung eingetreten sind; AN. **29** 65.

Auch wenn gemäß Art. 4 des vorerwähnten Ges. v. 29. III. 28. freiwillige Weiterversicherungsbeiträge für die Zeit seit dem 1. X. 23 nachentrichtet werden, laufen die Anwartschaftsfristen aus der letzten früheren Quittungskarte weiter. Für die Aufrechterhaltung der Anwartschaft und den Lauf der Anwartschaftsfristen aus der letzten früheren Quittungskarte gelten die allgemeinen Vorschriften (§ 1280, Abs. 1 RVO.) unabhängig davon, ob die Anwartschaft des Versicherten vor dem 1. X. 23 erloschen war oder nicht; AN. **29** 420.

§ 1242 b ist weggefallen.

G. v. 29. III. 28 (RGBl. I S. 117) Art. 1 Nr. 4.

§ 1242 c ist weggefallen.

G. v. 29. III. 28 (RGBl. I S. 117) Art. 1 Nr. 4.

II. Versicherungsberechtigung

§ 1243. Zum freiwilligen Eintritt[1] in die Versicherung (Selbstversicherung) sind bis zum vollendeten vierzigsten Lebensjahre[2] berechtigt[3 4]

1. Gewerbtreibende, und andere Betriebsunternehmer[5], die in ihren Betrieben regelmäßig keine oder höchstens zwei Versicherungspflichtige beschäftigen[6],

2. Personen, die nach den §§ 1227, 1232 versicherungsfrei sind[7].

Die Berechtigten können die Selbstversicherung beim Ausscheiden aus dem Verhältnis, das die Berechtigung begründet hat, fortsetzen oder später nach § 1283 erneuern.

G. v. 30. IV. 22 (RGBl. I S. 465) Art. VIII, G. v. 10. XI. 22 (RGBl. I S. 849) Abschn. B Art. I Nr. 7.

1. „Nur für den Eintritt in die Versicherung, nicht für den weiteren Verlauf der Versicherung gilt die Altersgrenze"; Begr. zum JVG. S. 251.

Der Eintritt in die Selbstversicherung erfolgt durch eine entsprechende Willenserklärung des Berechtigten, die regelmäßig in dem Antrag auf Ausstellung einer Quittungskarte zum Zweck der Selbstversicherung zum Ausdruck kommt; AN. **02** 549, **05** 440. Eine Rückverwendung von Beiträgen über den Zeitpunkt des Eintritts hinaus ist unmöglich. Freiwillige Beiträge zur Selbstversicherung können auch nicht, gestützt auf § 1443, im Rahmen eines Jahres über den Zeitpunkt des Eintritts zurück nachgebracht werden; AN. **05** 441, **08** 566, EuM. **3** 212 (Bay. LVAmt). Ist die Eintrittserklärung aber vor Vollendung des 40. Lebensjahres erfolgt, so genügt es dann zur Durchführung der Selbstversicherung, wenn vor Vollendung des 41. Lebensjahres gemäß § 1443 auch nur eine Marke für diejenige Zeit nachverwendet wird, die vor der Vollendung des 40. Lebensjahres liegt; AN. **05** 441, **08** 566.

2. Der Eintritt in die Selbstversicherung ist nach Vollendung des 40. Lebensjahres auch dann ausgeschlossen, wenn die betreffende Person früher Pflichtbeiträge geleistet hatte; AN. **09** 428. Hat jemand zunächst zwar unberechtigt nach Vollendung des 40. Lebensjahres erst mit der Markenverwendung zur Selbstversicherung begonnen, ist dann aber der im § 1445 Abs. 3 bezeichnete zehnjährige Zeitraum seit Aufrechnung der Quittungskarte verstrichen, ohne daß eine Anfechtung erfolgt ist, so gilt diese Schutzvorschrift auch hier; vgl. Anm. zu § 1445.

3. Berechtigt. Die Berechtigung zur Selbstversicherung auf Grund einer der in Nr. 1 oder 2 des § 1243 angeführten Beschäftigungsverhältnisse setzt in jedem Fall voraus, daß die Beschäftigung im Inland stattfindet; doch steht der inländischen Tätigkeit eine ausländische dann gleich, wenn sie als Ausfluß, als Ausstrahlung eines inländischen Betriebs zu erachten ist (über diesen Begriff s. § 1226 Anm. 6 und Anm. z. § 1330); Anl. d. RVA. Ziff. 74. Die in zulässiger Weise begonnene Selbstversicherung kann aber gemäß § 1440 Abs. 2 im Ausland fortgesetzt werden; Anl. d. RVA. Ziff. 74.

Für Kriegsteilnehmer s. § 1 der Bek. v. 23. XII. 15 (RGBl. S. 845) und § 1 der Bek. v. 28. III. 18 (RGBl. S. 165) für die Anrechnung von Kriegsdienstzeiten als Selbstversicherungsbeiträgen.

4. Die Durchführung der Selbstversicherung ist, soweit die Einrichtung der Quittungskarten in Frage steht, geregelt im § 1416 Abs. 2, s. Anm. dazu.

5. Gewerbtreibende und andere Betriebsunternehmer, die ... Es kommt hier jeder in Betracht, der selbständig erwerbstätig ist; Anl. d. RVA. Ziff. 74 Abs. 4. Hierzu vgl. auch die Entscheidungen über die Abgrenzung von Selbständigen gegenüber unselbständigen Beschäftigten im § 1226 Anm. 8. Dabei ist es im einzelnen unerheblich, welcher Gruppe der selbständige Gewerbtreibende und sonstige Betriebsunternehmer angehört. Demgemäß sind im allgemeinen zur Selbstversicherung befugt Landwirte, Pächter, Kaufleute, Krämer, Händler, Hausierer, Gast- und Schankwirte, selbständige Handwerker, selbständige Dienstführer, Fremdenführer, selbständige Lotsen, selbständige Wäger und Messer; Anl. d. RVA. Ziff. 74 Abs. 4. Eine Ehefrau kann als Mitunternehmerin des Betriebs ihres Ehemannes zur Selbstversicherung berechtigt sein; AN. **01** 632, **06** 641.

6. Regelmäßig keine oder höchstens zwei Versicherungspflichtige dürfen von dem Gewerbtreibenden und anderen Betriebsunternehmer beschäftigt sein, wenn die Selbstversicherung zulässig sein soll. Das Selbstversicherungsrecht wird sonach nicht schlechthin durch die Beschäftigung von mehr als zwei Lohnarbeitern ausgeschlossen, sondern nur dann, wenn die Beschäftigung im Betriebe geschieht und regelmäßig, also ständig stattfindet; AN. **04** 510, ferner wenn außerdem die Lohnarbeiter versicherungspflichtig sind. Die ausschließlich in der Hauswirtschaft beschäftigten Hausgehilfen zählen, weil nicht im Betrieb beschäftigt, nicht mit; Anl. d. RVA. Ziff. 74 Abs. 4. Nichtversicherungspflichtige Lohnarbeiter, z. B. Angehörige, die lediglich gegen freien Unterhalt beschäftigt werden, können in unbeschränkter Zahl beschäftigt werden, ohne daß dadurch das Recht zur Selbstversicherung gehindert wird; Anl. d. RVA. Ziff. 74 Abs. 5. Dabei macht es auch keinen Unterschied, ob die nichtversicherungspflichtigen Lohnarbeiter allein oder neben versicherungspflichtigen Lohnarbeitern beschäftigt werden; vielmehr werden auch in diesem Fall nur die versicherungspflichtigen Lohnarbeiter gerechnet; Anl. d. RVA. Ziff. 74 Abs. 5. Daher ist selbstversicherungsberechtigt z. B. ein Handwerker, der zwei Gesellen und außerdem mehrere Lehrlinge, letztere aber nur gegen freien Unterhalt beschäftigt, nicht dagegen ein Unternehmer, der in mehreren Betrieben zusammen mehr als zwei versicherungspflichtige Lohnarbeiter beschäftigt; AN. **04** 511.

7. Personen, die nach § 1227, 1232 versicherungsfrei sind, sind nur solche, bei denen ein wirkliches Arbeitsverhältnis besteht, das nur deshalb die Versicherungspflicht nicht begründet, weil der Ausschließungsgrund des § 1227 oder des § 1232 vorliegt. Daher besteht kein Recht zur Selbstversicherung, wenn die Versicherungspflicht aus einem anderen Grunde entfällt, z. B. weil nach den Umständen des Falles nur ein Verwandtschaftsverhältnis zwischen dem Auftraggeber und dem Beschäftigten besteht; AN. **09** 474, EuM. **5** 248 (Bay. LVA.). Dagegen sind z. B. versicherungsberechtigt Haustöchter, die in einem wirklichen, aber nur mit freiem Unterhalt gelohnten Arbeitsverhältnis zu ihrem Vater stehen; AN. **10** 532, 558. Ferner ist die Berechtigung zur Selbstversicherung bei einem taubstummen Mädchen anerkannt worden, dem durch Übergabevertrag vom Erwerber des Grundstücks, ihrem Schwager, lebenslänglicher freier Unterhalt gegen die Verpflichtung, nach ihren Kräften Arbeit zu leisten, zugesichert worden war; AN. **13** 486.

§ 1244. Wer aus einem versicherungspflichtigen Verhältnis ausscheidet[1], kann die Versicherung freiwillig fortsetzen[2] oder später nach § 1283[1] erneuern (Weiterversicherung)[2].

1. Wer aus einem versicherungspflichtigen Verhältnis ausscheidet, hat das Recht zur Weiterversicherung, einerlei aus welcher Ursache das Ausscheiden erfolgt; AN. **97** 589. Zur Weiterversicherung sind auch diejenigen Personen befugt, die durch Eintritt in den Staatsdienst versicherungsfrei werden; AN. **97** 589, ferner Strafgefangene; Anl. d. RVA. Ziff. 75 Abs. 1, ebenso die in der Angestelltenversicherung Versicherungspflichtigen, die in der Invalidenversicherung versichert waren; Breith. **15** 6 (RAM).

Zur Durchführung der Weiterversicherung der Strafgefangenen sind landesrechtliche Erlasse ergangen, so z. B. für Preußen die Allg. Verf.en des Preuß. JustMin.

v. 9. X. 23 (JustMinBl. S. 662), v. 16. I. 26 (JustMinBl. S. 45) und v. 30. III. 27 (JustMinBl. S. 132), für Bayern die Dienst- und Vollzugsordnung für die Bayer. Strafanstalten usw. v. 15. III. 24 — § 210 — (GVBl. S. 85); EuM. **26** 106.

Erfolgt das Ausscheiden aus dem versicherungspflichtigen Verhältnis in der Weise, daß sich eine zur Selbstversicherung berechtigende Beschäftigung anschließt, so hat der Beschäftigte die Wahl, ob er sich der Selbstversicherung oder der Weiterversicherung bedienen will; Anl. d. RVA. Ziff. 75.

Findet das Ausscheiden in vorgerückterem Lebensalter statt, so besteht keine Beschränkung zur Weiterversicherung aus dem Gesichtspunkt des Lebensalters; AN. **98** 629. Zur Weiterversicherung sind auch Personen befugt, die in vorgerückterem Alter nach Aufgabe der versicherungspflichtigen Beschäftigung bei Verwandten leben und von ihnen versorgt werden; Anl. d. RVA. Ziff. 75 Abs. 2. Die Weiterversicherung durch Erneuerung der Versicherung ist ausgeschlossen, wenn die Anwartschaft aus der früheren Versicherung erloschen ist und nach § 1283 nicht wieder aufleben kann; AN. **14** 560.

2. Kann freiwillig fortsetzen oder erneuern. Es genügt, daß der Wille vorhanden ist, Beitragsmarken überhaupt zur Versicherung zu verwenden; dagegen ist nicht wie bei der Selbstversicherung ein gerade auf diese Versicherungsart gerichteter besonderer Wille erforderlich; AN. **03** 538, **04** 477, 478.

Die Markenverwendung für den freiwillig Versicherten kann auch durch einen Dritten erfolgen; AN. **07** 491. Erforderlich ist aber, daß der Versicherte die Entrichtung nachträglich genehmigt. Die Genehmigung gilt schon dann als erteilt, wenn er sich zur Begründung eines Rentenanspruchs auf die von dritter Seite entrichteten Beiträge beruft; AN. **07** 491.

Wer nach dem Ausscheiden aus dem versicherungspflichtigen Verhältnis in eine zur Selbstversicherung berechtigende Beschäftigung übergeht, kann sich nicht nur der Weiterversicherung, sondern statt dessen auch der Selbstversicherung bedienen; Anl. d. RVA. Ziff. 75 Abs. 1.

Während eines Auslandsaufenthaltes kann die Weiterversicherung sowohl begonnen, als auch weitergeführt werden; § 1440; Anl. d. RVA. Ziff. 75 Abs. 2.

Für die Vergangenheit ist die Entrichtung von Beiträgen zur Weiterversicherung in den Grenzen des § 1443 zulässig, und es bildet dabei kein Hindernis, wenn zwischendurch Marken für eine versicherungspflichtige Beschäftigung verwendet worden sind; AN. **00** 696. Jedoch ist die Weiterversicherung für die Vergangenheit im allgemeinen unzulässig, wenn die Anwartschaft aus der früheren Versicherung endgültig erloschen ist, und zwar ist dies der Fall, wenn die zur Wahrung der Anwartschaft erforderlichen Marken weder rechtzeitig verwendet worden sind, noch nachträglich gemäß §§ 1442, 1443 verwendet werden dürfen; Anl. d. RVA. Ziff. 75. Eine Weiterversicherung für die Vergangenheit gestattete die Entsch. AN. **03** 371 nur, soweit auf dem eben geschilderten Weg der Verlust der Anwartschaft abgewendet werden konnte. Dieser einengende Standpunkt ist dann durch die Entsch. des GrSen. AN. **26** 304 aufgegeben worden. Hiernach ist nach dem Erlöschen der Anwartschaft eine freiwillige Beitragsverwendung im Rahmen des § 1443 RVO. gemäß § 1280 Abs. 2 RVO. auch dann zulässig, wenn vermöge der nachentrichteten Beiträge die Anwartschaft nicht erhalten sein würde. Die nach § 1280 Abs. 2 ordnungsmäßig nachverwendeten freiwilligen Beiträge stehen den sonst rechtsgültig verwendeten freiwilligen Beiträgen gleich. Diese Entsch. ist dann durch die Entsch. AN. **27** 589 fortgeführt worden. Letztere betont, daß im Rahmen des § 1443 gemäß § 1280 Abs. 2 zufolge der Entsch. AN. **26** 304 nach dem Erlöschen der Anwartschaft freiwillige Beiträge selbst dann verwendet werden können, wenn durch die nachentrichteten Beiträge die Anwartschaft nicht erhalten sein würde. Die Zulässigkeit einer solchen Nachentrichtung ist unabhängig davon, aus welchem Versicherungsgrunde vor dem Erlöschen der Anwartschaft die Marken verwendet worden sind. Die Beitragsnachentrichtung ist insbesondere dann nicht unzulässig, wenn das Versicherungsverhältnis bis zum Erlöschen der Anwartschaft auf einem freiwilligen Eintritt in die Versicherung (Selbstversicherung) beruhte. Das gleiche gilt, wenn nach dem Erlöschen der Anwartschaft Pflichtmarken rechtswirksam nachgebracht werden; AN. **11** 418. Die freiwillige Versicherung ist bei vorübergehender Invalidität mit dem Beginn der 27. Woche der vorübergehenden Invalidität ausgeschlossen; AN. **00** 696, **17** 608 (Näheres hierüber s. § 1251 Anm. 3), zulässig dagegen nach Vollendung des 65. Lebensjahres sowohl für die Zeit vorher, als auch für die Zeit nachher; so jetzt AN. **27** 432. Aufgegeben sind damit die älteren gegenteiligen Entsch. AN. (J. und AV.) **94** 79, AN. **00** 676, **11** 414; vgl. auch § 1236 Anm. 1. Alles Nähere über die Beitragsentrichtung in solchen Fällen s. § 1248 Anm. 1 und ferner Anm. zu §§ 1443, 1444.

Beiträge, die für Zeiten des Bezugs der Altersinvalidenrente entrichtet worden sind, können zurückgefordert werden; AN. **25** 48.

Über die freiwillige Versicherung von Personen, die aus einer Beschäftigung bei einem knappschaftlichen Betrieb ausscheiden, s. § 69 Abs. 1 Reichsknappschaftsgesetz v. 23. VI. 23 (RGBl. I S. 431).

III. Lohnklassen

§ 1245. Nach der Höhe des wöchentlichen Arbeitsverdienstes[1] werden für die Versicherten folgende Lohnklassen gebildet:

Klasse	I			bis zu	6	Reichsmark,
„	II	von mehr als	6	„ „	12	„
„	III	„ „ „	12	„ „	18	„
„	IV	„ „ „	18	„ „	24	„
„	V	„ „ „	24	„ „	30	„
„	VI	„ „ „	30	„ „	36	„
„	VII	„ „ „	36	Reichsmark		

Der Reichsarbeitsminister bestimmt das Nähere[1]. Er kann insbesondere für einzelne Berufszweige die Zugehörigkeit zu den Lohnklassen bestimmen[2]. Auch kann er Lohnklassen an die bestehenden anfügen.

V. v. 16. IV. 24 (RGBl. I S. 405), V. v. 12. XII. 24 (RGBl. I S. 775), Bek. v. 15. XII. 24 (RGBl. I S. 779), G. v. 28. VII. 25 (RGBl. I S. 157).

1. Berechnung des wöchentlichen Arbeitsverdienstes.

a) „Bestimmungen des Reichsarbeitsministers über die Berechnung des wöchentlichen Arbeitsverdienstes in der Invalidenversicherung" v. 14. VI. 24 (RGBl. I S. 647):

§ 1. Für die Zuteilung zu den Lohnklassen der Invalidenversicherung ist der tatsächlich in der Woche gezahlte Entgelt maßgebend.

Als wöchentlicher Arbeitsverdienst gilt:

bei zehntäglicher Zahlung	$^9/_{13}$
bei monatlicher Zahlung	$^3/_{13}$
bei vierteljährlicher Zahlung	$^1/_{13}$
bei halbjährlicher Zahlung	$^1/_{26}$
bei jährlicher Zahlung	$^1/_{52}$

des gezahlten Entgelts.

Die auf den Entgelt anzurechnenden Gewinnanteile und andere Bezüge, die der Versicherte gewohnheitsmäßig erhält, sind für die Berechnung des Arbeitsverdienstes nach dem zuletzt bezogenen Betrag anzusetzen. Für Sachbezüge gilt der nach § 160 Abs. 2 RVO. festgesetzte Wert.

Für unständig Beschäftigte (§ 441 der Reichsversicherungsordnung) gilt als wöchentlicher Arbeitsverdienst das Vierfache des Ortslohns.

§ 2. Diese Vorschriften gelten mit Wirkung vom 1. Januar 1924. Mit dem gleichen Tage tritt die Bekanntmachung über die Berechnung des Jahresarbeitsverdienstes in der Invalidenversicherung vom 4. September 1923 (RGBl. I S. 864) außer Kraft."

b) Wenn das VA. nach § 160 Abs. 2 RVO. den Wert der Sachbezüge sowohl für den Tag als auch für den Monat festgesetzt hat, so sind für die Zuteilung zu den Lohnklassen nach § 1245 die Sachbezüge von Hausgehilfen, die einen monatlichen Barlohn erhalten, nach dem 7fachen des festgesetzten Tageswertes anzurechnen; AN. **27** 352.

Wenn sich der Arbeitsentgelt aus einem Barlohn und aus solchen Sachbezügen zusammensetzt, die zu verschiedenen Zeiten ohne Rücksicht auf die jeweils geleistete Arbeit geliefert werden (Deputat), so ist der wöchentliche Arbeitsverdienst in der Weise zu ermitteln, daß neben dem in der Woche jeweils verdienten Barlohn der 52. Teil des vom Versicherungsamt gemäß § 160 RVO. festgesetzten Jahreswertes der Sachbezüge zugrunde gelegt wird; AN. **29** 168.

2. „Neunte V. über die Versicherung der in der Kauffahrteiflotte, auf Kabeldampfern und Schulschiffen sowie in der Hochseefischereiflotte beschäftigten, nach dem Vierten Buche der Reichsversicherungsordnung versicherungspflichtigen Personen.

Vom 19. XII. 1929 (RGBl. I S. 1225, AN. **29** 447).

„Auf Grund des § 1245 Abs. 2 Satz 2 der Reichsversicherungsordnung wird hiermit verordnet:

§ 1. Es sind zu versichern:

Jungen, Jungmänner und Halbmänner in der Kleinschiffahrt . .	in Lohnklasse	III
Jungen, Jungmänner und Halbmänner in der Großschiffahrt sowie auf Schleppern und Leichtern; Leichtmatrosen in der Kleinschiffahrt; Jungen und Jüngste auf Heringsloggern . .	„ „	IV
Leichtmatrosen in der Großschiffahrt, auf Schleppern und Leichtern und auf Fischdampfern; Leichtmatrosen als Köche auf Schleppern und Leichtern; Meßraumstewards auf Frachtdampfern; Älteste auf Heringsloggern	„ „	V
Vollmatrosen, Heizer und Motorbedienungsmannschaften in der Kleinschiffahrt; Kahnknechte; Kochsmaate; Meßraumstewards auf Passagierdampfern; Aufwäscher	„ „	VI
alle übrigen invalidenversicherungspflichtigen Personen	„ „	VII

Zur Kleinschiffahrt gehören Segelschiffe mit weniger als 125 Brutto-Registertons und andere Seeschiffe von weniger als 100 Brutto-Registertons (ausgenommen Luftfahrzeuge und Passagierdampfer).

§ 2. Diese Verordnung tritt mit Wirkung vom 1. Januar 1930 in Kraft. Mit dem gleichen Tage treten die Bestimmungen der Achten Verordnung über die Versicherung der in der Kauffahrteiflotte, auf Kabeldampfern und Schulschiffen sowie in der Hochseefischereiflotte beschäftigten, nach dem Vierten Buche der Reichsversicherungsordnung versicherungspflichtigen Personen vom 28. Dezember 1928 (RGBl. 1929 I S. 5) außer Kraft."

§§ 1246, 1247 sind weggefallen.

G. v. 23. VII. 21 (RGBl. S. 984) Art. I.

§ 1248. Die Versicherung in einer höheren Lohnklasse[1] ist erlaubt[2], der Arbeitgeber aber zum höheren Beitrag nur verpflichtet, wenn er sie mit dem Versicherten vereinbart[3] hat.

1. Die Versicherung in einer höheren Lohnklasse ist nach dem Eintritt des Versicherungsfalles nicht mehr möglich; AN. (J. und AV.) **95** 113. Bei vorübergehender Invalidität ist dies der Beginn der 27. Woche der vorübergehenden Invalidität; AN. **00** 696. Doch ist eine Nachbringung noch zulässig im Fall des § 1444 Abs. 2; AN. **12** 1191.

Nach Vollendung des 65. Lebensjahres ist die Beitragsentrichtung nicht nur für die Zukunft, sondern auch für die Vergangenheit nicht ausgeschlossen; AN. **27** 432. (Dadurch sind die älteren gegenteiligen Entsch. AN. **00** 676, **11** 414 überholt.)

Nach dem Tode des Versicherten können Beiträge in höheren Klassen nicht nachentrichtet werden; AN. **96** 306. Auch wenn der Versicherte vor seinem Tode noch einen diesbezüglichen Auftrag erteilt hatte, können die Beiträge nicht in höherer Lohnklasse entrichtet werden; AN. **17** 510.

2. Die freiwillige Höherversicherung entsteht erst mit der Entrichtung des Beitrags in der höheren Lohnklasse. Die bloße Vereinbarung der Höherversicherung mit dem Arbeitgeber genügt noch nicht; AN. (J. und AV.) **95** 250, **93** 65.

3. vereinbart s. Anm. 2.

§ 1249 ist weggefallen.

G. v. 23. VII. 21 (RGBl. S. 984) Art. I.

Zweiter Abschnitt.

Gegenstand der Versicherung

I. Allgemeines

§ 1250. Gegenstand der Versicherung sind Invalidenrenten[1 2] sowie Renten für Hinterbliebene[3 2].

G. v. 23. VII. 21 (RGBl. S. 984), G. v. 10. XI. 22 (RGBl. I S. 849).

1. Invalidenrente. Die besondere Altersrente, die das alte Recht kannte, ist durch G. v. 10. XI. 22 (RGBl. I S. 849) beseitigt worden. Dadurch ist ein neuer von dem Versicherungsfall der früheren Altersrente völlig unabhängiger Versicherungsfall für die Invalidenrente geschaffen; AN. **23** 257. Doch ist die Altersinvalidenrente nicht ohne weiteres, sondern nur auf Antrag des Rentenberechtigten zu gewähren, und zwar nach Abschn. B Art. VI des G. v. 10. XI. 22 frühestens mit Wirkung v. 1. I. 23; AN. **23** 256. Sind Beiträge noch nach Gewährung der früheren Altersrente nachentrichtet worden und wird dann auf Antrag die Altersrente in eine Altersinvalidenrente neuen Rechts umgewandelt, so sind jene Beiträge mit anzusetzen; AN. **23** 256.

Güterrechtlich gehört die Invalidenrente, wenn der Anspruch während der Ehe erworben worden ist, zum Vorbehaltsgut der Ehefrau, so daß die Ehefrau zur Entgegennahme der ihr zustehenden Rentenbeträge nicht der Zustimmung des Ehemannes bedarf; AN. **87** 351; vgl. auch Anm. zu § 1383.

Auf die Invalidenrente besteht ein Rechtsanspruch. Näheres darüber, von wann ab dieser Rechtsanspruch entsteht, ferner wie die Rechtslage vorher zu beurteilen ist und welche Rechtsnatur der Anspruch hat, s. die Entscheidungen in § 1251 Anm. 2.

Wegen rückständiger Rentenbeträge sind keine Zinsen vom Versicherungsträger zu leisten; AN. **14** 818, **94** 344, **95** 223, **96** 172, **10** 448, **11** 413, **29** 266, Breith. **16** 96.

2. Begriff Invalidenrente s. im übrigen § 1251 Anm. 2 und vor allem § 1255 und die Anmerkungen dort.

3. Hinterbliebenenrente s. § 1252, §§ 1258ff. und die Anmerkungen dort. Einige allgemeine Grundsätze über Renten überhaupt s. Anm. 1.

§ 1251. Invalidenrente[1] [2] erhält, wer die Invalidität[3] oder das gesetzliche Alter[4] nachweist[5] sowie die Wartezeit[6] erfüllt und die Anwartschaft[7] aufrecht erhalten hat.

G. v. 10. XI. 22 (RGBl. I S. 849) B Art. I Nr. 10.

1. Invalidenrente im Verhältnis zur früheren Altersrente s. § 1250 Anm. 1. Dort s. auch den Begriff der neuen Altersinvalidenrente.

2. Auf die Invalidenrente besteht ein Rechtsanspruch, für dessen Entstehung die Stellung eines Antrags erforderlich ist; AN. (J. und AB.) **93** 142, AN. **97** 274. Erst durch den Eintritt des Versicherungsfalls und den Antrag auf Gewährung der Rente wird ein Vermögensrecht für den Rentenberechtigten begründet; AN. (J. und AB.) **93** 142, AN. **97** 274. Er unterliegt von da ab den bürgerlichrechtlichen Vorschriften über Vermögensrechte, soweit nicht besondere Vorschriften der RVO. eine Abweichung begründen; AN. **10** 644. Demgemäß ist der Anspruch auf Waisenrente ausschließlich nach bürgerlichem Recht vererblich; AN. **14** 700, **16** 425. Bei anderen Renten greift zunächst zwar der besondere Übergang nach den §§ 1302, 1303 auf die dort bezeichneten bezugsberechtigten Personen im Fall des Todes des Rentenbewerbers Platz; aber, wenn solche nicht vorhanden sind, gelten in zweiter Linie die Vorschriften des bürgerlichen Erbrechts; AN. **14** 694, EuM. **6** 291.

Über den Ausschluß der Verzinsung rückständiger Rentenbeträge s. § 1250 Anm. 1.

Über die Eigenschaft des Rentenanspruchs einer Ehefrau als Vorbehaltsgut und die daraus sich ergebenden rechtlichen Folgerungen § 1250 Anm. 1.

Die Verfolgung des Rentenanspruchs ist dem Rechtsweg vor den ordentlichen Gerichten entzogen, und zwar nicht nur bezüglich der Feststellung des Anspruchs im ganzen, sondern auch bezüglich der Geltendmachung der einzelnen Rentenbeträge. Die Aufsichtsbehörde ist zur Entscheidung darüber zuständig, ob die Versicherungsanstalt eine Rente, die sie irrtümlich statt an den Rentenberechtigten selbst an einen Dritten ausgezahlt hatte, nochmals an den Berechtigten auszzahlen muß; AN. **13** 449 (Bay. Gerichtshof für Kompetenzkonflikte). Entweder im Feststellungsverfahren oder im Aufsichtsweg, aber nicht vor den ordentlichen Gerichten ist darüber zu entscheiden, ob eine Einbehaltung einer rechtskräftig festgestellten Rente z. B. durch Aufrechnung seitens der VAnst. zulässig ist; AN. **13** 452 (Bay. Gerichtshof für Kompetenzkonflikte).

3. Invalidität s. Näheres § 1255 und die Anmerkungen dort.

Mit dem Eintritt des Versicherungsfalls der Invalidität im Sinne des § 1255 Abs. 2 scheidet der Versicherte aus der Versicherung aus. Dies ist bei vorübergehender Invalidität der Beginn der 27. Woche; AN. **09** 422. Mit dem Eintritt der dauernden Invalidität oder dem Beginn der 27. Woche vorübergehender Invalidität ist eine Beitragsleistung für die Folgezeit zur Erfüllung der Wartezeit nicht mehr möglich; AN. (J. und AB.) **94** 79, AN. **09** 422, § 1443 RVO. Von da ab kann eine Quittungskarte rechtsgültig nicht mehr ausgestellt werden; AN. **05** 466. Eine Ausnahme besteht nur, wenn in die neuen Quittungskarten rückständige Pflichtmarken aufgenommen werden sollen, da die Nachentrichtung rückständiger Pflichtmarken auch nach Eintritt des Versicherungsfalles für die Zeit vorher noch möglich ist; AN. **05** 466. Die freiwillige Versicherung dagegen ist nicht nur für die Zukunft, sondern auch für die Vergangenheit ausgeschlossen, es können freiwillige Beiträge auch nicht innerhalb der sonst nach § 1443 bestehenden Nachentrichtungsfristen nachgeklebt werden; AN. **97** 353, **00** 696.

Nach Eintritt des Versicherungsfalls der dauernden Invalidität und der 27. Woche vorübergehender Invalidität können auch keine späteren Krankheitszeiten mehr als Ersatzzeiten angerechnet werden; AN. **14** 693.

Der Versicherungsfall der Invalidität hat auch eine anwartschaftserhaltende Wirkung bezüglich der bis dahin geleisteten Beiträge; AN. **99** 775 für dauernde Invalidität und AN. **09** 442 für den Versicherungsfall der vorübergehenden Invalidität, letzterenfalls erst vom Beginn der 27. Woche ab. Das Erlöschen der Anwartschaft wird durch den Eintritt des Versicherungsfalles gehindert; AN. **03** 514. Es ist dabei einerlei, ob nach den allgemeinen Vorschriften vom Eintritt des Versicherungsfalls bis zum Ende der laufenden Anwartschaftsfrist überhaupt noch so viel Wochen übrig sind, daß eine ordnungsmäßige Belegung mit Beiträgen in Höhe der fehlenden Wochenzahl möglich gewesen wäre; AN. **01** 611. Im übrigen s. Anm. zu § 1280.

4. Gesetzliches Alter. Näheres hierüber s. § 1255 und Anmerkungen dort. Über den Begriff der Invalidität wegen Alters, der sogenannten Altersinvalidenrente, und ihr Verhältnis zu der früheren, jetzt beseitigten Altersrente s. Anm. zu § 1250. Dort auch Näheres über die Umwandlung der alten Altersrente auf Antrag in die Alters-Invalidenrente.

Das gesetzliche Alter. Der Versicherungsfall für die Altersinvalidenrente ist an sich die Vollendung des gesetzlichen Alters. Aber er wirkt sich erst voll in Verbindung mit dem gestellten Antrag aus. Die vollen Wirkungen des Versicherungsfalls treten erst von da ab ein, nicht bereits mit Vollendung des 65. Lebensjahres. Freiwillige Beiträge können noch bis zur Antragstellung nachentrichtet werden, und zwar über das 65. Lebensjahr hinaus, als auch für die Zeit vor Vollendung des 65. Lebensjahrs; so jetzt AN. **27** 432. (Dadurch sind die älteren gegenteiligen Entscheidungen, insbesondere auch AN. **11** 414 — Groß. Sen. — überholt.) Näheres s. Anm. zu § 1443.

5. Nachweis bedeutet hier nicht, daß dem Versicherten eine Beweislast trifft, sondern es gilt der Grundsatz der Ermittlung von Amts wegen (Offizialprinzip); AN. (J. und AV). **05** 256.

6. Wartezeit. S. §§ 1278 ff. und Anm. dort.

7. Anwartschaft. S. §§ 1280—1283 und Anm. dort.

§ 1252. Hinterbliebenenfürsorge[1] wird gewährt, wenn der Verstorbene zur Zeit seines Todes[2] die Wartezeit[3] für die Invalidenrente erfüllt hat und die Anwartschaft[4] darauf nicht erloschen ist[5].

1. Hinterbliebenenfürsorge. Näheres über die Arten und Voraussetzungen der Hinterbliebenenrente s. in den Anmerkungen zu §§ 1258 ff.

2. Tod. Bei Verschollenheit ist derjenige Tag, der als Todestag des Verschollenen festgestellt ist, der maßgebende Zeitpunkt für die Erfüllung der Wartezeit, nicht etwa der Zeitpunkt, von dem ab die Verschollenheit ausgesprochen werden kann; die Ansprüche werden auch bei Verschollenheit mit einem in der Vergangenheit liegenden Zeitpunkt fällig; AN. **18** 455. Der Anspruch auf Hinterbliebenenrente kann nicht wegen Erlöschens der Anwartschaft abgelehnt werden, wenn dem Verstorbenen unter der Herrschaft des alten Rechts die Altersrente mit Recht zuerkannt war; Breith. **15** 231, 557 und **15** 517 (Bay. LVAmt), vgl. auch EuM. **22** 153.

3. Wartezeit. S. §§ 1278ff. und Anm. dort.
4. Anwartschaft. S. §§ 1280—1283 und Anm. dort.
5. Keinen Anspruch haben die Hinterbliebenen solcher Personen, deren Versicherung nach der Entscheidung des Rates des Völkerbundes vom 17. Juli 1922 (RGBl. II S. 745) endgültig auf Polen übergegangen ist; AN. 27 432.

§ 1253. Länger als auf ein Jahr rückwärts, vom ersten Tage des Monats an gerechnet, in welchem der Antrag [2] eingegangen ist, wird keine Rente [1] gezahlt [4], sofern nicht der Berechtigte [3] durch Verhältnisse, die außerhalb seines Willens [5] liegen, verhindert worden ist, den Antrag rechtzeitig zu stellen. Der Antrag ist in diesem Falle binnen drei Monaten zu stellen, nachdem das Hindernis weggefallen ist.

G. v. 13. VII. 23 (RGBl. I S. 636) Art. III Nr. 7.

1. Die Beschränkung gilt sowohl für Invaliden- als auch für Hinterbliebenenrenten; Begr. zur RVO. S. 397.

2. Näheres über den Antrag s. Anm. zu § 1256.

Der Kinderzuschuß nach § 1291 ist von einem besonderen Antrag unabhängig; Monatsschr. 17 677 (RVO.).

Ferner bedarf es auch keines besonderen Antrags, um eine ruhende Rente nach Wegfall der Voraussetzungen für das Ruhen wieder zum Aufleben zu bringen, sondern das Recht auf den Rentenbezug lebt ohne Antrag von selbst wieder auf und ist insoweit unbeeinflußt durch § 1253; Monatsschr. 14 419 (RVA.).

Sind mehrfache Anträge gestellt und infolgedessen mehrere Verfahren anhängig geworden, so ist der letzte erfolgreiche Antrag entscheidend, nicht ein älterer erfolglos gebliebener; AN. 00 699, und zwar auch dann, wenn die Bewilligung der Rente lediglich wegen abweichender Beurteilung der früheren Tatsachen erfolgte; Breith. 15 558 (RVA.). Dabei ist ein zurückgenommener Antrag einem rechtskräftig abgewiesenen Antrag gleichzustellen. Die Rücknahme kann auch stillschweigend aus den Umständen zu folgern sein, wenn der Rentenbewerber längere Zeit — in dem Falle der Entsch. waren es 10 Jahre — auf den Antrag nicht zurückgekommen ist; AN. 11 435. Ob letzteres aber überhaupt eine Rücknahme des Antrages bedeutet, ist nach den Umständen des einzelnen Falles zu beurteilen. Breith. 16 137 (Bad. LVAmt).

Die Anmeldung ist eine gesetzliche Voraussetzung des Anspruchs. Erst mit der Anmeldung entsteht ein vererbliches Vermögensrecht; AN. (J. und AV.) 93 142, AN. 97 274. Näheres s. § 1251 Anm. 2. Im Falle des § 1537 genügt die Anmeldung durch die ersatzberechtigte Gemeinde. Mit dieser Anmeldung tritt dann die Wirkung ein, daß ein Rentenanspruch entsteht, der ein vererbliches Vermögensrecht bildet; AN. 21 173, 16 425. Über die Frage, auf welche Person im letzteren Fall die Behinderung abzustellen ist, s. Anm. 3.

Der Anspruch auf Gewährung der Waisenrente für die Zeit nach Vollendung des 15. Lebensjahres bedarf einer besonderen Anmeldung. Im Falle der Unterlassung der rechtzeitigen Anmeldung können Rentenrückstände im allgemeinen nicht länger als für 1 Jahr rückwärts, vom ersten Tage des Monats der Antragstellung an gerechnet, beansprucht werden; Breith. 18 395.

3. Berechtigter ist nur der Rentenberechtigte, nicht etwa die die Feststellung der Rente nach § 1537 RVA. betreibende Gemeinde. Es kommt in solchem Fall nur darauf an, ob die von der Gemeinde unterhaltene Person an der rechtzeitigen Antragstellung durch Umstände, die außerhalb ihres Willens liegen, behindert war z. B. bei Geisteskranken, die unter Vormundschaft stehen; AN. 21 172. Vgl. weiter Anm. 2.

4. Wird keine Rente gezahlt. Es handelt sich hier nur um eine Frage des Beginns der Rente, während die Vorschrift ohne Bedeutung für die Frage ist, bis zu welchem Zeitpunkte Beitragswochen auf die Rente bei Berechnung ihrer Höhe anzurechnen sind; AN. 00 664.

5. Verhältnisse, die außerhalb seines Willens liegen, sind im allgemeinen nur solche Ereignisse oder Umstände, die dem Berechtigten eine Betätigung tatsächlich unmöglich machen, auf die er also keinerlei Einwirkung hat (höhere Gewalt, schwere Erkrankung usw.); AN. 13 477. Rechtsirrtum, z. B. die irrige Annahme des Berechtigten, daß er neben seinem Anspruch auf Unfallrente keinen Invalidenrentenanspruch habe, ist im allgemeinen kein Umstand im Sinne des § 1253, der außerhalb des Willens des Berechtigten liegt; AN. 13 447. Dagegen ist unrichtige Rechtsbelehrung eines Kriegsbeschädigten durch den Lazarettarzt als Willenshindernis angesehen worden; AN. 17 647, nicht aber der Lazarettaufenthalt als solcher; EuM. 8 245 (Bay. LVAmt).

§ 1254. Wer sich vorsätzlich[1] invalide[2] macht, verliert den Anspruch auf die Rente[3].

Hat sich der Versicherte oder die Witwe die Invalidität beim Begehen[4] einer Handlung, die nach strafgerichtlichem Urteil[5] ein Verbrechen oder vorsätzliches Vergehen[6] ist, zugezogen, so kann[7] die Rente ganz oder teilweise versagt werden. Die Verletzung bergpolizeilicher Verordnungen oder des § 93 Abs. 2, 3 und der §§ 93 bis 97 der Seemannsordnung gilt nicht als Vergehen im Sinne des vorstehenden Satzes. Die Invaliden- oder Witwenrente kann den im Inland wohnenden Angehörigen[8] ganz oder teilweise zugewiesen werden, wenn der Versicherte oder die Witwe sie bisher ganz oder überwiegend[9] aus ihrem Arbeitsverdienst unterhalten[10] haben. Deutsche Schutzgebiete gelten im Sinne dieser Vorschrift als Inland.

Die Rente kann auch versagt werden, wenn wegen des Todes, der Abwesenheit oder eines anderen in der Person des Antragstellers liegenden Grundes kein strafgerichtliches Urteil ergeht.

1. Vorsätzlich ist nicht gleichbedeutend mit absichtlich. Vorsatz liegt vielmehr auch schon dann vor, wenn der Versicherte den Ausgang nicht unmittelbar beabsichtigte, aber als möglich sich vergegenwärtigte und auf die vielleicht für nebensächlich gehaltene Gefahr dieses Erfolges trotzdem handelte und damit diesen Erfolg für den Fall seines Eintritts genehmigte; AN. 99 285. Bei einem Selbstmordversuch liegt in dem auf Selbstvernichtung gerichteten Willen zugleich auch der bewußte Eingriff in die Unversehrtheit des Körpers; AN. 99 285, 12 823, 16 337. Grobes Verschulden in einem Fall, in dem eine Schußverletzung beim Untersuchen einer alten Pistole entstand, genügt nicht; preuß. OVG. 13 374. Der Selbstmordversuch muß aber in geistig zurechnungsfähigem Zustande begangen sein; AN. 16 337.

2. Auf Invalidität, d. h. auf den hierzu nötigen Grad der Beschränkung der Erwerbsfähigkeit, braucht der Vorsatz nicht gerade gerichtet zu sein, sondern es genügt, daß er überhaupt auf eine Selbstbeschädigung gerichtet ist; AN. 99 285.

3. Die Rente, die verloren geht, ist nur die Invalidenrente, dagegen sind dies nicht die Hinterbliebenenrenten seiner Hinterbliebenen; Begr. zur RVO. S. 396. Wenn eine Witwe sich vorsätzlich invalide macht, so verwirkt sie die eigene Invalidenrente, und wenn sie sich die Invalidität nach dem Tode des Mannes zugezogen hat, auch ihre Witwenrente; Begr. zur RVO. S. 396.

Keine Verwirkung tritt bei Witwenrenten ein; Begr. zur RVO. S. 396.

4. Beim Begehen der Tat ist die Erwerbsunfähigkeit nur dann zugezogen,

wenn sie durch das Verbrechen oder Vergehen herbeigeführt worden ist. Der Versicherte oder die Witwe muß also selbst die Tat begangen haben; KommBer. zum JVG. S. 40.

5. Dem Urteil steht ein rechtskräftiger amtsgerichtlicher Strafbefehl gleich; AN. 04 348; auch Begr. zur RVO. S. 396.

6. Ein vorsätzliches Vergehen ist z. B. auch die schuldhafte Beteiligung an einem Raufhandel, soweit dieser ein nach § 227 StGB. zu bestrafendes Vergehen darstellt; Begr. zum J.- u. AVG. S. 82, ferner auch der Diebstahl eines schweren Gegenstandes, wobei sich der Versicherte einen Bruch zuzieht; KommBer. zum JVG. S. 41.

7. Kann ganz oder teilweise versagt werden. Die Versagung und der Grad der Versagung liegen zwar an sich im Ermessen zunächst der VersTr. selbst. Aber die Stellungnahme des VersTr. unterliegt der Nachprüfung im Instanzweg; AN. 04 348. Dabei kommt in Betracht, daß die Versagung nach allgemeinen Grundsätzen nur dann und insoweit zulässig ist, als sich dies aus den Umständen des Einzelfalls als angemessen und der Billigkeit entsprechend ergibt; AN. 04 348.

8. Angehörige ist hier im weiteren Sinne verstanden als der Begriff Familie, der im JVG. gebraucht war. Man hat unter Angehörigen alle diejenigen Personen zu verstehen, die zu dem Versicherten in einem rechtlich anerkannten Familienverhältnis stehen, also alle Verwandten und Verschwägerten, z. B. auch Geschwister; ArbVers. 06 718 (Oberbergamt Breslau). Auch ein Großneffe ist als Angehöriger anerkannt worden; ArbVers. 07 15 (Bad. VGH.). Nicht als Angehörige wurde anerkannt eine Haushälterin; ArbVers. 11 681 (Bad. VGH.). Zu § 186 ist entschieden worden, daß zu den Angehörigen im Sinne des § 186 nicht der Verlobte gehört; AN. 29 297, und zu § 1271 RVO., daß auch uneheliche Kinder, wenn die Vaterschaft des Erkrankten festgestellt ist, Angehörige im Sinne des § 1271 RVO. sind; AN. 26 15.

9. Ganz oder überwiegend ist der Unterhalt dann aus dem Arbeitsverdienst bestritten, wenn mehr als die Hälfte des Unterhalts davon bestritten worden ist. Es genügt, wenn diese Voraussetzung nicht erfüllt ist, noch nicht, wenn durch die Unterhaltsgewährung eine Notlage von den Angehörigen ferngehalten worden ist; Monatsschr. 15 213 (RVA.). Unerheblich ist, ob durch äußere Umstände der Versicherte zeitweise verhindert war, zum Unterhalt der Familie beizutragen, wenn er wenigstens im übrigen ganz oder überwiegend den Unterhalt aus seinem Arbeitsverdienst bestritten hatte; Monatsschr. 16 73 (Bay. LVAmt).

10. Unterhalten haben. Es ist nicht erforderlich, daß eine gesetzliche Unterhaltspflicht besteht; AN. 16 347.

§ 1254a. Hat ein Versicherter Beiträge zur Invalidenversicherung und zur Angestelltenversicherung entrichtet (Wanderversicherter)[1 2] und ist die Wartezeit für das Ruhegeld der Angestelltenversicherung erfüllt und die Anwartschaft nicht erloschen, so werden ihm nur die Leistungen der Angestelltenversicherung zuzüglich des Steigerungsbetrags der Invalidenversicherung (§ 57 des Angestelltenversicherungsgesetzes) gewährt, auch wenn er die Voraussetzungen für die Gewährung der Invalidenrente erfüllt hat[3].

Den Hinterbliebenen des Wanderversicherten werden, wenn die Wartezeit für die Hinterbliebenenrenten der Angestelltenversicherung erfüllt und die Anwartschaft nicht erloschen ist, nur die Leistungen der Angestelltenversicherung zuzüglich des Steigerungsbetrags der Invalidenversicherung (§§ 57, 59 des Angestelltenversicherungsgesetzes) gewährt, auch wenn die Voraussetzungen für die Gewährung der Hinterbliebenenrenten der Invalidenversicherung erfüllt sind[4]. Im Falle des § 40 Satz 1 des Angestelltenversicherungsgesetzes[5] steht den Hinterbliebenen der Anspruch auf die Hinterbliebenenrente der Invalidenversicherung zu, wenn deren Voraussetzungen erfüllt sind.

Näheres über die Durchführung dieser Vorschriften kann der Reichsarbeitsminister bestimmen.

G. v. 10. XI. 22 (RGBl. I S. 849) Abschn. B Art. I Nr. 11 der V. v. 30. X. 23 (RGBl. I S. 105ff.), Bek. v. 15. XII. 24 (RGBl. I S. 779).

1. Begriff Wanderversicherte s. § 1226 Anm. 7c.

2. Die Grundsätze für die Behandlung des Rechts der Wanderversicherten s. Komm.-Ber. z. G. v. 10. XI. 22. — Drucks. d. Reichstags S. 15. —

3. § 1254a findet grundsätzlich keine Anwendung, wenn ein Versicherter Beiträge zur JV., zur AV. und zur knappschaftlichen Pensionsversicherung geleistet und die Wartezeit in allen diesen Versicherungen erfüllt hat. In diesem Falle ist beim Eintritt der Berufsunfähigkeit die Leistung der Pensionsversicherung mit den Steigerungsbeträgen der AV. zu gewähren, und die Invalidenrente ist daneben zu zahlen, sofern die besonderen Voraussetzungen für ihre Gewährung erfüllt sind; AN. 28 287.

4. Der Bescheid eines Trägers der JV., durch den eine Hinterbliebenenrente entgegen den Vorschriften über die Wanderversicherung (§ 1254a Abs. 2 RVO., § 27 Abs. 2 AVG.) zu Unrecht bewilligt worden ist, kann nicht durch die RVAnst. für Angestellte aufgehoben werden; EuM. 25 510. Anderseits steht den Trägern der JV. kein selbständiges Rechtsmittel gegen einen Bescheid der RVAnst. für Angestellte zu, in dem eine Rente der AV. mit einem Steigerungsbetrag aus der JV. bewilligt ist; AN. 29 436.

5. Aufgehoben durch Abschn. A Art. II Nr. 1 G. v. 28. VII. 25 (RGBl. I S. 157).

II. Invalidenrente

§ 1255. Invalidenrente erhält[1] der Versicherte, der das Alter von fünfundsechzig Jahren vollendet hat[2] oder infolge von Krankheit[4] oder anderen Gebrechen[5] dauernd invalide[6 18] ist.

Als invalide[3] gilt[15], wer nicht mehr imstande ist[7], durch eine Tätigkeit[10], die seinen Kräften und Fähigkeiten entspricht und ihm unter billiger Berücksichtigung seiner Ausbildung und seines bisherigen Berufs zugemutet werden kann[8 9], ein Drittel dessen zu erwerben[11], was körperlich und geistig gesunde Personen derselben Art mit ähnlicher Ausbildung[12] in derselben Gegend[13] durch Arbeit zu verdienen pflegen[14].

Invalidenrente erhält auch der Versicherte, der nicht dauernd invalide[6 18] ist, aber während sechsundzwanzig Wochen ununterbrochen invalide gewesen ist oder der nach Wegfall des Krankengeldes[16] invalide ist, für die weitere Dauer der Invalidität[17].

Eine nach Abs. 3 bewilligte Rente wird nicht geändert, wenn der Empfänger die Voraussetzungen des Abs. 1 erfüllt.

G. v. 10. XI. 22 (RGBl. I S. 849), G. v. 13. VII. 23 (RGBl. I S. 636).

1. Die zeitliche Begrenzung der Rente für die Zukunft ist unzulässig; AN. 97 353, doch ist die Bestimmung des Endpunkts des Rentenbezugs im Bescheide zulässig, wenn die Invalidität zur Zeit des Erlasses des Bescheids bereits wieder beseitigt ist; AN. 97 363, EuM. 11 257 (Sächs. LVAmt).

2. Die Vollendung des 65. Lebensjahres stellt einen neuen, völlig selbständigen Versicherungsfall für die Invalidenrente dar, der von dem Versicherungsfall der Altersrente des früheren Rechtes (J. und AVG., JVG., G. v. 12. VI. 16, RGBl. S. 525) verschieden ist; AN. 23 256, 25 30. Die Vollendung des 65. Lebensjahres an sich führt nicht ohne weiteres, wie der Eintritt der Invalidität (s. u. Anm. 18), zum Ausscheiden aus der Versicherungspflicht. Der 65jährige kann, solange er nicht invalide ist, sich freiwillig weiterversichern (§ 1443), steht er in versicherungspflichtiger Beschäftigung, so müssen für ihn Pflichtbeiträge geleistet werden; AN. 29 64, dagegen tritt mit dem Zeitpunkt der Bewilligung der Altersinvalidenrente Versicherungsfreiheit nach § 1236 RVO. ein. Deshalb sind von da ab weder Pflichtbeiträge noch freiwillige Beiträge anrechenbar, letztere auch nicht, wenn Invalidität noch nicht eingetreten ist; AN. 25 48. Jedoch kann eine Witwe, die gemäß § 1258 i. d. F. des Ges. v. 8. IV. 27 (RGBl. I S. 98) wegen Vollendung des 65. Lebensjahres Witwenrente bezieht und deshalb nach § 1236 RVO. versicherungsfrei ist, bis zum Eintritt dauernder oder vorübergehender Invalidität freiwillige Beiträge zur Erfüllung der Wartezeit in ihrer eigenen Versicherung entrichten; AN. 29 167. Im Rahmen des § 1443 RVO. können nach Vollendung des 65. Lebensjahres für die Zeit vorher auch für den Anspruch auf Alters-Invalidenrente freiwillige Beiträge wirksam nachentrichtet werden; AN. 27 432, vgl. auch AN. 28 115 (AV.).

Die Alters-Invalidenrente kann frühestens vom 1. I. 23 ab zuerkannt werden; EuM. 18 146 (Sächs. LVAmt).

Auf Antrag des Berechtigten wird die Altersrente des früheren Rechtes in die Alters-Invalidenrente des neuen Rechtes umgewandelt; AN. 23 256. Diese Umwandlung kann auch von einem späteren Zeitpunkt als dem 1. I. 23 ab beantragt werden; die bis zu dem späteren Zeitpunkt geleisteten Beiträge sind, soweit nicht vorher Invalidität eingetreten ist, bei Berechnung der Rente zu berücksichtigen; AN. 24 81. Versicherten, die vor dem 1. I. 23 das 65. Lebensjahr vollendet, damals die Wartezeit erfüllt und die Anwartschaft aufrechterhalten haben, steht kein Anspruch auf die Alters-Invalidenrente zu, wenn am 31. XII. 22 ihre Anwartschaft infolge ungenügender Markenverwendung erloschen war, es sei denn, daß nach altem Rechte bereits eine Altersrente zuerkannt war, deren Umwandlung in eine Alters-Invalidenrente beantragt wird, oder daß unter altem Rechte bereits die sämtlichen Voraussetzungen für die Gewährung einer Altersrente bis auf den noch fehlenden Antrag gegeben waren, der Antrag auf Rente aber erst unter der Geltung des neuen Rechtes gestellt wird; AN. 25 30. Der Anspruch auf Hinterbliebenenrente kann nicht wegen Erlöschens der Anwartschaft abgelehnt werden, wenn dem Verstorbenen unter der Herrschaft des alten Rechts die Altersrente mit Recht zuerkannt war, und er am 1. I. 23 noch am Leben war. Unerheblich ist, ob ein Antrag auf Umwandlung der Altersrente in die Alters-Invalidenrente gestellt war; EuM. 22 153, vgl. auch EuM. 19 136 (Bay. LVAmt).

Die Gewährung der Alters-Invalidenrente kann, unbeschadet der Vorschrift des § 1253, vom ersten Tage des Monats an beansprucht werden, in welchem der Versicherte das 65. Lebensjahr vollendet hat, auch wenn über diesen Zeitpunkt hinaus noch Beiträge entrichtet worden sind. In diesem Falle sind die für Zeiten seit dem Rentenbeginn geleisteten Beiträge bei der Rentenberechnung nicht zu berücksichtigen; AN. 29 367. Beginn der Alters-Invalidenrente mit dem 66. Geburtstage, da der Tag der Geburt bei Berechnung des Lebensalters nicht mitgerechnet wird; AN. (J. und AV.) 92 107, 94 82, 00 676, 11 414. Jedoch kein Rentenbeginn vor Ablauf der Woche, auf welche die letzte zur Erfüllung der Wartezeit erforderliche Beitragsmarke entfällt; AN. 97 520. Nachträgliche Beibringung von Pflichtmarken ohne Einfluß auf den Rentenbeginn; AN. (J. und AV.) 94 79, hingegen werden freiwillige, nach Vollendung des 65. Lebensjahrs geleistete Beiträge erst auf die Zeit nach diesem Zeitpunkte angerechnet, so daß sich, wenn durch diese Beiträge erst die Wartezeit erfüllt wird, der Rentenbeginn hinausschiebt; AN. (J. und AV.) **94** 79, 82, **00** 676, **10** 426, **11** 414, **27** 432, 434.

Der Beginn der Rente mit dem 66. Geburtstage wird nicht gehindert durch verzögerte Antragstellung; AN. (J. und AV.) **92** 107, oder durch die rechtskräftige Abweisung des Rentenanspruchs wegen nichterfüllter Wartezeit, wenn diese nachträglich durch Beibringung rückständiger Pflichtbeiträge erfüllt wird; AN. **97** 594, vgl. jedoch §§ 29, 1253.

Die Vollendung des 65. Lebensjahrs schließt die Invalidenversicherungspflicht nicht aus; AN. **24** 89, vgl. oben Abs. 1 und ferner § 1236. Die abgekürzte Wartezeit nach Art. 64 EG. z. RVO. gilt nicht für Versicherte, die das 65. Lebensjahr vollendet haben, aber nicht invalide sind; AN. **24** 142.

3. Invalidität ist Erwerbsunfähigkeit im Sinne der JV.; AN. **14** 631, 632, **16** 343, sie wird bestimmt durch das Maß der Fähigkeit, sich durch Arbeit einen Erwerb zu verschaffen; AN. (J. und AV.) **93** 95, sie bestimmt sich nicht nach dem tatsächlichen Verdienste; AN. (J. und AV.) **91** 162, **92** 6, wenngleich ein Verdienst, der die Mindestverdienstgrenze übersteigt, gegen Invalidität spricht; AN. **09** 476, ferner nicht nach der zufälligen Arbeitsgelegenheit; AN. (J. und AV.) **92** 140, sie ist nicht Berufsinvalidität; AN. (J. und AV.) **93** 55, 56, 95, EuM. **13** 244, 245 (Bay. LVAmt), **14** 264 (Bay. LVAmt), nicht Arbeitsunfähigkeit im Sinne der KV; AN. **14** 632, **16** 343, nicht „völlige Erwerbsunfähigkeit" im Sinne der UV.; AN. (J. und AV.) **94** 149. Die Tatsache, daß ein gegen Invalidität Versicherter Beschäftigung auf Grund des Reichsges. über die Beschäftigung Schwerbeschädigter in der Fassung der Bek. vom 12. I. 23 (RGBl. I S. 57) gefunden hat und aus dieser Beschäftigung ein die Mindestverdienstgrenze des § 1255 übersteigendes Arbeitseinkommen bezieht, schließt die Gewährung der J.-Rente nicht aus. Durch das Schwerbeschädigtenges. wird der Versicherte dem allgemeinen Arbeitsmarkt nicht entzogen. Die Frage, ob Invalidität vorliegt, ist nach Lage des einzelnen Falles gemäß § 1255 ohne Rücksicht auf die nach dem Schwerbeschädigtenges. gewährte Beschäftigung zu beurteilen; EuM. **21** 475 (Sächs. LVAmt), zu vgl. auch AN. **28** 113 (AV.).

4. Krankheit im versicherungsrechtlichen Sinne ist der regelwidrige Körper- oder Geisteszustand, der die Notwendigkeit einer Heilbehandlung oder Arbeitsunfähigkeit zur Folge hat. Es ist ohne Belang, welche Krankheitsursachen (Krankheiten im medizinischen Sinne) diesen Zustand herbeiführen, ob mehrere Krankheitsursachen nebeneinander wirken oder ob sie sich ablösen, maßgebend ist der durch sie herbeigeführte Zustand; AN. **30** 3, 4, vgl. auch Anm. 3 zu § 1279.

Bei wechselndem Gesundheitszustande z. B. erwerbsfähig im Sommer, im Winter dagegen nicht, ist zu prüfen, wie sich der Zustand des Klägers in all seinen Beziehungen und auf das ganze Jahr betrachtet darstellt; AN. (J. und AV.) **93** 92, **11** 511. Bei einem Leiden, das sich abwechselnd bald bessert, bald verschlimmert (Unterschenkelgeschwüre), darf für die Frage der Invalidität nicht lediglich ein bestimmter einzelner Zeitpunkt zugrunde gelegt werden, vielmehr ist der Einfluß des Leidens auf die Erwerbsfähigkeit in seiner Gesamtheit zu betrachten; EuM. **5** 265 (Sächs. LVAmt).

Krankheiten können wegen allgemeiner Ansteckungsgefahr vom gesamten Arbeitsmarkt ausschließen und dadurch Invalidität bedingen, auch wenn sie an sich die Erwerbsfähigkeit nicht beeinträchtigen würden; AN. **10** 647, Urin-Typhusbazillenausscheider invalide; EuM. **9** 289. Auch die bloße Altersschwäche kann eine Invaliditätsursache bilden; AN. **01** 186, 189, nicht aber beginnende Altersschwäche; EuM. **7** 252 (Bay. LVAmt).

5. Gebrechen ist ein von der Regel abweichender körperlicher oder geistiger Zustand, mit dessen Dauer für nicht absehbare Zeit zu rechnen ist; AN. **28** 232.

Blinde unter Umständen nicht invalide, nämlich wenn sie durch angeborene oder erlernte besondere Fähigkeiten in den Stand gesetzt sind, sich durch geeignete Lohnarbeit ihren Lebensunterhalt auf dem allgemeinen Arbeitsmarkt zu erwerben; AN. **97** 408, dies wurde auch angenommen von den Insassen eines städtischen Blindenasyls; AN. **02** 388. Fallsüchtige (Epileptiker) nicht ohne weiteres invalide, selbst wenn sie von gewissen Berufstätigkeiten oder Berufen ausgeschlossen sind; AN. **98** 390. Die Epilepsie als solche kann die Arbeitsbeschaffung erschweren, schließt aber den Versicherten keineswegs dauernd von dem allgemeinen Arbeitsmarkt aus. Für die Frage der Invalidität kommt es darauf an, in welchen Zwischenräumen und in welcher Stärke die einzelnen Anfälle auftreten, und welche Folgen sie hinsichtlich der Beschränkung der Arbeitsfähigkeit nach sich ziehen; EuM. **22** 152. Hysterie rechtfertigt die Annahme von Invalidität nur, wenn der Versicherte sich nicht bewußt ist, daß seine Krankheitsdarstellung ihren Grund nicht in seinem körperlichen Zustand, sondern lediglich in seinen wunschbedingten Vorstellungen hat, und er infolge dieser von seinem bewußten Willen unabhängigen Hemmungen außerstande ist, das erforderliche Lohndrittel zu verdienen; EuM. **23** 74. Hysterische und neurotische Störungen des Arbeitswillens und der Arbeitsfähigkeit (Rentenneurose) können eine Krankheit im Sinne des § 1255 darstellen, wenn sie ihren Grund nicht im bewußten Willen des Versicherten, sich der Arbeit zu entziehen, haben und wenn daher ihre Behebung nicht lediglich von seinem Willen abhängt; EuM. **26** 98 (Sächs. LVAmt). Ein fast völlig Gelähmter, der nur mit Hilfe seiner Angehörigen als Haustreiber für Webereien beschäftigt werden konnte, wurde als invalide erachtet; AN. **01** 430, dagegen nicht eine an beiden Füßen gelähmte Maschinenstickerin, die sich, mit Hilfe der Hände selbständig zu ihrer häuslichen Arbeitsstätte zu bewegen vermochte und die Arbeit ohne jede fremde Beihilfe leistete; AN. **06** 637. Völlige Taubheit macht nicht immer invalide. Ein völlig tauber, aber sonst gesunder kräftiger Arbeiter gilt noch nicht als vom allgemeinen Arbeitsmarkt ausgeschlossen, selbst wenn er infolge seines Leidens an seinem Wohnorte und in dessen nächster Umgebung keine Arbeit findet; AN. **06** 277. Jedoch sind Fälle denkbar, in denen die Taubheit durch Verhältnisse veranlaßt ist, die ihrerseits die Annahme von Invalidität zulassen; EuM. **7** 249 (Bay. LVAmt), Hochgradige Schwerhörigkeit bei einer Sprach- und Musiklehrerin begründet Invalidität; EuM. **5** 528 (Bay. LVAmt). Ein taubstummes, sonst gesundes und kräftiges Mädchen, das in Haushalt und Landwirtschaft ihres Schwagers eine fremde Hilfskraft ersetzt, wurde als nicht invalide angesehen; AN. **13** 486. Starke Trunksucht beeinträchtigt die Erwerbsfähigkeit nur dann, wenn sie krankhafte Erscheinungen geistiger oder körperlicher Art hervorruft, die zwingend auf die Willenskraft oder auf die körperliche Arbeitsbefähigung einwirken; AN. **09** 509.

Eine Waise, die wegen eines Gebrechens (Wirbelsäulenverkrümmung) außerstande ist, sich selbst zu unterhalten und deshalb auf Grund der Vorschrift des § 1259 Abs. 1 Satz 3 RVO. Waisenrente über das vollendete 15. Lebensjahr hinaus bezieht, ist nicht notwendig invalide im Sinne des § 1255 RVO. AN.; **29** 390.

Verlust oder Gebrauchsunfähigkeit von Gliedmaßen macht nur dann invalide, wenn infolge der Gebrechen der gesamte Arbeitsmarkt dauernd verschlossen ist; AN. (J. und AV.) **93** 95, **09** 502. Dies ist aber nicht der Fall bei Verlust des linken Armes; AN. **09** 502, EuM. **10** 284 (Bay. LVAmt). Unter Umständen kann der Verlust oder die Gebrauchsunfähigkeit von Gliedmaßen durch Gewöhnung an diesen Zustand ausgeglichen sein, und zwar in dem Sinne, daß durch Übung bei der Arbeit und den Verrichtungen des Alltags die gesunden Glieder erlernt haben, für das verlorene oder gebrauchsunfähige Glied bis zu einem gewissen Grade einzutreten und seine Tätigkeit mitzuübernehmen, auch die Aneignung neuer Fertigkeiten kann hier in Betracht kommen; AN. **03** 539, **06** 278, **09** 477, **21** 334, EuM. **8** 250 und **11** 271 (Bay. LVAmt). Der Verlust von Gliedmaßen bedingt keine Invalidität, wenn durch

Hilfsmittel oder passende Ersatzstücke (künstliche Gliedmaßen) und durch Gewöhnung an den Gebrauch dieser Hilfsmittel und Ersatzstücke die Erreichung der Mindestverdienstgrenze ermöglicht ist; AN. **05** 414, **09** 478 479. Ein Waldhüter, der trotz Verlustes beider Hände mittels eines am rechten Armstumpf befestigten Instrumentes Verrichtungen, wie Schreiben, Schneiden, Ziehen, Stoßen vornehmen konnte, wurde nicht als invalide angesehen; AN. **01** 634. Berufsschreiber trotz Schreibkrampfs nicht invalide, weil er auf eine andere Tätigkeit verwiesen werden konnte; AN. **04** 353.

Beseitigung der Invalidität durch Lieferung eines Bruchbandes; AN. (J. und AV.) **93** 57.

Wird das künstliche Glied oder Hilfsmittel unbrauchbar, so kann Invalidität eintreten; EuM. **15** 180.

Körperliche Entstellung macht invalide, wenn sie völlig vom Arbeitsmarkt ausschließt, z. B. Stinknase; AN. (J. und AV.) **93** 95, Lupus; MblfAV. **11** 22.

Geisteskrankheit macht nicht ohne weiteres invalide, es sei denn, daß der Kranke vom gesamten Arbeitsmarkt ausgeschlossen ist, insbesondere wenn dies der Fall ist wegen der allgemein verbreiteten Scheu vor Geisteskranken; AN. **01** 431.

Ob und inwieweit Hysterie und Neurasthenie die Erwerbsfähigkeit beeinflussen, bedarf einer besonders sorgfältigen Prüfung; AN. **07** 466, s. oben Abs. 2.

6. Der Begriff der Invalidität ist bei der dauernden wie bei der vorübergehenden Invalidität an sich der gleiche; AN. (J. und AV.) **95** 258, **11** 580.

Dauernde Invalidität liegt vor, wenn aller Voraussicht nach eine Besserung des Zustandes des Invaliden nicht zu erwarten ist; AN. (J. und AV.) **92** 140. Dauernd bedeutet nicht etwa lebenslänglich, daher kein Nachweis erforderlich, daß im Zustande des Versicherten niemals wieder eine Besserung eintreten könne; KommBer. zum J. und AVG. S. 21.

Vorübergehende Invalidität ist ein Zustand der Erwerbsunfähigkeit, der nach vernünftigem menschlichen Ermessen in absehbarer Zeit Aussicht auf Beseitigung oder wesentliche Besserung bietet. Eine nur unbestimmte Möglichkeit — z. B. durch eine langandauernde, zeitlich nicht zu übersehende Krankenhausbehandlung —, die Erwerbsfähigkeit wiederherzustellen, genügt nicht zur Annahme vorübergehender Invalidität; AN. (J. und AV.) **92** 140, **93** 123, **96** 358. Dabei muß die Voraussicht der Beseitigung der Erwerbsunfähigkeit eine verständige, sachlich begründete sein; AN. **00** 674. Für die Aussicht auf Beseitigung der Erwerbsunfähigkeit kommen nur zulässige Mittel in Frage, z. B. Heilbehandlung ohne operativen Eingriff, Aufenthalt in Heil- und Erholungsstätten, Gebrauch einfacher Heil- und Hilfsmittel, wie eines Bruchbandes, eines künstlichen Gliedes; AN. (J. und AV.) **93** 57, **05** 414. Die Frage, ob durch ein Heilverfahren die Erwerbsunfähigkeit nach verständiger, sachlich begründeter Voraussicht in absehbarer Zeit zu beseitigen ist, kann nicht lediglich nach medizinisch-wissenschaftlichen Gesichtspunkten beurteilt werden, d. h. ein Versicherter kann nicht schon deshalb als bloß vorübergehend invalide angesehen werden, weil das seine Erwerbsunfähigkeit bedingende Leiden an sich bei geeigneter Behandlung der Heilung zugänglich ist, es muß vielmehr auch festgestellt werden können, daß die Aussicht auf eine solche Heilung unter verständiger Berücksichtigung aller in Betracht kommenden Umstände wirklich gegeben ist. Zu diesem Zwecke wird insbesondere geprüft werden müssen, ob es sich um ein Heilverfahren handelt, dessen Durchführung dem Versicherten auf eigene Kosten angesonnen werden kann — vgl. AN. (J. und AV.) **93** 57 —, oder ob ein geeignetes Heilverfahren von anderer Seite (KrK., BG., LVAnst.) eingeleitet oder angeboten worden ist. Auch das Verhalten des Versicherten kann für die Frage, ob und seit wann dauernde Invalidität anzunehmen ist, von Bedeutung sein; AN. **11** 433, zu vgl. auch AN. **12** 889 (Heilverfahren durch mehrwöchigen Aufenthalt in einem Walderholungsheim). Das gleiche gilt, wenn es sich um die Gewährung eines Hilfsmittels (Stützvorrichtung) zur Beseitigung der Erwerbsunfähigkeit handelt; AN. **12** 888.

Operationen, die der Versicherte ohne Rechtsnachteil ablehnen darf und tatsächlich ablehnt, sind nicht als Mittel für die Aussicht auf Beseitigung der Erwerbsunfähigkeit zu betrachten. Wird daher eine Operation abgelehnt, und kann infolgedessen die Erwerbsunfähigkeit nicht beseitigt werden, so ist die Invalidität nicht mehr als vorübergehende anzusehen, sondern als dauernde, und zwar von dem Zeitpunkt an, wo sie eingetreten ist; AN. (J. und AV.) **94** 158. Wenn sich jedoch der Versicherte der ihm angebotenen Operation ohne irgendwelche Weigerung unterzieht und die Operation den erwarteten, die Erwerbsunfähigkeit beseitigenden Erfolg hat, so ist die Invalidität von Anfang an, also schon von ihrem Beginne, nicht etwa erst vom Zeitpunkte des Anerbietens der Operation oder der Bereiterklärung des Versicherten an eine vorübergehende; AN. **00** 674.

Für die Entscheidung der Frage, ob die Invalidität vom Beginn einer Krankheit an dauernd war, oder ob sie zunächst nur vorübergehend gewesen und dann erst in den Dauerzustand übergegangen ist, ist ausschlaggebend nicht, ob und wann der Arzt die Unheilbarkeit der Krankheit erkannt hat, sondern das gesamte Krankheitsbild, wie es sich nachträglich der zur Entscheidung berufenen Instanz (LVAnst., OVA., RVA.) darstellt. Können zwei Krankheitsabschnitte unterschieden werden, nämlich: zuerst ein Krankheitszustand, der sowohl seiner Natur nach vom Standpunkte der ärztlichen Wissenschaft aus wie nach der Art seines Auftretens besonders bei dem Betroffenen nach vernünftigem Ermessen als heilbar zu bezeichnen war, sodann Beseitigung der günstigen Aussicht auf Heilung durch Hinzutreten besonderer — sei es äußerlich erkennbarer, sei es innerlicher, durch sachverständige Beobachtung des Arztes feststellbarer — Verwicklungen oder Verschlimmerungen, so kennzeichnet sich der erste, bis zum Eintritte der schädigenden Umstände reichende Abschnitt als Zustand vorübergehender, der zweite aber als Zustand dauernder Invalidität. Ergibt sich aber, daß das die Invalidität verursachende Leiden von vornherein unheilbar war, ohne daß es als solches seiner Art und Wirkung nach zuerst erkannt worden war, beruhte also die ärztliche Prognose (Vorherbestimmung des Verlaufs und Ausganges der Krankheit) auf unrichtiger Diagnose (Erkenntnis der Ursachen und Art der Krankheit), oder war zwar die Diagnose richtig, die Prognose aber nicht so wohl begründet, daß ihr tatsächliches Nichteintreffen nur auf den nachträglichen Eintritt besonderer, wenn auch nicht genau bestimmbarer, nicht vorausgesehener und auch nicht voraussehbarer Umstände zurückzuführen war, so kann nicht von zwei verschiedenen Krankheitsabschnitten, sondern nur von einem einheitlichen Krankheitsbilde gesprochen werden; die Invalidität war somit von Anfang an als eine dauernde zu erachten, Beginn der Krankheit und Beginn der dauernden Invalidität fallen also auf einen Zeitpunkt zusammen, ohne daß sich ein Zeitraum vorübergehender Invalidität dazwischenschiebt; AN. (J. und AV.) **93** 123. Der Versicherte muß sich bemühen, die ihm verbliebene Arbeitskraft zu verbessern; AN. **06** 278, Monatsschr. **23** 510 (Bay. LVAmt). Er hat die Pflicht, sich allen Maßnahmen und Anordnungen zu Zwecken des Heilverfahrens, soweit sie ungefährlich sind, zu unterwerfen; HbdUV. 1 313. Er ist insbesondere verpflichtet, zur Hebung der Arbeitskraft sich der gewöhnlichen Heil- und Hilfsmittel und der ihm zu Gebote stehenden Ersatzstücke fehlender Körperteile zu bedienen; AN. **05** 414.

Invalidität, die durch ein Bruchband beseitigt werden kann, ist keine dauernde; AN. (J. und AV.) **93** 57, **05** 414.

Dauernde Invalidität ist angenommen worden: bei Ablehnung der Gewährung einer von dem mittellosen Versicherten nicht beschaffbaren Stützvorrichtung durch die LVAnst.; AN. **12** 888, bei Ablehnung der Beschaffung einer geeigneten Brille durch die LVAnst.; der Rentenbewerber konnte die Brille aus eigenen Mitteln nicht beschaffen, vermochte aber ohne sie den in Betracht kommenden Mindestverdienst nicht zu erzielen; AN. **21** 374, bei Schadhaftwerden eines Kunstbeins, zu dessen Erneuerung die LVAnst. nicht verpflichtet ist, dem Versicherten aber die Mittel fehlen; EuM. **15** 180.

Die Weigerung eines Augenleidenden, eine Brille zu tragen, begründet die Verneinung des Vorliegens von Invalidität; EuM. **5** 261 (Bay. LVAmt).

Vorübergehende Invalidität liegt noch vor, wenn zwar der körperliche Zustand des Versicherten Arbeit in einem zur Erreichung der Verdienstgrenze erforderlichen Maße gestatten würde, aber zur Sicherung eines Heilerfolges noch ärztliche Maßnahmen notwendig sind, die den Versicherten an der Ausübung einer regelmäßigen, die Erreichung der Verdienstgrenze sicherstellenden Erwerbstätigkeit verhindern; AN. **10** 503.

7. Ob der Versicherte imstande ist, das gesetzliche Drittel zu erwerben, entscheidet sich nach seiner Fähigkeit zur Arbeit, zum Erwerbe, nicht nach dem tatsächlichen Verdienst; AN. (J. und AV.) **91** 162, EuM. **1** 214 (Sächs. LVAmt), AN. **21** 334, es kommt auf die persönliche Leistungsfähigkeit an; AN. **01** 186. Jedoch läßt ein die Mindestverdienstgrenze nicht unwesentlich überschreitender Verdienst vermuten, daß Erwerbsunfähigkeit nicht besteht; AN. **09** 476, **21** 334. Hierbei ist auch der Wert des dem Versicherten gewährten freien Unterhalts zu berücksichtigen; AN. (J. und AV.) **92** 6, ferner ist zu prüfen, ob und inwieweit der Verdienst dem Wert der Arbeit entspricht, wirklich Arbeitsentgelt ist, nicht etwa ganz oder teilweise aus Wohlwollen oder als Unterstützung gegeben wird; AN. (J. und AV.) **92** 140, 141, **93** 164, 165, ob er von dem Versicherten allein oder mit Hilfe anderer Personen erworben wird; AN. (J. und AV.) **92** 36, **95** 244, **96** 309, **21** 334; wer nur mit fremder Hilfe oder nur unter besonders günstigen Arbeitsverhältnissen (in einem längst vertrauten Arbeitsgeleise, bei besonderer Rücksichtnahme seitens des Arbeitgebers) arbeiten und verdienen kann, gilt nicht als erwerbsfähig; AN. **01** 430, AN. (J. und AV.) **92** 140, 141.

Auch ein Verdienst, der nur unter übermäßiger Anspannung der Kräfte oder unter erheblicher Überschreitung der üblichen Arbeitszeit erzielt werden kann, kommt für die Frage, ob jemand die Mindestverdienstgrenze erreichen kann, nicht in Betracht; **04** 476. Unter besonderen Umständen kann allerdings eine übermäßige Ausdehnung der täglichen Arbeitszeit, wenn sie jahrelang ohne Beschwerden ertragen worden ist, für ein hohes Maß körperlicher Rüstigkeit sprechen; AN. **11** 416.

Hausgewerbtreibende sind nicht schon deshalb erwerbsunfähig, weil sie nur zur hausgewerblichen Tätigkeit, aber nicht zur Lohnarbeit fähig sind, denn es kommt nur darauf an, ob sie überhaupt durch eine Tätigkeit, für die allgemeine Nachfrage herrscht, die Mindestverdienstgrenze erreichen können; AN. **03** 389. Ob sie die Mindestverdienstgrenze durch hausgewerbliche Tätigkeit oder Lohnarbeit erreichen können, macht in rechtlicher Hinsicht keinen Unterschied; AN. **96** 221, **03** 389. Denn wie bei Lohnarbeitern nicht die tatsächliche Beschäftigung und der jeweilige Verdienst, sondern die Verwendbarkeit auf dem allgemeinen Arbeitsmarkt entscheidend ist, so gilt dies auch für die Hausgewerbtreibenden; AN. **03** 389.

Für die Frage der Erwerbsfähigkeit kommt es regelmäßig auf die Arbeitsgelegenheit nicht an; AN. (J. und AV.) **92** 140, 141, **93** 55, **04** 353, **09** 502; EuM. **1** 214 (Sächs. LVAmt), es sei denn, daß sich eine Arbeitsgelegenheit in nennenswertem Umfang überhaupt nicht bietet, letzteres kann z. B. der Fall sein bei verkrüppelten Personen, die auf Pförtner-, Boten- u. dgl. Dienste beschränkt sind; **07** 465, **21** 334. Dagegen kommt es darauf an, ob und inwieweit eine Person durch ihre Leiden und Gebrechen vom allgemeinen Arbeitsmarkt ausgeschlossen ist; AN. (J. und AV.) **93** 95. Völliger, dauernder Ausschluß vom Arbeitsmarkt und damit Invalidität wurde anerkannt bei einer landwirtschaftlichen Arbeiterin, die an einem unheilbaren

Nasenübel (Stinknase) litt, dessen Ausdünstungen selbst auf freiem Feld ein Zusammenarbeiten mit ihr nur bei entgegengesetzter Windrichtung zuließen; AN. (J. und AV.) **93** 95, bei einem wiederholt in einer Irrenanstalt untergebracht gewesenen Geisteskranken (allgemeine Scheu und Abneigung, solche Personen zu beschäftigen, Besorgnis, der Kranke könnte bei einem plötzlichen Anfall der Umgebung gefährlich werden); AN. **01** 431, bei einem Urin-Typhusbazillenausscheider (allgemeine Ansteckungsgefahr); EuM. **9** 289, bei einem durch hochgradigen Lupus Entstellten; Mbl. f. AV. **11** 22, bei einem Gelähmten, der nur mit fremder Hilfe sich fortbewegen konnte; AN. **01** 430, dagegen nicht bei einem Einarmigen; AN. **09** 502, EuM. **10** 284 (Bay. LVAmt), bei Blinden mit besonderen Fähigkeiten zu geeigneter Lohnarbeit; AN. **97** 408, **02** 338, bei sonst gesunden Tauben und hochgradig Schwerhörigen; AN. **06** 277, AN. (J. und AV.) **93** 95, bei Fallsüchtigen, die nur von gewissen Berufen ausgeschlossen waren; AN. **98** 390, bei einem Geistesschwachen, der auf Grund freien Privatvertrages in einem Spital untergebracht war; AN. (J. und AV.) **93** 165, bei einem aus Gründen der öffentlichen Sicherheit (zur Verhütung weiterer Sittlichkeitsverbrechen) untergebrachten, jedoch zu allen Lohnarbeiten fähigen Geisteskranken; EuM. **8** 249.

Der Lazarettaufenthalt eines Kriegsteilnehmers oder Kriegsbeschädigten begründet für sich allein noch nicht die Annahme der Invalidität; AN. **16** 743, EuM. **9** 287, **9** 290 (Bay. LVAmt).

8. Bei Prüfung der Erwerbsmöglichkeit ist der gesamte Arbeitsmarkt zu berücksichtigen, jedoch darf der Versicherte nicht auf den Erwerb durch eine für ihn völlig fremde körperlich und geistig ungeeignete Lohnarbeit verwiesen werden; EuM. **5** 258 (Bay. LVAmt). Verweisung einer Sprach- und Musiklehrerin auf eine Beschäftigung als Haushälterin, Hausangestellte, Köchin, Näherin usw. unzulässig; EuM. **5** 258 (Bay. LVAmt). Unzulässigkeit der Verweisung eines geistigen Arbeiters (Buchhalters) auf körperliche Arbeiten; EuM. **15** 182.

Hingegen kann verlangt werden, daß der Versicherte sich nicht auf seine bisher verrichtete Arbeit beschränkt, er muß unter Umständen von einer feineren und höher gelohnten Arbeit zu einer gröberen übergehen; AN. **04** 353, unter Umständen muß er den Beruf wechseln; AN. (J. und AV.) **93** 55, 56. Ein Berufsschreiber muß eine Stellung als Verkäufer oder Kassenbote annehmen; AN. **04** 353, ferner wurden verwiesen: eine frühere Handarbeitslehrerin auf Schneiderei und Näharbeiten; AN. **5** 415, ein Glaspoliermeister auf von ihm bereits übernommene Tagelohnarbeiten; AN. (J. und AV.) **93** 55, ein Ökonomiebaumeister auf die Arbeiten eines Knechtes oder Tagelöhners; EuM. **12** 194 (Bay. LVAmt), ein Appreteur auf Handarbeit; EuM. **5** 264 (Sächs. LVAmt), ein Schreinergehilfe auf Tagelohnarbeiten; EuM. **5** 262 (Bay. LVAmt), ein Steinhauer auf Feld- und gewöhnliche Taglöhnerarbeiten; EuM. **7** 251 (Bay. LVAmt), eine Dienstmagd auf landwirtschaftliche Arbeiten und gröbere Hausarbeit; AN. (J. und AV.) **93** 95, ein Bergmann auf landwirtschaftliche Arbeiten; AN. **01** 186, EuM. **3** 164 (Bay. LVAmt), ein Arbeiter auf den inzwischen erlernten Beruf eines Trichinenschauers; AN. **08** 516, ein Ackerknecht auf rein mechanische, leicht zu erlernende (gewerbliche), im Sitzen auszuübende Beschäftigungen außerhalb der nächsten Umgebung seines Wohnsitzes; AN. **12** 889, EuM. **11** 277 (Bay. LVAmt), eine Weberin auf Haushaltarbeiten; EuM. **13** 244 (Bay. LVAmt), eine „Hausfrau und Mutter", die früher Fabrikweberin war, auf häusliche Lohnarbeiten, Zugeherinnendienste; EuM. **14** 264 (Bay. LVAmt).

Bei Prüfung der Frage, welche Arbeiten einer Rentenbewerberin gemäß § 1255 Abs. 2 noch zugemutet werden können, kommen lediglich die eigene Ausbildung und der bisherige Beruf, nicht auch die Stellung des Ehemannes in Betracht; AN. **05** 415, vgl. dagegen § 1258 Abs. 2.

Bei einem gelernten Arbeiter, der in seinem bisherigen Beruf erwerbsunfähig geworden ist und nunmehr begonnen hat, sich für einen neuen Beruf auszubilden, kann die nach § 1255 Abs. 2 gebotene „billige Berücksichtigung“ dazu führen, daß ihm während der zum Umlernen und zur Erlangung der Wettbewerbsfähigkeit auf dem neuen Erwerbsgebiet erforderlichen Zeit eine Tätigkeit auf dem allgemeinen Arbeitsmarkt trotz der hierzu vorhandenen körperlichen Leistungsfähigkeit nicht zuzumuten ist; EuM. **13** 247 (Bay. LVAmt), auch **11** 275 (Bay. LVAmt).

Der Versicherte ist nicht auf den Arbeitsmarkt seines Wohnortes beschränkt, es kann ihm vielmehr zugemutet werden, auch anderwärts sich um Arbeit zu bemühen und gegebenenfalls seinen Wohnsitz zu verlegen; AN. (J. und AV.) **93** 95, **06** 277; eine landwirtschaftliche Dienstmagd kann außerhalb ihres kleinen Heimatdorfes in nahegelegenen größeren Orten Arbeit suchen; AN. (J. und AV.) **93** 95; ein Schreiber muß, trotzdem er ansässig ist, sich außerhalb seines Wohnortes Arbeit suchen, sein Haus kann er vermieten; AN. **04** 353; ein ansässiger Facharbeiter muß, obwohl auch Familienvater, in der nächstgelegenen Stadt sich um eine Stellung bemühen; AN. **06** 277; ebenso ein ansässiger Fabrikarbeiter, soweit er nicht durch die ihm zu Gebote stehende Eisenbahnverbindung ohne Verlegung seines Wohnsitzes in der weiteren Umgegend geeignete Arbeit findet; AN. **09** 502; ein Ackerknecht kann rein mechanische gewerbliche Arbeiten außerhalb der nächsten Umgebung seines Wohnsitzes übernehmen; AN. **12** 889. Dagegen kann von einer Ehefrau mit Rücksicht auf die Einheit der Familie nicht verlangt werden, daß sie ihren Wohnsitz verlegt oder während der Arbeitstage an einem Orte, der ihr Arbeitsgelegenheit bietet, Wohnung nimmt; von Arbeitsgelegenheiten außerhalb ihres Wohnsitzes kommen nur solche in Betracht, die sie zu Fuß oder mit einer ihr billigerweise zuzumutenden Fahrgelegenheit (Straßenbahn, Eisenbahn usw.) erreichen kann; AN. **10** 502.

9. Von dem Versicherten ist zu verlangen, daß er sich die Arbeit tunlichst seinem Körperzustande entsprechend einrichtet, und bei gehöriger Vorsicht und angemessenem Verhalten Gefahren für seine Gesundheit vermeidet; AN. **02** 504. Doch scheiden für die Prüfung der Frage der Invalidität Arbeiten, die jemand nur mit Gefahr für Leib und Leben verrichten kann, aus; AN. **02** 504, ebenso Arbeiten, die nur mit Schmerzen und unter großer Selbstüberwindung verrichtet werden können; AN. (J. und AV.) **92** 140, 141, **01** 430, Monatsschr. **28** 447, ferner Arbeiten, die der Versicherte wegen seiner Gebrechlichkeit nur unter ständiger Inanspruchnahme der Mithilfe anderer Personen zu verrichten vermag; AN. **01** 430. Invalidität liegt noch vor, solange die Wiederaufnahme der Arbeit gesundheitsschädlich ist; AN. (J. und AV.) **92** 46, **94** 132, **96** 292, **97** 318, **99** 559, vorübergehende Invalidität besteht, solange der Versicherte infolge Durchführung eines zur Abwehr drohender Invalidität eingeleiteten geeigneten Heilverfahrens an der Erreichung des Mindestverdienstes verhindert ist; AN. **10** 503. Dagegen genügen die bloße Besorgnis, daß die Erwerbsfähigkeit nicht von Dauer sein werde, oder die bloße Möglichkeit der Überanstrengung nicht, um Invalidität anzunehmen; AN. **11** 417, EuM. **9** 293 (Bay. LVAmt). Auch gibt es in der JV. keine „Schonrente“; EuM. **11** 269 (Bay. LVAmt).

10. Unter Tätigkeit ist Lohnarbeit zu verstehen; AN. **06** 637. Der Begriff „Tätigkeit“ im Sinne des § 1255 Abs. 2 umfaßt jede Beschäftigung, also auch eine hauswirtschaftliche, die geeignet ist, dem Versicherten ein Drittel des für ihn maßgebenden Verdienstes einzubringen; EuM. **19** 135 (Bay. LVAmt). Die bisherige versicherungspflichtige Tätigkeit kommt in Betracht; EuM. **14** 265, 267 (Bay. LVAmt). Dem Versicherungspflichtigen kann eine Tätigkeit als Unternehmer nicht zugemutet werden; AN. **06** 637, es kann also Invalidität bestehen trotz Ausübung eines Hausierhandels; AN. **98** 323, eines Gemüsehandels; AN. **06** 637, einer selbständigen Schneiderei; AN. **08** 517. Denn der Versicherungsfall der Invalidität ist darin zu erblicken, daß dem Versicherten die fernere Zugehörigkeit zur Klasse der abhängigen Arbeiterschaft durch Abnahme seiner Arbeitskraft unmöglich gemacht wird, deshalb wäre es unbillig und tatsächlich nicht durchführbar, einen Lohnarbeiter auf einen Erwerb zu verweisen, der zum Teil eigenartige, für die Lohnarbeit nicht in Betracht kommende Anforderungen stellt, die Übernahme einer wirtschaftlichen Gefahr und die Beschaffung eines wenn auch noch so geringen Anlagekapitals voraussetzt; AN. **98** 323, **06** 637, **21** 334.

Gleichwohl kann aus der Tätigkeit, die jemand als Unternehmer ausübt, auf seine Fähigkeit, sich als Arbeiter das für ihn maßgebende Lohndrittel zu verdienen, geschlossen werden; EuM. **11** 273. Auf der andern Seite ist es nicht zulässig, die Fähigkeit einer Person, die auf Grund selbständiger Erwerbstätigkeit sich versichern oder die Versicherung fortsetzen durfte, lediglich danach zu bemessen, was sie in einer ihr fremden oder ihr fremd gewordenen abhängigen Stellung noch verdienen könne. Für einen bisher Selbständigen ist der Eintritt in ein Abhängigkeitsverhältnis jedenfalls dann eine unbillige Zumutung, wenn die Beitragsleistung ausschließlich auf der freiwilligen Versicherung beruht; EuM. **4** 289.

Die Tätigkeit einer Rentenbewerberin im eigenen Hause gestattet dann keinen Rückschluß auf die Verdienstmöglichkeit durch Lohnarbeit in einem fremden Hause, wenn die Tätigkeit im eigenen Hause nur unter ganz besonders günstigen Umständen geleistet werden kann; EuM. **19** 134 (Bay. LVAmt).

11. Der Betrag, den der Versicherte noch zu verdienen imstande sein müßte, um nicht invalide zu sein, stellt die Verdienstgrenze in Gestalt des Mindestlohns dar. Maßgebend dafür ist nicht etwa der eigene Verdienst des Versicherten, sondern der regelmäßige Durchschnittsverdienst der ganzen Klasse im wesentlichen gleichartiger Personen; AN. **01** 189. Von den besonderen Verhältnissen des einzelnen Versicherten ist immer nur insoweit auszugehen, als es sich darum handelt, in welche Klasse oder Gruppe er einzuordnen ist; AN. **01** 186. Eine Person derselben Art ist nicht etwa eine Person desselben Lebensalters und entsprechend beschränkter Leistungsfähigkeit; AN. **01** 186, deshalb ist auch bei solchen Versicherten, die schon von vornherein infolge eines Gebrechens oder einer chronischen Krankheit nur einen Teil der vollen Erwerbsfähigkeit besessen haben, nicht ihr früherer Zustand, sondern der eines gesunden Lohnarbeiters heranzuziehen, denn das Gesetz verweist ausdrücklich auf geistig und körperlich gesunde Personen; AN. **01** 190.

12. Für die Bemessung des Mindestlohns nach dem Verdienst gleichartiger Personen lassen die Ausdrücke „derselben Art" und mit „ähnlicher Ausbildung" der tatsächlichen Beurteilung des einzelnen Falles einen gewissen Spielraum, sie nötigen nicht dazu, nur genau dieselbe besondere Berufsstellung zu berücksichtigen, die der Rentenbewerber insbesondere zuletzt eingenommen hat, jedoch darf nicht ein ganz anderes Erwerbsgebiet mit wesentlich abweichenden wirtschaftlichen Verhältnissen herangezogen werden; AN. **01** 186. Es kommt auf das ganze Arbeitsleben des Rentenbewerbers an; AN. **01** 186, 429, und zwar ist der Beruf maßgebend, den er auf der Höhe seines Arbeitslebens bei im wesentlichen ungeschwächter Arbeitskraft zuletzt ausgeübt hat; AN. **03** 599. Allerdings darf für Ermittelung des Mindestverdienstes nicht lediglich diejenige Tätigkeit berücksichtigt werden, durch die ein Rentenbewerber innerhalb eines Berufs bei höchster Leistungsfähigkeit oder unter besonders günstigen Umständen den höchsten Verdienst erzielt hat; AN. **01** 429, **03** 599, auch die leichtere und etwas geringer bezahlte Arbeit ist mit einzuschließen, sofern es dem gewöhnlichen Gange der Dinge entspricht, daß der Versicherte innerhalb desselben Berufs und auch ohne eigentlich krank oder sonst nicht voll erwerbsfähig zu sein, späterhin zu einer solchen Arbeit übergeht; AN. **01** 186. Anderseits darf der mit den Kräften gesunkene letzte Arbeitsverdienst nicht allein die Verdienstgrenze bestimmen; AN. **01** 186, 429, **03** 599, EuM. **5** 259 (Bay. LVAmt).

13. Unter „derselben Gegend" ist ein räumliches Gebiet zu verstehen, innerhalb dessen für gleichartige Arbeiter im allgemeinen gleichmäßige Lohnverhältnisse bestehen; AN. **03** 597. Wie dieses Gebiet zu begrenzen ist, läßt sich nur im Einzelfall entscheiden; auch wird dabei besonderen persönlichen Verhältnissen des Versicherten nach billigem richterlichen Ermessen Rechnung zu tragen sein; AN. **04** 353. Bestimmt sich die Mindestverdienstgrenze eines Versicherten nach einem Berufe, den er in einer anderen Gegend ausgeübt hat als derjenigen, in der er zur Zeit der Stellung des Antrags auf Invalidenrente und der Entscheidung hierüber wohnt, so ist für die Berechnung des Mindestlohns der Verdienst gleichartiger Arbeiter in der letzten Gegend maßgebend. Wird der Beruf, dem der Versicherte angehört, dort nicht ausgeübt, so sind andere dem Berufe des Versicherten nahestehende Berufsgruppen heranzuziehen und der Verdienst gleichartiger Arbeiter schätzungsweise zu ermitteln; AN. **17** 546.

14. Mindestverdienstgrenze im einzelnen. Der Mindestlohn für einen Versicherten, der 20 Jahre Bergmann, zuerst Hauer, dann Zimmer-(Reparatur-) Hauer, schließlich landwirtschaftlicher Arbeiter war, ist nach dem Verdienst eines gleichartigen Bergmanns zu berechnen, dabei ist nicht ausschließlich die Beschäftigung als Hauer, d. h. die schwerste und demgemäß höchstbezahlte Arbeit, sondern auch die leichtere und etwas geringer bezahlte Arbeit als Zimmerhauer zugrunde zu legen; AN. **01** 196, 189.

Zur Bestimmung der für einen Kapitän*) eines großen Ozeandampfers maßgebenden Verdienstgrenze ist der regelmäßige Durchschnittsverdienst von Kapitänen auf Dampfschiffen und Schiffen mit Hauptmotoren in großer und mittlerer Fahrt (Klasse A 1a der Bek. des RVA. v. 9. VIII. 24, RAnz. Nr. 192 v. 15. VIII. 24) heranzuziehen, nicht der der Kapitäne großer Ozeandampfer, die innerhalb der betreffenden Berufsgruppe eine besonders bevorzugte und hochbezahlte Stellung einnehmen; AN. **01** 429.

Werkmeister*) einer Zigarrenfabrik gehören nicht zur Gruppe der Zigarrenarbeiter, Oberhäuer*) nicht zur Gruppe der Häuer, denn sie nehmen gegenüber den gewöhnlichen Arbeitern eine beaufsichtigende Stellung ein und beziehen einen höheren Lohn, sie bilden demgemäß besondere Berufsgruppen; AN. **02** 502, 682.

Waschfrauen sind den gewöhnlichen Tagearbeiterinnen zuzurechnen; AN. **05** 465.

Ein Rentenbewerber, der zuletzt infolge verringerter Arbeitsfähigkeit Tagearbeiter auf einer Grube, hingegen vom 28. bis zum 48. Lebensjahre Puddler war, ist der Berufsgruppe der Puddler zuzurechnen; AN. **03** 599.

Die Mindestverdienstgrenze für einen Steinhauer, der infolge Krankheit diese Beschäftigung aufgeben mußte und sich nur mehr in seinem eigenen landwirtschaftlichen Betrieb mit leichteren Arbeiten betätigen konnte, ist nach dem Verdienste eines gesunden Steinhauers unter Berücksichtigung einer etwa allgemein üblichen zeitweisen Unterbrechung der Steinhauerarbeit und der Betätigung im landwirtschaftlichen Betriebe durch Lohnarbeit zu berechnen; EuM. **5** 259 (Bay. LVAmt).

Ist bei einer Berufsgruppe (oberschlesische Bergarbeiter) in den letzten Jahren ständiges Steigen der Löhne festgestellt, so darf bei Berechnung der Mindestverdienstgrenze auf frühere ungünstigere Lohnverhältnisse nicht zurückgegriffen werden; AN. **13** 677.

Unter Umständen ist auch eine vor Inkrafttreten der Versicherungspflicht ausgeübte Tätigkeit bei Bestimmung des Mindestverdienstes zu berücksichtigen; AN. **03** 599.

Bei einem Berufswechsel (zuerst Fabrikweberin, dann Haustreiberin) sind nach der Zeitdauer der betreffenden Beschäftigungen beide für die Berechnung der Mindestverdienstgrenze in Betracht zu ziehen; AN. **11** 415.

---

*) Diese Personen gehören jetzt zu den ausschließlich nach dem AVG. versicherten Angestellten; vgl. Bestimmung von Berufsgruppen der AV. v. 8. III. 24 (RGBl. I S. 274, 410); s. Anh. II.

Als die zulässige niedrigste Verdienstgrenze ist der Durchschnittsverdienst eines nur auf seine Körperkraft und die gewöhnlichsten Arbeiten angewiesenen gesunden Tagearbeiters anzusehen; AN. **02** 503. Deshalb kann die Verdienstgrenze nicht nach den Löhnen der Hausgewerbtreibenden bemessen werden, soweit diese niedriger sind; AN. **02** 503. Für einen hausgewerblichen Weber kommt hinsichtlich der Berechnung der Mindestverdienstgrenze die gesamte Berufsgruppe der Weber, also auch der Fabrikweber in Betracht; AN. **04** 529.

Der Invaliditätsgrenzwert und der für die Geringfügigkeit des Arbeitsentgelts entscheidende Grenzwert sind unabhängig voneinander zu bestimmen; AN. **10** 467.

15. Für die Feststellung, ob Invalidität vorliegt, bedarf es der Beantwortung zweier voneinander zu trennender Fragen, nämlich einmal der Frage, wo die Grenze zwischen Erwerbsfähigkeit und Erwerbsunfähigkeit liegt, wieviel der Rentenbewerber also noch zu verdienen imstande sein müßte, um nicht erwerbsunfähig zu sein — Verdienstgrenze —, und sodann der Frage, wie hoch die Leistungsfähigkeit des Rentenbewerbers zu schätzen ist, wieviel also diese bestimmte Person noch durch Arbeit zu verdienen vermag — persönliche Leistungsfähigkeit. Ziffernmäßig in Geld ausgedrückt erscheint die erstere in Gestalt des Mindestlohns, die letztere in Gestalt des höchsten noch erreichbaren Verdienstes; AN. **01** 186. Diese ziffernmäßige Feststellung ist zur Entscheidung über das Vorliegen von Invalidität nicht erforderlich, wenn aus dem ärztlichen Befunde ohne weiteres zu entnehmen ist, ob die Erwerbsfähigkeit unter ein Drittel gesunken ist oder nicht; AN. **05** 465.

Die Bestimmung der Verdienstgrenze, die je nach den Umständen die Beurteilung keineswegs einfacher rechtlicher und tatsächlicher Gesichtspunkte erfordert, darf nicht lediglich dem Ermessen einer örtlichen Stelle (z. B. der Gemeindebehörde) überlassen werden; AN. **01** 428, **02** 503.

Für die Beurteilung der gesamten Erwerbsunfähigkeit eines Versicherten kann die in Hundertteilen der vollen Erwerbsfähigkeit ausgedrückte Abschätzung verschiedener körperlicher Schäden nicht einfach zahlenmäßig zusammengerechnet werden; AN. **09** 476, EuM. **2** 269 (Bay. LVAmt); vgl. auch AN. **27** 250 (AV.).

Der Grad der Erwerbsunfähigkeit ist auf dem Gebiete der IV. unabhängig von seiner Beurteilung auf dem Gebiete der UV. einzuschätzen; AN. **97** 290, **00** 672, EuM. **12** 196. Das gleiche gilt hinsichtlich der Beurteilung auf dem Gebiete der Reichsversorgung; EuM. **8** 252 (Bay. LVAmt).

Über die Mitwirkung des Arztes bei Feststellung der Invalidität vgl. Rundschr. des RVA. v. 31. XII. 01, AN. **02** 178.

Die ärztlichen Gutachten haben den Zweck, daß mit Hilfe der ärztlichen Wissenschaft festgestellt wird, woran der Rentenbewerber leidet und inwiefern er durch seine Leiden an dem freien Gebrauche seiner körperlichen und geistigen Kräfte behindert wird. Die alsdann noch offene Frage, ob die festgestellten Leiden und deren Wirkungen auf den Kräftegebrauch die Fähigkeit zu einem hinreichenden Arbeitsverdienste zulassen, liegt nicht auf ärztlichem Gebiete, hierüber haben die rechtsprechenden Instanzen nach ihrer freien richterlichen Überzeugung zu entscheiden; AN. **05** 413. Die Gutachten sollen die subjektiven Beschwerden, den objektiven Befund und die ärztliche Beurteilung scharf auseinanderhalten und besonders den objektiven Befund eingehend darlegen; AN. **05** 286, **08** 502, EuM. **3** 165 (Bay. LVAmt). Freie Beweiswürdigung der rechtsprechenden Instanzen gegenüber ärztlichen Gutachten, Bedeutung der Einnahme des Augenscheins durch die Instanzen; AN. **99** 449, **01** 404, **05** 413, **09** 494, 495ff., **10** 429, EuM. **2** 114, 267 (Bay. LVAmt). Die Abweichung von den ärztlichen Gutachten auf Grund des Augenscheins bedarf eingehender Begründung und Rechtfertigung; Monatsschr. **28** 345.

Die ärztliche Beurteilung des Grades der Minderung der Erwerbsfähigkeit im Reichsversorgungsverfahren kann nicht ohne weiteres für das Invalidenrentenverfahren übernommen werden, da der Begriff der Invalidität im Sinne der RVO. eine Prüfung nach anderen Gesichtspunkten als die Frage der Minderung der Erwerbsfähigkeit durch eine Dienstbeschädigung erfordert; EuM. **19** 174, **19** 175 (Bay. LVAmt), vgl. auch AN. **26** S. 206 (AV.).

Für die Feststellung der Invalidität sind nicht bloß die ärztlichen Gutachten, sondern auch die allgemeinen und besonderen Verhältnisse des Arbeitsmarktes und die besonderen wirtschaftlichen und persönlichen Verhältnisse des Versicherten maßgebend. Den eigenen Angaben des Rentenbewerbers und seinem persönlichen Eindruck kann maßgebender Einfluß eingeräumt werden, soweit die ärztlichen Gutachten hierfür eine wesentliche Stütze bieten; EuM. **21** 406 (Sächs. LVAmt).

Bedeutung von Laiengutachten über Leistungen und Erwerbsfähigkeit eines Versicherten. Anschauungen von Laien, die mit den persönlichen Verhältnissen des Versicherten vertraut sind, können für die Entscheidung der richterlichen Instanzen von hohem Werte sein, insbesondere wenn es sich handelt um körperliche Schäden, deren Bedeutung für die Erwerbsfähigkeit mit den Erkenntnismitteln der ärztlichen Wissenschaft überhaupt nicht zuverlässig festgestellt werden kann, weil sie von der vorhandenen Geschicklichkeit, Willenskraft, Ausdauer, Arbeitslust, Gewissenhaftigkeit und anderen seelischen Verhältnissen abhängt, die sich der ärztlichen Wahrnehmung zum größten Teil entziehen; AN. **06** 638.

Unter Umständen ist es angängig, Invalidität infolge von Krankheit anzunehmen, trotzdem die vorhandenen objektiven Merkmale einen sicheren Schluß auf eine bestimmte Art der Erkrankung nicht zulassen; AN. **97** 382, dagegen kann das Vorliegen von Invalidität nicht auf Grund der bloßen Möglichkeit festgestellt werden, daß sich für Krankheitszeichen, die wahrscheinlich willkürlich hervorgerufen sind und für die jede Erklärung im körperlichen Befunde fehlt, späterhin unter veränderten Verhältnissen eine natürliche Krankheitsursache nachweisen läßt; AN. **10** 504.

Der Rentenbewerber hat sich behufs Feststellung seiner Invalidität ärztlich untersuchen, gegebenenfalls auch in einem Krankenhause auf seinen Gesundheitszustand beobachten zu lassen; AN. **17** 450, im Falle seiner unbegründeten Weigerung kann nach entsprechender Belehrung der nach Lage der Akten ungünstigste Schluß für seinen Rentenanspruch gezogen werden; AN. **98** 391, **01** 431, **27** 252 (AV.). Wegen Weigerung der Untersuchung usw. im Rentenentziehungsverfahren siehe § 1306. Unkosten, die dem Rentenbewerber aus der Untersuchung (oder Beobachtung) erwachsen (Reise- und Fahrkosten, Lohnausfall), sind ihm zu ersetzen, die Entscheidung über den Kostenersatz ergeht im Beschlußverfahren (§ 1780ff.); AN. **14** 675, **17** 589, sofern der Ersatzanspruch nicht im Spruchverfahren geltend gemacht wird; AN. **20** 399.

16. Unter „Wegfall des Krankengeldes“ ist zu verstehen der Wegfall des Anspruchs auf Krankengeld; AN. **22** 888, und zwar erst der endgültige Wegfall des Anspruchs, nicht schon jede Unterbrechung des Krankengeldbezugs; AN. **12** 1187. Das Krankengeld ist nicht „weggefallen“, wenn die LVAnst. im Laufe der Unterstützungspflicht einer Krankenkasse ein Heilverfahren durch Aufnahme eines Versicherten in ein Krankenhaus einleitet; AN. **12** 888, ebensowenig, wenn eine BG. Krankenhilfe (Heilanstaltpflege) in einem den Leistungen der KrK. gleichwertigem Umfange gewährt; Breith. **18** 284 (Bad. LVAmt).

Vorübergehend Invaliden, die keinen Anspruch auf Krankengeld hatten, ist die Rente für vorübergehende Invalidität erst dann zu zahlen, wenn sie 26 Wochen hindurch ununterbrochen invalide gewesen sind; AN. **17** 442.

17. Der Anspruch auf die Rente für vorübergehende Invalidität besteht nur, wenn nach Ablauf der 26 Wochen ununterbrochener Invalidität oder im Zeitpunkt des Wegfalls des Krankengeldes Invalidität fortbesteht; AN. **15** 733. Laufen die 26 Wochen erst während des Berufungsverfahrens ab, so muß dies das OVA., sofern der Ablauf bis zum Erlaß seines Urteils erfolgt ist, berücksichtigen, und darf nicht unter Zurückweisung der Berufung den Kläger auf die Stellung eines neuen Rentenantrags verweisen; AN. **17** 608.

Daß während der 26 Wochen eine nach § 1279 anrechnungsfähige Krankheit besteht, ist nicht erforderlich; AN. **98** 334.

Für die Anrechnung von Zeiten vorübergehender Invalidität als Beitragszeiten müssen die Voraussetzungen des § 1279 gegeben sein; AN. (J. und AV.) **93** 59, **00** 409, **14** 693.

Eine mit vorübergehender Erwerbsunfähigkeit verbundene Krankheit kann als Beitragszeit über die ersten 26 Krankheitswochen hinaus bis zur Erfüllung der Wartezeit für die Rente für vorübergehende Invalidität nicht angerechnet werden; AN. **14** 693.

Die 26 Wochen des § 1255 Abs. 3 werden von Tag zu Tag berechnet, umfassen also u. U. nur 25 Krankheitswochen im Sinne des § 1279; AN. **00** 673.

18. Mit Eintritt der dauernden Invalidität oder bei vorübergehender Invalidität mit Beginn der 27. Woche ist der Versicherungsfall gegeben. Dadurch Ausscheiden der versicherten Person aus dem Kreise der Versicherten, keine Beitragsleistung oder Anrechnung von Beitragswochen mehr für die Zukunft möglich, für die Vergangenheit nur mehr Nachbringung rückständiger Pflichtbeiträge, dagegen keine Nachleistung freiwilliger Beiträge zulässig; AN. (J. und AV.) **92** 55, 58, **94** 79ff., **09** 422; AN. (J. und AV.) **94** 131, **05** 466, **96** 307, **97** 353, **00** 696, **14** 693, EuM. **18** 333 (Bay. LVAmt). Vgl. im übrigen §§ 1236, 1251.

Der Versicherungsfall hemmt den Lauf der Anwartschaftsfristen und hindert den Verlust der Anwartschaft; AN. **99** 775; AN. **03** 386, 395, 514. Bei dem Versicherungsfall der vorübergehenden Invalidität kann die Anwartschaft in keiner Frist erlöschen, in die die Krankheit, die den Eintritt des Versicherungsfalls bewirkt hat, hineinreicht; AN. **03** 514. Jedoch keine Hemmung des Laufs der Anwartschaftsfrist, wenn lediglich der Beginn der den Versicherungsfall nach § 1255 Abs. 3 bewirkenden Krankheit, nicht auch das Ende der 26. Woche hineinfällt; AN. **09** 422. Vgl. im übrigen § 1280, auch § 1309.

Der Versicherungsfall der Invalidität schließt den der Vollendung des 65. Lebensjahres (s. o. Anm. 2) als solchen aus; AN. **28** 111, 112, **29** 64. Vollendet jedoch der Bezieher einer Invalidenrente das 65. Lebensjahr, so darf er von diesem Zeitpunkt ab hinsichtlich der Bemessung der Leistungen nicht schlechter gestellt werden, als wenn er die Rente auf Grund der Vollendung des 65. Lebensjahres erhalten würde; AN. **29** 64.

Ein dauernd Invalider kann nicht in die JV. eintreten; AN. (J. und AV.) **91** 156, **95** 213. Vgl. im übrigen §§ 1236, 1251.

§ 1256. Die Invalidenrente beginnt[1], unbeschadet des § 1253[2], mit dem ersten Tage des Monats, in welchem die Voraussetzungen des § 1255 vorliegen. Läßt sich der Beginn der Invalidität nicht feststellen, so gilt als solcher der Tag, an dem der Antrag beim Versicherungsamt oder bei der Versicherungsanstalt eingegangen ist[3 4].

G. v. 13. VII. 23 (RGBl. I S. 636), G. v. 15. III. 24 (RGBl. I S. 280).

1. Über den Beginn der Alters-Invalidenrente vgl. § 1255 Anm. 2.

Eine im Instanzenzuge ausgesprochene Änderung des Beginns der Rente bedingt eine entsprechend veränderte Anrechnung der Beitragswochen für die Wartezeit; AN. (J. und AV.) **94** 36.

Wirkung früher ergangener rechtskräftiger Entscheidungen auf den Rentenbeginn:

Die Rechtskraft einer Entscheidung, durch die der Rentenbewerber wegen z. Zt. noch nicht vorliegender Invalidität abgewiesen worden ist, hindert in einem neuen, späteren Verfahren nicht die Feststellung des Beginns der Invalidität für einen vor dieser Entscheidung liegenden Zeitpunkt, schließt jedoch aus, daß die in dem neuen Verfahren festgesetzte Rente vor dem Tage beginnt, der auf den Tag des Erlasses der rechtskräftigen Entscheidung folgt: AN. (J. und AV.) **95** 253, **97** 272, **98** 250, **09** 479. Die in einer rechtskräftigen ablehnenden Entscheidung getroffene Feststellung, daß nur eine vorübergehende, noch nicht 26 Wochen anhaltende Invalidität bestehe, hindert in einem späteren Rentenverfahren zwar nicht eine gegenteilige Feststellung der Instanzen dahin, daß bereits damals dauernde Invalidität vorhanden gewesen ist. Die Rente kann aber frühestens seit dem auf die rechtskräftige Entscheidung folgenden Tage zuerkannt werden; AN. **13** 476. Die rechtskräftige Zuerkennung der Invalidenrente von einem bestimmten Zeitpunkt ab, steht einem Rentenanspruch des Versicherten aus demselben Invaliditätsfalle für einen dem Rentenbeginn vorhergehenden Zeitraum entgegen; EuM. **15** 183.

Beantragt ein Rentenbewerber die Gewährung der Rente von einem späteren Zeitpunkt ab als dem Eintritt der Invalidität, so kann hierin ein Verzicht auf die Rente bis zu dem in dem Antrage bezeichneten Zeitpunkt liegen; AN. **01** 612, dies kann jedoch nur dann angenommen werden, wenn der Rentenbewerber bei der Antragstellung sich über den Umfang seines Rechtes klar war; AN. **02** 687, **10** 455, und sich bewußt war, eine rechtsgeschäftliche Erklärung abzugeben; AN. **10** 655. In der Regel sind daher die Instanzen hinsichtlich der Festsetzung des Beginns der zuzusprechenden Rente nicht an die Antragstellung gebunden, sondern haben den Zeitpunkt des Beginns unabhängig von der Erklärung des Rentenbewerbers von Amts wegen zu ermitteln und festzusetzen; sie sind dabei nicht gehindert, ihm die Rente bereits für eine frühere Zeit zuzusprechen, als er es selbst beantragt hat, falls die angestellten Ermittelungen ergeben, daß die Invalidität bereits früher eingetreten ist; EuM. **15** 184.

2. § 1253 stellt keine gesetzliche Vermutung über den Beginn der Invalidität dar; AN. (J. und AV.) **94** 91.

3. Das Fehlen einer Feststellung über den Beginn der Invalidität in der Entscheidung kann ein wesentlicher Mangel des Verfahrens sein; AM. **99** 454, **14** 502.

4. Die Feststellungsbehörden haben den Zeitpunkt, in dem der Rentenbewerber invalide geworden ist, von Amts wegen zu ermitteln und erst, wenn die Erhebungen zu keinem bestimmten Ergebnisse geführt haben, ist § 1256 Satz 2 anwendbar; Begr. z. RVO. S. 399. § 1256 Satz 2 findet keine Anwendung, wenn zwar der Tag des Beginns der Invalidität nicht genau festzustellen ist, aber feststeht, daß die Invalidität erst nach dem Eingange des Rentenantrags eingetreten ist; AN. **15** 508.

Die Vermutung des § 1256 Satz 2 gilt nur für den Rentenbeginn, nicht für die Voraussetzungen des Rentenanspruchs; AN. (J. und AV.) **94** 91.

Der Antrag stellt eine rechtsbegründende Tatsache dar, erst durch ihn gelangt der Anspruch zur rechtlichen Entstehung; AN. (J. und AV.) **93** 142, **97** 274, **01** 195, vgl. auch AN. **23** 256, **24** 81, **25** 30.

Für die Anmeldung des Rentenanspruchs ist eine bestimmte Form nicht vorgeschrieben, es genügt die zuverlässige Kundgabe des Willens, die Rente zu beanspruchen; AN. (J. und AV.) **94** 31, **97** 274. Daher genügt mündliche Antragstellung; AN. **01** 436, 641, unter Umständen auch durch den Fernsprecher; AN. **06** 426. Die Anmeldung ist auch durch einen Bevollmächtigten zulässig; AN. (J. und AV.) **94** 31.

Die Wirkung des Antrags knüpft sich an die Person des Rentenberechtigten, sie tritt auch ein, wenn ein Ersatzberechtigter nach § 1537 den Anspruch anmeldet; AN. **21** 172.

Nur der Eingang des Antrags bei der zuständigen Stelle hat rechtswirksame Folgen; AN. **97** 471, vgl. im übrigen § 1613 Abs. 1 und 5.

III. Altersrente

§ 1257 ist weggefallen.

G. v. 10. XI. 22 (RGBl. I S. 849).

IV. Bezüge der Hinterbliebenen

§ 1258. Witwenrente erhält nach dem Tode des versicherten Mannes die Witwe[1], die das Alter von fünfundsechzig Jahren vollendet hat[2] oder infolge von Krankheit oder anderen Gebrechen dauernd invalide[3] ist.

Als invalide[3] gilt die Witwe, die nicht imstande ist, durch eine Tätigkeit, die ihren Kräften und Fähigkeiten entspricht und ihr unter billiger Berücksichtigung ihrer Ausbildung und bisherigen Lebensstellung[5] zugemutet werden kann[4], ein Drittel dessen zu erwerben, was körperlich und geistig gesunde Frauen derselben Art mit ähnlicher Ausbildung in derselben Gegend durch Arbeit zu verdienen pflegen.

Witwenrente erhält auch die Witwe, die nicht dauernd invalide ist, aber während sechsundzwanzig Wochen ununterbrochen invalide[6] gewesen ist oder die nach Wegfall des Krankengeldes invalide ist, für die weitere Dauer der Invalidität.

Eine nach Abs. 3 bewilligte Rente wird nicht geändert, wenn die Witwe dauernd invalide wird.

G. v. 13. VII. 23 (RGBl. I S. 636), G. v. 8. IV. 27 (RGBl. I S. 98).

1. Daß die Ehegatten in ehelicher Gemeinschaft bis zum Tode des Mannes lebten, ist für den Anspruch auf Witwenrente nicht erforderlich; AN. **88** 230. Die geschiedene Ehefrau gilt nach dem Tode des Mannes nicht als seine Witwe; AN. **00** 780, Monatsschr. **14** 643.

2. Eine Witwe, die wegen Vollendung des 65. Lebensjahres Witwenrente aus der JV. bezieht und deshalb nach § 1236 RVO. versicherungsfrei ist, kann bis zum Eintritt dauernder oder vorübergehender Invalidität freiwillige Beiträge zur Erfüllung der Wartezeit in ihrer eigenen Versicherung entrichten; AN. **29** 167.

3. Der Anspruch auf Witwenrente setzt voraus, daß die Invalidität der Witwe infolge von Krankheit oder anderen Gebrechen eingetreten ist; EuM. **8** 258. Vgl. im übrigen § 1255. Die Feststellung der Invalidität im Invalidenrentenverfahren gemäß § 1255 ist aber nicht bindend für die Frage der Invalidität im Witwenrentenverfahren nach § 1258. Der Anspruch auf Witwenrente ist ein selbständiger Anspruch, der von dem Anspruch auf Invalidenrente rechtlich unabhängig ist; EuM. **26** 100. Durch die Zahlung des Witwengeldes auf Grund der §§ 1250, 1252 RVO. alter Fassung ist der Anspruch auf Witwenrente nicht beseitigt worden; AN. **27** 245.

4. Bei der Prüfung der Frage, welche Tätigkeit einer Witwe noch zugemutet werden kann, ist auch die soziale Stellung des verstorbenen Ehemannes zu berücksichtigen; EuM. **2** 270; ferner Begr. z. RVO. S. 399.

5. Ausschlaggebend ist die Zeit des Höhepunkts ihres wirtschaftlichen und sozialen Lebens; EuM. **2** 270.

6. Die 26 Wochen brauchen nicht in die Zeit nach dem Tode des Ehemannes zu fallen. Die Rente kann auch dann gewährt werden, wenn die 26 Wochen ganz oder teilweise in die Zeit vor dem Tode des Ehemannes fallen; AN. **15** 509.

§ 1259. Waisenrente erhalten nach dem Tode des Versicherten[1] seine Kinder bis zum vollendeten fünfzehnten Lebensjahr[2]. Erhält das Kind nach

Vollendung des fünfzehnten Lebensjahrs Schul- oder Berufsausbildung[3], so wird die Rente für deren Dauer gewährt, jedoch nicht über das vollendete einundzwanzigste Lebensjahr hinaus. Ist das Kind bei Vollendung des fünfzehnten Lebensjahrs infolge körperlicher oder geistiger Gebrechen[4] außerstande, sich selbst zu erhalten, so wird die Rente gewährt, solange der Zustand dauert.

Als Kinder gelten

1. die ehelichen Kinder[5],
2. die für ehelich erklärten Kinder,
3. die an Kindes Statt angenommenen Kinder[6],
4. die unehelichen Kinder eines männlichen Versicherten, wenn seine Vaterschaft festgestellt ist[7],
5. die unehelichen Kinder einer Versicherten[8],
6. die Stiefkinder[9] und die Enkel[10], wenn sie vor Eintritt des Versicherungsfalls von dem Versicherten überwiegend[11] unterhalten worden sind.

Treffen die Voraussetzungen für mehrere Waisenrenten zusammen, so wird die Waisenrente nur einmal gewährt, und zwar zum höheren Betrage.

G. v. 25. VI. 26 (RGBl. I S. 311).

1. Versicherungsfall im Sinne des § 1259 ist stets der Tod des Versicherten, auch wenn ihm vor seinem Tode eine Invalidenrente bewilligt worden war; AN. 29 305.

2. Eine am 1. I. 09 geborene Waise vollendet das 15. Lebensjahr mit Ablauf des 31. XII. 23, nicht am 1. I. 24; AN. 26 381.

3. Die Ausbildung zu einem Berufe kann entweder durch Unterweisung in einer Lehre oder durch Unterricht in einer Schule — Fachschule — oder auch in einer allgemeinen Schule erfolgen. Der Besuch einer allgemeinen Schule muß aber dazu dienen, daß durch ihn das Ergreifen eines Berufs oder das Weiterkommen in ihm später ermöglicht oder erleichtert wird; nicht erforderlich ist, daß schon während der Schulzeit feststeht, welcher Beruf später ergriffen wird. In allen Fällen muß die Ausbildung dazu dienen, später einen Lebensberuf gegen Entgelt auszuüben, auch muß sie Zeit und Arbeitskraft des Schülers überwiegend in Anspruch nehmen; AN. 26 485 (UV.). Zur Schul- oder Berufsausbildung gehört die Ausbildung durch Unterricht, die die Ausübung eines Berufs gegen Entgelt zum Ziele hat und Zeit und Arbeitskraft des Kindes ausschließlich oder überwiegend beansprucht; AN. 28 109. Berufsausbildung liegt vor, wenn die Beschäftigung die Ausbildung für einen künftigen Beruf und nicht die Verwertung der Arbeitskraft überwiegend bezweckt; AN. 29 159. Sie liegt auch dann vor, wenn die Erlernung des Berufes nur eine verhältnismäßig geringe Dauer beansprucht; EuM. 23 380.

Schulausbildung ist angenommen worden in einem Falle, in dem die Waise durch Unterrichtsstunden, die zu Hause zu erledigenden Schularbeiten und den weiten Weg zur Schule derart in Anspruch genommen wurde, daß sie daneben eine andere Tätigkeit in wesentlichem Umfange nicht ausüben konnte; EuM. 23 459. Dagegen stellt der Besuch einer Berufsschule (Fortbildungsschule), der nur einige Stunden in der Woche in Anspruch nimmt, keine Schulausbildung oder Berufsausbildung im gesetzlichen Sinne dar; AN. 27 434. Der Besuch einer kaufmännischen Privatschule — der täglich mindestens 4 Lehrstunden und 2 bis 3 Stunden häusliche Schularbeiten erfordert — nach beendigter Lehrzeit ist Berufsausbildung, wenn dadurch eine Lücke im bisherigen Bildungsgange des Kindes ausgefüllt wird (Ausbildung in Buchführung, Maschinenschreiben, Kurzschrift); EuM. 25 338).

Die Schulausbildung kann auch in einer ausländischen Schule erfolgen; AN. 29 368 (Kn. V.).

Wer zur Vorbereitung seiner Ausbildung auf einer technischen Mittelschule die in ihrem Lehrplane vorgeschriebene praktische Tätigkeit in einem gewerblichen Unternehmen als sogenannter Volontär ausübt, befindet sich in Berufsausbildung; AN. **30** 25.

Die Tätigkeit in der Hauswirtschaft ist geeignet, einen Beruf im Sinne des § 1259 zu bilden, daher kann die hauswirtschaftliche Ausbildung Berufsausbildung sein, wenn ein planmäßiger Lehrgang stattfindet; AN. 28 109. Sonst ist nach Lage des Einzelfalles zu beurteilen, unter welchen Umständen eine Beschäftigung in der Hauswirtschaft als Berufsausbildung anzusehen ist; AN. 27 393 (UV.). Bei der Ausbildung für die Hauswirtschaft gehört auch der Teil der Ausbildungstätigkeit zur Berufsausbildung, der außerhalb der Schule stattfindet; AN. 28 12 (AV). Auch die Erlernung einer an sich sonst in den Kreis der Hauswirtschaft fallenden Tätigkeit, wie Weißnähen, ist Berufsausbildung; EuM. **23** 304, AN. 28 12 (AV.). Dagegen liegt Berufsausbildung nicht vor, wenn die Ausbildung in einer hauswirtschaftlichen Fertigkeit nach Art, Umfang und Dauer nicht über dasjenige Maß hinausgeht, das für den eigenen Bedarf der Lernenden ausreicht und die Ausbildung lediglich der allgemeinen Vervollkommnung in der Hauswirtschaft dient; EuM. **24** 30.

Für die Annahme einer Berufsausbildung ist ein schriftlicher Lehrvertrag nicht zwingende Voraussetzung; AN. 29 17, EuM. 23 75, AN. 28 337 (AV.). Ein jugendlicher Arbeiter, der ohne schriftlichen Lehrvertrag bei einem Betriebsunternehmer (der nicht die Meisterprüfung abgelegt und zur Haltung von Lehrlingen befugt war) zur Ausbildung im Tischlerhandwerk mit jederzeitiger Möglichkeit der Kündigung und gegen die bei Lehrlingen übliche Entlohnung eingestellt war, als noch in der Berufsausbildung anerkannt; EuM. **23** 75. Der Anspruch auf Waisenrente wegen Berufsausbildung wird nicht dadurch ausgeschlossen, daß die Waise Geld- oder Sachbezüge von dem Lehrherrn erhält; AN. 29 18, auch AN. 28 135 (UV.).

Die Berufsausbildung kann auch durch Verwandte stattfinden, so die Ausbildung der Tochter als Schneiderin durch ihre Mutter; AN. 29 17, oder die Ausbildung der Tochter in der Damenschneiderei ihrer Mutter; AN. 28 337 (AV.) oder Ausbildung des Sohnes im Metzgereibetriebe des Vaters; EuM. **23** 464.

Die Tatsache, daß die sittlich gefährdete Waise in einer Erziehungsanstalt untergebracht ist, schließt die Möglichkeit einer Schul- oder Berufsausbildung nicht aus; AN. 29 18. Die in einer öffentlichen Erziehungsanstalt durchgeführte Fürsorgeerziehung Jugendlicher ist nicht allgemein als Berufsausbildung anzusehen, vielmehr muß jeweils im Einzelfalle geprüft werden, ob sie nach der Art ihrer Durchführung als Berufsausbildung zu gelten hat; EuM. **24** 32.

Die Ausübung einer Beschäftigung als Beruf ist nicht Berufsausbildung, selbst wenn dadurch die Kenntnisse und Erfahrungen erweitert werden, denn nach der Absicht des Gesetzgebers sollen diejenigen Kinder vom Fortbezug der Waisenrente ausgeschlossen sein, die bereits im Erwerbsleben stehen und daher der öffentlichen Fürsorge zur Erlangung eines Berufes nicht bedürfen; Monatsschr. 28 290. Daher befinden sich Seeleute, die nach zurückgelegter Schiffsjungenzeit als Voll- oder Leichtmatrosen auf Segelschiffen fahren, um die für die Steuermannsprüfung vorgeschriebenen Fahrzeiten nachzuweisen und die als Matrosen Heuer erhalten, nicht in Berufsausbildung während dieser Fahrzeiten; AN. 29 62.

Ob eine durch Krankheit verursachte, voraussichtlich vorübergehende Unterbrechung der Berufsausbildung das Vorhandensein einer solchen aufhebt, ist nach den Umständen des Einzelfalls zu beurteilen. Eine kurze, nicht länger als etwa 6 Wochen anhaltende Krankheit ist bei Lehrverhältnissen als eine Unterbrechung der Berufsausbildung nicht anzusehen und hat daher den Wegfall der Waisenrente nicht zur Folge; AN. **30** 25.

4. Gebrechen ist ein von der Regel abweichender körperlicher oder geistiger Zustand, mit dessen Dauer für nicht absehbare Zeit zu rechnen ist; AN. **28** 232. Tuberkulöser Infektionszustand, mit dessen Dauer für nicht absehbare Zeit zu rechnen ist, als Gebrechen, auch wenn eine Erkrankung im medizinischen Sinne noch nicht vorliegt; EuM. **23** 382. Epilepsie als Gebrechen; EuM. **23** 461.

Eine Waise, die wegen Gebrechens (Wirbelsäulenverkrümmung) gemäß § 1259 Abs. 1 Satz 3 Waisenrente über das vollendete 15. Lebensjahr hinaus bezieht, ist noch nicht notwendig invalide im Sinne des § 1255 RVO.; AN. **29** 390.

Waisenrente ist Kindern, die bei Vollendung des 15. Lebensjahres infolge körperlicher oder geistiger Gebrechen außerstande sind, sich selbst zu erhalten, auch dann zu gewähren, wenn der Versicherungsfall (Tod des Versicherten) erst nach Vollendung des 15. Lebensjahres eingetreten ist; AN. **28** 263. Dagegen besteht kein Anspruch auf Waisenrente, wenn die Verhinderung zur Ausübung einer entsprechenden Erwerbstätigkeit bei Vollendung des 15. Lebensjahres noch nicht bestanden hat, sondern erst später eingetreten ist, selbst wenn das Gebrechen, das dann später infolge von Verschlimmerung die Ausübung der Erwerbstätigkeit verhindert, bereits bei Vollendung des 15. Lebensjahres vorhanden war; EuM. **23** 461.

5. Die Frage der Ehelichkeit ist nach den Vorschriften des BGB. zu beurteilen; EuM. **22** 423. Dieses überläßt bei Ausländern dem Heimatsrecht die Bestimmung darüber, welches Recht anzuwenden ist; ArbVers. **26** 6 (Bad. LVAmt).

6. Die Annahme an Kindes Statt (§ 1741 ff. BGB.) muß rechtsgültig vollzogen sein, bloße Verhandlungen darüber genügen nicht; Monatsschr. **27** 253.

7. Uneheliche Kinder eines männlichen Versicherten haben beim Vorliegen der sonstigen Voraussetzungen einen Anspruch auf Waisenrente seit dem 20. VIII. 23, dem Tage des Inkrafttretens der Vorschrift des § 1259 RVO. in der Fassung des G. vom 13. VII. 23 (RGBl. I S. 636) auch dann, wenn der Tod des versicherten Vaters vor diesem Zeitpunkt erfolgt ist; AN. **28** 184. Auch ein uneheliches Kind, das von einem Dritten an Kindes Statt angenommen ist, hat Anspruch auf Waisenrente aus der Versicherung des verstorbenen leiblichen Vaters; Monatsschr. **27** 140.

Ehebruchskinder, deren Ehelichkeit nicht nach § 1596 BGB. angefochten ist, haben anläßlich des Todes ihres Erzeugers keinen Anspruch auf Waisenrente; EuM. **22** 423.

Die Feststellung der Vaterschaft kann auch von den Versicherungsbehörden im Rentenfeststellungsverfahren getroffen werden; AN. **26** 204, **25** 386 (AV.). Die Versicherungsbehörden sind zur selbständigen Prüfung und Feststellung der Frage der Vaterschaft berechtigt. Sie entscheiden daher auch darüber, ob einer eidesstattlichen Versicherung und auch einer etwaigen zeugeneidlichen Bekundung der Kindsmutter genügende Beweiskraft beigemessen werden kann; EuM. **22** 254 (Bay. LVAmt), vgl. auch Breith. **16** 286.

8. Beim Tode der Mutter steht dem unehelichen Kinde die Waisenrente zu, auch wenn der natürliche Vater noch lebt; AN. **06** 274. Kein Erlöschen des Anspruchs auf Waisenrente für ein uneheliches Kind einer Versicherten durch Ehelichkeitserklärung des Kindes; AN. **29** 367.

9. Stiefkinder eines Ehegatten sind die in die Ehe eingebrachten Kinder des anderen Ehegatten; AN. **27** 19. Daher gehören zu den Stiefkindern des Versicherten das von ihm nicht erzeugte, in die Ehe eingebrachte uneheliche Kind seiner Ehefrau; AN. **27** 19, ferner das von dem Ehegatten des Versicherten an Kindes Statt angenommene Kind, das kein Kind des Versicherten selbst ist; AN. **28** 148. Kein Stiefkind ist ein während der Ehe geborenes Kind, dessen Unehelichkeit vom Ehemann der Mutter geltend gemacht und durch rechtskräftiges Urteil festgestellt worden ist (Ehebruchskind); EuM. **22** 310 (UV.). Unter den Begriff der Stiefkinder fallen auch nicht die Stiefenkel; AN. **25** 229. Der Waisenrentenanspruch der Stiefkinder ist nicht von dem Nachweis des Todes des leiblichen Vaters abhängig; AN. **26** 423.

10. Als Enkel gelten auch unehelich geborene Kinder einer Tochter des Versicherten; EuM. 21 196 (Sächs. LVAmt). Enkel ist auch das uneheliche Kind des nicht versicherten Sohnes eines Versicherten; AN. 28 338 (AV.).

11. Bei der Prüfung der Frage, ob ein Versicherter Kinder überwiegend im Sinne der §§ 1259, 1291 RVO. unterhalten hat, muß nach Lage des Einzelfalles festgestellt werden, ob von dem für das Kind tatsächlich aufgewendeten Unterhaltsbetrag mehr als die Hälfte vom Versicherten geleistet worden ist. Für die Sachleistungen ist die vom VA. nach § 160 (RVO.) vorgenommene Wertfestsetzung nicht ohne weiteres maßgebend; AN. 29 161. Dagegen nicht erforderlich, daß der Unterhalt aus dem Arbeitsverdienst bestritten worden ist; AN. 25 276.

Siehe auch Anm. 5 und 7 zu § 1291.

§ 1260 [1]. Kinder einer versicherten Ehefrau, die eheliche Kinder des hinterbliebenen Ehemanns sind oder deren rechtliche Stellung haben, erhalten die Waisenrente nicht, wenn die verstorbene Ehefrau aus ihrem Arbeitsverdienste [2] zum Unterhalte der Kinder nicht beigetragen hat.

G. v. 25. VI. 26 (RGBl. I S. 311).

1. Nicht unter § 1260 fallen die Kinder einer Unverehelichten oder zwar Verehelichten, deren Kinder aber nicht eheliche Kinder des hinterbliebenen Ehemannes sind oder deren rechtliche Stellung haben; AN. 29 367, 368.

Hat die verstorbene Ehefrau bis zu ihrem Tode zum Unterhalt der Kinder aus ihrem Arbeitsverdienst überhaupt beigetragen, so findet § 1260 keine Anwendung. Der Annahme, daß sie zum Unterhalt beigetragen hat, steht nicht entgegen, daß der Arbeitsverdienst des Ehemannes an sich zur Bestreitung des Unterhalts der Familie ausgereicht hätte; AN. 29 341.

Dem Anspruch auf Waisenrente steht § 1260 nicht entgegen, wenn die verstorbene Ehefrau bis zum Eintritt des für den Anspruch auf Waisenrente maßgeblichen Versicherungsfalles aus ihrem Arbeitsverdienste zum Unterhalte der Kinder beigetragen hat. Diese Voraussetzung ist jedoch auch dann erfüllt, wenn die Versicherte vor Eintritt des Versicherungsfalles während eines verhältnismäßig kurzen Zeitraumes verhindert war, die sonst gewährte Unterhaltsleistung fortzusetzen; AN. 29 221. Ein eheliches Kind, bei dessen Geburt die Mutter verstorben ist, erhält keine Waisenrente, weil die Verstorbene nicht aus ihrem Arbeitsverdienste zum Unterhalte des Kindes beigetragen hat; EuM. 24 210.

2. Unter Arbeitsverdienst im Sinne des § 1260 ist das Entgelt für die auf Grund eines Beschäftigungsverhältnisses geleistete Arbeit zu verstehen. Eine Ehefrau, die auf dem Grundstück ihres Ehemannes die landwirtschaftlichen Arbeiten verrichtet hat, hat nicht aus ihrem Arbeitsverdienst zum Unterhalt der Kinder beigetragen; AN. 29 162. Letzteres gilt auch für die Verrichtung von Arbeiten im eigenen Haushalt; EuM. 2 271 (Sächs. LVAmt), 21 480 (Bad. LVAmt), ebensowenig stellt die Invalidenrente ein Arbeitsentgelt dar; EuM. 21 480 (Bad. LVAmt). Vgl. auch Anm. 4 zu § 1261.

§ 1261. Nach dem Tode der versicherten Ehefrau eines erwerbsunfähigen [1] Ehemanns, die den Lebensunterhalt ihrer Familie [2] ganz oder überwiegend [3] aus ihrem Arbeitsverdienste [4] bestritten hat, steht dem Manne Witwerrente zu, solange er bedürftig [5] ist.

G. v. 25. VI. 26 (RGBl. I S. 311).

1. Erwerbsunfähig ist der Ehemann, der in einem solchen Grade unfähig ist, einem Erwerbe nachzugehen, daß an seiner Stelle die Ehefrau den Lebensunterhalt der Familie mehr als zur Hälfte aus ihrem Arbeitsverdienst bestreiten mußte; AN. 18

472, und zwar dauernd oder wenigstens längere Zeit hindurch; AN. 18 472, HbdUV. I S. 295. Erwerbsunfähig ist nicht der Ehemann, der zum Heeresdienst eingezogen ist; AN. 17 587, ebensowenig der als Strafgefangener festgehaltene Ehemann: AN. 16 634.

2. Unter „Familie" sind hier nur diejenigen Personen zu verstehen, die Ansprüche auf Hinterbliebenenfürsorge nach der RVO. (§§ 1252ff.) haben; die versicherte Ehefrau muß also die nach §§ 1252ff. fürsorgeberechtigten Familienmitglieder ganz oder überwiegend unterhalten haben; AN. 15 671, es genügt nicht, wenn sie nur den Unterhalt des Ehemannes bestritten hat; AN. 11 432.

3. Die Ehefrau muß mehr als die Hälfte der Unterhaltskosten getragen haben; AN. 18 472, wenn sie lediglich durch ihren Arbeitsverdienst eine Notlage der Kinder verhindert hat, so reicht dies nicht aus; Monatsschr. 15 213. Anderseits ist die Voraussetzung des § 1261 auch dann gegeben, wenn die verstorbene Ehefrau infolge Erkrankung in der letzten Zeit außerstande war, den Unterhalt der Familie zu beschaffen; AN. 02 513, EuM. 7 254 (Bay. LVAmt).

4. Die von der Ehefrau geleisteten häuslichen Dienste kennzeichnen sich nicht als Arbeitsverdienst, haben also außer Betracht zu bleiben; EuM. 2 271 (Sächs. LVAmt). Eine Ehefrau, deren Invalidenrente und Sozialrente zum Lebensunterhalt der Familie verwendet wurde, hat diesen Unterhalt nicht aus ihrem Arbeitsverdienst bestritten; AN. 29 163. Vgl. auch Anm. 2 zu § 1260.

5. Bedürftigkeit besteht, solange nicht die Grundlagen einer nach den Standesverhältnissen des Versicherten einigermaßen auskömmlichen Lebenshaltung vorhanden sind; AN. 93 193, EuM. 9 304. Auf die Ursache der Bedürftigkeit kommt es nicht an, unter Umständen kann der Grund der Bedürftigkeit auch Mangel an Arbeitsgelegenheit sein; AN. 96 263. Die Bedürftigkeit besteht trotz Zuwendungen anderer fort, sofern diese Zuwendungen nicht rechtlich erzwingbar sind; AN. 07 499.

Unter Umständen kann der Besitz eines kleinen Vermögens die Bedürftigkeit ausschließen; EuM. 9 304; ebenso der Bezug einer ausländischen Rente; KommBer. z. RVO. 4 90.

§ 1262. Die Gesamtbezüge der Hinterbliebenen dürfen achtzig vom Hundert des Jahresarbeitsverdienstes[1] nicht übersteigen, den in derselben Gegend ein gesunder Arbeiter der Berufsgruppe erzielt, welcher der Versicherte bei im wesentlichen ungeschwächter Arbeitskraft nicht nur vorübergehend angehört hat; sonst werden sie nach dem Verhältnis ihrer Höhe gekürzt. Beim Ausscheiden eines Hinterbliebenen erhöhen sich die Leistungen bis zum zulässigen Höchstbetrage.

G. v. 25. VI. 26 (RGBl. I S. 311).

1. Nur der wirklich verdiente Jahresarbeitsverdienst ist hier gemeint, er muß nach den tatsächlichen Verhältnissen ermittelt werden; die Berechnung des Jahresarbeitsverdienstes nach den Vorschriften der UV. kommt hier nicht in Betracht; EuM. 20 254.

§ 1263. Die Renten der Hinterbliebenen beginnen, unbeschadet des § 1253, mit dem ersten Tage des Monats, in den der Todestag des Ernährers fällt, sofern dieser eine Rente nicht bezog, andernfalls mit dem ersten Tage des Monats, der auf den Todestag folgt. Bei nachgeborenen Waisen beginnt die Rente mit dem ersten Tage des Geburtsmonats. War die Witwe an diesem Tage noch nicht invalide, so bestimmt sich der Beginn der Rente nach § 1256 oder § 1258 Abs. 3.

G. v. 13. VII. 23 (RGBl. I S. 636).

§ 1264 ist weggefallen.

G. v. 23. VII. 21 (RGBl. S. 984).

§ 1265. Die gesetzlichen Leistungen werden auch dann gewährt, wenn der Versicherte verschollen ist [1]. Er gilt als verschollen, wenn während eines Jahres keine glaubhaften Nachrichten von ihm eingegangen sind und die Umstände seinen Tod wahrscheinlich machen.

Von den Hinterbliebenen kann die eidesstattliche Erklärung verlangt werden, daß sie von dem Leben des Vermißten keine anderen als die angezeigten Nachrichten erhalten haben.

1. Vgl. hierzu die Bek. über die Todeserklärung Kriegsverschollener v. 18. IV. 16 (RGBl. S. 296) und 9. VIII. 17 (RGBl. S. 703) sowie das G. über die Todeserklärung Kriegsverschollener v. 20. II. 25 (RGBl. I S. 25), in Kraft seit 1. III. 25, ferner das Rundschr. des RVA. v. 18. V. 16 (AN. **16** 509).

Für die in § 1 der Bek. v. 18. IV. 16 (RGBl. S. 296) bezeichneten Kriegsteilnehmer ist die Tatsache, daß sie während des Krieges vermißt worden sind, ein Umstand, der auch gemäß § 1265 Abs. 1 ihren Tod wahrscheinlich macht; AN. **17** 509.

§ 1266. Den Todestag Verschollener stellt die Versicherungsanstalt nach billigem Ermessen fest [1]. Für die auf See Verschollenen gilt als Todestag der Tag des Unterganges des Schiffes [2]. Ist das Schiff als verschollen anzusehen, so gilt als Todestag der Tag der Beendigung des Dienstverhältnisses nach § 53 Abs. 1 der Seemannsordnung.

G. v. 13. VII. 23 (RGBl. I S. 636).

1. Im Falle der Verschollenheit ist der festgestellte Todestag des Verschollenen der maßgebende Zeitpunkt für die Erfüllung der Wartezeit, die zur Begründung der Hinterbliebenenansprüche nachzuweisen ist. Der Zeitpunkt, mit dem die Verschollenheit eintritt, ist von dem auf Grund der Verschollenheit zu vermutenden Zeitpunkt des Todes des Versicherten zu unterscheiden; AN. **18** 455.

2. Tag des Unterganges eines Kreuzers in einem Seegefecht; EuM. **4** 433.

§ 1267. Hinterbliebene haben keinen Anspruch auf die Fürsorge, wenn sie den Tod des Versicherten vorsätzlich herbeigeführt haben [1].

1. Sind mehrere Berechtigte vorhanden und trifft sie nicht alle die Schuld, so bleibt der Anspruch der unbeteiligten Berechtigten bestehen; Begr. z. RVO. S. 402.

§ 1268. Der Anspruch der Hinterbliebenen eines Ausländers [1], die sich zur Zeit seines Todes nicht gewöhnlich im Inland aufhielten, beschränkt sich auf die Bezüge ohne Reichszuschuß.

Die Reichsregierung kann mit Zustimmung des Reichsrats diese Beschränkung für ausländische Grenzgebiete oder für Angehörige solcher auswärtiger Staaten ausschließen, deren Gesetzgebung eine entsprechende Fürsorge gewährleistet.

Deutsche Schutzgebiete gelten im Sinne des Abs. 1 als Inland.

G. v. 16. IV. 24 (RGBl. I S. 405).

1. Ausländer ist jeder, der die deutsche Reichsangehörigkeit nicht besitzt, und zwar auch dann, wenn er die Staatsangehörigkeit in seinem Heimatstaat verloren hat; AN. **96** 424. Der Deutsche, der die Reichsangehörigkeit verloren hat, ohne Angehöriger eines bestimmten auswärtigen Staates geworden zu sein, gilt ebenfalls als Ausländer; AN. **12** 1134.

V. Heilverfahren[1]

§ 1269. Um die infolge einer Erkrankung drohende Invalidität eines Versicherten oder einer Witwe abzuwenden, kann[2] die Versicherungsanstalt ein Heilverfahren[3] einleiten[4].

1. Über die Bestrebungen und Maßnahmen der LVAnstalten zur Bekämpfung der Geschlechtskrankheiten, der Tuberkulose und des Alkoholmißbrauchs vgl. die Rundschreiben des RVA. **00** 427, **23** 288, **96** 268, **97** 321, **09** 534, **17** 415, **20** 438, **06** 507. Vgl. ferner Abschnitt C des G. v. 28. VII. 25 (RGBl. I S. 157), sowie die Richtlinien des RAM. über Gesundheitsfürsorge in der versicherten Bevölkerung v. 27. II. 29 (RGBl. I S. 69, AN. **29** 101) — s. Anhang VII.

2. Die Übernahme des Heilverfahrens ist ein Recht, nicht eine Pflicht der LV.-Anst.; AN. (J. und AV.) **93** 57, **96** 502. Es steht in ihrem freien Ermessen, ob sie ein Heilverfahren einleiten will, es besteht kein Rechtsanspruch darauf; das gleiche gilt von den Bedingungen, unter denen ein Heilverfahren eingeleitet werden soll, sowie von den Bestimmungen über Art, Ort und Dauer des Heilverfahrens; AN. **13** 748, 749. Die LVAnst. kann daher nicht im Rentenstreitverfahren zur Tragung der Kosten eines Heilverfahrens verurteilt werden; AN. **96** 502, ebensowenig ist die Aufsichtsbehörde (RVA. oder LVA.) in der Lage, einer LVAnst. im Aufsichtswege vorzuschreiben, in welchem Umfange sie die Kosten eines Heilverfahrens zu tragen hat; AN. **99** 382.

Die Aufsichtsbehörde kann nur die nochmalige Prüfung eines abgelehnten Antrags auf Gewährung des Heilverfahrens veranlassen und auf möglichste Beschleunigung der Entscheidung über den Antrag hinwirken; HbdUV. **3** 628.

Für die Zuständigkeit einer LVAnst. zur Gewährung des Heilverfahrens ist der Zeitpunkt des Einganges des Antrags auf Einleitung des Heilverfahrens maßgebend (Stuttgarter Abkommen der LVAnstalten v. 23. XI. 13); EuM. **10** 292 (Bay. LVAmt). Vereinbarung der LVAnstalten und der RVAnst. f. Angestellte über Zuständigkeit bei Heilverfahren für Wanderversicherte (Halberstädter Abkommen) v. 30. I. 26; Monatsschr. **26** 401.

Zusammenarbeit der LVAnstalten mit den Einrichtungen des Vaterländischen Frauenvereins, Rdschr. des RVA. v. 15. II. 27; AN. **27** 215.

3. Die LVAnst. kann unter Umständen auch die Kosten der Beerdigung des während des Heilverfahrens verstorbenen Versicherten als Heilverfahrenskosten übernehmen; AN. **99** 382.

4. In der Bewilligung eines Heilverfahrens liegt nicht ein Anerkenntnis der Versicherungspflicht oder Versicherungsberechtigung im Sinne des § 1445 Abs. 2 RVO.; AN. **13** 405.

Die Beobachtung des Versicherten in einem Krankenhause zur Vorbereitung der Entscheidung über die Notwendigkeit der Gewährung des Heilverfahrens ist keine Maßnahme des Heilverfahrens selbst, sie unterliegt daher nicht den Vorschriften über das Heilverfahren, gibt insbesondere keinen Anspruch auf Hausgeld; AN. **17** 450.

§ 1270. Die Versicherungsanstalt kann[1] insbesondere den Erkrankten in einem Krankenhaus[2] oder in einer Anstalt für Genesende unterbringen.

Ist er verheiratet und lebt er mit seiner Familie zusammen[3] oder hat er einen eigenen Haushalt[4] oder ist er Mitglied des Haushalts seiner Familie, so bedarf es seiner Zustimmung[5].

Bei einem Minderjährigen genügt seine Zustimmung.

1. Siehe § 1269 Anm. 2.

2. Auswahl der Anstalt nach pflichtmäßigem Ermessen des Vorstandes; öffentliche und private Krankenanstalten, Krankenhäuser und Genesungsanstalten der Versicherungsträger können in Betracht kommen; HbdUV. 1 304.

Die Befugnis der LVAnst., einen Erkrankten zum Zwecke des Heilverfahrens in ein Krankenhaus einzuweisen, besteht unabhängig davon, ob er der KV. angehört oder nicht; AN. 97 410.

3. Mit seiner Familie zusammenlebt der Versicherte auch dann, wenn er außerhalb des Wohnorts der Familie arbeitet und dadurch längere Zeit von ihr getrennt lebt, mit ihr aber nicht entzweit ist; KommBer. z. RVO. 4 85.

4. Als eigener Haushalt eines Verheirateten gilt dessen Familienhaushalt nur dann, wenn er mit seiner Familie zusammenlebt; AN. 16 793.

5. Hat der Erkrankte seine Zustimmung zu einem bestimmten Heilverfahren gegeben, so ist er an seine Zustimmung solange gebunden, als die Fortsetzung der Heilbehandlung im Krankenhause notwendig ist, er darf ohne triftigen Grund das Heilverfahren nicht abbrechen und damit den Erfolg in Frage stellen; AN. 04 630, 20 399.

§ 1271. Angehörige [1] des Erkrankten, deren Unterhalt er ganz oder überwiegend [2] aus seinem Arbeitsverdienste [3] bestritten hat [4], erhalten [5] während des Heilverfahrens [6] (§ 1270) ein Hausgeld [7] auch dann, wenn er keine Ansprüche an eine Krankenkasse, den Reichsknappschaftsverein [10] oder eine Ersatzkasse hat. Es beträgt [8] ein Viertel des Ortslohns für erwachsene Tagearbeiter. Unterlag jedoch der Erkrankte bis zum Eingreifen der Versicherungsanstalt der Krankenversicherung, so richtet sich [8] das Hausgeld auch für die Zeit, für welche die Verpflichtung der Krankenkasse nicht mehr besteht, nach den Vorschriften über Krankenversicherung. Eine Invaliden- oder Witwenrente kann für die Dauer des Heilverfahrens ganz oder teilweise versagt [9] werden. Das Hausgeld fällt weg, solange und soweit Lohn oder Gehalt auf Grund eines Rechtsanspruchs gezahlt wird.

G. v. 23. VI. 23 (RGBl. I S. 454).

1. Als Angehörige gelten an sich nur solche Personen, die zu dem erkrankten Versicherten in einem rechtlich anerkannten Familienverhältnisse stehen; AN. 05 284, jedoch gehören zu den Angehörigen im Sinne des § 1271 auch uneheliche Kinder, wenn die Vaterschaft des erkrankten Erzeugers festgestellt ist; AN. 26 15, zu vgl. auch AN. 27 243.

2. Der Erkrankte muß zum Unterhalte seiner Familie mehr als die Hälfte aus seinem Arbeitsverdienste beigetragen haben; AN. 15 386. Bei Ehegatten, die den ehelichen Aufwand aus ihrem Arbeitsverdienste zusammen bestreiten, kann die Gewährung des überwiegenden Unterhalts durch einen Ehegatten schon dann angenommen werden, wenn sein eigener Arbeitsverdienst mehr als die Hälfte des Gesamtverdienstes beider Ehegatten beträgt; AN. 29 145.

3. Der Erkrankte muß den Unterhalt der Familie aus seinem Arbeitsverdienst bestritten haben, es genügt nicht, daß er aus Ersparnissen, Renten, Pensionen, Erwerbslosenunterstützung, sonstigen Unterstützungen oder Vermögensmitteln dazu beigetragen hat; AN. 20 282, EuM. 7 79 (Sächs. LVAmt). Haben mehrere Familienmitglieder gemeinschaftlich durch ihren Arbeitsverdienst den Unterhalt der Familie bestritten, so kommt es darauf an, in welchem Verhältnis der Arbeitsverdienst des Erkrankten zu dem Arbeitsverdienste der übrigen Familienmitglieder steht; EuM. 9 74 (Bay. LVAmt).

4. Der Erkrankte muß den Unterhalt bereits vor Beginn des Heilverfahrens gewährt haben und die Personen, denen er den Unterhalt gewährte, müssen zur Zeit der Unterhaltsleistungen seine Angehörigen gewesen sein, es muß also ein be-

reits bestehendes Angehörigenverhältnis für die Gewährung des Unterhalts bestimmend gewesen sein; AN. **20** 287. Eine gesetzliche Verpflichtung zur Unterstützung wird jedoch dabei nicht vorausgesetzt; AN. **05** 284, **16** 347. Es genügt, wenn der Erkrankte vor der Erkrankung, die die Einleitung des Heilverfahrens veranlaßte, den Unterhalt gewährt hat, und es ist nicht erforderlich, daß er die Unterhaltsleistungen bis zur Einleitung des Heilverfahrens fortgesetzt hat; AN. **00** 839, EuM. **7** 79 (Sächs. LVAmt). Empfang von Armenunterstützung während des vor dem Eingreifen der LVAnst. liegenden Zeitraums der Krankheit und während der Heilbehandlung selbst, steht seinem Anspruche nicht entgegen; AN. **01** 390.

5. Träger des Anspruchs auf Hausgeld sind nicht die Angehörigen des Versicherten, sondern dieser selbst; AN. **02** 599, EuM. **7** 79 (Sächs. LVAmt). Der Anspruch ist ein Rechtsanspruch; AN. **17** 450, 451.

6. Das Hausgeld wird nur während eines Heilverfahrens gewährt, und zwar nur während eines solchen, das in einer Anstaltspflege besteht. Während der Dauer einer Beobachtung in einem Krankenhause sind die Vorschriften des § 1271 über Hausgeld nicht anwendbar; AN. **17** 450. Das nach § 1271 während des Heilverfahrens zu gewährende, nach dem Ortslohn berechnete Hausgeld kann auch für die Sonn- und Feiertage gewährt werden; Runderl. des RVA. v. 18. I. 29, AN. **29** 220. Erleidet der Versicherte durch die Beobachtung einen Lohnausfall, so kann aus Billigkeitsgründen eine Ersatzleistung der LVAnst. geboten sein. Beschwerden hierüber sind von der Aufsichtsbehörde zu entscheiden; AN. **17** 450.

7. Einer besonderen Anmeldung des Anspruchs auf Hausgeld seitens des Versicherten bedarf es nicht, denn der Anspruch besteht kraft Gesetzes von dem Beginne des durch die LVAnst. übernommenen Heilverfahrens ab; AN. **01** 390.

Die Zahlung des Hausgeldes hat zur Voraussetzung, daß der Erkrankte in einem Krankenhause untergebracht ist; AN. **02** 600, bei Heilbehandlung des Erkrankten in seiner eigenen Wohnung besteht kein Anspruch auf Hausgeld; AN. **02** 600. Eine Unterbringung in einem Krankenhause liegt nur dann vor, wenn nicht nur Maßnahmen zur Wiederherstellung der Gesundheit getroffen werden, sondern zugleich auch für die gesamten persönlichen Lebensbedürfnisse des Kranken gesorgt ist; AN. **06** 460. Eine Trinkerheilstätte ist ein Krankenhaus; AN. **16** 341, jedoch nicht eine Tages-(Wald-)Erholungsstätte; AN. **06** 460.

8. Die Höhe des Hausgeldes richtet sich auch dann noch weiter nach der Satzung der KrK., wenn während des von der LVAnst. eingeleiteten Heilverfahrens die Verpflichtung der KrK. ablief; AN. **15** 602. War aber die Verpflichtung der KrK. schon beim Eingreifen der LVAnst. abgelaufen, dann gilt § 1271 Satz 2; AN. **06** 459.

Beim Bezuge von Krankengeld aus zwei Kassen berechnet sich das Hausgeld nach dem gemäß § 189 gekürzten Krankengelde; AN. **01** 391.

9. Versagt die LVAnst. einem Rentenempfänger für die Dauer des Heilverfahrens ganz oder teilweise die Invalidenrente (§ 1305, § 1271 Satz 4), so hat sich die Nachprüfung der Beschwerdeinstanz darauf zu beschränken, ob die gesetzlichen Voraussetzungen für die Versagung vorliegen; AN. **18** 188.

Das Recht der Versagung steht der LVAnst. nur dann zu, wenn sie selbst das Heilverfahren durchführt; AN. **17** 547. Die Invalidenrente kann daher nicht versagt werden, wenn die Heeresverwaltung oder die RVAnstalt f. A. das Heilverfahren durchführt, und zwar auch dann nicht, wenn die LVAnst. einen Zuschuß dazu gewährt; AN. **16** 745, **17** 547. Dagegen ist es für die Befugnis zur Versagung ohne Belang, ob die LVAnst. aus dem Krankengelde des Versicherten nach § 1518 Abs. 2 Ersatz erhält oder nicht; AN. **08** 541. Die LVAnst. ist auch dann nicht gehindert, die Rente zu versagen, wenn das OVA. im Berufungsverfahren die Rente für die Zeit des Heilverfahrens zugesprochen hat; Streit hierüber ist nach § 1273 zu entscheiden; AN. **14** 825.

10. Jetzt „die Reichsknappschaft", s. § 7 RKG. (RGBl. 1926 I S. 369).

§ 1272. Entzieht sich ein Erkrankter ohne gesetzlichen[1] oder sonst triftigen[2] Grund dem Heilverfahren (§ 1269) und wäre die Invalidität durch das Heilverfahren voraussichtlich verhütet worden[3], so kann die Rente auf Zeit ganz oder teilweise versagt[4] werden, wenn der Erkrankte auf diese Folge hingewiesen worden ist[5].

1. Gesetzlicher Grund: wenn das Heilverfahren nur mit Zustimmung des Versicherten eingeleitet werden darf, siehe § 1270 Abs. 2, 3. Ist aber das Heilverfahren mit Zustimmung des Versicherten eingeleitet worden, so ist der Versicherte nicht mehr berechtigt, das Heilverfahren zu unterbrechen, das weitere Verbleiben in der Anstalt ist nicht von seiner Zustimmung abhängig; AN. **04** 630, **20** 399, HbdUV. **1** 314; ferner, wenn dauernde oder vorübergehende Invalidität von mehr als 26 Wochen besteht; dagegen nicht, wenn die vorübergehende Invalidität sich noch nicht über 26 Wochen erstreckt hat; AN. **05** 416, auch AN. **96** 358.

2. Triftiger Grund: a) wenn z. B. das einzige vorliegende ärztliche Gutachten sich von einem Heilverfahren keine wesentliche Besserung verspricht; AN. **05** 416, oder der leitende Arzt des Krankenhauses die Aufnahme des Erkrankten mit der Begründung ablehnt, daß er von einer Krankenhausbehandlung keinen Erfolg erwarte; AN. (J. und AV.) **94** 172, oder wenn dem Einweisungsbescheid zwar ein klinisches Gutachten zugrunde lag, was dem Versicherten aber nicht bekannt war und er sich auf das die Heilbehandlung für aussichtslos erklärende kreisärztliche Gutachten stützte; AN. **05** 430 (UV.), oder bei Ablehnung des behandelnden Arztes, den Streckverband, in dem der Verletzte noch lag, in einen Transportverband umzuwandeln; EuM. **16** 118 (UV.). Die Weigerung kann auch in den Einrichtungen der Krankenanstalt begründet sein, in die der Erkrankte eingewiesen wird; HbdUV. **1** 314:

b) im Hinblick auf besondere in billiger Weise zu berücksichtigende persönliche Verhältnisse des Erkrankten; AN. **98** 362 — Entbindung der Ehefrau —, **05** 584 — Sorge für kleine Kinder nur, wenn sie nicht anderweit als im Haushalt des Erkrankten untergebracht werden können — dagegen nicht lediglich Sehnsucht nach Frau und Kinder; AN. **04** 630;

c) wegen religiöser Bedenken; Weigerung einer strenggläubigen Jüdin, sich in ein Krankenhaus zu begeben, das keine koschere Beköstigung lieferte; AN. **12** 1190.

Die Versicherten haben sich allen Maßnahmen und Anordnungen, die zum Zwecke des Heilverfahrens getroffen sind und ungefährlich sind, zu unterwerfen. Sie sind verpflichtet, sich die erforderlichen Verbände anlegen zu lassen, die verordnete Medizin einzunehmen, überhaupt den ärztlichen Anordnungen nachzukommen, wobei ihnen die Duldung gewisser Schmerzen zu Heilungszwecken nicht erspart werden kann. Hierher gehört auch die Duldung solcher Maßnahmen, die eine ordnungsmäßige Wundbehandlung erst ermöglichen; HbdUV. **1** 313. Operationen brauchen die Verletzten nicht zu dulden, soweit sie in den Bestand oder die Unversehrtheit des Körpers eingreifen oder nicht ohne Lebensgefahr vorgenommen werden können; HbdUV. **1** 313, AN. (J. u. AV.) **93** 68, **94** 158. Zu den Operationen in diesem Sinne gehören aber nicht alle chirurgischen Eingriffe. Von diesem Gesichtspunkt aus ist ein Versicherter für verpflichtet erachtet worden, die ohne Narkose unter sogenannter örtlicher Leitungsanästhesie mögliche und praktisch so gut wie ungefährliche Beseitigung einer 2 cm langen Narbe in der Hohlhand zu dulden; EuM. **13** 177, **14** 179, ähnlich BG. **20** 42 (UV.). Das RG. hat die Verpflichtung zur Duldung einer Operation dann angenommen, wenn die Operation nach dem Gutachten von Sachverständigen gefahrlos in dem Sinne ist, wie überhaupt nach dem jeweiligen Stande der Wissenschaft von Gefahrlosigkeit gesprochen werden kann, d. h. soweit nicht unvorhergesehene Umstände eine Gefahr bedingen; damit scheiden alle Operationen aus, die nur in Chloroformnarkose vorgenommen werden können. Ferner darf die Operation nicht mit nennenswerten Schmerzen verknüpft sein und muß nach dem Gutachten von Sachverständigen beträchtliche Besserung der Leistungsfähigkeit des Verletzten mit Sicherheit erwarten lassen; EuM. **13** 355 (RG.), RGZ. **83** 15. Im einzelnen ist die Verpflichtung verneint worden, das Wiederbrechen eines schlecht geheilten Armes, das Überpflanzen gesunder Hautstücke von anderen Körperteilen, das Tätowieren eines Hornhautflecks zu dulden; HbdUV. **1** 313, oder die operative Entfernung von Nagelresten am linken Ringfinger; BG. **16** 65 (UV.), oder sich mehrere, wenn auch schmerzlose Eingriffe zur Erzielung eines linsenlosen Auges; Komp. **19** 111 (UV.), oder die Entnahme von Rückenmarksflüssigkeit gefallen zu lassen; AN. **29** 164, oder einen Bruch operieren zu lassen; EuM. **26** 88 (KV.), bejaht dagegen für eine Iridektomie; Komp. **16** 170, EuM. **22** 7 (UV.).

Keine Operationen sind: Abschneiden eines Weichselzopfes; AN. **02** 505, Magenausspülung; AN. **98** 392, Punktion eines Wasserbruches; Monatsschr. **20** 436.

Hat der Versicherte eine Operation geduldet, so hat er sich ordnungsmäßig zu verhalten; AN. **90** 499 (UV.). Die Übernahme der Verpflichtung zur Duldung einer Operation durch Vergleich ist unwirksam, auch wenn der Vergleich vor einer Versicherungsbehörde im Spruchverfahren abgeschlossen ist; KompE. **17** 174 (UV.).

3. Hierfür ist der Nachweis erforderlich, daß die Invalidität durch das Verhalten des Erkrankten, nämlich durch die von ihm verschuldete Vereitelung des Heilverfahrens herbeigeführt ist; AN. **97** 410, auch muß das abgelehnte Mittel der Heilbehandlung an sich zum Heilerfolge notwendig gewesen sein; AN. **02** 505. Keine Versagung der Rente, wenn Eintritt in ein Krankenhaus verlangt, häusliche Behandlung aber genügt hätte; AN. **97** 411.

4. Die Versagung ist durch berufungsfähigen Bescheid auszusprechen; die Zeitdauer der Versagung ist im Instanzenzuge nachzuprüfen, ist sie im Bescheide nicht angegeben, so hat dies die höhere Instanz in ihrer Entscheidung nachzuholen; AN. **03** 541, HbdUV. **1** 315, 316. Die Rente soll höchstens für diejenige Zeit versagt werden, während der der Erkrankte voraussichtlich infolge des Heilverfahrens erwerbsfähig gewesen sein würde; AN. **03** 541, siehe ferner § 1306.

5. Die LVAnst. muß ihren Entschluß, ein Heilverfahren einzuleiten, ausdrücklich, bedingungslos und unter Hinweis auf die Folgen, welche das Ablehnen des Erkrankten nach sich ziehen würde, diesem gegenüber erklären; AN. (J. und AV.) **94** 172, **97** 411. Auf Einwendungen des Erkrankten, z. B. Zweifel über Art und Zweck der Behandlung ist dabei einzugehen; AN. **02** 505.

§ 1273. Über Streitigkeiten, die nicht bei der Rentenfeststellung erledigt werden[1], entscheidet auf Beschwerde das Oberversicherungsamt endgültig.

1. Bei Streitigkeiten über den Anspruch auf Hausgeld ist nur die Beschwerde gemäß § 1273 zulässig. In dem Beschwerdeverfahren ist auch dann zu entscheiden, wenn der Versicherungsträger unzulässigerweise in einem berufungsfähigen Bescheide den Anspruch auf Hausgeld abgelehnt hat; AN. **13** 477.

Über die Versagung der Invalidenrente während eines Heilverfahrens (§§ 1271, 1305) ist, falls ein Feststellungsverfahren nicht schwebt, nach § 1273 im Beschlußverfahren zu entscheiden; AN. **15** 598. Jedoch ist im Rechtszuge lediglich nachzuprüfen, ob die Voraussetzungen für die Anwendung der Versagungsbefugnis gegeben sind; AN. **18** 188.

Ein nach § 1273 zu entscheidender Streit kommt nur in Frage bei einem Heilverfahren nach §§ 1269, 1270, dagegen nicht bei einer Beobachtung des Versicherten; AN. **17** 450.

§ 1273 gilt nicht für Angelegenheiten, die in das freie Ermessen der LVAnst. gestellt sind. Da die Einleitung und Durchführung des Heilverfahrens (§§ 1269,

1270) eine Sache des freien Ermessens der LVAnst. ist, entscheidet über eine Beschwerde des Versicherten wegen Vorenthaltung der Reisekosten von und zu der Heilstätte die Aufsichtsbehörde der LVAnst. (RVA. oder LVAmt); AN. **13** 748.

§ 1274. Die Versicherungsanstalt kann mit Genehmigung der Aufsichtsbehörde Mittel aufwenden, um allgemeine Maßnahmen[1] zur Verhütung des Eintritts vorzeitiger Invalidität unter den Versicherten oder zur Hebung der gesundheitlichen Verhältnisse der versicherungspflichtigen Bevölkerung zu fördern oder durchzuführen. Die Genehmigung kann auch für Pauschbeträge erteilt werden.

1. Hierunter fallen alle Maßnahmen zur Förderung der Gesundheit der versicherungspflichtigen Bevölkerung, die über den Rahmen der Behandlung des Einzelfalls — siehe § 1269 — hinausgehen, ferner Maßnahmen zur wirtschaftlichen Gesundung des geheilten, aber noch in der Erwerbsfähigkeit beschränkten Versicherten, wie Berufsberatung und Berufsausbildung, Beschaffung von Arbeitsgerät, Arbeitsgelegenheit u. dgl.; Monatsschr. **15** 603. Vgl. die Rundschr. d. RVA. wegen Förderung der Zahnpflege in den Schulen, Unterbringung von Kindern der städtischen und Industriebevölkerung auf dem Lande, Wohnungsfürsorge für kinderreiche Familien, Förderung der Ansiedlung von Versicherten, AN. **13** 436, **16** 737; AN. **19** 787; AN. **16** 734, **18** 222, **19** 210; AN. **17** 630, ferner die Runderlasse des RVA., betr. Grundsätze über die Genehmigung zur Aufwendung von Mitteln gemäß § 1274, v. 15. VIII. 27; AN. **27** 429, über Rückstellungen für Zwecke der Gesundheitsfürsorge v. 10. I. 29; AN. **29** 61 und über den Nachweis von Rückstellungen aus Anstaltsmitteln für bestimmte spätere Verwendungszwecke v. 19. III. 29; AN. **29** 158, und v. 8. XI. 29; AN. **29** 419, ferner auch Runderl. v. 16. XII. 29; AN. **30** 24.

Erlaß des RAM. an den Verband deutscher LVAnstalten v. 29. XII. 28 über die Verwendung der Zollmittel; AN. **29** 16.

Vgl. ferner Abschnitt C des G. v. 28. VII. 25 (RGBl. I S. 157) sowie die Richtlinien des RAM. über Gesundheitsfürsorge in der versicherten Bevölkerung v. 27. II. 29 (RGBl. I S. 69, AN. **29** 101) — s. Anhang VII.

§ 1274a. Versicherten Soldaten wird während ihrer Zugehörigkeit zur Wehrmacht ein Heilverfahren (§§ 1269 bis 1274) von der Versicherungsanstalt nicht gewährt. Dafür hat diese der Wehrmacht nach Abschluß des Geschäftsjahrs (§ 164) für jeden entrichteten Beitrag einen Betrag zu vergüten[1], den der Reichsarbeitsminister festsetzt[2]. Diese Mittel sind zur Hälfte aufzuwenden, um allgemeine Maßnahmen zu treffen, die den Eintritt vorzeitiger Invalidität unter den versicherten Soldaten verhüten und ihre und ihrer Angehörigen gesundheitlichen Verhältnisse fördern zu können; zur anderen Hälfte werden sie den Einnahmen des Reichs wieder zugeführt.

Entsprechendes gilt bei versicherten Angehörigen der Schutzpolizei.

Bek. v. 15. XII. 24 (RGBl. I S. 779), G. v. 31. V. 22 (RGBl. I S. 542), G. v. 17. VII. 22 (RGBl. I S. 597).

1. Vgl. die Ausführungsbestimmungen in der V. des Reichswehrministers v. 6. III. 23 (HVBl. S. 129) und in der V. des RAM. v. 10. III. 24 (RGBl. I S. 270).

2. Siehe V. des RAM. v. 19. III. 29 (AN. **29** 106): für 1928 und die folgenden Jahre beträgt die Vergütung 8 v. H. der entrichteten Beiträge.

VI. Sachleistungen statt Renten

§ 1275. Gemeinden oder Gemeindeverbände[1] können mit Genehmigung der höheren Verwaltungsbehörde statutarisch bestimmen, daß Renten bis zu zwei Dritteln nicht bar gezahlt, sondern in Sachen gewährt werden. Dies gilt nur für die Rentenempfänger, die im Bezirke wohnen, wenn sie oder ihre Ernährer dort als landwirtschaftliche Arbeiter nach Ortsgebrauch ganz oder teilweise in Sachen gelohnt worden und mit der Sachleistung statt Renten einverstanden sind.

Bei Waisenrenten bedarf es außerdem der Zustimmung des Vormundes. Dieser bedarf der Genehmigung des Vormundschaftsgerichts.

Den Wert der Sachen setzt die höhere Verwaltungsbehörde nach Durchschnittspreisen fest.

1. Siehe § 111 Abs. 1 Nr. 2.

§ 1276. Die Sachbezüge gewährt die Gemeinde des Wohnorts. Der Anspruch auf Rente geht im Werte der Sachbezüge auf die Gemeinde über[1].

Das Versicherungsamt (Beschlußausschuß) entscheidet bei Streit zwischen der Gemeinde und dem Berechtigten. Auf Beschwerde entscheidet das Oberversicherungsamt endgültig.

Ist der Anspruch auf Rente endgültig auf die Gemeinde übergegangen, so benachrichtigt die Versicherungsanstalt die Post.

1. Vgl. § 1 Abs. 3 der Ausführungsbestimmungen über die auf Grund der J. und HV. zu leistenden Zahlungen v. 7. XII. 11 (AN. **12** 347).

§ 1277. Die Satzung der Versicherungsanstalt kann den Vorstand ermächtigen, den Rentenempfänger auf Antrag[1] in einem Invaliden-[2] oder Waisenhaus[2] oder einer ähnlichen Anstalt unterzubringen[3] und dazu die Rente ganz oder teilweise zu verwenden.

Die Aufnahme verpflichtet den Rentenempfänger auf ein Vierteljahr und, wenn er nicht einen Monat vor Ablauf dieser Zeit widerspricht, jedesmal auf ein weiteres Vierteljahr zum Verzicht auf die Rente.

Bek. v. 15. XII. 24 (RGBl. I S. 779).

1. Der Rentenempfänger hat die Freiheit der Entschließung, ob er in eine bestimmte Anstalt eintreten will; er kann seinen Antrag zurücknehmen; KommBer. z. JVG. S. 52.

2. Über Invaliden- und Waisenhauspflege der LVAnstalten vgl. die Rundschr. d. RVA.: AN. **09** 487, **10** 576, **11** 360, **12** 554, **13** 468, **14** 490, **15** 482, **16** 615.

3. Die LVAnst. kann die Aufnahme rückgängig machen auch ohne Zustimmung des Rentenempfängers; Begr. z. JVG. S. 258.

VII. Wartezeit

§ 1278. Die Wartezeit[1] dauert bei der Invalidenrente, wenn für den Versicherten auf Grund der Versicherungspflicht[2] mindestens hundert[3] Beiträge geleistet[4] worden sind, zweihundert, andernfalls fünfhundert Beitragswochen[5].

G. v. 10. XI. 22 (RGBl. I S. 849).

1. Beiträge für Beschäftigungen, für die die Versicherungspflicht erst eingeführt worden ist, kommen erst von dem Inkrafttreten der die Versicherungspflicht be-

gründenden Vorschriften für die Anrechnung auf die Wartezeit in Betracht; AN. **97** 517. Auf Grund der Selbstversicherung entrichtete Beiträge können frühestens von der Begründung der Selbstversicherung ab angerechnet werden; AN. **02** 549, **05** 440, 441.

Für Ansprüche auf Hinterbliebenenfürsorge nach Art. 3 des Ges. über Leistungen in der JV. v. 12. VII. 29 (RGBl. I S. 135, AN. **29** 305, s. unten bei Art. 71 EG. zur RVO.) ist die Wartezeit nach § 1278 maßgebend. Bei der Berechnung dieser Wartezeit sind auch vorgesetzliche Beschäftigungszeiten nach Maßgabe des Art. 64 EG. zur RVO. zu berücksichtigen; AN. **30** 83.

Ende der Wartezeit mit dem Eintritt des Versicherungsfalls der Invalidität, d. i. mit dem Eintritt der dauernden Invalidität oder bei vorübergehender Invalidität mit Ablauf der 26. Woche. Keine Beitragsleistung oder Anrechnung von Beitragswochen mehr für die Zukunft möglich, für die Vergangenheit nur mehr Nachbringung rückständiger Pflichtbeiträge, dagenen keine Nachleistung freiwilliger Beiträge zulässig; AN. (J. und AV.) **92** 55, 58, **94** 79ff., **09** 422; AN. (J. und AV.) **94** 131, **05** 466, **96** 307, **97** 353, **00** 696, **14** 693, EuM. **18** 333 (Bay. LVAmt). Über die Wirkung des Versicherungsfalls der Alters-Invalidenrente, (Vollendung des 65. Lebensjahres) für die Anrechnung von Beiträgen auf die Wartezeit, s. Anm. 2 zu § 1255. Bei Hinterbliebenenrenten sind Beiträge nur bis zum Todestage des Versicherten anrechenbar, bei Verschollenheit ist der festgestellte mutmaßliche Todestag maßgebend; AN. **18** 455.

Wird im Rechtszuge der Beginn der Invalidität von der höheren Instanz anders bestimmt, als von der Vorinstanz, so ändert sich die Bemessung der Wartezeit; AN. (J. und AV.) **94** 36. Wird der Rentenbeginn auf einen nach dem Eintritt der Invalidität liegenden Zeitpunkt verlegt, so ist trotzdem für die Berechnung der Wartezeit der Zeitpunkt des Eintritts der Invalidität maßgebend; AN. (J. und AV.) **94** 130. Das gleiche gilt, wenn ein wegen Nichtvorliegens der Invalidität z. Z. abgewiesener Rentenantrag wiederholt und dabei der Rentenbeginn durch die Rechtskraft der früheren Entscheidung hinausgeschoben wird; AN. **97** 272. Für Mitglieder der im § 1321 bezeichneten Kassen ist nicht der Beginn der Berufsinvalidität, sondern der der reichsgesetzlichen Invalidität maßgebend; AN. **99** 380, 381.

2. Die durch die Vorschrift des § 1445 Abs. 3 geschützten Beiträge können ohne weiteres als Pflichtbeiträge angesehen werden; AN. **12** 680.

Krankheitswochen zählen als Pflichtbeiträge im Sinne des § 1278; AN. **06** 662. Vgl. auch §§ 1279, 1279a.

3. Wenn die Anwartschaft aus einer früheren Beitragsleistung erloschen und alsdann eine neue Wartezeit von 200 Beitragswochen zurückgelegt ist, unter denen sich aber nicht 100 Pflichtwochen befinden, so kommt dem Rentenbewerber dennoch die abgekürzte Wartezeit von 200 Beitragswochen zugute, sofern bei Hinzurechnung derjenigen Pflichtbeiträge, aus denen die Anwartschaft erloschen war, aber wieder aufgelebt ist, die Zahl von 100 Pflichtmarken erreicht wird; AN. **06** 662. Wenn die LVAnst. aus den Quittungskarten ersehen konnte, daß die Erfüllung der Wartezeit von 200 Beitragswochen davon abhing, ob mindestens 100 Beiträge auf Grund der Versicherungspflicht entrichtet worden waren, so stellt ihre Erklärung, daß die Wartezeit erfüllt sei, zugleich die Anerkennung der Tatsache dar, daß unter den für den Versicherten geleisteten Beiträgen sich mindestens 100 auf Grund der Versicherungspflicht entrichtete befanden, und damit zugleich eine Anerkennung der Versicherungspflicht selbst für die Zeiträume der Verwendung dieser Marken. Ist eine solche Erklärung dem Versicherten gegenüber abgegeben, so liegt darin ein Anerkenntnis im Sinne des § 1445 Abs. 2 Satz 2 RVO.; EuM. **21** 423.

4. Die Entrichtung der Beiträge ist mit der Einklebung der Beitragsmarken in die Quittungskarte vollzogen, lose Marken genügen nicht; AN. (J. und AV.)

95 230. Nur Beiträge, die im Einzugsverfahren (§ 1447 ff.) oder von der unteren Verwaltungsbehörde (VA.) innerhalb ihrer Zuständigkeit oder von einer allgemein mit der Bearbeitung von Angelegenheiten der JV. beauftragten Stelle der unteren Verwaltungsbehörde erhoben sind, gelten mit der Zahlung — in dem zweiten Falle auch mit der Ablieferung loser Marken — als entrichtet; AN. 03 245 ff., 05 580, 10 455. Vgl. auch § 1413. Spätere Entfernung der eingeklebten Beitragsmarken aus der Quittungskarte hebt die vollzogene Beitragsleistung nicht auf, denn die Marken gelten mit dem Einkleben als verbraucht; AN. 99 282, 283. Infolgedessen kann auch durch Verwendung bereits einmal verwendeter Beitragsmarken eine rechtswirksame Beitragsentrichtung nicht geschehen; AN. 99 282, 06 286.

Rechtsgültig beigetriebene Beiträge sind anzurechnen, auch wenn die Verwendung der entsprechenden Beitragsmarken nach Ablauf der Fristen des § 1442 erfolgt ist: AN. 07 440, anderseits schließt die Verjährung des Beitreibungsrechts der LVAnst. die Anrechnung von Beiträgen, die in zulässiger Weise nachträglich beigebracht sind, nicht aus; AN. 96 152, 269.

Nichtentrichtete Beiträge, die zu entrichten waren, sind auf die Wartezeit nicht anrechnungsfähig; AN. (J. und AV.) 93 65, 95 250, 01 613, 12 825. Beitragsmarken einer verlorenen Quittungskarte können nur nach Erneuerung der Quittungskarte und Übertragung ihres Inhalts angerechnet werden; AN. 96 292, 04 258, 12 825, 18 298, die Entfernung gültig verwendeter Beitragsmarken aus der Quittungskarte ist als eine die Erneuerung rechtfertigende teilweise Zerstörung der Quittungskarte anzusehen; AN. 99 282, 283, 06 286, vgl. im übrigen § 1421. Ordnungsmäßig vernichtete Beitragsmarken sind nicht anrechenbar; 05 469, 470. Rechtsgültig verwendete Marken, die zu Unrecht vernichtet und deren Wert erstattet worden ist, sind trotz Vernichtung und Erstattung als rechtswirksam unter Umständen auch dann anzuerkennen, wenn der erstattete Beitrag noch nicht wieder in die Kasse der LVAnst. zurückgeflossen ist; AN. 22 937.

Mit Marken belegte Beitragswochen werden auch dann auf die Wartezeit angerechnet, wenn Marken einer zu niedrigen Lohnklasse verwendet worden sind und wegen Ablaufs der Fristen des § 1442 nicht mehr durch Marken der richtigen Lohnklasse ersetzt werden können; AN. 01 407. Sind Beiträge einer zu hohen Lohnklasse für eine länger als ein Jahr zurückliegende Zeit nachträglich entrichtet worden, so gelten ohne Rücksicht auf die Fristen die Beiträge der maßgebenden Lohnklasse als durch die der höheren mitentrichtet; AN. 10 456.

Über nachträgliche Entrichtung von Beiträgen vgl. §§ 1442, 1443. Die nachträgliche Beibringung von Beitragsmarken ist ohne Einfluß auf den Rentenbeginn; AN. (J. und AV.) 94 79. Die Rechtsnachfolge in einen Rentenanspruch ist auch dann zulässig, wenn die erforderlichen Pflichtbeiträge zur Zeit des Todes des Rentenbewerbers noch nicht entrichtet waren; AN. 96 306. In einem schwebenden Rentenverfahren soll dem Rentenbewerber Gelegenheit gegeben werden, fehlende Beiträge nachzubringen; AN. 99 778, unter Umständen ist er auf diese Möglichkeit hinzuweisen; AN. 11 420.

Nach rechtskräftiger Abweisung wegen Nichterfüllung der Wartezeit bildet die Nachbringung von Beiträgen eine neue rechtserzeugende Tatsache; AN. 97 594, 98 248, 249, 01 206. Die Nichtanrechnung von Beiträgen in einem früheren rechtskräftig abgeschlossenen Verfahren hindert nicht deren Anrechnung in einem neuen Verfahren, denn die Rentenfeststellungsinstanzen sind in dem neuen Verfahren nicht an die früheren rechtlichen oder tatsächlichen Feststellungen gebunden; AN. 05 499.

Über die Anrechnung irrtümlich geleisteter Pflichtbeiträge als freiwillige Beiträge siehe § 1446.

Ein Beitrag, der von dem Versicherten oder seinem Arbeitgeber für eine irrtümlich als versicherungspflichtig angesehene Tätigkeit verwendet ist, kann auf eine andere, in dieselbe Beitragswoche fallende versicherungspflichtige Tätigkeit angerechnet werden; AN. **09** 502, **11** 492. Ein Antrag des Versicherten auf Erstattung irrtümlich geleisteter Beiträge schließt deren Anrechnung als freiwillige Beiträge nicht aus, wenn der Antrag vor Stellungnahme der LVAnst. wieder zurückgenommen wird; AN. **07** 553.

Freiwillige Beiträge, die ein Dritter für einen Versicherten ohne dessen Zustimmung entrichtet, sind rechtswirksam, wenn der Versicherte die Entrichtung nachträglich ausdrücklich oder stillschweigend genehmigt; AN. **07** 491.

Sind für einen freiwillig Versicherten Beiträge in einer zu niedrigen Lohnklasse entrichtet, so hängt ihre Wirksamkeit von ihrer Berichtigung ab; die Berichtigung setzt das Einverständnis des Versicherten voraus; AN. **27** 462. Der Versicherte, der in einer nach § 1440 Abs. 1 zu niedrigen Lohnklasse freiwillige Beiträge entrichtet hat, kann, soweit deren Erstattung nicht nach § 29 Abs. 2 verjährt ist, entweder die Beiträge zurückverlangen oder bestimmen, daß ihr Wert zur Berichtigung anderer Beitragsmarken zu niedriger Lohnklassen verwendet werde. Die Berichtigung der in einer zu niedrigen Lohnklasse entrichteten freiwilligen Beiträge ist nicht an die einjährige Frist des § 1443 gebunden; AN. **27** 463.

Beiträge, die für einen bestimmten Zeitraum verwendet sind, können nicht auf andere Zeiträume übertragen werden, selbst wenn sie für den betreffenden Zeitraum überflüssig oder ungültig verwendet sind; AN. **01** 193, 406, **04** 355, **05** 499, **09** 461.

5. Die Beitragswoche beginnt mit dem Montag; § 1387 Abs. 3. Als Beitragswochen können auch Wochenteile in Betracht kommen, wenn nur während eines Teiles der Woche eine versicherungspflichtige Beschäftigung ausgeübt wird; AN. (J. und AV.) **91** 184. Eine Beitragswoche ist auf zwei aufeinanderfolgende Anwartschaftsfristen anzurechnen, wenn das Ende der einen und der Anfang der anderen Frist in sie hineinfällt; AN. **10** 453.

Für den gleichen Zeitraum können nicht Beitragsmarken und Ersatztatsachen (§§ 1279 ff.) angerechnet werden; EuM. 7 256 (Bay. LVAmt).

Da nur volle Wochen als Krankheitswochen (§ 1279) anrechenbar sind, so ist diejenige Krankheitswoche, in die der Tod des Versicherten oder der Eintritt der Invalidität fällt, auf die Wartezeit nicht anzurechnen; AN. **96** 256, **97** 381.

Zeiten versicherungspflichtiger Tätigkeit können auf die Wartezeit nur angerechnet werden, wenn für sie Beiträge entrichtet sind; AN. (J. und AV.) **93** 65. Die Rente kann nicht unter der Bedingung gewährt werden, daß die fehlenden Beiträge nachgebracht werden; AN. (J. und AV.) **94** 120. Über die Gleichstellung der Bereiterklärung zur nachträglichen Beitragsleistung mit dieser selbst vgl. § 1444.

Die Anrechnung der Beiträge auf die Wartezeit setzt ihre rechtsgültige Verwendung voraus; es muß ihr ein im Gesetze vorgesehenes Versicherungsverhältnis zugrunde liegen, also eine versicherungspflichtige Beschäftigung oder die Berechtigung zur freiwilligen (Selbst- oder Weiter-) Versicherung. Leistung und Annahme von Beiträgen genügt nicht, denn die JV. beruht auf keinem Versicherungsvertrag: AN. (J. und AV.) **95** 135, **98** 160, **09** 521, **10** 553. Vgl. jedoch auch § 1445 Abs. 3. Auch sind die Beiträge nur dann rechtsgültig verwendet, wenn aus ihnen die Anwartschaft nicht erloschen ist; AN. **97** 592.

Tritt eine versichert gewesene Person nach dem endgültigen Erlöschen der Anwartschaft erneut in ein versicherungspflichtiges Beschäftigungsverhältnis ein, so sind die in der neuen Quittungskarte für eine zurückliegende Zeit gültig verwendeten Beitragsmarken auf die neue Wartezeit in demselben Umfang anzurechnen, wie bei einer neu in die Versicherung eintretenden Person; AN. **15** 630.

Hat eine an dem maßgebenden Stichtage (zu vergl. Art. 1 § 13 der Entsch. des Rates des Völkerbundes vom 17. VII. 22, RGBl. II S. 745) versichert gewesene

Person nach dem Stichtage ihren Beschäftigungs- oder Wohnort von Polen nach Deutschland zurückverlegt, so sind bei Eintritt des Versicherungsfalles in Deutschland bei der Prüfung der Wartezeit und der Anwartschaft die sämtlichen an einen deutschen Versicherungsträger gültig geleisteten Beiträge, einschließlich der bis zum Stichtag verwendeten Beiträge, und für die Zeit zwischen dem Stichtage und dem 10. I. 23 außerdem auch die an einen polnischen Versicherungsträger gültig geleisteten Beiträge sowie die den bezeichneten Beiträgen gleich zu erachtenden Ersatztatsachen zu berücksichtigen. Dabei sind der Berechnung der Anwartschaftsfristen nur die Ausstellungstage der auf Grund der Vorschriften der RVO. ausgestellten Quittungskarten, nicht aber auch die Ausstellungstage solcher Quittungskarten zugrunde zu legen, welche von einer polnischen Stelle ausgestellt sind; AN. 29 223.

Über die Leistung von Beiträgen für Erwerbslose aus Mitteln der RAnst. f. AVAV. und durch das Arbeitsamt zur Aufrechterhaltung der Anwartschaft und Erfüllung der Wartezeit in der Sozialversicherung vgl. § 129 des G. über Arbeitsvermittlung und Arbeitslosenversicherung vom 16. VII. 27 in der Fassung der Bek. vom 12. X. 29 (RGBl. I S. 162), sowie Art. 7 der Ausführungsverordn. des RAM. vom 29. IX. 27 in der Fassung der V. vom 24. IV. 28 (RGBl. I S. 153), und Erlaß des RAM. vom 23. II. 28 (RABl. 28 I S. 25).

§ 1279. Als Pflichtbeiträge gelten die vollen Wochen[1] [2], in denen der Versicherte wegen einer Krankheit[3] zeitweise arbeitsunfähig und nachweislich verhindert gewesen ist, seine Berufstätigkeit fortzusetzen[4] [5].

Diese Wochen werden nur bei denen berücksichtigt, die vorher berufsmäßig nicht nur vorübergehend versicherungspflichtig beschäftigt gewesen sind[6].

Nicht angerechnet wird eine Krankheit, die sich der Versicherte vorsätzlich[7] oder bei Begehung eines durch strafgerichtliches Urteil festgestellten Verbrechens oder durch schuldhafte Beteiligung bei Schlägereien oder Raufhändeln[8] zugezogen hat.

Wenn die Krankheit ununterbrochen über ein Jahr[9] dauert, wird die weitere Dauer nicht angerechnet.

Die Genesungszeit[10] wird der Krankheit gleichgeachtet. Dasselbe gilt für die Dauer von zwölf Wochen bei einer Arbeitsunfähigkeit, die durch eine Schwangerschaft oder ein regelmäßig verlaufenes Wochenbett[11] veranlaßt ist.

B 4a der V. v. 16. IV. 24 (RGBl. I S. 405); § 4 des G. v. 18. V. 29 (RGBl. I S. 98).

1. Krankheitswochen werden auf die Wartezeit, auf die 100 Wochen des § 1278 (AN. **06** 662) und die 60 Beiträge des § 1282 Satz 2 angerechnet und hindern das Erlöschen der Anwartschaft; AN. **00** 162. Rentensteigernd wirken sie seit dem 1. I. 24 nach B Nr. 9 der V. v. 16. IV. 24 (RGBl. I S. 405) nicht mehr. S. § 1289.

2. Volle Wochen. Da die Beitragswoche mit Montag beginnt (§ 1387 Abs. 2), ist nur ein Zeitraum von Montag bis Sonntag einschließlich anrechnungsfähig. Die Woche, in die der Tod des Versicherten oder der Eintritt der Invalidität fällt, ist keine volle Woche; AN. **96** 256, **97** 381. In den Fällen des § 1255 Abs. 3 können die ersten 26 Wochen vorübergehender Invalidität nur dann mit 26 Krankheitswochen angerechnet werden, wenn die Krankheit an einem Montag begonnen hat, sonst nur mit 25 Krankheitswochen; AN. **00** 673. An dem Mangel des formellen Nachweises der Krankheit an einem Sonn- oder Feiertag darf die Anrechnungsfähigkeit einer Krankheitswoche nicht scheitern. Nur darf nicht feststehen, daß an dem Sonn- oder Feiertage eine versicherungspflichtige Beschäftigung ausgeübt worden ist; AN. **97** 269. Unter Umständen kann die Zahl der volle Kalenderwochen umfassenden Krank-

heitswochen auch ohne genaue Feststellung der Anfangs- und Enddaten ermittelt werden, insbesondere dann, wenn beim Fehlen formeller Krankheitsbescheinigungen der Nachweis der Krankheitszeiten in anderer Weise geführt werden muß; AN. **96** 357.

Unter der Herrschaft des J.- u. AVG. hatte das RVA. (AN., J. u. AV., **94** 92) angenommen, daß während einer mit Erwerbsunfähigkeit verbundenen Krankheit keine Versicherungspflicht bestand. Diese E. ist zu § 17 Abs. 2 J.- u. AVG. ergangen, der im Gegensatz zu § 30 Abs. 2 JVG., § 1393 RVO. (a. F.) nicht die Vorschrift enthielt, daß jene Krankheitszeiten ohne Entrichtung von Beiträgen angerechnet werden können. Nachdem die Rechtslage insoweit geändert war, konnte dahingestellt bleiben, ob an der E. (AN., J. u. AV., **94** 92) noch festzuhalten sei. Ebenso wurde dahingestellt gelassen, ob bei Bejahung der Versicherungspflicht der Versicherte an und für sich verlangen kann, daß Beiträge während einer mit Arbeitsunfähigkeit verbundenen Krankheit nach § 1393 (a. F.) geleistet werden, oder nicht, weil die Krankheitswochen angerechnet werden, ohne daß Beiträge entrichtet zu werden brauchen; AN. **14** 813 (816). Vgl. jetzt § 1279a: Der RAM. kann bestimmen, in welchen weiteren Fällen eine Anrechnung von Beitragswochen stattfindet, ohne daß Beiträge entrichtet zu werden brauchen. Für die AV. s. § 168 Abs. 2. Jedenfalls ist, wenn in einer im übrigen durch Krankheit ausgefüllten Kalenderwoche (§ 1387 Abs. 2) eine versicherungspflichtige Beschäftigung stattgefunden hat, für diese Woche der volle Beitrag zu entrichten; sonst wäre die Woche nicht anrechnungsfähig; AN., J. u. AV., **95** 223. Vgl. auch § 1242a Abs. 1 Satz 3.

3. Krankheit ist ein anormaler körperlicher oder geistiger Zustand, der entweder lediglich Heilbehandlung erfordert oder zugleich oder ausschließlich Arbeitsunfähigkeit zur Folge hat. Auf die Heilbarkeit kommt es für den Begriff nicht an; AN. (J. und AV.) **93** 92, **95** 257, AN. **97** 320, **10** 649, **30** 3, 4. Objektive Merkmale einer bestimmten Krankheit brauchen nicht festgestellt zu werden; AN. **97** 382. Auf die Ursache der Krankheit kommt es, abgesehen von § 1279 Abs. 3, nicht an; AN. **10** 648. Vorgeschrittene Trunksucht ist Krankheit; AN. **16** 341, ebenso Zahnfäule (caries); AN. **17** 459, Biß durch einen tollen Hund; Sächs. OVG. (ArbVers. **05** 147, **11** 544). Dauernd fehlerhafte Zustände, z. B. körperliche Mißbildungen, Klumpfüße, Schwerhörigkeit, Schielen, Kurzsichtigkeit, Leistenbruch (ohne besondere Krankheitserscheinungen, z. B. Einklemmung), die weder ärztliche Hilfe erfordern, noch Arbeitsunfähigkeit zur Folge haben, sind keine Krankheiten, wohl aber sind Krankheiten Leiden, die sich aus solchen Fehlern entwickeln; OVG. **24** 327. — Inanspruchnahme ärztlicher Hilfe allein genügt nicht, sie muß zur Beseitigung oder Linderung des anormalen Zustandes nötig sein, nicht nur geleistet werden, um einer Krankheit vorzubeugen; Bay. VGH. (ArbVers. **09** 769). Vgl. im übrigen Anm. 2 zu § 165 im 2. Bande, 2. Auflage.

4. Die Krankheit muß mit zeitweiser Arbeitsunfähigkeit verbunden sein, der Zustand der Arbeitsunfähigkeit muß nach vernünftigem Ermessen in absehbarer Zeit Aussicht auf Beseitigung oder wesentliche Besserung bieten, die bestimmte entfernte Möglichkeit genügt nicht; AN. **96** 358. Ist die Arbeitsunfähigkeit mit Invalidität verbunden, so ist die Krankheit nur so lange anrechnungsfähig, als die Invalidität als eine vorübergehende gelten kann. Für die Frage, ob die Invalidität vom Beginn der Krankheit an dauernd oder zunächst nur vorübergehend gewesen ist, kommt es nur darauf an, ob und wann nach der Überzeugung der Feststellungsinstanz die Krankheit dauernde Invalidität verursacht hat; AN. (J. und AV.) **93** 273.

5. Arbeitsunfähig ist, wer infolge von Krankheit verhindert ist, seine Arbeit fortzusetzen; Begr. zur RVO. S. 155. Der Begriff der Invalidität ist anders; AN. **95** 258, **97** 318, **10** 649, **11** 580. Zeitweise arbeitsunfähig und verhindert, seine Berufstätigkeit fortzusetzen, ist auch, wer seine Arbeit aussetzen muß, um zu verhüten, daß er durch Verschlimmerung seines Zustandes für längere Zeit die Erwerbsfähigkeit völlig einbüßt; AN. (J. und AV.) **94** 132, AN. **95** 257, **10** 649, **14** 631, **17** 642. Ob er noch sonstige Arbeiten leisten oder eine Unternehmertätigkeit ausüben kann, ist belanglos; AN. **97** 318, **15** 425. Unerheblich ist es auch, ob er seinen Lohn weiterbezieht; AN. (J. und AV.) **94** 92. Vgl. im übrigen Anm. 15 zu § 182 im 2. Bande, 2. Auflage.

6. Berufsmäßig nicht nur vorübergehend beschäftigt ist auch der unständige Arbeiter; AN. (J. und AV.) **92** 47, EuM. **4** 301, der Hausgewerbtreibende, soweit er versicherungspflichtig ist; AN. (J. u. AV.) **95** 245. Keinen Anspruch auf die Vergünstigung hat der selbständige Gewerbtreibende; AN. **00** 409, der freiwillig Versicherte; **06** 279. Eine bloße der Krankheit vorhergehende versicherungspflichtige Beschäftigung genügt nicht, es müssen auch Beiträge entrichtet sein; AN. **05** 417, verlorene Quittungskarten müssen erneuert werden; AN. **18** 298. Krankheitszeiten, die sich an eine zwar versicherungspflichtige, aber durch Marken nicht belegte und nicht mehr belegbare Beschäftigung anschließen, sind nicht anrechnungsfähig; AN. **02** 592, **05** 417. Dies gilt aber nur, wenn die Beitragsleistung rechtlich möglich war. Die Anrechnung einer vor Inkrafttreten der Versicherung begonnenen Krankheit ist für die Zeit nach dem Inkrafttreten nicht ausgeschlossen; AN. (J. und AV.) **92** 119, AN. **96** 178. Auch im übrigen braucht sich die Krankheit nicht unmittelbar an eine durch Beiträge belegte Arbeitszeit anzuschließen. In jedem Falle muß aber in Anbetracht der gesamten Verhältnisse die Annahme begründet sein, der Versicherte würde während der Krankheitszeit eine versicherungspflichtige Beschäftigung gehabt und Beiträge entrichtet haben, wenn er gesund geblieben wäre; AN. (J. und AV.) **92** 48. Das kann nur von Fall zu Fall unter Berücksichtigung des Umfanges der Arbeit des Versicherten und seiner Beitragsleistung in der ganzen Zeit seiner Zugehörigkeit zu den Versicherten entschieden werden; AN. **03** 386, **05** 417, **06** 279, 280. Unter Umständen kann hiernach auch eine Krankheitszeit, die sich an eine anrechnungsfähige Militärdienstzeit (Art. II Abschnitt C des G. v. 23. VII. 21, RGBl. S. 984, Anhang IV) nicht gerade unmittelbar anschließt, angerechnet werden; AN. **29** 19.

Krankheit eines Saisonarbeiters ist nur so weit anrechnungsfähig, als sie in die Arbeitssaison fällt; AN. (J. und AV.) **92** 48, **95** 259. Der Umstand, daß nach Beendigung der Krankheit keine versicherungspflichtige Beschäftigung aufgenommen worden ist, steht der Anrechnung der Krankheit nicht entgegen; es sei denn, daß die Annahme begründet ist, der Versicherte würde seine Arbeit, auch wenn er gesund geblieben wäre, aufgegeben haben; AN. **06** 279.

Eine Krankheit im Ausland kann den im Sinne des § 1228 Beschäftigten angerechnet werden, im übrigen nur, wenn der Erkrankte vor der Krankheit im Inlande beschäftigt gewesen ist, Beiträge entrichtet und sich nur aus besonderen Gründen, namentlich zur Wiederherstellung seiner Gesundheit ins Ausland begeben hat; AN. **96** 502.

Krankheitszeiten, die sich an eine mit Beiträgen zur AV. belegte Zeit angestelltenversicherungspflichtiger Beschäftigung anschließen, sind nicht als Ersatztatsachen in der JV. anzurechnen; Breith. **15** 376.

7. Vorsätzlich s. Anm. 1 zu § 1254.

8. Schuldhafte Beteiligung bei Schlägereien oder Raufhändeln setzt voraus, daß mehrere widerrechtlich als Handelnde auftreten; nicht jedes Handgemenge oder Ringen fällt darunter. Eine Schlägerei oder ein Raufhandel liegt auch nicht vor, wenn einem Beamten Widerstand geleistet wird und dieser zu Tätlichkeiten übergeht; AN. (J. und AV.) **94** 131. Es wird nicht eine Beteiligung an mehreren Schlägereien oder Raufhändeln vorausgesetzt; AN. (J. und AV.) **94** 173.

9. Das Jahr ist regelmäßig vom Beginn der Krankheit an zu rechnen. Anders beim Inkrafttreten der Versicherung; AN. (J. und AV.) **92** 31, **95** 259, AN. **96** 178, **97** 413. Die Anrechnung ist auf ein Jahr beschränkt, auch wenn verschiedene Krankheiten unmittelbar aufeinander folgen. AN. **99** 775. Dagegen ist die Anrechnung

mehrerer zeitlich getrennter Krankheiten nicht etwa auf das Gesamtmaß von einem Jahr beschränkt; AN. **12** 1188. Da mit Beginn der siebenundzwanzigsten Woche vorübergehender Invalidität der Versicherungsfall eintritt (§ 1255 Abs. 2), so ist die Anrechnung weiterer Krankheitswochen ausgeschlossen; AN. **14** 693.

10. Genesungszeit ist die an die eigentliche Krankheit sich anschließende Zeit, in welcher der Versicherte wegen der Nachwirkungen der überstandenen Krankheit verhindert ist, seine Arbeit fortzusetzen; AN. (J. und AV.) **92** 46, sowie auch die Zeit der Schonung; AN. (J. und AV.) **94** 132, AN. **96** 292, **97** 318.

11. Schwangerschaft. Wochenbett. Normal verlaufende Schwangerschaft und normales Wochenbett sind keine Krankheit. Soweit dadurch Arbeitsunfähigkeit veranlaßt wird, sind diese Zustände der Krankheit gleichzuachten, und zwar für höchstens zwölf Wochen. Wird aber durch die Schwangerschaft oder das Wochenbett ein bereits vorhandener Krankheitszustand so verschlimmert, daß Schwangerschaft und Wochenbett nicht mehr allein Ursache der Arbeitsfähigkeit sind, oder übersteigt die Schwäche das regelmäßige Maß, so liegt Krankheit vor, die bis zu einem Jahre anzurechnen ist; AN. **97** 320, **10** 649.

§ 1279a. Der Reichsarbeitsminister kann bestimmen, in welchen weiteren Fällen eine Anrechnung von Beitragswochen stattfindet, ohne daß Beiträge entrichtet zu werden brauchen. Er kann auch bestimmen, daß diese Beitragswochen bei der Rentenberechnung (§ 1289) berücksichtigt werden[1].

B Nr. 4a der V. v. 16. IV. 24 (RGBl. I S. 405).

1. S. V. über die Anrechnung von Beitragswochen in der Invalidenversicherung v. 7. II. 25 (RGBl. I S. 10):

Als Pflichtbeiträge gelten auch die vollen Wochen, in denen der Versicherte aus den besetzten und den Einbruchsgebieten des Westens ausgewiesen oder aus gleich zwingenden Gründen verdrängt war, längstens bis zum Ablauf der letzten vollen Woche desjenigen Monats, in welchem dem Versicherten die Rückkehr möglich war. Diese Vergünstigung gilt nicht für die Wochen, in denen der Versicherte im unbesetzten Gebiete versicherungspflichtig beschäftigt war.

Diese Wochen werden nur bei denen berücksichtigt, die vorher berufsmäßig nicht nur vorübergehend versicherungspflichtig beschäftigt gewesen sind.

Die oberste Verwaltungsbehörde bestimmt das Nähere über die Bescheinigung der Ausweisung oder Verdrängung und über einen Vermerk hierüber bei der Aufrechnung der Quittungskarten.

Für Preußen s. Erl. v. 12. III. 25 (VMBl. S. 124).

Eine entsprechende Anwendung der V. v. 7. II. 25 über die Anrechnung von Beitragsmarken in der AV. (RGBl. I S. 10) auf Gebiete des Ostens ist unzulässig; AN. **27** 254, ebenso auf abgetretene Gebiete; AN. **28** 149, ferner im Falle einer örtlichen Sperre durch die Besatzungsmächte; EuM. **26** 104 (Bay. LVAmt).

Vgl. auch § 1242a Abs. 1 Satz 3.

§ 1279b. Ist die Wartezeit in der Angestelltenversicherung[1] nicht erfüllt, so stehen für die Wartezeit der Invalidenversicherung die entrichteten Beiträge zur Angestelltenversicherung[2] den freiwilligen Beiträgen zur Invalidenversicherung gleich; sie müssen jedoch solche volle Kalenderwochen umfassen, die nicht als Beitragswochen auf die Wartezeit der Invalidenversicherung angerechnet werden[3].

G. v. 10. XI. 22 (RGBl. I S. 849), V. v. 16. IV. 24 (RGBl. I S. 405).

1 Vgl. § 53 AVG.

2. Die Beitragsmonate der AV. werden hier nicht zu je 4 Beitragswochen der

JV. gerechnet, vielmehr sind die sämtlichen vollen Kalenderwochen zu berücksichtigen, die in eine Zeit fallen, welche durch Beiträge der AV. gedeckt sind; AN. **29** 306.

Die Anrechnung von Beiträgen zur Angestelltenpensionskasse der Reichsknappschaft auf die Wartezeit der JV. im Rahmen des § 1279b ist nicht zulässig; AN. **29** 349.

3. § 1279b, der durch das G. v. 10. XI. 22 als § 1279a eingefügt worden ist, hat keine rückwirkende Kraft, sondern gilt erst vom 1. I. 23 an. Es können daher, da Versicherungsansprüche grundsätzlich nach dem Rechte zur Zeit ihrer Entstehung zu beurteilen sind und durch spätere Gesetze nicht geändert werden, Rentenansprüche, die vor dem Inkrafttreten des § 1279b abgelehnt worden sind, nicht wegen der neuen Vorschriften über die Wanderversicherung von neuem geltend gemacht werden; AN. 28 264.

VIII. Erlöschen der Anwartschaft

§ 1280. Die Anwartschaft[1], [5] erlischt[8], wenn während zweier Jahre nach dem auf der Quittungskarte verzeichneten Ausstellungstage (§ 1416)[2], [3], [4] weniger als zwanzig Wochenbeiträge[6] auf Grund der Versicherungspflicht oder der Weiterversicherung entrichtet worden sind[7].

Die Anwartschaft gilt nicht als erloschen[9], wenn die zwischen dem erstmaligen Eintritt in die Versicherung und dem Versicherungsfalle liegende Zeit[10] zu mindestens drei Vierteln[11] durch ordnungsmäßig verwendete Beitragsmarken[12] belegt ist. Dabei stehen den Beitragsmarken solche volle Kalenderwochen gleich, die durch entrichtete Beiträge zur Angestelltenversicherung gedeckt sind.

G. v. 23. VII. 21 (RGBl. I S. 984), G. v. 10. XI. 22 (RGBl. I S. 849).

1. Die laufende Versicherung äußert sich auf seiten des Versicherten in der bloßen Aussicht auf Erlangung der Rente bei Eintritt des Versicherungsfalls, auf seiten des Versicherungsträgers in der bloßen Möglichkeit einer Belastung, in der Übernahme einer wirtschaftlichen Gefahr; AN. **99** 775, 776.

Die Beitragserstattung gemäß § 43 JVG. hatte die vollständige und unwiderrufliche Aufhebung der Anwartschaft auf Rente zur Folge; AN. (J. u. AV.) **95** 283, EuM. **26** 105. Hingegen wird der Anspruch auf Hinterbliebenenfürsorge nach Art. 3 des Ges. über Leistungen in der JV. v. 12. VII. 29 (RGBl. I S. 135, AN. **29** 305 — s. unten bei Art. 71 EG. zur RVO.) durch eine Beitragserstattung gemäß § 31 J. u. AVG. oder gemäß § 44 JVG. nicht ausgeschlossen; AN. **30** 82.

2. Die Anwartschaftsfristen beginnen mit dem Ausstellungstage einer jeden Quittungskarte, laufen aber nur soweit, als bei Ablauf einer solchen Frist keine neue Quittungskarte ausgestellt ist; AN. **02** 241, 477, **15** 631.

Der Ausstellungstag einer Quittungskarte ist für die Berechnung der Anwartschaftsfristen auch dann maßgebend, wenn die Quittungskarte leer ist oder sich nicht im Besitze des Versicherten befindet; AN. **02** 396. Jedoch kommen für den Lauf der Anwartschaftsfristen zum Nachteile des Versicherten solche Quittungskarten nicht in Betracht, von deren Vorhandensein er keine Kenntnis hatte, noch haben konnte; AN. **07** 439.

Der Verwendbarkeitsvermerk auf einer Quittungskarte kommt für die Berechnung der Anwartschaftsfrist nicht in Betracht; Soergel II 330.

Die Erhaltung der Anwartschaft ist auch dann nach § 1280 zu prüfen, wenn Quittungskarten des Rentenbewerbers durch die Schuld der LVAnst. verlorengegangen sind; die zeitliche Verteilung der nachgewiesenen Beitragsmarken ist nach freiem richterlichen Ermessen zu prüfen; AN. **05** 466. Hat der Versicherte seine Quittungskarte rechtzeitig zum Umtausch eingereicht, so kann ihm die Unmöglichkeit eines sicheren Beweises für die Erhaltung der Anwartschaft nicht zum Nachteil gereichen, auch wenn ihm die Karte zu Unrecht wieder ausgehändigt worden ist; EuM. **11** 296 (Bay. LVAmt). Vgl. auch AN. **12** 891. Wegen der Folgen des nicht rechtzeitigen Umtausches siehe § 1420.

Ist eine Quittungskarte während der Dauer einer Invalidität ausgestellt, die den Eintritt des Versicherungsfalls bereits bewirkt hat, so kommt der Tag ihrer Ausstellung für die Berechnung der Anwartschaftsfristen nicht in Betracht; AN. **05** 466. Nach Beseitigung einer Invalidität laufen die Fristen nach der letzten, vor dem Eintritt des Versicherungsfalls ausgestellten Quittungskarte zunächst weiter; die Anwartschaft ist jedoch in jeder Frist gewahrt, in welche die Krankheit und Invalidität, die den Versicherungsfall herbeiführte, hineinreicht; AN. **03** 395, 514.

Auch wenn gemäß Art. 4 des G. zur Änderung der RVO., des AVG. und des RKG. v. 29. III. 28 (RGBl. I S. 117) freiwillige Weiterversicherungsbeiträge für die Zeit seit dem 1. X. 23 nachentrichtet werden, laufen Anwartschaftsfristen aus der letzten früheren Quittungskarte weiter. Für die Aufrechterhaltung der Anwartschaft und den Lauf der Anwartschaftsfristen aus der letzten früheren Quittungskarte gelten die allgemeinen Vorschriften (§ 1280 Abs. 1 RVO.), unabhängig davon, ob die Anwartschaft des Versicherten vor dem 1. X. 23 erloschen war oder nicht; AN. **29** 420.

3. Da die Vorschriften des § 1280 nicht zu denjenigen gehören, welche gemäß § 1372 auf die Sonderanstalten entsprechende Anwendung finden, ist es den Sonderanstalten überlassen, ob überhaupt und welche Bestimmungen über Erhaltung der Anwartschaft sie in ihre Satzungen aufnehmen wollen. Sind solche Bestimmungen in der Satzung getroffen, so sind diese allein maßgebend; AN. **09** 463. Vgl. im einzelnen AN. **03** 549, **09** 463, **08** 663, **10** 454, EuM. **25** 225. Sind Beiträge abwechselnd an eine LVAnst. und an eine Sonderanstalt entrichtet worden, so werden die Anwartschaftsfristen sowohl durch die Ausstellung der Quittungskarten als auch durch die in der Satzung der Sonderanstalt vorgesehenen Merkmale bestimmt; AN. **10** 454. Die §§ 1280—1283 RVO. sind in der JV. bei der Reichsknappschaft auch für die Geltungsdauer des RKG. alter Fassung, also für den Zeitraum vom 1. I. 24—30. VI. 26 anzuwenden; AN. **29** 228. Im übrigen s. auch Anm. 1 Abs. 3 z. § 1364.

4. Die Vorschrift des § 1444 Abs. 2 ist auf den Lauf oder Ablauf der Anwartschaftsfrist des § 1280 ohne Einfluß; AN. **13** 516.

Durch die Vorschrift im § 1445 Abs. 3 werden die Vorschriften über das Erlöschen der Anwartschaft nicht berührt; AN. **12** 682.

Irrtümliche Belehrung des Versicherten durch eine Behörde über Aufrechterhaltung der Anwartschaft hindert nicht deren Verlust; AN. **11** 494, 495.

5. Von einer Anwartschaft ist nicht mehr die Rede, wenn der Versicherungsfall eingetreten ist; AN. **99** 775. Der Eintritt der dauernden Invalidität hemmt den Lauf der Anwartschaftsfristen und verhindert das Erlöschen der Anwartschaft; AN. **99** 775, ebenso der Eintritt der vorübergehenden Invalidität (mit Ablauf der 26. Woche); AN. **03** 386, 395, 514, und zwar auch dann, wenn die Wartezeit noch nicht erfüllt ist; AN. **03** 514. Siehe auch oben Anm. 2. Keine Hemmung des Laufs der Anwartschaftsfrist, wenn lediglich der Beginn der den Versicherungsfall der vorübergehenden Invalidität bewirkenden Krankheit, nicht auch das Ende der 26. Woche in sie hineinfällt; AN. **09** 422.

Der Anspruch auf Hinterbliebenenrente kann nicht wegen Erlöschens der Anwartschaft abgelehnt werden, wenn dem Verstorbenen unter der Herrschaft des alten Rechts die Altersrente mit Recht zuerkannt war und er am 1. I. 24 noch gelebt hat. Ob ein Antrag auf Umwandlung der Altersrente in die Alters-Invalidenrente gestellt war, ist unerheblich; EuM. **22** 153.

Während des Bezugs einer Invalidenrente kann die Anwartschaft nicht erlöschen (§ 1309), auch nicht, wenn in einen Anwartschaftszeitraum der Rentenbezug mit weniger als 20 Wochen hineinreicht; AN. **05** 467. Dies gilt aber nicht, wenn die Rente in Ausführung eines durch das Revisionsgericht wieder aufgehobenen Urteils der Berufungsinstanz nach § 1710 vorläufig gezahlt werden mußte; AN. **10** 650.

Die Befreiung von der Versicherungspflicht gemäß § 1237 ff. ist ohne Einfluß auf Erhaltung oder Verlust der Anwartschaft, sie bewirkt weder den Verlust der Anwartschaft; AN. (J. und AB.) **94** 151, noch hindert sie ihn; AN. **06** 282.

6. Zur Aufrechterhaltung der Anwartschaft genügt nicht schon der Nachweis der Verrichtung versicherungspflichtiger Beschäftigung, vielmehr müssen auch Beiträge für die Beschäftigung geleistet sein; AN. **02** 480. Die beitragslose vorgesetzliche Zeit (Art. 64 EG. z. RVO.) wirkt nicht anwartschaftserhaltend (§ 1280 RVO.) und bewirkt nicht das Wiederaufleben einer erloschenen Anwartschaft (§ 1283); AN. **29** 307.

Die Nachbringung freiwilliger Beiträge innerhalb der Grenzen des § 1443 nach Erlöschen der Anwartschaft ist gemäß § 1280 Abs. 2 auch dann zulässig, wenn vermöge der nachentrichteten Beiträge die Anwartschaft nicht erhalten sein würde. Die nach § 1280 Abs. 2 ordnungsmäßig nachverwendeten freiwilligen Beiträge stehen den sonst rechtsgültig verwendeten freiwilligen Beiträgen gleich; AN. **26** 304 (Gr. Sen., AN. **03** 371 aufgehoben). Die Zulässigkeit einer solchen Nachentrichtung ist unabhängig davon, aus welchem Versicherungsgrunde vor dem Erlöschen der Anwartschaft die Marken verwendet worden sind. Die Beitragsnachentrichtung ist insbesondere dann nicht unzulässig, wenn das Versicherungsverhältnis bis zum Erlöschen der Anwartschaft auf einem freiwilligen Eintritt in die Versicherung (Selbstversicherung) beruhte. Für die Anwendbarkeit des § 1280 Abs. 2 kommt es lediglich darauf an, daß die Beitragsmarken ordnungsmäßig verwendet waren; AN. **27** 589.

Nach dem Erlöschen der Anwartschaft ist eine freiwillige Beitragsverwendung für zurückliegende Zeiten im Rahmen des § 1443 RVO. gemäß § 1280 Abs. 2 auch dann zulässig, wenn vermöge der nachentrichteten Beiträge die Anwartschaft nicht erhalten sein würde und der Versicherte bei Wiederaufnahme der freiwilligen Beitragsentrichtung das 40. Lebensjahr überschritten hatte. Fällt der Beginn der Wirksamkeit solcher freiwilligen Beiträge in die Zeit vor vollendetem 40. Lebensjahr des Versicherten, so gilt für das Wiederaufleben der Anwartschaft nicht die Vorschrift des § 1283 Abs. 3 RVO., sondern diejenige des § 1283 Abs. 1; AN. **27** 587. Dies gilt auch entsprechend für Personen, die über 60 Jahre alt sind; EuM. **19** 377.

Auch nach Eintritt der Invalidität können auf Grund des § 1444 Abs. 2 noch freiwillige Beiträge entrichtet werden, wenn das Rentenverfahren vor dem Erlöschen der Anwartschaft eingeleitet ist und die Invalidität erst während des Verfahrens, aber nach Ablauf der Anwartschaftsfrist eintritt; AN. **12** 1191.

7. § 1280 hat eine feste Beziehung zwischen Beitrag und Beitragswoche zur notwendigen Voraussetzung; AN. **04** 355. Dabei ist für die zeitliche Anrechnungsfähigkeit geleisteter Beiträge entscheidend, für welche Zeiten die Beitragsmarken nach Absicht des Leistenden haben verwendet werden sollen und tatsächlich verwendet worden sind; AN. **01** 405, 406, **09** 419, 461, **11** 493. Der Umstand, daß in den Anwartschaftszeiträumen mehrerer aufeinander folgender Quittungskarten immer nur 20 Beiträge vorhanden sind, kann für die Annahme sprechen, daß die Entrichtung der Beiträge in erster Linie der Erhaltung der Anwartschaft dienen sollte; Breith. **16** 235. Die Entwertungsvermerke sind für die zeitliche Verteilung der Beitragsmarken nicht schlechthin ausschlaggebend; AN. **13** 514, **15** 768, **17** 467, EuM. **1** 228 (Bay. LVAmt). Demgemäß dürfen Marken, die nach der erwiesenen Absicht des Leistenden für eine bestimmte Zeit verwendet worden sind, nicht auf ältere Markenrückstände desselben Arbeitgebers angerechnet werden; AN. **01** 406.

Beitragsmarken, die für einen bestimmten Zeitraum gelten sollen, aber zuviel verwendet sind oder überhaupt nicht verwendet werden durften und deshalb ungültig sind, können nicht auf einen späteren Zeitraum übertragen werden, in dem es an Marken fehlt, und in dem die Versicherung im Wege freiwilliger Beitragsleistung hätte fortgesetzt werden können; AN. **04** 355. Unzulässig ist es, Marken, die von einem Arbeitgeber für bestimmte Zeiten verwendet sind, für andere Zeiten anzurechnen, während deren der Versicherte bei anderen Arbeitgebern beschäftigt war, und zwar auch dann, wenn sich ergibt, daß jene Beiträge für die Tätigkeit und für die Zeit, für welche sie gelten sollen, nicht angerechnet werden können; AN. **05** 499. Ebensowenig können zum Zweck der freiwilligen Versicherung wirksam verwendete Beiträge nachträglich auf ungedeckte Arbeitszeiten verrechnet werden; AN. **97** 520. Unzulässig ist es auch, die aus einem früheren oder späteren Zeitraum überschüssigen Beitragsmarken auf einen Zeitraum, für den es an solchen fehlt, zur Aufrechterhaltung der Anwartschaft zu übertragen; AN. **01** 193.

Jedoch können Beiträge, die für einen an sich unwirksamen Rechtsgrund entrichtet sind, für einen anderen Rechtsgrund gelten, soweit anzunehmen ist, daß der Versicherungswille, wie er in der Beitragsleistung bekundet ist, den anderen Rechtsgrund mitumfaßt; AN. **09** 502, deshalb können Beiträge, die für eine nicht versicherungspflichtige Tätigkeit entrichtet worden sind, unter Umständen auf eine in den gleichen Zeitraum fallende versicherungspflichtige Tätigkeit angerechnet werden; AN. **09** 502, AN. **11** 492, und zwar nicht nur, wenn sie von dem Versicherten selbst, sondern auch wenn sie von dem vermeintlich verpflichteten Arbeitgeber entrichtet sind; AN. **11** 492. Ein Pflichtbeitrag, der als solcher ungültig ist, bezüglich dessen aber ein Rückforderungsrecht des Arbeitgebers nicht geltend gemacht ist, kann als freiwilliger Beitrag zur Aufrechterhaltung der Anwartschaft in einer abgelaufenen Anwartschaftsfrist angerechnet werden, wenn dies dem mutmaßlichen Willen des Versicherten entspricht, und zur Zeit der Beitragsentrichtung die Frist des § 1443 noch nicht abgelaufen war; AN. **11** 492, 493. Ferner können Beiträge, die in der irrtümlichen Annahme der Versicherungspflicht von dem vermeintlichen Arbeitgeber entrichtet sind, innerhalb der Grenzen des § 1442 auf eine frühere versicherungspflichtige und nicht genügend durch Marken belegte Beschäftigung angerechnet werden, wenn dies dem mutmaßlichen Willen des Arbeitgebers entspricht; AN. **13** 671.

Freiwillige Beiträge, die während einer nach §§ 1279, 1279a anrechnungsfähigen Zeit entrichtet worden sind, können auf die an die Ersatztatsache anschließenden unbelegten Wochen verrechnet werden, soweit die Voraussetzungen der freiwilligen Versicherung noch vorliegen; AN. **09** 419. Jedoch können freiwillige Beiträge, die innerhalb eines Jahres nach Ablauf einer Anwartschaftsfrist entrichtet sind, als für die Zeit vor Ablauf der Frist nachträglich entrichtet nicht gelten, wenn der Versicherte sie nachweislich erst für die Zeit nach Ablauf der Frist hat verwenden wollen; AN. **09** 461. Im übrigen ist bei der freiwilligen Versicherung der Wille des Versicherten regelmäßig dahin auszulegen, daß die Beiträge innerhalb der Grenzen des § 1443 auch auf abgelaufene Anwartschaftsfristen anzurechnen sind, soweit es zur Wiederherstellung der Anwartschaft erforderlich ist; AN. **13** 514, **15** 768.

Die Entrichtung freiwilliger Beiträge für die Zukunft ist zulässig; AN. **09** 419, **13** 514, EuM. **1** 228 (Bay. LVAmt), **9** 337 (Bay. LVAmt). Die an sich zulässige Anrechnung freiwilliger Beiträge auf künftige, nicht ausreichend mit Beiträgen belegte Anwartschaftsfristen kommt nur in Betracht, wenn sie der Absicht, die der Verwendende zur Zeit der Markenverwendung hatte, entspricht; Breith. **16** 233.

Ein und dieselbe Beitragsmarke kann auf zwei Anwartschaftszeiträume angerechnet werden, wenn einzelne Tage der Beitragswoche, für welche die Marke beigebracht worden ist, in zwei Anwartschaftszeiträume fallen; AN. **10** 453, EuM. **9** 337 (Bay. LVAmt).

Hängt der Anspruch des Rentenbewerbers von der Entscheidung der Frage ab, ob die Anwartschaft erhalten ist, so haben die Rentenfeststellungsinstanzen jedes verfügbare Mittel zur Aufklärung des Sachverhalts zu erschöpfen, ehe das Erlöschen der Anwartschaft angenommen wird; AN. **09** 494.

8. Das Erlöschen der Anwartschaft bewirkt die Ungültigkeit aller Beitragsmarken, welche für Zeiten verwendet sind, die in einen nicht mit 20 Beitragswochen belegten Anwartschaftszeitraum fallen, es sei denn, daß diese Zeiten zugleich auch in einen ausreichend belegten Anwartschaftszeitraum fallen. Ist also in einem nicht ausreichend belegten Anwartschaftszeitraum eine neue Quittungskarte ausgestellt, so sind die vom Ausstellungstage an verwendeten Marken als gültig anzusehen, auch wenn sie zugleich in den nicht belegten Anwartschaftszeitraum fallen; AN. **06** 663. Tritt aber eine versichert gewesene Person nach dem endgültigen Erlöschen der Anwartschaft erneut in ein versicherungspflichtiges Beschäftigungsverhältnis ein, so sind die in der neuen Quittungskarte für eine zurückliegende Zeit gültig verwendeten Beitragsmarken auf die neue Wartezeit in demselben Umfang anzurechnen, wie bei einer neu in die Versicherung eintretenden Person. Auf die Fristen aus der früheren Quittungskarte, aus der die Anwartschaft erloschen ist, darf hier nicht zurückgegangen werden; AN. **15** 630.

9. Die Prüfung, ob die Anwartschaft nach § 1280 Abs. 2 erhalten ist, ist stets erforderlich, sobald bei einem Versicherungsverhältnis das Erlöschen der Anwartschaft nach § 1280 Abs. 1 in Frage kommt; AN. **21** 342, 343.

Der Geltungsbereich der Vorschrift des § 1280 Abs. 2 beschränkt sich nicht lediglich auf die Fälle, in denen der Versicherungsfall bereits eingetreten ist; AN. **21** 343.

Zum Zweck der Erfüllung der Voraussetzung des § 1280 Abs. 2 ist die Wiederaufnahme der freiwilligen Beitragsleistung nach Vollendung des 40. Lebensjahres auch beim Fehlen der Voraussetzung des § 1283 Abs. 3 zulässig; AN. **21** 342.

Vgl. auch oben Anm. 6 Abs. 2 und 3.

10. Die zwischen dem Eintritt in die Versicherung und dem Versicherungsfalle liegende Zeit kann nicht anders festgestellt werden, als durch Berechnung der zwischen beiden Zeitpunkten liegenden Wochen; EuM. **17** 155 (Bay. LVAmt). Die Zeit, in der der Rentenbewerber Invalidenrente bezogen hat, ist bei der Berechnung der zwischen dem erstmaligen Eintritt in die Versicherung und dem Versicherungsfall liegenden Zeit nach § 1280 Abs. 2 nicht mitzurechnen; AN. **27** 370.

11. Die nach § 1280 Abs. 2 zur Aufrechterhaltung der Anwartschaft nötige Zahl von Beitragsmarken berechnet sich nicht nach der Mindestzahl der Marken, durch welche die Anwartschaft aufrechterhalten werden könnte; EuM. **17** 155 (Bay. LVAmt).

Es genügt nicht, wenn während mindestens drei Viertel des in Betracht kommenden Zeitraums die Markenverwendung in einem zur Erhaltung der Anwartschaft erforderlichen Umfang erfolgt ist, sondern mindestens drei Viertel der Zeit muß durch ordnungsmäßig verwendete Beitragsmarken belegt sein; EuM. **12** 209.

Die zur AV. entrichteten Beiträge dürfen für die Dreivierteldeckung gemäß § 1280 Abs. 2 Satz 2 RVO. auch insoweit angerechnet werden, als sie mit den zur IV. geleisteten Beiträgen zeitlich zusammenfallen; AN. **29** 306.

12. Ordnungsmäßig verwendet ist eine Marke, wenn sie in einer ordnungsmäßig ausgestellten Quittungskarte für eine nicht bereits belegte Woche eingeklebt ist; AN. **21** 343, **27** 589.

Ersatztatsachen rechnen bei Anwendung des § 1280 Abs. 2 nicht mit; AN. **20** 334.

§ 1281. Als Wochenbeiträge im Sinne des § 1280 Abs. 1 zählen auch

1. Krankheitszeiten (§ 1279) sowie Zeiten nach § 1279 a[1],
2. Zeiten, in denen Beiträge zur Angestelltenversicherung entrichtet sind,

soweit die Zeiten nicht durch Beitragswochen zur Invalidenversicherung gedeckt sind[2],

3. Zeiten ohne versicherungspflichtige Beschäftigung[3], während deren der Anwärter oder der Verstorbene Invaliden- oder Altersrente aus einer Kasse oder einer Sonderanstalt der in den §§ 1321[4], 1360, 1375 bezeichneten Art oder eine Invalidenpension nach den Vorschriften des Reichsknappschaftsgesetzes bezog. Das gleiche gilt für Zeiten, während deren eine Unfallrente[5] von mindestens einem Fünftel der Vollrente oder wegen einer im Kriege 1914/18 bei der deutschen Wehrmacht oder einer dem Deutschen Reiche verbündeten oder befreundeten Macht erlittenen militärischen Dienstbeschädigung eine Rente[6] von mindestens einem Fünftel der Vollrente bezogen wurde,

4. die in der freiwilligen Kriegskrankenpflege bei der deutschen Wehrmacht oder einer dem Deutschen Reiche verbündeten oder befreundeten Macht zurückgelegten Dienstzeiten,

5. Zeiten, während deren Ruhegeld aus der Angestelltenversicherung bezogen wird, ohne daß eine invalidenversicherungspflichtige Beschäftigung ausgeübt wird.

Bek. v. 28. III. 18 (RGBl. S. 165), G. v. 21. VII. 22 (RGBl. I S. 654), G. v. 10. XI. 22 (RGBl. I S. 849), G. v. 23. VI. 23 (RGBl. I S. 454), V. v. 16. IV. 24 (RGBl. I S. 405), Bek. v. 15. XII. 24 (RGBl. I S. 779).

1. Krankheitszeiten im Sinne des § 1279 RVO., die sich an eine anrechnungsfähige Militärdienstzeit anschließen, zählen als Wochenbeiträge gemäß § 1281 Nr. 1. Dabei ist ein unmittelbarer Anschluß nicht unbedingt notwendig. Hat der Versicherte bis zu seiner Einberufung zum Militärdienst regelmäßig versicherungspflichtig gearbeitet und Beiträge geleistet, so wird die Anrechnung der Krankheitszeiten dadurch nicht ausgeschlossen, daß er nach seiner Entlassung eine für ihn passende versicherungspflichtige Beschäftigung infolge der Verhältnisse nach dem Zusammenbruch zunächst nicht finden konnte; AN. **29** 19.

2. Die Beitragswochen der AV. werden nicht zu je 4 Beitragswochen der JV. gerechnet, es sind vielmehr die sämtlichen vollen Kalenderwochen zu berücksichtigen, die in eine Zeit fallen, welche durch Beiträge der AV. gedeckt ist; AN. **29** 306.

Beiträge zur AV. dienen zur Aufrechterhaltung der Anwartschaft in der JV. nicht nur bei der Pflichtversicherung und der Weiterversicherung (§ 1281 Nr. 2, § 1280 Abs. 1 RVO.), sondern auch bei der Selbstversicherung und ihrer Fortsetzung in der JV. (§ 1282 RVO.); AN. **28** 390.

Beiträge zur AV., die gemäß § 398 AVG. vom 20. XII. 11 (jetzt zu vgl. § 385 AVG. n. F.) zurückerstattet sind, können nicht zur Aufrechterhaltung der Anwartschaft in der JV. gemäß § 1281 Nr. 2 verwendet werden; AN. **26** 461.

3. D. h. eine an sich versicherungspflichtige Beschäftigung. Eine solche liegt auch dann vor, wenn der Rentenbewerber sich hinsichtlich der gleichzeitig verrichteten Lohnarbeit von der Versicherungspflicht gemäß § 4 Abs. 3 J. und AVG., § 6 JVG., §§ 1237 bis 1239 RVO. hat befreien lassen; AN. **06** 282. Eine versicherungspflichtige Beschäftigung im Sinne des § 1281 Nr. 3 RVO. liegt nicht vor, wenn der Beschäftigte auf Grund der Vorschriften der §§ 1234, 1235 RVO. versicherungsfrei ist. In diesem Falle sind die Zeiten des Bezugs der in Nr. 3 des § 1281 angeführten Renten als Wochenbeiträge im Sinne des § 1280 Abs. 1 anzurechnen; AN. **29** 308.

Keine Anrechnung der Bezugszeiten des § 1281 Nr. 3, wenn gleichzeitig versicherungspflichtige Arbeit geleistet wird; es genügt aber zur Aufrechterhaltung der Anwartschaft, wenn in einen Anwartschaftszeitraum 20 Wochen dieser Bezugszeiten fallen, in denen nicht versicherungspflichtige Arbeiten verrichtet worden sind: AN. **04** 357. Die Anwartschaft erlischt nicht, wenn eine Unfallrente von mindestens einem Fünftel der Vollrente bezogen und innerhalb einer zweijährigen Anwartschaftsfrist trotz sonst versicherungspflichtiger Beschäftigung während 20 Wochen keine versicherungspflichtige Beschäftigung ausgeübt wird; EuM. **21** 485 (Bay. LVAmt).

4. Die im § 1321 genannten Kassen gehören hierzu, auch wenn sie von ihrer Befugnis, die reichsgesetzlichen Renten aus der JV. auf ihre Leistungen anzurechnen, keinen Gebrauch gemacht haben; AN. **13** 438. Siehe ferner § 1322.

5. Nur die auf Grund der RVO. gewährten Unfallrenten fallen hierunter, nicht die auf Grund anderer Vorschriften gewährten Renten; AN. **16** 364, 427. Als Ersatztatsachen im Sinne des § 1281 Nr. 3 sind gegebenenfalls auch ruhende Unfallrenten zu berücksichtigen; AN. **29** 222.

Zeiten des Bezugs einer Unfallrente von mindestens einem Fünftel der Vollrente sind auch insoweit als Beitragswochen anzurechnen, als sie sich nicht über volle Kalenderwochen erstrecken; AN. **09** 462.

Hat ein Versicherter für eine Unfallrente von mindestens einem Fünftel der Vollrente eine Kapitalsabfindung erhalten, so können nach dem Zeitpunkt der Abfindung liegende Zeiten ohne versicherungspflichtige Beschäftigung nicht als Wochenbeiträge im Sinne des § 1281 gezählt werden; AN. **19** 369.

6. Hat ein Kriegsbeschädigter für eine Teilrente von 20 vH. eine Abfindung nach den Vorschriften des RVG. erhalten, so können die nach dem Zeitpunkt der Abfindung liegenden Zeiten ohne versicherungspflichtige Beschäftigung nicht als Wochenbeiträge im Sinne des § 1281 Nr. 3 Satz 2 gezählt werden; AN. **29** 262.

§ 1282. Bei der Selbstversicherung und ihrer Fortsetzung müssen zur Aufrechterhaltung der Anwartschaft während der im § 1280 bezeichneten Frist mindestens vierzig Beiträge[1] entrichtet werden[2]. Dieses gilt nicht, wenn auf Grund der Versicherungspflicht mehr als sechzig Beiträge geleistet worden sind.

1. Dies gilt auch dann, wenn vorher Pflichtmarken entrichtet worden waren; KommBer. z. RVO. **4** 92f., 101.

2. Beiträge zur AV. dienen zur Aufrechterhaltung der Anwartschaft in der JV. auch bei der Selbstversicherung und ihrer Fortsetzung in der JV.; AN. **28** 390.

Die im § 1281 Nr. 3 RVO. angeführten Zeiten zählen bei der Selbstversicherung und ihrer Fortsetzung nicht als Anwartschaft erhaltende Wochenbeiträge im Sinne des § 1282; AN. **28** 389.

§ 1283. Die Anwartschaft lebt wieder auf, wenn der Versicherte wieder eine versicherungspflichtige Beschäftigung aufnimmt oder durch freiwillige Beitragsleistung das Versicherungsverhältnis erneuert[1] und danach eine Wartezeit von zweihundert[2] Beitragswochen[3] zurücklegt.

Hat der Versicherte bei der Wiederaufnahme der versicherungspflichtigen Beschäftigung oder bei der Erneuerung des Versicherungsverhältnisses durch freiwillige Beitragsleistung das sechzigste Lebensjahr vollendet, so lebt die Anwartschaft nur auf, wenn er vor dem Erlöschen der Anwartschaft mindestens tausend Beitragsmarken verwendet hatte[4].

Hat der Versicherte das vierzigste Lebensjahr vollendet, so lebt die Anwartschaft durch freiwillige Beitragsleistung[5] nur auf, wenn er vor dem Erlöschen der Anwartschaft mindestens fünfhundert Beitragsmarken[6] verwendet hatte und danach eine Wartezeit von fünfhundert Beitragswochen zurücklegt[7].

Den Beitragsmarken und Beitragswochen im Sinne dieser Vorschriften stehen volle Beitragswochen gleich, die durch entrichtete Beiträge zur Angestelltenversicherung und nicht auch nach den Vorschriften der Invalidenversicherung gedeckt sind. Auf die neue Wartezeit werden jedoch Beiträge zur Angestelltenversicherung für Zeiten vor dem 1. Januar 1923 nur angerechnet, wenn zwischen dem Erlöschen der Anwartschaft und dem Beginn der Beitragsentrichtung zur Angestelltenversicherung ein Zeitraum von nicht mehr als zwei Jahren liegt[8].

G. v. 10. XI. 22 (RGBl. I S. 849).

1. Personen, die vor dem 1. X. 23 aus einem versicherungspflichtigen in ein versicherungsfreies Beschäftigungsverhältnis übergetreten sind, können das Versicherungsverhältnis unter den Voraussetzungen des § 1283 erneuern, auch wenn sie keine Erklärung im Sinne des § 1242c abgegeben und keine freiwilligen Beiträge nach dem Ausscheiden bis zum 1. X. 23 entrichtet haben; AN. **28** 127.

2. Es ist nicht erforderlich, daß in diese neue Wartezeit 100 Pflichtwochen fallen, es genügt vielmehr, daß der Rentenbewerber überhaupt 100 noch gültige oder durch das Wiederaufleben der Anwartschaft wieder gültig gewordene Pflichtbeiträge nachzuweisen vermag; AN. **06** 662, **20** 337.

Siehe ferner Anm. 8 zu § 1280.

3. Krankheitswochen im Sinne des § 1279 Abs. 1 RVO. gelten als Pflichtbeiträge auch für die Wartezeit, die nach § 1283 für das Wiederaufleben einer erloschenen Anwartschaft erforderlich ist; AN. **29** 225.

Ist die Anwartschaft aus Beiträgen zur JV. erst nach Beginn des Kriegsdienstes im Sinne der Bek. über die Anrechnung von Militärdienstzeiten und die Erhaltung von Anwartschaften in der J. und HV. vom 23. XII. 15 (RGBl. S. 845) erloschen, so sind die Zeiten des Kriegsdienstes auf die Wartezeit des § 1283 RVO. anzurechnen; AN. **27** 370.

4. Die Wartezeit für das Wiederaufleben der Anwartschaft bei Versicherten, die vor dem Erlöschen der Anwartschaft 1000 Beitragsmarken vollendet haben und nach Vollendung des 60. Lebensjahres freiwillig in die Versicherung wieder eintreten, beträgt 200 Beitragswochen; AN. **28** 318.

5. § 1283 Abs. 3 betrifft nur die Erneuerung des Versicherungsverhältnisses durch freiwillige Beitragsleistung. Wird das Versicherungsverhältnis von einem Versicherten, der das 40., aber nicht das 60. Lebensjahr vollendet hat, auf Grund versicherungspflichtiger Beschäftigung erneuert, so gilt für das Wiederaufleben der Anwartschaft die Regel des § 1283 Abs. 1; die zur Erfüllung der neuen Wartezeit erforderlichen 200 Beitragsmarken brauchen nicht sämtlich Pflichtmarken zu sein, es genügen auch freiwillige Beiträge, wenn nur nach Erlöschen der Anwartschaft zunächst Pflichtmarken verwendet sind; AN. **20** 336. Bei einem Versicherten, der das 40., aber noch nicht das 60. Lebensjahr vollendet hat, lebt im Falle der Erneuerung des Versicherungsverhältnisses durch freiwillige Beitragsleistung die Anwartschaft nur nach Zurücklegung einer neuen Wartezeit von 500 Beitragswochen wieder auf, auch wenn er vor dem Erlöschen der Anwartschaft 1000 oder mehr Beitragsmarken verwendet hat (§ 1283 Abs. 3); AN. **28** 163.

Nach dem Erlöschen der Anwartschaft ist eine freiwillige Beitragsverwendung für zurückliegende Zeiten im Rahmen des § 1443 RVO. gemäß § 1280 Abs. 2 RVO. auch dann zulässig, wenn vermöge dieser Beiträge die Anwartschaft nicht erhalten sein würde und der Versicherte bei der freiwilligen Beitragsentrichtung das 40. Lebensjahr überschritten hat. Fällt der Beginn der Wirksamkeit solcher freiwilligen Beiträge in die Zeit vor dem vollendeten 40. Lebensjahr des Versicherten, so gilt für das Wiederaufleben der Anwartschaft nicht die Vorschrift des Abs. 3, sondern die des Abs. 1 des § 1283 RVO.; AN. **27** 587.

6. Auf diese 500 Beitragsmarken können Ersatztatsachen nicht angerechnet werden; AN. **23** 163.

7. Nach Vollendung des 40. Lebensjahrs ist die Wiederaufnahme der freiwilligen Beitragsleistung auch beim Fehlen der Voraussetzung des § 1283 Abs. 3 zulässig zum Zwecke der Erfüllung der Voraussetzung des § 1280 Abs. 2; AN. **21** 342.

8. Die Anwartschaft aus Beiträgen zur JV. vor dem 1. I. 23 ist erloschen, wenn in der Zeit vor dem 1. I. 23 zwischen dem Erlöschen der Anwartschaft in der JV. und dem Beginne der Beitragsentrichtung zur AV. ein Zeitraum von mehr als 2 Jahren liegt; AN. **26** 361.

Die Beitragswochen der AV. werden nicht zu je 4 Beitragswochen der JV. gerechnet, es sind vielmehr die sämtlichen vollen Kalenderwochen zu berücksichtigen, die in eine Zeit fallen, welche durch Beiträge der AV. gedeckt ist; AN. **29** 306.

IX. Berechnung der Versicherungsleistungen

§ 1284. Die Versicherungsleistungen[1] bestehen aus einem festen Reichszuschuß und einem Anteil der Versicherungsanstalt.

Werden nicht die vollen Rentenbeträge ausgezahlt[2], so werden die Anteile des Reichs und der Versicherungsträger entsprechend gekürzt.

1. Die Vorschriften über das Mindestmaß von Renten sind grundsätzlich zwingender Natur und können durch Parteiabreden nicht geändert werden; EuM. **19** 377, 381.

Keine Aufwertung von Versicherungsleistungen; Monatsschr. **25** 367. Unzulässigkeit des Rechtswegs für Ansprüche auf Aufwertung der Versicherungsleistungen; EuM. **19** 385 (RGZ. v. 19. III. 26).

2. Vgl. § 1254 Abs. 2 Satz 1, § 1271 Satz 4, § 1306, § 1518 Abs. 1 Satz 2.

§ 1285. Der Reichszuschuß[1] beträgt jährlich 72 Reichsmark für jede Invaliden-, Witwen- oder Witwerrente und jährlich 36 Reichsmark für jede Waisenrente.

G. v. 23. III. 25 (RGBl. I S. 27).

1. Der Reichszuschuß allein kann nicht gewährt werden. Auch wenn der Versicherte infolge der Satzungsbestimmungen einer Kasse im Sinne des § 1321 kein Interesse an der Rentenfestsetzung hat und nur den Reichszuschuß verlangt, muß die Rente trotzdem festgestellt werden; AN. (J. und AV.) **95** 211.

§ 1286. Der Anteil der Versicherungsanstalten richtet sich nach den gezahlten Beiträgen[1] und den nach § 1279a zu berücksichtigenden Beitragswochen.

V. v. 16. IV. 25 (RGBl. I S. 405), Bek. v. 15. XII. 24 (RGBl. I S. 775).

1. Für die Rentenberechnung sind stets die tatsächlich geleisteten Beiträge maßgebend; hieran wird durch die Übertragung des Inhalts der Quittungskarten in eine Sammelkarte nichts geändert. Demzufolge kann der nachweisbar unrichtige Inhalt einer Sammelkarte nicht der Rentenberechnung als Grundlage dienen; AN. **13** 417.

§ 1287. Die Versicherungsanstalt leistet bei den Invalidenrenten den Grundbetrag und den Steigerungsbetrag, bei den Renten der Hinterbliebenen einen Teil des Grundbetrags und des Steigerungsbetrags.

V. v. 16. IV. 24 (RGBl. I S. 405).

§ 1288. Der Grundbetrag der Invalidenrente beträgt für alle Lohnklassen jährlich 168 Reichsmark.

G. v. 28. VII. 25 (RGBl. I S. 157).

§ 1289. Bei der Invalidenrente werden zwanzig vom Hundert der seit dem 1. Januar 1924 gültig entrichteten Beiträge als Steigerungsbetrag gewährt.

Ferner wird für jede ordnungsmäßig verwendete Beitragsmarke der bis zum 30. September 1921 gültigen Lohnklassen ein Steigerungsbetrag gewährt; er beträgt für jede Beitragsmarke

in der Lohnklasse	I	4 Reichspfennig,
" " "	II	8 " ,
" " "	III	14 " ,
" " "	IV	20 " ,
" " "	V	30 " [1 2].

Art. 1 des Ges. v. 12. VII. 29 (RGBl. I S. 135, AN. 29 305).

1. Hierzu nachstehende Übergangs- und Schlußvorschriften des G. v. 12. VII. 29:

Art. 2. Bei den vor dem 1. X. 29 festgestellten und an diesem Tage noch laufenden Renten der Invalidenversicherung, die einen Steigerungsbetrag für Beitragszeiten vor dem 1. X. 21 enthalten, wird der Gesamtsteigerungsbetrag für diese Beitragszeiten mit Wirkung vom 1. X. 29 ab um fünfzehn vom Hundert erhöht, jedoch um mindestens 12 Reichsmark, bei Waisenrenten um mindestens 6 Reichsmark für das Jahr.

Die Höhe der neuen Rente ist dem Berechtigten mitzuteilen. Ein Rechtsmittel findet nicht statt.

(Art. 3 betrifft eine Änderung des Art. 71 EG. z. RVO., s. u. Anm. 4 zu Art. 71 EG. z. RVO.)

Art. 4. Zur Durchführung der Vorschriften in den Art. 2 und 3 bestimmt der Reichsarbeitsminister das Nähere. Dies gilt insbesondere für den Fall, daß Tatsachen, die zur Begründung des Versicherungsanspruchs geeignet sind, nicht mehr festgestellt werden können.

Art. 5. Das Gesetz tritt mit dem 1. X. 29 in Kraft.

Ansprüche auf Leistungen, die nach dem 30. IX. 29 festgestellt werden, unterliegen mit Wirkung vom 1. X. 29 ab den Vorschriften dieses Gesetzes. Ihre Nichtanwendung gilt auch dann als Revisionsgrund, wenn das Oberversicherungsamt sie noch nicht anwenden konnte.

Auf Grund des Art. 4 des G. v. 12. VII. 29 ist die Verordnung des RAM. zur Durchführung des Gesetzes über Leistungen in der Invalidenversicherung vom 17. VII. 29 (RGBl. I S. 135; AN. 29 305) ergangen:

(I. Zu Art. 3 des G. v. 12. VII. 29, s. u. Anm. 4 zu Art. 71 EG. z. RVO.)

II. Zu den Art. 2, 3 des Gesetzes vom 12. VII. 29:

§ 2. Soweit die Verteilung der gültig entrichteten Beiträge auf die Lohnklassen nicht mehr festzustellen ist, gilt für jede Beitragsmarke ein einheitlicher Steigerungsbetrag von 16 Reichspfennig. Weist der Berechtigte nachträglich die Verteilung der Beiträge auf die Lohnklassen nach, so ist der Steigerungsbetrag nach der Vorschrift des Gesetzes zu berechnen, wenn dies für den Berechtigten günstiger ist.

III. Zu Art. 2 des Gesetzes v. 12. VII. 29:

§ 3. Die in der Zeit vom 1. I. 23 bis zum 30. IX. 29 von der Reichsversicherungsanstalt für Angestellte oder von der Reichsknappschaft als Träger der AV. festgestellten und am 1. X. 29 noch laufenden Renten der Wanderversicherten oder ihrer Hinterbliebenen erhalten vom 1. X. 29 an den Steigerungsbetrag der JV. nach den Vorschriften des Gesetzes. Der § 2 gilt entsprechend.

§ 4. Ist eine vor dem 1. I. 23 festgestellte Rente eines Wanderversicherten oder seiner Hinterbliebenen nach Abschnitt B Art. VII des Gesetzes über Änderung des VG. für Angestellte und der RVO. vom 10. XI. 22 (RGBl. I S. 849) in der Fassung der Verordnung über Vereinfachungen in der Sozialversicherung vom 30. X. 23 (RGBl. I S. 1057) zu ergänzen, so ist auch der Steigerungsbetrag gemäß § 1289 Abs. 2 der RVO. zu gewähren.

IV. Schlußvorschrift:

§ 5. Das Reichsversicherungsamt kann Näheres über die Durchführung des Gesetzes v. 12. VII. 29 und dieser Verordnung, insbesondere über die Zahlungsanweisung der Versicherungsträger an die Post und über die Nachweise zur Feststellung des Reichsbeitrags auf Grund der bisherigen Gesetze, bestimmen *).

2. Bei Bemessung der Steigerungsbeträge der Hinterbliebenenrenten sind auch die für die Zeit vor dem 1. I. 12 entrichteten Beiträge nach § 1289 Abs. 2, § 1292 RVO. anzurechnen; AN. **26** 490.

Keine Anrechnung von Beiträgen, aus denen die Anwartschaft endgültig erloschen, bei Bemessung der Steigerungsbeträge nach § 1289 Abs. 2; EuM. **19** 146.

Aus Beiträgen, die gemäß § 1242a RVO. in der Zeit seit dem 1. X. 25 nachentrichtet worden sind oder werden, ist mit Ausnahme der für die Zeit vom 1. X. 21 bis zum 31. XII. 23 entrichteten Beiträge ein Steigerungsbetrag nach § 1289 Abs. 1 und nicht nach Abs. 2 zu berechnen; EuM. **23** 392.

§ 1290 [1]. Für jede Beitragswoche zählt nur ein Beitrag. Sind mehr Beitragswochen belegt und die überzähligen Marken nicht festzustellen, so scheiden die Beiträge der niedrigsten Lohnklassen aus, bis die zulässige Höchstzahl übrigbleibt.

1. Vgl. hierzu § 140 Abs. 2 des RKG. v. 1. VII. 26 (RGBl. I S. 369):

„Tritt ein Versicherter während eines Beitragsmonats von einer Landesversicherungsanstalt oder Sonderanstalt zum Reichsknappschaftsverein über oder umgekehrt, so findet für den Übergangsmonat § 1290 der Reichsversicherungsordnung bei Berechnung der Versicherungsleistungen keine Anwendung."

§ 1290 a. Bei Wanderversicherten tritt zu den Renten der Invalidenversicherung der Steigerungsbetrag der Angestelltenversicherung [1] [2]. Die Reichsversicherungsanstalt erstattet den Trägern der Invalidenversicherung den Steigerungsbetrag nach näherer Bestimmung des Reichsarbeitsministers [3].

G. v. 10. XI. 22 (RGBl. I S. 849).

1. Siehe § 56 AVG. in der Fassung des G. v. 23. III. 25.

2. Jedoch nur dann, wenn die Anwartschaft in der AV. aufrecht erhalten ist; AN. **29** 347.

Der Verzicht eines Wanderversicherten auf den Steigerungsbetrag aus den zur AV. entrichteten Beiträgen bei Festsetzung einer Invalidenrente ist unzulässig. Verzichtet ein Wanderversicherter, für den eine Invalidenrente mit dem Steigerungsbetrag aus der AV. oder ohne einen solchen nach dem 1. VI. 24 festgesetzt worden ist, auf die Invalidenrente, so werden die, während des Rentenbezugs entrichteten freiwilligen Beiträge zur AV. wieder wirksam, sofern im übrigen die allgemeinen Voraussetzungen für die Entrichtung freiwilliger Beiträge vorlagen; AN. **29** 62.

*) S. Runderlaß des RVA. v. 22. VII. 29; AN. **29** 339.

Ist die Wartezeit nach dem RKG. und in der JV. erfüllt, so treten die Steigerungsbeträge nach dem AVG. zu den Leistungen nach dem RKG. gemäß § 70 Satz 1 RKG., dagegen nicht zu den Leistungen der JV. gemäß § 1290a Satz 1 RVO.; AN. 29 177. Ist die Wartezeit der JV., nicht aber nach dem RKG. erfüllt, so treten zu den Leistungen der JV. nicht die Steigerungsbeträge für die in der Angestelltenpensionskasse zurückgelegten Beitragsmonate (§ 71 Abs. 2 RKnG.); AN. 29 178.

3. Siehe die Verordnungen des RAM. über die Verrechnung von Steigerungsbeträgen für Wanderungsversicherte aus der J.- u. AV. v. 29. IV. 26 (RGB. I S. 213) und v. 9. I. 30 (RGBl. I S. 1, AN. **30** 2); ferner die Runderl. des RVA. an die Träger der JV. v. 1. VI. 26 (AN. **26** 359) und v. 31. I. 28 (AN. **28** 55).

§ 1291. Hat der Empfänger der Invalidenrente[1] Kinder (§ 1259 Abs. 2), so erhöht sich die Invalidenrente für jedes von ihnen bis zum vollendeten fünfzehnten Lebensjahr[2] um jährlich 120 Reichsmark (Kinderzuschuß)[3]. Erhält das Kind nach Vollendung des fünfzehnten Lebensjahrs Schul- oder Berufsausbildung[4], so wird der Kinderzuschuß bis zum vollendeten einundzwanzigsten Lebensjahre gewährt, solange die Schul- oder Berufsausbildung dauert und der Versicherte das Kind überwiegend unterhält[5]. Der Kinderzuschuß wird für Kinder, die infolge körperlicher oder geistiger Gebrechen[6] außerstande sind, sich selbst zu erhalten, gewährt, solange der Zustand dauert und der Versicherte das Kind überwiegend unterhält[5].

Mehreren Rentenempfängern wird der Kinderzuschuß für dasselbe Kind nur einmal gewährt, und zwar demjenigen, der das Kind ganz oder überwiegend unterhält.

Für Stiefkinder und Enkel[7] wird der Kinderzuschuß nur gewährt, solange[8] der Rentenempfänger sie überwiegend unterhält.

Jede Änderung der Rente durch Hinzutritt oder durch Ausscheiden eines Kindes wirkt vom ersten Tage des auf die Änderung folgenden Monats ab.

G. v. 25. VI. 26 (RGBl. I S. 311), G. v. 29. III. 28 (RGBl. I S. 116).

1. Der Kinderzuschuß muß in den Fällen des Abs. 1 Satz 1 allen Rentenempfängern gewährt werden, ohne Rücksicht darauf, ob sie für den Unterhalt der Kinder sorgen oder gesorgt haben; AN. **14** 413. Eines besonderen Antrags auf Gewährung bedarf es nicht; Monatsschr. **17** 677.

2. Siehe Anm. 2 zu § 1259.

3. Der Kinderzuschuß stellt nicht etwa eine besondere Art von Rente, sondern lediglich eine Erhöhung der Invalidenrente dar; AN. **12** 1183. Bei Streit um den Kinderzuschuß ist demgemäß die Höhe der Rente streitig und deshalb nach § 1696 Nr. 1 die Revision unzulässig; AN. **12** 1183.

Erwächst einem Rentenempfänger Anspruch auf den Kinderzuschuß, so ist dessen Gewährung von der Vorschrift des § 1253 unabhängig; AN. **17** 545.

4. Siehe Anm. 3 zu § 1259.

5. Der Kinderzuschuß nach § 1291 Abs. 1 Satz 2 wird nur dann gewährt, wenn der Versicherte selbst — nicht etwa ein Dritter, z. B. der Fürsorgeverband — das Kind ganz oder überwiegend unterhält; EuM. **22** 157. Dies ist auch dann der Fall, wenn der Vater, der für den vollen Unterhalt einschließlich Kleidung sorgt, die Arbeitsleistungen des bei ihm in Lehre stehenden Kindes erhält; EuM. **23** 464. Verwendet ein Versorgungsberechtigter die ihm für ein Stiefkind gemäß § 30 RVG. gewährte Kinderzulage entsprechend ihrem Zwecke, so unterhält er dieses Kind insoweit aus seinem Einkommen; AN. 28 187. Überwiegender Unterhalt wird dadurch nicht ausgeschlossen, daß er von der Ehefrau des geschäftsunfähigen Versicherten aus dessen Rentenbezügen gewährt wird; AN. 28 288. Bestreitung des Unterhaltes durch den Versicherten liegt auch dann vor, wenn der Versicherte vor Eintritt des Versicherungsfalles während eines verhältnismäßig kurzen Zeitraums durch äußere Umstände zeitweise verhindert war, die sonst gewährte Unterhaltsleistung fortzusetzen; AN. 27 244. Ein Kind ohne eigenes Einkommen, das aus dem Einkommen seiner Eltern unterhalten wird, erhält von demjenigen Elternteil überwiegenden Unterhalt, dessen Einkommen mehr als die Hälfte des Gesamteinkommens der Eltern beträgt; EuM. 26 102.

Vgl. im übrigen Anm. 11 zu § 1259.

6. „Gebrechen" siehe Anm. 4 zu § 1259. Gewährung des Kinderzuschusses auch dann, wenn das Gebrechen bei Vollendung des 15. Lebensjahres noch nicht vorhanden war, sondern erst nach diesem Zeitpunkt aufgetreten ist; AN. 28 110.

7. Der Anspruch auf Gewährung des Kinderzuschusses für einen Enkel, den der Versicherte vor Eintritt des Versicherungsfalls überwiegend unterhalten hat, wird nicht dadurch ausgeschlossen, daß die Eltern des Kindes noch leben und zur Gewährung des Unterhalts imstande sind, auch ist es unerheblich, ob eine gesetzliche Unterhaltspflicht im Sinne des BGB. (zu vgl. §§ 1606, 1607, 1603 BGB.) für den Versicherten (Rentenempfänger) bestanden hat, es genügt, daß der Versicherte das Enkelkind tatsächlich überwiegend unterhalten hat; EuM. 26 218, AN. 29 270 (KnV.).

8. Solange als nicht eine Änderung der Unterhaltsgewährung eintritt, die dem rechtskräftigen Bewilligungsbescheid zugrunde lag; EuM. 25 276 mit AN. 27 250 (AV.).

§ 1292. Der Anteil der Versicherungsanstalt beträgt bei Witwen- und Witwerrenten sechs Zehntel, bei Waisenrenten für jede Waise fünf Zehntel des Grundbetrags und des Steigerungsbetrags[1] der nach §§ 1288, 1289 zu berechnenden Invalidenrente.

G. v. 12. VI. 16 (RGBl. S. 525), G. v. 23. VII. 21 (RGBl. S. 984), V. v. 16. IV. 24 (RGBl. I S. 405).

1. Bei Bemessung der Steigerungsbeträge der Hinterbliebenenrente sind auch die für die Zeit vor dem 1. I. 12 entrichteten Beiträge nach § 1289 Abs. 2 und § 1292 RVO. anzurechnen; AN. 26 490.

§§ 1293 bis 1296 sind weggefallen.

G. v. 10. XI. 22 (RGBl. I S. 849), G. v. 12. VI. 16 (RGBl. S. 525), G. v. 23. VII. 21 (RGBl. S. 984).

§ 1297. Die Renten werden, auf volle 5 Reichspfennig aufgerundet[1], in Teilbeträgen monatlich im voraus gezahlt.

G. v. 29. III. 28 (RGBl. I S. 177).

1. Es handelt sich hier lediglich um eine Erleichterung der Auszahlung, der Umfang des Anspruchs wird hierdurch nicht berührt; AN. (J. und AV.) 93 72. Die unrichtige Berechnung des Jahresbetrags beschwert den Rentenbewerber auch dann, wenn die richtige Berechnung die Auszahlung höherer Monatsbeträge nicht zur Folge haben würde; AN. 10 430. Beim Ruhen der Rente und bei der Abfindung kommt es auf den Jahresbetrag an; AN. 14 433, 98 636.

Nur volle Monatsbeträge, nicht auf Monatsteile entfallende Rentenbeträge werden aufgerundet; AN. 91 226, (J. und AV.) 91 54.

Keine Wiedereinziehung des Mehrbetrags, den der Rentenempfänger infolge der Aufrundung der Monatsbeträge gegenüber dem Jahresbetrage der Rente erhält; AN. 91 226. Aufrundung der Monatsbeträge auch bei teilweisem Ruhen der

Renten; AN. (J. und AV.) **93** 72, ferner auch dann, wenn der Rentenberechtigte den nach dem Jahresbetrag der Rente ziffernmäßig berechneten Monatsbetrag fordert; AN. **88** 279.

Die Aufrundung erfolgt für jeden Berechtigten besonders; HdbUV. **1** 539.

X. Wegfall der Leistungen

§ 1298. Die Witwen- und die Witwerrenten fallen mit dem Ablauf des Monats weg, in welchem der Berechtigte wieder heiratet[1]. Die Witwe wird mit dem Betrag ihrer Jahresrente abgefunden[2].

G. v. 13. VII. 23 (RGBl. I S. 636), V. v. 16. IV. 24 (RGBl. I S. 405).

1. Wird die zweite Ehe für nichtig erklärt, so ist die weggefallene Witwenrente nachzuzahlen; AN. **16** 456, dagegen bei Scheidung der neuen Ehe kein Wiederaufleben der weggefallenen Witwenrente selbst dann nicht, wenn die geschiedene Ehefrau gemäß § 1577 Abs. 2 BGB. den Namen, den sie als Witwe hatte, wieder annimmt; AN. **19** 369.

2. Die Witwe wird mit dem Betrag ihrer Jahresrente gemäß § 1298 Satz 2 auch dann abgefunden, wenn ihr auf Grund des § 1306 RVO. die Rente zunächst auf die Dauer eines Jahres ganz entzogen ist und sodann die Wiederverheiratung stattgefunden hat, bevor die entzogene Rente wieder in Wirksamkeit getreten ist; AN. **27** 337.

Die Abfindung der Witwe im Falle ihrer Wiederverheiratung ist eine Kapitalabfindung im Sinne des § 1696 Nr. 2, die Revision ist daher unzulässig; AN. **27** 337.

§ 1299. Die Waisenrente fällt mit dem Ablauf des Monats weg[1], in welchem die Voraussetzungen für den Wegfall der Rente nach § 1259 eintreten oder die Waise heiratet.

G. v. 25. VI. 26 (RGBl. I S. 311).

1. Kein Wegfall der Waisenrente durch Annahme der außerehelichen Waise an Kindes Statt; AN. **18** 170.

§ 1300 ist weggefallen.

G. v. 23. VII. 21 (RGBl. S. 984).

§ 1301. Für den Sterbemonat[1] und den Monat, der das Ruhen der Rente bringt, wird die Rente voll gezahlt.

G. v. 13. VII. 23 (RGBl. I S. 636).

1. Auch im Falle des § 1303 ist die Rente für den ganzen Sterbemonat zu zahlen; AN. **14** 550.

§ 1302[1]. Ist beim Tode des Empfängers die fällige Rente noch nicht abgehoben, so sind nacheinander bezugsberechtigt der Ehegatte, die Kinder, der Vater, die Mutter, die Geschwister, wenn sie mit dem Empfänger zur Zeit seines Todes in häuslicher Gemeinschaft[2] gelebt haben.

1. Die §§ 1302, 1303 enthalten kein vom bürgerlichen Recht abweichendes Erbrecht, sondern ein besonderes Bezugsrecht, das das Erbrecht einschränkt und lediglich zu dem Zweck eingeführt worden ist, um den Nachweis der Bezugsberechtigung zu erleichtern; Begr. z. RVO. S. 408. Sind Bezugsberechtigte im Sinne der §§ 1302, 1303 nicht vorhanden, so tritt die Erbfolge nach bürgerlichem Rechte ein; AN. **14** 694, EuM. **6** 291 (Bay. LVAmt).

2. „Häusliche Gemeinschaft“ setzt im allgemeinen ein räumliches Zusammenleben voraus, ein Leben in einem gemeinsamen Hausstand, d. h. eine familienähnliche gemeinsame Haushalts- und Wirtschaftsführung in Räumen, die von den unter sich verwandten Mitgliedern des Hausstandes geteilt werden; dazu gehört insbesondere, daß sie auch die Nachtzeiten in einer gemeinsamen Wohnung zubringen; AN. 14 694, EuM. 2 284 (Bay. LVAmt), AN. 28 236 (AV.). Aufgelöst wird die häusliche Gemeinschaft nur durch eine Trennung, die die Lösung der Lebensgemeinschaft bezweckt, wogegen eine Trennung selbst von längerer Dauer, die ihrem Zwecke nach nur eine vorübergehende ist, wie z. B. bei der Aufnahme in ein Krankenhaus, bei einer Auslandsreise oder bei Verbüßung einer Freiheitsstrafe, die häusliche Gemeinschaft nicht notwendig auflöst; EuM. 8 279.

§ 1303[1]. Stirbt ein Versicherter oder ein zum Bezug einer Witwen- oder Witwerrente Berechtigter[2], nachdem er seinen Anspruch erhoben[3] hatte, so sind zur Fortsetzung des Verfahrens[4] und zum Bezuge der bis zum Todestage[5] fälligen Beträge nacheinander berechtigt der Ehegatte, die Kinder, der Vater, die Mutter, die Geschwister, wenn sie mit dem Berechtigten zur Zeit seines Todes in häuslicher Gemeinschaft[6] gelebt haben.

G. v. 23. VII. 21 (RGBl. S. 984).

1. Vgl. § 1302 Anm. 1.

2. Die Waisenrente ist hier nicht aufgeführt, sie vererbt sich daher nur nach den Grundsätzen des bürgerlichen Rechts; AN. 14 694, 16 425.

3. Der Anspruch ist wirksam erhoben in dem Zeitpunkte, in dem die Erklärung bei der Behörde eingegangen ist. Auf die Wirksamkeit der Erklärung ist es ohne Einfluß, wenn der Erklärende nach der Abgabe stirbt oder geschäftsunfähig wird; AN. 13 513, EuM. 5 275.

Die Rechtsnachfolge tritt nicht ein, wenn der Rentenbewerber stirbt, ehe er seinen Anspruch angemeldet hat; AN. (J. und AV.) 93 142, EuM. 2 285 (Bay. LVAmt), 12 218 (Bay. LVAmt).

Auch der Anspruch auf Waisenrente ist nur vererblich, wenn er zu Lebzeiten der Waise erhoben worden ist; AN. 16 425.

4. Durch den Tod des Antragstellers tritt eine Unterbrechung des Verfahrens ein, selbst wenn der Antragsteller durch einen Prozeßbevollmächtigten vertreten ist; AN. 08 501. Das Verfahren muß von den Rechtsnachfolgern des Antragstellers oder gegen diese von der LVAnst. (als Prozeßgegner) aufgenommen werden; AN. (J. und AV.) 95 238. Der Lauf der Rechtsmittelfristen hört infolge der Unterbrechung des Verfahrens auf. Nach Aufnahme des Verfahrens durch die Rechtsnachfolger oder die LVAnst. beginnt die volle Frist von neuem zu laufen; AN. 92 328, (J. und AV.) 93 73, 141, 98 322. Daß noch Pflichtbeiträge rückständig sind, steht der Aufnahme des Verfahrens nicht entgegen, ihre Einziehung ist Sache der LVAnst.; AN. 96 306.

5. Die Rente ist jedoch gemäß § 1301 für den Sterbemonat voll auszuzahlen; AN. 14 550. Die Wiedereinziehung überhobener Rentenbeträge von den Rechtsnachfolgern erfolgt im Feststellungsverfahren; AN. 20 169.

6. Siehe § 1302 Anm. 2.

XI. Entziehung der Rente

§ 1304. Ist der Empfänger einer Invaliden- oder Witwenrente infolge einer wesentlichen Änderung in seinen Verhältnissen[1] nicht mehr invalide im Sinne der §§ 1255, 1258[2 3], so entzieht[4] ihm die Versicherungsanstalt die Rente.

1. D. i. eine wesentliche Änderung im körperlichen oder geistigen Zustande; AN. **03** 539, EuM. **23** 384, nur dann Rentenentziehung zulässig, dagegen nicht bei veränderter Sach- und Rechtslage; AN. (J. und AV.) **94** 159, oder bei anderweiter ärztlicher Beurteilung; AN. (J. und AV.) **95** 251, oder solange Schonung noch erforderlich ist; AN. **99** 559, — jedoch keine Schonrente; EuM. **11** 269 (Bay. LVAmt), — auch nicht, solange die Wiederaufnahme der Arbeit gesundheitsschädlich ist; AN. **99** 559. Die bloße Besorgnis, daß die Erwerbsfähigkeit nicht von Dauer sein werde, genügt jedoch nicht, um die Fortdauer der Invalidität festzustellen; AN. **11** 417, ebensowenig die bloße Möglichkeit der Überanstrengung; EuM. **9** 293 (Bay. LVAmt).

Vgl. auch Runderlaß des RVA. an die ihm unterstellten Träger der JV., über die Vordrucke für ärztliche Untersuchung und Beobachtung im Rentenentziehungsverfahren; AN. **29** 340.

Eine wesentliche Veränderung der Verhältnisse kann aber auch bei Gleichbleiben des objektiven Befundes in der Gewöhnung an den krankhaften Zustand gefunden werden, z. B. bei Lähmung des linken Armes durch einen vor 10 Jahren erlittenen Schlaganfall; EuM. **2** 286, ferner wenn der Rentenempfänger gelernt hat, von seinen Gliedern einen anderen Gebrauch zu machen, so daß ihm das Fehlen eines Gliedes weniger empfindlich geworden ist; AN. **03** 539, wenn ein verletztes Glied in beschränktem Maße gebrauchsfähig wird oder der Gebrauch eines künstlichen Gliedes geläufig wird oder wenn die gesunden Glieder sich dergestalt anpassen, daß sie für das gebrauchsunfähige oder verlorene Glied einzutreten und seine Tätigkeit mitzuübernehmen imstande sind; z. B. Ausbildung als Linkshänder; AN. **09** 477, **21** 334, EuM. **10** 303 (Sächs. LVAmt), **11** 271 (Bay. LVAmt).

Auch der Erwerb neuer Fertigkeiten oder Fähigkeiten kann eine Veränderung der Verhältnisse begründen; AN. **03** 539, **06** 278, **08** 516, **09** 477, 478, **21** 334, **28** 238 (KnV.).

Bei der Prüfung vorgenannter Fragen ist eine Verallgemeinerung zu vermeiden, weil die gleiche Verletzung von verschiedenen Personen je nach ihren Eigenschaften in verschiedenem Maße und in verschieden langer Zeit durch Anpassung oder Umlernung überwunden zu werden pflegt. Es bedarf einer besonders sorgfältigen Prüfung aller Umstände des einzelnen Falles; AN. **21** 334, vor allem bei schweren Kriegsverletzungen (Verlust oder dauernde Gebrauchsunfähigkeit eines Armes oder Beines); AN. **21** 334. Jedoch ist hier die Beurteilung des Maßes der Erwerbsfähigkeit durch die Instanzen der Reichsversorgung nicht ausschlaggebend, weil die Grundsätze, die für die Festsetzung der Versorgungsgebührnisse gelten, sich nicht decken mit den Voraussetzungen und Zwecken, die für die reichsgesetzliche Arbeiterversicherung maßgebend sind; EuM. **9** 325 (Bay. LVAmt).

Einem gelernten Arbeiter, der seinen Beruf gewechselt hat, kann die Rente erst entzogen werden, wenn er in dem neuen Erwerbskreise wettbewerbsfähig ist; EuM. **11** 275 (Bay. LVAmt).

Fehlt nur der gute Wille, eine Arbeit zu leisten, die dem Rentenempfänger zugemutet werden kann, so ist die Rente zu entziehen; EuM. **11** 277 (Bay. LVAmt).

Ein tatsächlicher, die Mindestverdienstgrenze nicht unwesentlich übersteigender Arbeitsverdienst begründet die Vermutung, daß Invalidität nicht mehr besteht; AN **09** 476, EuM. **3** 189 (Bay. LVAmt), vgl. jedoch auch AN. **06** 278.

Auch durch die Lieferung von Heil- und Hilfsmitteln, z. B. eines Bruchbandes sowie von Ersatzstücken von Körperteilen, kann eine Veränderung der Verhältnisse herbeigeführt werden; AN. **05** 414.

2. Vgl. § 1255 Anm. 3ff., § 1258 Anm. 2 bis 4.

3. Die Mindestverdienstgrenze bestimmt sich bei der Rentenentziehung nach dem Berufe, der zur Zeit der Rentenbewilligung für die Bemessung der Verdienstgrenze maßgebend war, nicht etwa nach dem neuen Berufe, den der Rentenempfänger inzwischen erlernt hat; AN. **09** 478. Jedoch ist innerhalb dieses Berufes nicht der bei der Rentenbewilligung zugrunde gelegte, sondern der zur Zeit der Rentenentziehung geltende Durchschnittslohn maßgebend; AN. **10** 452, EuM. **6** 279 (Sächs. LVAmt).

Hat ein Rentenempfänger nach der Rentenbewilligung seinen Wohnort gewechselt, so richtet sich die Verdienstgrenze im allgemeinen nach den Lohnverhältnissen des neuen Wohnorts. Sind in dieser Gegend Arbeiter gleicher Art wie der Rentenempfänger, z. B. Bergarbeiter, nicht vorhanden, so ist der mutmaßliche Verdienst der in der Gegend des neuen Wohnorts fehlenden Berufsgruppe schätzungsweise zu ermitteln; AN. **17** 546.

Tritt im Berufungsverfahren über die Rentenentziehung die Invalidität von neuem ein, so ist dies zu berücksichtigen und der neuentstandene Rentenanspruch mitzuprüfen; AN. **99** 558.

Die zeitliche Begrenzung der Rente in dem Sinne, daß sie in Zukunft zu einem von vornherein bestimmten Zeitpunkt ohne weiteres wegfalle, ist unzulässig, jedoch kann in einem nach Wiedereintritt der Erwerbsfähigkeit erlassenen Bescheide zugleich mit der Festsetzung der Rente auch deren Endpunkt bestimmt werden; AN. **97** 353, EuM. **11** 257 (Sächs. LVAmt). Ein solcher Bescheid ist kein Entziehungsbescheid im Sinne des § 1304; AN. **03** 389.

4. Die Rente muß entzogen werden, wenn die gesetzlichen Voraussetzungen dafür vorliegen; Begr. z. RVO. S. 408.

Für die Rentenentziehung ist diejenige LVAnst. zuständig, die die Rente festgesetzt hat, und zwar auch dann, wenn der Rentenempfänger aus ihrem Bezirke verzogen ist; AN. **01** 198, **13** 554.

Ein Verzicht auf die Rente — Anerkenntnis, daß die LVAnst. zur Rentenentziehung berechtigt ist — ist bindend, wenn er nicht auf Irrtum oder sonstigem Willensmangel beruht; EuM. 3 187 (Bay. LVAmt).

§ 1305. Ist zu erwarten, daß ein Heilverfahren den Empfänger einer Invaliden-, Witwen- oder Witwerrente wieder erwerbsfähig macht, so kann[1] es die Versicherungsanstalt einleiten. Dabei sind die §§ 1270, 1271, 1273[2] entsprechend anzuwenden. Den Angehörigen der Empfänger von Witwen- oder Witwerrenten wird kein Hausgeld gezahlt.

1. Vgl. § 1269 Anm. 2 bis 4. Die LVAnst. kann auch für gebrechliche Kinder, für die Waisenrente oder Kinderzuschuß über das 15. Lebensjahr hinaus zu zahlen ist, ein Heilverfahren einleiten; EuM. **20** 433.
2. Wegen der Entscheidung von Streitigkeiten vgl. § 1273 Anm. 1.

§ 1306[1]. Entzieht sich ein Rentenempfänger ohne gesetzlichen oder sonst triftigen Grund[2] dem Heilverfahren und verhindert er dadurch die Beseitigung der Invalidität, oder entzieht er sich ohne Grund einer Nachuntersuchung oder Beobachtung in einem Krankenhause, so kann ihm die Rente auf Zeit[3] ganz oder teilweise entzogen werden, wenn er auf diese Folge hingewiesen worden ist.

1. Die Vorschrift hat nicht die Natur einer reinen Strafe, sondern mehr die eines Zwangsmittels zur Erreichung eines von dem Versicherungsträger angestrebten Erfolges; AN. **14** 632, 633.

Die Witwe wird mit dem Betrag ihrer Jahresrente gemäß § 1298 Satz 2 auch dann abgefunden, wenn ihr auf Grund des § 1306 die Rente zunächst auf die Dauer eines Jahres ganz entzogen worden ist und sodann die Wiederverheiratung stattgefunden hat, bevor die entzogene Rente wieder in Wirksamkeit getreten ist. Denn eine Rentenentziehung nach § 1306 hat nicht, wie die Rentenentziehung nach § 1304, das Ausscheiden aus dem Kreise der Rentenberechtigten und den Verlust des Anspruchs in vollem Umfange zur Folge; AN. **27** 337.

2. § 1306 hat die Folgen der grundlosen Verweigerung der Nachuntersuchung erschöpfend geregelt; es ist deshalb unter der Herrschaft der RVO. der Schluß, daß der die Nachuntersuchung verweigernde Rentenempfänger nicht mehr invalide sei, in dieser Allgemeinheit unzulässig, die bloße Tatsache der grundlosen Weigerung rechtfertigt nicht die dauernde Entziehung der Rente, vielmehr muß zu diesem Zwecke der Nachweis, daß der Rentenempfänger wieder den Mindestverdienst zu erzielen vermag, erbracht werden, gegebenenfalls durch Zeugen; EuM. **11** 279 (Bay. LVAmt).

Die Entnahme von Rückenmarksflüssigkeit gehört nicht zu den Eingriffen, welche ein Rentenempfänger dulden muß. Ihre Verweigerung rechtfertigt daher nicht die Entziehung der Rente gemäß § 1306; AN. **29** 164.

In der Berufungsinstanz muß — selbst wenn das OVA. die zeitweise Rentenentziehung gemäß § 1306 für gerechtfertigt erachtet — eine Nachholung der verweigerten Untersuchung zugelassen werden, wenn der Rentenempfänger sich nachträglich dazu bereit erklärt. Durch diese Bereiterklärung in Verbindung mit der darauf erfolgenden Nachuntersuchung wird zwar nicht die Rechtmäßigkeit des Entziehungsbescheids an sich, wohl aber dessen weitere Wirkung beseitigt, und zwar vom Zeitpunkt der Bereiterklärung an; AN. **14** 632. Unterzieht sich dann der Rentenempfänger der verlangten ärztlichen Untersuchung, so ist im Berufungsverfahren gegen den gemäß § 1306 erlassenen Bescheid n i c h t über die dauernde Rentenentziehung zu entscheiden, vielmehr ist lediglich der Bescheid über die zeitweise Rentenentziehung nach § 1306 außer Kraft zu setzen, und zwar auch, wenn inzwischen ärztlich festgestellt worden ist, daß Invalidität nicht mehr besteht, sodann ist von der LVAnst. erst das Entziehungsverfahren nach § 1304 einzuleiten. Denn die Aufforderung zur Untersuchung ist nicht der Beginn des Rentenentziehungsverfahrens gemäß § 1304, da die Untersuchung erst die Unterlagen für die Frage liefern soll, ob eine Rentenentziehung möglich ist; Monatsschr. **15** 404.

3. Die Zeitdauer der Rentenentziehung nach § 1306 ist in dem Entziehungsbescheid zu bestimmen, ist dies nicht geschehen, so kann die höhere Instanz ihrerseits diesen Zeitraum festsetzen; AN. **03** 541.

Die Rente darf nicht über den Zeitpunkt hinaus entzogen werden, bis zu dem der Rentenempfänger bei Durchführung des Heilverfahrens erwerbsfähig geblieben sein würde; AN. **03** 541.

§ 1307. Witwerrenten und Waisenrenten, die nach den §§ 1260, 1261[1] gewährt sind, entzieht die Versicherungsanstalt, sobald die Bedürftigkeit[2] des Empfängers wegfällt.

Bek. v. 15. XII. 24 (RGBl. I S. 779).

1. Infolge Neufassung der §§ 1260, 1261 durch das G. v. 25. VI. 26 (RGBl. I S. 311) kommt § 1307 nur mehr für Witwerrenten in Betracht; vgl. oben § 1261 und dazu §§ 1259, 1260 (Voraussetzung der Bedürftigkeit nur mehr bei Witwerrenten, nicht mehr bei Waisenrenten).

2. Der Wegfall der Bedürftigkeit setzt tatsächliche Verhältnisse voraus, die von einer gewissen längeren Dauer sind; AN. **07** 499, HdbUV. 1 299.

§ 1308[1]. Ein Bescheid, der die Rente entzieht[2], wird mit Ablauf des auf die Zustellung folgenden Monats wirksam.

1. § 1308 gilt nur für den Entziehungsbescheid der LVAnst., es liegt ihm der Gedanke zugrunde, dem bisherigen Rentenberechtigten den Wegfall der Rente mindestens 1 Monat im voraus anzukündigen, damit er sich auf den Wegfall der Rente wirtschaftlich einrichte; AN. **12** 890.

2. Hat in einem Rentenentziehungsverfahren das Berufungsgericht festgestellt, daß der Kläger die Erwerbsfähigkeit erst in einem Zeitpunkt wiedererlangt hat, der nach dem Zeitpunkt liegt, von dem ab nach § 1308 frühestens die Rentenentziehung hätte erfolgen können, so ist § 1308 nicht anwendbar; AN. **12** 890.

Der Wiedereintritt der Invalidität im Berufungsverfahren über die Rentenentziehung ist zu berücksichtigen; AN. **99** 558.

Auf die Fälle der Renteneinstellung ist § 1308 grundsätzlich nicht anwendbar. Um eine Renteneinstellung im Sinne des § 1633 handelt es sich auch dann, wenn der Rentenempfänger auf den Weiterbezug der Rente verzichtet. Der hierüber zu erteilende berufungsfähige Bescheid ist kein Entziehungsbescheid, sondern lediglich ein die Einstellung kundgebender Bescheid, dessen Erlaß aus dem Grunde geboten ist, damit das Zustandekommen und die Tragweite des Verzichts gegebenenfalls im Instanzenwege nachgeprüft werden kann; AN. **14** 554. Eine Frage der Auslegung im Einzelfall ist es, ob der Berechtigte im Falle des Verzichts auf den Weiterbezug der Rente wegen einer wesentlichen Änderung in seinen Verhältnissen zugleich auf den Bezug der bei Durchführung des Rentenentziehungsverfahrens aus der Anwendung des § 1308 sich ergebenden Rententeilbeträge hat verzichten wollen; AN. **14** 554. Gibt der Wortlaut des Verzichts keinen Anhalt dafür, von welchem Zeitpunkt ab auf die Rente verzichtet werden sollte, so ist anzunehmen, daß der Verzichtende erst von dem Zeitpunkt ab sein Recht aufgeben wollte, zu dem es ihm gesetzlich auch gegen seinen Willen entzogen werden konnte; EuM. **5** 386.

Ein nach dem Wiedereintritte der Erwerbsfähigkeit erlassener, zugleich mit der Festsetzung auch den Endpunkt der bewilligten Rente bestimmender Bescheid ist kein Rentenentziehungsbescheid, § 1308 findet daher keine Anwendung; **03** 389.

§ 1309. Während der Zeit des Bezugs[1] einer Invalidenrente erlischt die Anwartschaft nicht[2].

G. v. 13. VII. 23 (RGBl. I S. 636).

1. Die Rente muß tatsächlich von dem Rentenberechtigten bezogen worden sein; § 1309 gilt daher nicht, wenn die Rente ruht, und zwar selbst dann nicht, wenn die ruhende Rente den Angehörigen des Rentenberechtigten überwiesen war; AN. **10** 530.

§ 1309 gilt ferner nicht für den Fall, daß dem Rentenbewerber in Ausführung eines durch Revisionsentscheidung wieder aufgehobenen Urteils des OVA. von dessen Erlaß ab gemäß § 1710 eine Rente vorläufig gezahlt werden mußte; AN. **10** 650.

Der Bezug einer Witwenrente gemäß § 1258 RVO. bewirkt keine Aufrechterhaltung der Anwartschaft nach § 1309 für die eigene Invalidenrente der Witwe gemäß § 1255 RVO; EuM. **21** 486 (Sächs. LVAmt).

2. Die Anwartschaft erlischt auch nicht in dem Anwartschaftszeitraum, in den der Rentenbezug mit weniger als 20 Wochen hineinreicht; AN. **05** 467.

§ 1310. Wird nachgewiesen, daß ein Versicherter, der als verschollen[1] galt, noch lebt, so wird die weitere Rentenzahlung eingestellt.

G. v. 29. III. 28 (RGBl. I S. 117).

1. Vgl. § 1265.

XII. Ruhen der Rente und Kapitalabfindung

Die Einstellung der Rente wegen Ruhens hat durch berufungsfähigen Bescheid zu geschehen; AN. (J. und AV.) **92** 116, siehe auch § 1626 Abs. 3, § 1633. Die Rente selbst muß auch dann ziffermäßig festgestellt werden, wenn sie von vornherein ruht;

die LVAnst. darf sich nicht auf den Ausspruch beschränken, daß die Rente ruht; AN. **11** 518.

Das Ruhen der Rente stellt eine den Rentenanspruch selbst nicht berührende Rechtsfolge gewisser Tatbestände dar, deren Wirkung allein in der Nichtauszahlung der Rente besteht; EuM. **15** 319 (UV.).

Das Ruhen der Rente tritt nicht erst mit der Zustellung des Bescheids, sondern ohne weiteres mit dem Vorliegen der gesetzlichen Voraussetzungen ein. Das Ruhen der Rente kann daher im Bescheid auch für die Vergangenheit ausgesprochen werden; AN. **97** 275, **03** 544, Monatsschr. **17** 367, vgl. auch AN. **23** 23. Liegen die Voraussetzungen für das Ruhen schon beim Eintritt der Verpflichtung zur Gewährung der Rente vor, so genügt nicht ein Bescheid nur über das Ruhen der Rente, der VersTr. kann sich der Feststellung der Rente nicht entziehen; AN. **89** 167, **92** 347, **11** 518 (UV.). Daß die Zahlung schon in Gang gesetzt war, ist nicht Voraussetzung des Ruhens; EuM. **15** 319 (UV.). Fallen die Voraussetzungen für das Ruhen der Rente weg, so tritt das Recht auf den Bezug der Rente von selbst in Kraft; AN. **03** 258, **08** 518, **12** 880 (UV.). Eines besonderen Antrags auf Wiederaufleben der Rente bedarf es nicht; § 1253 kommt hier nicht in Betracht; Monatsschr. **14** 419. Die LVAnst. hat nicht nur dann einen neuen Bescheid zu erteilen, wenn die Voraussetzungen für das Ruhen unzweifelhaft weggefallen sind, sondern auch wenn über diese Frage Streit entsteht; AN. **14** 510.

Die Instanzen des Rentenstreitverfahrens haben auch darüber zu befinden, ob die Voraussetzungen für das Ruhen der Rente schon vor deren Einstellung gegeben waren, sowie darüber, ob zu Unrecht gezahlte Rentenbeträge der LVAnst. zurückzuerstatten sind; AN. **20** 169.

Bei Streit über den Beginn des Ruhens der Rente ist die Revision durch § 1696 Nr. 1 nicht ausgeschlossen; AN. **14** 507, vgl. auch EuM. **13** 329 (UV.). Die Revision ist auch zulässig, wenn das OVA. die Rente feststellt, aber für ruhend erklärt, während die LVAnst. den Rentenanspruch wegen Nichterfüllung der Wartezeit ablehnt, weil hierin eine Verschlechterung der Rechtslage der LVAnst. liegt; AN. **10** 429.

In einem schwebenden Verfahren kann die LVAnst. das Ruhen der Rente noch nachträglich geltend machen; AN. **05** 408.

Das OVA., das den von der LVAnst. abgelehnten Rentenanspruch anerkennt, muß von Amts wegen gleichzeitig zu der durch den Akteninhalt nahegelegten Frage nach dem Ruhen der Rente Stellung nehmen; AN. **13** 737.

Die Rechtskraft eines die Rente festsetzenden Bescheids hindert nicht, in einem neuen Bescheide festzustellen, daß nachträglich die Voraussetzungen für das Ruhen der Rente eingetreten sind; AN. **96** 429, **16** 581, oder daß schon vor Erlaß des Rentenfestsetzungsbescheids diese Voraussetzungen vorgelegen haben; AN. **99** 590. Dabei ist es unerheblich, ob der LVAnst. schon zur Zeit der Rentenfestsetzung die das Ruhen der Rente bedingenden Umstände bekannt waren; AN. **10** 531.

Die in einem rechtskräftigen Festsetzungsbescheide festgestellte Höhe der Rente kann in einem späteren, das Ruhen der Rente aussprechenden Bescheide nicht mehr abgeändert werden; AN. **16** 581.

§ 1311[1]. Ist die Invalidität[2] Folge eines entschädigungspflichtigen Unfalls[3], so ruht der Teil des Grundbetrages der Invalidenrente, der dem vom Versicherten bezogenen Teile der Vollrente[4] aus der Unfallversicherung entspricht. Gilt die Invalidität wegen Verschlimmerung der Unfallfolgen nachträglich als Folge des Unfalls, so darf die Ruhensvorschrift nicht zur Kürzung des bisherigen Gesamtrentenbetrags angewendet werden[5].

Ist der Tod des Versicherten Folge eines entschädigungspflichtigen Unfalls, so ruht neben der Rente aus der Unfallversicherung der Grundbetrag der Hinterbliebenenrente aus der Invalidenversicherung[6].

Das Ruhen tritt erst ein, wenn Unfallrente tatsächlich gewährt wird.

Der Betrag, der ruht, darf den Betrag der Unfallrente nicht übersteigen.

G. v. 25. VI. 26 (RGBl. I S. 311).

1. § 1311 bezieht sich nur auf das Zusammentreffen von Invalidenrenten mit deutschen, nicht mit ausländischen Unfallrenten; EuM. **24** 383.

2. Invalidität ist hier nicht der Zustand nach Vollendung des 65. Lebensjahres, sondern nur Invalidität im Sinne des § 1255 Abs. 2 RVO., Breith. **17** 80 (Bad. LVAmt).

3. § 1311 setzt voraus, daß die Invalidität oder der Tod des Versicherten Folge eines entschädigungspflichtigen Unfalls ist, somit ein und dasselbe Ereignis sowohl einen Anspruch auf eine Rente aus der UV., als auch einen Anspruch aus der JV. begründet; AN. **27** 523, 524. Die Invalidität ist Folge eines Unfalles, wenn die Unfallfolgen allein Invalidität, d. h. eine Beschränkung der Erwerbsfähigkeit um mehr als zwei Drittel v. H verursachen; AN. (J. u. AV.) **94** 145, AN. **03** 517. Für die Entscheidung, ob die Invalidität Folge eines entschädigungspflichtigen Unfalls ist, ist aber nicht ohne weiteres die Höhe der Unfallrente maßgebend, denn die Beurteilung des Grades der Erwerbsunfähigkeit auf dem Gebiete der JV. ist unabhängig von seiner Beurteilung auf dem Gebiete der UV.; EuM. **22** 430. Für die Prüfung, welcher Grad von Erwerbsunfähigkeit durch die Unfallrente entschädigt wird, sind die gesamten Unterlagen der Rentenberechnung heranzuziehen; dies kommt namentlich in Betracht, wenn bereits vor dem Unfall eine Beschränkung der Erwerbsfähigkeit vorhanden war und diese sich bei der Festsetzung der Unfallrente in der Zugrundelegung eines geminderten Jahresarbeitsverdienstes auswirkt; AN. **02** 683, **04** 354, **08** 539.

Bei den Invalidenrenten auf Grund einer Invalidität, die Folge eines entschädigungspflichtigen Unfalls ist, kann ein zweifaches Ruhen eintreten, ein Ruhen des Grundbetrags nach § 1311 und außerdem ein Ruhen der Restrente nach § 1311a; für die Hinterbliebenenrente gilt Entsprechendes (§ 1311b); EuM. **20** 252. Denn die rechtlichen Voraussetzungen des § 1311 einerseits und die der §§ 1311a, 1311b andererseits sind voneinander unabhängig und schließen sich nicht gegenseitig aus; AN. **27** 523. Eine nach § 1311 Abs. 2 mit dem Grundbetrage ruhende Waisenrente hat daher auch nach § 1311b Abs. 1 zu ruhen, wenn und soweit die Restrente zusammen mit der Unfallrente ein Fünftel des nach § 1311a maßgebenden Jahresarbeitsverdienstes übersteigt; EuM. **21** 328 (Bay. LVAnst.). Die Vorschriften der §§ 1311a und 1311b sind auch dann anwendbar, wenn der Grundbetrag der Rente (ganz oder teilweise) bereits nach § 1311 zu ruhen hat; AN. **27** 523.

Beziehen mehrere Hinterbliebenen desselben durch einen Unfall Getöteten wegen des Todesfalls neben Hinterbliebenenrenten aus der UV. auch solche aus der JV., so sind die Kürzungen in der JV. in der Reihenfolge: gemäß § 1311 Abs. 2, § 1311b Abs. 1, § 1311b Abs. 2 vorzunehmen; AN. **28** 289, EuM. **22** 159 (Bay. LVAmt). §§ 1311, 1311a nicht anwendbar, wenn eine Altersrente nach dem früheren, bis zum 1. I. 23 gültig gewesenen § 1257 RVO. bewilligt war; AN. **28** 289. Kein Ruhen der Invalidenrente, wenn sie wegen Vollendung des 65. Lebensjahres bewilligt war; AN. **28** 111. Vollendet der Bezieher einer Invalidenrente das 65. Lebensjahr, so darf er von diesem Zeitpunkt ab hinsichtlich der Bemessung der Leistungen nicht schlechter gestellt werden, als wenn er die Rente auf Grund der Vollendung des 65. Lebensjahres erhalten würde. Infolgedessen greift vom vollendeten 65. Lebensjahre ab die Ruhensvorschrift des § 1311 Abs. 1 Satz 1 nicht mehr Platz. Der Rentenempfänger erhält also von da ab die volle Invalidenrente, auch wenn sie vor dem 65. Lebensjahre infolge Herbeiführung der Invalidität durch einen entschädigungspflichtigen Unfall gemäß der angeführten Ruhensvorschrift gekürzt war; AN. 29 64.

4. Dies ist die zwei Drittel des Jahresarbeitsverdienstes (§ 559a Nr. 1 RVO.) betragende Rente; Breith. 17 525 (Bad. LVAmt).

5. § 1311 Abs. 1 Satz 2 setzt für seine Anwendung voraus, daß die Verschlimmerung der Unfallfolgen dem Zusammentreffen von Invaliden- und Unfallrente zeitlich nachfolgt; EuM. 22 259 (Bay. LVAmt), die Invalidität infolge Verschlimmerung der Unfallfolgen, also erst nachträglich als durch den Unfall verursacht anzusehen ist und somit Unfallfolge wird; EuM. 26 106. Dieser Fall ist demnach dann gegeben, wenn ursprünglich für die Bewilligung der Invalidenrente nicht allein die Unfallfolgen, sondern auch andere Leiden bestimmend waren, und die Unfallfolgen sich erst nachher zu dem Grade verschlimmerten, daß sie nunmehr allein Invalidität bedingten; Breith. 17 129. Auch im Falle des Abs. 1 Satz 2 kann ein Ruhen der Rente eintreten, wenn dadurch keine Kürzung des bisherigen Gesamtrentenbetrages erfolgt; Breith. 18 286 (Bad. LVAmt).

Wird die Invalidenrente festgesetzt, nachdem bereits die Unfallfolgen sich bis zu dem Grade der Invalidität gesteigert haben, so ist § 1311 Abs. 1 Satz 2 nicht anwendbar; EuM. 26 106.

6. Der Grundbetrag der Witwenrente aus der JV. ruht nach § 1311 Abs. 2 neben der Rente aus der UV. auch dann noch, wenn die Witwe nachträglich das 65. Lebensjahr vollendet hat; EuM. 26 107 (also anders, wie im Falle des § 1311 Abs. 1, s. o. Anm. 3 Abs. 3).

§ 1311a. Neben reichsgesetzlichen Unfallrenten ruht die Invalidenrente[1] soweit die Gesamtbezüge[2] den Jahresarbeitsverdienst[3] übersteigen, den in derselben Gegend ein gesunder Arbeiter der Berufsgruppe erzielt, welcher der Versicherte bei im wesentlichen ungeschwächter Arbeitskraft nicht nur vorübergehend angehört hat.

G. v. 25. VI. 26 (RGBl. I S. 311).

1. § 1311a setzt das Bestehen von Personengleichheit zwischen dem Unfallverletzten und dem Invalidenrentenberechtigten voraus; AN. 28 148. Invalidenrente ist hier auch die Altersinvalidenrente; Breith. 17 80 (Bad. LVAmt).

§ 1311a ist auch dann anwendbar, wenn der Grundbetrag der Invalidenrente — ganz oder teilweise — bereits nach § 1311 zu ruhen hat; AN. 27 523.

Der Bezug einer Unfallhinterbliebenenrente ist ohne Einfluß auf den Bezug der aus eigener Versicherung erworbenen Invalidenrente. Die Ruhensvorschrift des § 1311a findet daher in diesem Falle keine Anwendung; AN. 28 148.

2. Die „Gesamtbezüge" im Sinne des § 1311a umfassen die im Eingang dieser Vorschrift genannten „reichsgesetzlichen Unfallrenten" und die „Invalidenrente". Das Pflegegeld nach § 558c Abs. 2 Nr. 2 gehört nicht zu diesen Gesamtbezügen; AN. 28 233.

3. Unter dem Jahresarbeitsverdienst eines „gesunden Arbeiters" im Sinne der §§ 1311a, 1311b ist der durchschnittliche Jahresarbeitsverdienst eines gesunden Arbeiters der in Frage kommenden Berufsgruppe zu verstehen. Berufsgruppe im Sinne der §§ 1311a, 1311b ist in knappschaftlich versicherten Betrieben die Lohngruppe. Das gesamte deutsch-oberschlesische Bergwerksgebiet ist für die in ihm beschäftigten Bergarbeiter „dieselbe Gegend" im Sinne der §§ 1311a und 1311b; AN. 28 381.

Jahresarbeitsverdienst im Sinne der §§ 1311a, 1311b ist nicht das Durchschnittseinkommen des vorherliegenden Jahres, vielmehr ist der Jahresarbeitsverdienst festzustellen, der den Lohn- und Arbeitsbedingungen zu der Zeit des Inkrafttretens der Ruhensvorschriften, bzw. bei dem Zusammentreffen der Renten verschiedener Versicherungszweige nach dem 1. VII. 26 zur Zeit dieses Zusammentreffens entspricht; AN. **28** 381. Änderungen des Jahresarbeitsverdienstes, die nach diesem Zeitpunkt eintreten, sind zu berücksichtigen, sofern ihre Auswirkung auf die Höhe der gesamten Rentenbezüge von erheblicher wirtschaftlicher Bedeutung ist; AN. **30** 84 (Gr.Sen.); die frühere, in AN. **28** 381 vertretene andere Auffassung ist dadurch beseitigt. Verpflichtung des Trägers der JV., in einer Prüfung und gegebenenfalls Neufeststellung des Jahresarbeitsverdienstes einzutreten, erst, wenn dessen Änderung glaubhaft gemacht wird; Breith. **17** 401 (Sächs. LVAmt).

Der Jahresarbeitsverdienst im Sinne der §§ 1311a und 1311b RVO. ist nach den tatsächlichen Verhältnissen zu ermitteln; der der Berechnung der Unfallrente zugrunde gelegte Jahresarbeitsverdienst ist darnach nicht ohne weiteres maßgebend; AN. **27** 523, auch EuM. **20** 254.

Jahresarbeitsverdienst im Sinne des § 1311a ist nicht derjenige, welcher der Berechnung der Unfallrente (§§ 563ff. RVO.) zugrunde lag, also der Vergangenheit angehört, sondern der Jahresarbeitsverdienst ist maßgebend, den der Versicherte „erzielt", also in der Gegenwart erreicht; EuM. **21** 328, 330 (Bay. LVAmt), Breith. **17** 128 (Bad. LVAmt). Zum Jahresarbeitsverdienst gehören auch tarifmäßig gewährte Frauen- und Kinderzuschläge; EuM. **21** 328 (Bay. LVAmt).

Der gemäß §§ 932ff. RVO. festgesetzte durchschnittliche Jahresarbeitsverdienst landwirtschaftlicher Versicherter ist keine geeignete Grundlage für die Ermittlung des nach § 1311a maßgebenden Jahresarbeitsverdienstes; EuM. **21** 489 (Bay. LVAmt).

Wenn auch nach § 1311a der Jahresarbeitsverdienst eines gesunden „Arbeiters" maßgebend ist, so ist doch, wenn ein landwirtschaftlicher Betriebsunternehmer in Betracht kommt, der Jahresarbeitsverdienst eines selbständigen gesunden Landwirts in der betreffenden Gegend zu ermitteln, bei welchem die Personal- und Betriebsverhältnisse im allgemeinen die gleichen sind, wie die des Rentenempfängers; EuM. **21** 491 (Bay. LVAmt).

§ 1311b [1]. Neben reichsgesetzlichen Unfallrenten ruht die Witwen- und Witwerrente, soweit die Gesamtbezüge [2] fünfzig vom Hundert, die Waisenrente, soweit die Gesamtbezüge zwanzig vom Hundert des nach § 1311a maßgebenden Jahresarbeitsverdienstes übersteigen.

Treffen mehrere Hinterbliebenenrenten mit reichsgesetzlichen Unfallrenten zusammen, so ruhen sie nach dem Verhältnis ihrer Höhe, soweit die Gesamtbezüge aller Hinterbliebenen achtzig vom Hundert des nach § 1311a maßgebenden Jahresarbeitsverdienstes übersteigen.

G. v. 25. VI. 26 (RGBl. I S. 311).

1. § 1311b behandelt lediglich die Folgen des Zusammentreffens von Hinterbliebenenrenten. Der Bezug einer Unfallrente aus eigener Versicherung ist daher ohne Einfluß auf den Bezug der Invalidenhinterbliebenenrente; AN. **28** 234.

§ 1311b ist auch dann anwendbar, wenn der Grundbetrag der Invalidenrente — ganz oder teilweise — bereits nach § 1311 zu ruhen hat; AN. **27** 523.

2. Unter Gesamtbezüge ist hier nur die Zusammenfassung der Begriffe „reichsgesetzliche Unfallrenten" und „Witwenrente" zu verstehen; EuM. **23** 385. Bei Berechnung der Gesamtbezüge ist der wirklich verdiente Jahresarbeitsverdienst zu ermitteln; EuM. **20** 254. Vgl. im übrigen Anm. 3 zu § 1311a.

§ 1311c [1]. Bezieht der Versicherte eine Kinderzulage aus der Unfallversicherung, so ruht der Kinderzuschuß (§ 1291) bis zur Höhe der Kinderzulage.

G. v. 25. VI. 26 (RGBl. I S. 311).

1. Im Falle des § 1311c ist die Revision durch § 1696 Nr. 1 RVO. nicht ausgeschlossen; AN. **30** 107.

§ 1311 d. Im Sinne der §§ 1311 bis 1311c gilt Heilanstaltpflege (Anstaltpflege) als Bezug der Vollrente aus der Unfallversicherung.

Eine abgefundene Rente aus der Unfallversicherung gilt als fortlaufend.

G. v. 25. VI. 26 (RGBl. I S. 311).

§ 1312. Die Rente ruht[1], solange der Berechtigte eine Freiheitsstrafe von mehr als einem Monat[2] verbüßt oder in einem Arbeitshaus oder einer Besserungsanstalt[3] untergebracht ist.

Hat er im Inland Angehörige, die er ganz oder überwiegend aus seinem Arbeitsverdienst[4] unterhalten hat[5], so wird ihnen die Invaliden- oder Altersrente überwiesen[6].

1. Über die Mitwirkung der Vorsteher der Strafanstalten, Gefängnisse, Korrektions- und Besserungsanstalten vgl. Rundschr. v. 21. III. 07 und 17. VI. 11; AN. **07** 403, **11** 445. Mitwirkung der Postbehörden; AN. **04** 244ff.

2. Die Rente ruht auch dann, wenn der Berechtigte mehrere Freiheitsstrafen, deren jede weniger als einen Monat beträgt, die aber zusammen einen Monat übersteigen, im unmittelbaren Anschluß einer an die andere verbüßt, AN. **18** 455. Ruhen der Rente auch, wenn die Freiheitsstrafe von einem ausländischen Gericht zuerkannt und im Ausland verbüßt wird; EuM. **18** 338 (Bay. LVAmt); s. auch EuM. **14** 181 (UV.).

Die Untersuchungshaft steht einer Freiheitsstrafe im Sinne des § 1312 Abs. 1 nicht gleich, auch wenn sie gemäß § 60 StGB. durch Urteil auf eine erkannte Strafe oder gemäß § 450 StrPO. i. d. F. v. 4. I. 24 auf die zu vollstreckende Freiheitsstrafe angerechnet wird; AN. **14** 507, ebensowenig steckbriefliche Verfolgung; AN. **11** 490 (UV.).

3. Die Anstalt muß in Beziehung auf den Untergebrachten die Eigenschaft einer Besserungsanstalt haben; auf den Zweck, dem sie sonst dient, ihren Gesamtcharakter und ihren Namen kommt es nicht an; AN. **07** 547, **08** 438, **10** 465, EuM. **14** 280 (Bad. LVAmt), Breith. **15** 283, **17** 130 (Sächs. LVAmt). Ruhen der Waisenrente, wenn der Berechtigte durch Fürsorgeerziehung in einer Anstalt als Besserungsanstalt untergebracht ist; EuM. **20** 341. Ruhen der Rente bei Unterbringung eines Minderjährigen in einer Anstalt auf öffentliche Kosten zum Zwecke seiner Besserung; EuM. **20** 164 (Bay. LVAmt). Unterbringung eines Fürsorgezöglings in der Familie seines Lehrherrn genügt nicht; AN. **10** 465 (UV.).

4. Hat der Rentenberechtigte den Unterhalt seiner Angehörigen aus anderen Mitteln als aus seinem Arbeitsverdienste bestritten, so ist § 1312 Abs. 2 nicht anwendbar; EuM. **4** 296.

5. Der maßgebende Zeitpunkt, bis zu dem der Rentenempfänger seine Familie unterhalten haben muß, ist im allgemeinen die Bewilligung der Invalidenrente oder doch der Eintritt der die Invalidität herbeiführenden Erkrankung; AN. **02** 513. Jedoch ist auch eine nach der Rentenbewilligung eingetretene wesentliche Veränderung der Umstände zu berücksichtigen; diese kann darin liegen, daß sich der Rentenempfänger in der späteren Zeit von seiner Familie getrennt und längere Zeit um sie nicht gekümmert hat; AN. **05** 283.

6. Die Überweisung ist in einem berufungsfähigen Bescheide auszusprechen; AN. **02** 513. Träger des Überweisungsanspruchs sind die Familienmitglieder; ihrem Anspruch steht die Rechtskraft eines dem Rentenempfänger erteilten, die Überweisung ablehnenden Bescheids nicht entgegen; AN. 06 462, 10 530, vgl. auch AN. 12 372, 06 423) (UV.). Auf Antrag des VersTr. kann die Überweisung auch in einem über den Rentenanspruch selbst schwebenden Rechtsmittelverfahren von den Versicherungsbehörden ausgesprochen werden; HbdUV. 1 542.

§ 1313. Die Rente ruht, solange sich der berechtigte Inländer[1] im Ausland aufhält[2] und es unterläßt, der Versicherungsanstalt seinen Aufenthaltsort mitzuteilen[3]. Weist der Berechtigte nach, daß er ohne sein Verschulden die Mitteilung unterlassen hat, so lebt insoweit das Recht auf die Rente wieder auf.

G. v. 19. VII. 23 (RGBl. I S. 686).

1. Inländer ist derjenige, der die deutsche Reichsangehörigkeit besitzt, nicht der Deutsche, der die Reichsangehörigkeit verloren, noch der Ausländer, der seine Staatsangehörigkeit verloren hat; AN. 12 1134, AN. 96 424 (UV.). Über deutsche Reichsangehörige im Sinne des Art. 91 Abs. 2 des Versailler Vertrags siehe EuM. 15 121.

2. Es handelt sich hier um den gewöhnlichen Aufenthalt im Gegensatz zu einem vorübergehenden, zufälligen Aufenthalt. Auf den rechtlichen Wohnsitz kommt es nicht an, sondern nur auf das tatsächliche Verweilen; AN. 98 395, 633. Jedoch schließt die längere Dauer des Aufenthalts im Auslande nicht notwendig den Fortbestand des gewöhnlichen Aufenthalts im Inland aus, sofern jener lediglich die Natur eines von vornherein nur für absehbare Zeit gewollten Ausnahmezustandes hat. Entscheidend ist, ob beim Antritt der Reise die Absicht der Heimkehr binnen absehbarer Zeit von Anfang an erkennbar bestanden hat und auch dauernd festgehalten worden ist; 03 547, 05 279, 06 286, EuM. 2 292 (Bay. LVAmt). Inländischer Aufenthalt fortbestanden trotz eines zwei Jahre dauernden Besuchs bei Verwandten im Auslande; AN. 03 547, 06 286. Kein Ruhen der Rente des Berechtigten, der mit der Absicht der Rückkehr binnen absehbarer Zeit ins Ausland gereist ist und durch Krankheit an der Rückkehr verhindert wird; EuM. 5 279.

3. Die Pflicht zur Mitteilung liegt allen Rentenberechtigten, auch den Hinterbliebenen ob; Begr. z. RVO. S. 506, sie besteht, auch wenn dem VersTr. die Abreise ins Ausland bekannt geworden war; EuM. 15 319 (UV.).

§ 1314. Die Rente ruht

1. solange sich der berechtigte Ausländer[1] freiwillig[2] gewöhnlich im Ausland aufhält,

2. solange der berechtigte Ausländer wegen der Verurteilung in einem Strafverfahren[3] aus dem Reichsgebiet ausgewiesen ist. Das gleiche gilt für einen berechtigten Ausländer, der aus Anlaß der Verurteilung in einem Strafverfahren aus dem Gebiet eines deutschen Landes ausgewiesen ist, solange er sich nicht in einem anderen deutschen Land aufhält[4].

G. v. 19. VII. 23 (RGBl. I S. 686).

1. Ausländer ist derjenige, der nicht die deutsche Reichsangehörigkeit besitzt; AN. 96 424, 12 1134.

2. Es kommt auf den Willen des Berechtigten an; AN. 14 703. Für die Entscheidung der Frage, ob Minderjährige sich freiwillig im Ausland aufhalten, kommt es auf den Willen des Vormunds an; AN. 16 581. Freiwillig bleibt der gewöhnliche Aufenthalt des Rentenberechtigten im Ausland auch dann, wenn ihm zwar die Rückkehr unmöglich geworden ist, der Wille zur Rückkehr aber fehlt; AN. 14 703, EuM. 5 281 (Sächs. LVAmt), vgl. auch AN. 18 403.

Kein freiwilliger Aufenthalt im Ausland, wenn der Berechtigte im Wege der öffentlichen Irrenfürsorge aus dem Inland in eine ausländische Irrenanstalt verbracht worden ist; AN. **12** 936, oder wenn der Aufenthalt im Ausland durch den Gesundheitszustand des Berechtigten zwingend erfordert wird; AN. **13** 735. Der Aufenthalt eines rentenberechtigten Ausländers gilt nicht als freiwillig im Sinne des § 1314 Nr. 1, wenn der Ausländer sich in einer Zwangslage befindet, die zwar die freie Willensentschließung bei der Wahl des Aufenthaltes nicht völlig ausschließt, jedoch geeignet ist, ihn bei verständiger Würdigung der Sachlage mit Rücksicht auf rechtlich anerkannte und geschützte Lebensgüter zur Aufenthaltnahme im Ausland zu bestimmen; AN. **26** 205, auch EuM. **18** 151 (Bay. LVAmt), EuM. **24** 9 (UV.). Ein Auslandsaufenthalt, den eine hinfällige Person wählt, um die ihr nötige im Inland fehlende Hilfe zu finden, ist kein freiwilliger im Sinne des § 1314 Nr. 1; EuM. **21** 492 (Sächs. LVAmt). Unfreiwilliger Aufenthalt im Auslande infolge Verfügung einer ausländischen Behörde; EuM. **17** 344 (Bay. LVAmt).

Ein Ausländer, der seinen Wohnsitz im Auslande hat, in Deutschland aber sich 6 Tage in der Woche aufhält, dort polizeilich gemeldet ist und nur über das Wochenende zu seiner Familie ins Ausland fährt, hält sich nicht im Auslande auf; AN. **29** 272 (KnV.).

Die Annahme, daß der Berechtigte sich freiwillig im Ausland aufhält, wird nicht schon dadurch ausgeschlossen, daß sein Wohnort infolge von Gebietsabtretung nicht mehr zum Deutschen Reiche gehört. Das Verbleiben des Berechtigten in diesem Wohnort und damit sein Aufenthalt im Ausland ist freiwillig, es sei denn, daß er den ernsthaften Willen hat, nach Deutschland zu ziehen und diese Absicht aus zwingenden Gründen nicht ausführen kann; AN. **22** 444, EuM. **15** 124. Der Aufenthalt im Ausland kann freiwillig sein, auch wenn der Übersiedelung nach Deutschland zur Zeit ein Einreiseverbot entgegensteht; EuM. **19** 103 (UV.). Durch den Antrag eines Ausländers auf Einreiseerlaubnis nach Deutschland allein wird die Unfreiwilligkeit des Aufenthalts im Ausland nicht erwiesen; VG. **26** 271 (UV.). Der Mangel an Mitteln für die Rückkehr nach Deutschland schließt nicht ohne weiteres die Freiwilligkeit des Auslandsaufenthalts aus; Monatsschr. **30** 106 (AV.).

Das Ruhen der Rente besteht nur für die Dauer des freiwilligen Aufenthalts im Ausland. Der Berechtigte tritt wieder in den Genuß seiner Rente, sowie sich der Aufenthalt im Ausland aus einem freiwilligen in einen unfreiwilligen verwandelt; AN. **14** 703.

3. Es muß sich um ein Strafverfahren, aber es braucht sich nicht um ein gerichtliches Verfahren zu handeln, vielmehr genügt das Verfahren im Wege polizeilicher Verfügung; KommBer. z. RVO. **3** 72. Eine Ausweisung aus anderen Gründen, z. B. nur aus politischen Gründen, hat das Ruhen der Rente nicht zur Folge, auch nicht die Übergabe an die ausländische Heimatbehörde aus gesundheitlichen oder armenpolizeilichen Gründen, z. B. wegen Geisteskrankheit; AN. **12** 936. Zur Anwendung des § 1314 genügt nicht eine Landesverweisung aus allgemeinen polizeilichen oder insbesondere aus armen- oder sicherheitspolizeilichen oder politischen Gründen, sondern nur die Landesverweisung aus Anlaß der Verurteilung in einem Strafverfahren, also aus Anlaß einer Bestrafung in einem gerichtlichen Strafverfahren oder Verwaltungsstrafverfahren oder durch polizeiliche Strafverfügung; EuM. **4** 299 (Sächs. LVAmt).

Die Rente eines Ausländers ruht auch dann, wenn seine Ausweisung sich auf solche Bestrafungen stützt, die er schon vor dem zuletzt gegen ihn anhängig gewesenen, aber mit Freisprechung endigenden Strafverfahren erlitten hat; EuM. **4** 299 (Sächs. LVAmt).

4. Der widerrechtliche Aufenthalt eines ausgewiesenen Ausländers in dem ausweisenden Land beeinflußt das Ruhen der Rente nicht: EuM. **9** 326, 327.

§ 1314 a. Die Reichsregierung kann mit Zustimmung des Reichsrats das Ruhen der Rente für ausländische Grenzgebiete oder für auswärtige Staaten ausschließen [1], deren Gesetzgebung Deutschen und ihren Hinterbliebenen eine entsprechende Fürsorge gewährt.

G. v. 19. VII. 23 (RGBl. I S. 686).

1. Für nachstehende Grenzgebiete ist das Ruhen der Invaliden- und Altersrenten (nicht auch der Hinterbliebenenrenten) durch Beschlüsse des früher zuständigen Bundesrats [siehe AN. (J. und AV.) **91** 147, **92** 39, **95** 264, **00** 740, **04** 244, **08** 509, 667, **09** 595, **11** 593], sowie auf Grund der V. v. 7. II. 25 (GRBl. I S. 11) und der V. v. 24. VIII. 25 (RGBl. I S. 320), und zwar durch letztere V. auch das Ruhen der Hinterbliebenenrenten in den Grenzbezirken der Schweiz, ausgeschlossen worden, weiter durch die V. v. 15. XI. 27 (RGBl. I S. 329) und V. v. 21. II. 28 (RGBl. I S. 52).

Nr.	Bezeichnung der ausländisch. Staaten	Nähere Bezeichnung der in Betracht kommenden ausländischen Grenzgebiete
1	Dänemark	Die Ortschaft Bambrup
2	Niederlande	Das ganze Gebiet der Niederlande, sofern es sich um niederländische Staatsangehörige handelt; die Provinzen Groningen, Drenthe, Overyssel, Gelderland, Limburg für die übrigen Ausländer.
3	Das neutrale Gebiet Moresnet.	
4	Belgien	Die Arrondissements Lüttich, Verviers (Provinz Lüttich), Marche, Bastogne (Provinz Luxemburg), die Kantone Eupen, Malmedy, St. Vith.
5	Das Großherzogtum Luxemburg.	
6	Schweiz	Der Kanton Bern, soweit er nördlich und nordwestlich der Zihl und der Aare, vom Einfluß der Zihl abwärts gerechnet, liegt; ferner die Kantone Solothurn, Basel-Stadt, Basel-Land, Aargau, Zürich, Schaffhausen, Thurgau, St. Gallen, Appenzell (Außer- und Inner-Roden).
7	Republik Österreich	Die politischen Bezirke Bregenz, Reutte, Imst, Innsbruck einschließlich des Stadtgebiets Innsbruck, Schwaz, Kufstein, Kitzbühel, Zell am See, St. Johann, Hallein, Salzburg einschließlich des Stadtgebiets Salzburg, Braunau am Inn, Ried, Schärding, Rohrbach.
8	Tschechoslowakische Republik	Die politischen Bezirke Prachatitz (Prachatice), Schüttenhofen (Sušice), Klattau (Klatovy), Bischofteinitz (Horšuv Týn), Tachau (Tachov), Plan (Planá), Marienbad (Marianské Lázně), Eger (Cheb), Asch (Aš), Graslitz (Kraslice), Neudek (Neudek), Joachimstal (Jáchymov), Weipart (Výprty), Preßnitz (Přišeǒnice), Kommotau (Chomatov), Brüx (Most), Dux (Duc cov), Teplitz-Schönau (Teplice), Aussig (Ústí a L.), Tetschen und Böhmisch-Kamnitz (Déčín a Česká Kamenice), Warnsdorf (Varnsdorf), Rumburg (Rumburk), Schluckenau (Šluknov), Deutsch Gabel (Němécke Jablonné), Reichenberg (Liberec), Friedland (Frýdlant), Gablonz a. d. Neiße (Jablonec n. N.), Starkenbach (Jilemnice), Hohenelbe (Vrchlabi), Trautenau (Trutnov), Braunau (Broumov), Nachod (Nachod), Neustadt a. d. M. (Nové Město n. M.), Senftenberg (Žamberk), Mährisch-Schönberg (Šumberk), Freiwaldau (Frýwaldov), Jägerndorf (Krnov), Troppau (Opava).
9	Rußland	Die zwischen der deutschen Reichsgrenze und Sosnovice belegenen Ortschaften Alt-Sosnovice, Sielce, Bogunja, Dembowo-Góra, Ostro-Górtea, Milowice und Niwka; ferner die an den Beuthener Kreis grenzenden Ortschaften Bobrownik, Rogoznik, Dobieschowice, Tempkowitz, Zychcic, Woikowitz und Czeladz.
10	Frankreich	Die Gemeinden Raon-sur-Plaine und Raon-les-Leau.

Bemerkung: Neutral-Moresnet gehört jetzt zu Belgien. Die russischen Gebiete gehören jetzt zu Polen, sie sowie die französischen Gebiete sind keine Grenzgebiete mehr; die Bestimmungen zu 9 und 10 sind daher gegenstandslos geworden.

Durch die V. v. 15. XI. 27 (RGBl. I S. 329) ist der Bundesratsbeschluß AN. 00 740 aufgehoben worden, soweit er niederländisches Gebiet betrifft. Diese V. hat das Ruhen der Renten des Vierten Buches der RVO. für niederländische Staatsangehörige im ganzen Gebiete der Niederlande beseitigt, während bei Ausländern, die nicht niederländische Staatsangehörige sind, die Ruhensvorschrift § 1314 Nr. 1 RVO. nur für die Provinzen Groningen, Drenthe, Overyssel, Gelderland und Limburg außer Kraft gesetzt ist; EuM. 21 502. Nach § 4 der V. ist die Außerkraftsetzung mit der Maßgabe erfolgt, daß die Berechtigten den Vorschriften über die Melde- und Vorstellungspflicht (§ 1313 RVO.) zu genügen haben.

§ 1315. Deutsche Schutzgebiete gelten im Sinne der §§ 1312, 1313 als Inland[1].

1. Die Schutzgebiete würden sonst als Ausland gelten; Begr. z. RVO. S. 411, KommBer. z. RVO. 4 129.

§ 1316. Bei den ins Ausland gezahlten[1] Renten bleibt der Reichszuschuß außer Ansatz[2]. Der Reichsarbeitsminister kann mit Zustimmung des Reichsrats Ausnahmen von dieser Vorschrift zulassen[3].

G. v. 19. VII. 23 (RGBl. I S. 686), V. v. 16. IV. 24 (RGBl. I S. 405).

1. Wegen der Zahlungen nach dem Ausland vgl. die Ausführungsbestimmungen des RVA. über die auf Grund der J. und HV. zu leistenden Zahlungen v. 7. XII. 11, AN. 12 347.

2. Bei der Rente eines Rentenempfängers, der sich gewöhnlich im Auslande aufhält, bleibt der Reichszuschuß nach § 1316 auch dann außer Ansatz, wenn die Rentenbeträge an einen Empfangsbevollmächtigten des Rentenbevollmächtigten im Inlande ausgezahlt werden; AN. 26 380. Ebenso bleibt der Reichszuschuß außer Ansatz, wenn die Rente nach Rückkehr des Berechtigten für die Zeit des Auslandsaufenthaltes nachbezahlt wird; AN. 27 336.

3. Gemäß der V. des RAM. v. 22. X. 28 (RGBl. I S. 379, AN. 28 380) wird ab 1. XI. 28 — soweit Renten der JV. nach ausländischen Grenzgebieten (§ 1314a RVO.) gezahlt werden, unter dem Anteil des Versicherungsträgers auch der Reichszuschuß gewährt.

Auf Grund des Erlasses des RAM. v. 11. IV. 29 — Rdschr. des RVA. v. 23. IV. 29, II[2] 998/29 — wird der Reichszuschuß zu den Renten der JV. an Rentenempfänger im Gebiete der Freien Stadt Danzig vom 1. V. 29 ab allgemein gezahlt.

§ 1317. Die Versicherungsanstalt kann einen berechtigten Ausländer, der sich gewöhnlich im Ausland aufhält, mit dem Kapitalwerte seiner Bezüge abfinden[1]. Der Reichsarbeitsminister bestimmt das Nähere[2].

G. v. 19. VII. 23 (RGBl. I S. 686).

1. Der Kapitalabfindungsbescheid hat rechtsbegründende (konstitutive) Kraft. Der Anspruch auf die Abfindung entsteht erst mit der Zustellung des Abfindungsbescheids, dann erst ist er vererblich. Dem Erben steht ein selbständiger Anspruch auf Kapitalabfindung nicht zu; AN. 15 767.

§ 1317 gilt auch für Ausländer, deren Rente bereits vor dem 1. I. 12 ruhte; AN. 21 375.

Die in einem rechtskräftigen Bescheide festgesetzte Höhe der Rente kann in einem späteren Bescheide über die Kapitalabfindung nicht mehr abgeändert werden; AN. 16 581.

Ist ein Versicherter, der Invalidenrente bezogen hatte und dann abgefunden worden war, nach Wiedererlangung der Erwerbsfähigkeit in das Inland zurückgekehrt und hat eine versicherungspflichtige Beschäftigung wieder aufgenommen, so sind bei erneuter Zubilligung der Invalidenrente die vor dem früheren Rentenbezuge liegenden Beitragswochen jedenfalls dann mit zu berücksichtigen, wenn der Versicherte nach der Abfindung die Wartezeit von neuem erfüllt hat; AN. **16** 801.

2. Der RAM. hat die folgenden Bestimmungen erlassen:

Verordnung über Kapitalwerte von Renten aus der Invalidenversicherung. Vom 6. III. 24 (RMBl. S. 102).

Auf Grund des § 1317 der Reichsversicherungsordnung in der Fassung des Art. XLVIIIe des Gesetzes über Änderungen der Reichsversicherungsordnung v. 19. VII. 23 (RGBl. I S. 686) wird verordnet:

§ 1. Der Berechnung der Abfindungssumme wird das Lebensjahr zugrunde gelegt, das der Berechtigte in dem auf den Tag der Abfindung folgenden Jahre vollendet. Der Anspruch auf die Bezüge, an deren Stelle die Abfindung tritt, erlischt mit dem ersten Tage des Monats, der auf die Auszahlung der Abfindungssumme folgt.

§ 2. Als Abfindungssumme für Invaliden- und Witwenrenten wird unter Berücksichtigung des Lebensalters das aus der nachstehenden Aufstellung ersichtliche Vielfache der Jahresrente ohne den Reichszuschuß gezahlt, und zwar für das Alter von

20	bis	unter 25	Jahren	das	2½	fache
25	„	„ 30	„	„	3	„
30	„	„ 35	„	„	3¾	„
35	„	„ 40	„	„	4½	„
40	„	„ 45	„	„	5½	„
45	„	„ 70	„	„	6	„

Berechtigte mit einem Lebensalter von 70 und mehr Jahren dürfen nicht abgefunden werden.

§ 3. Als Abfindungssumme für Waisenrenten wird unter Berücksichtigung des Lebensalters das aus der nachfolgenden Aufstellung ersichtliche Vielfache der Jahresrente ohne den Reichszuschuß gezahlt, und zwar für das Alter

unter	einem	Jahr		das	7,8	fache
von 1	bis	unter 2	Jahren	das	8,6	fache
„ 2	„	„ 3	„	„	8,6	„
„ 3	„	„ 4	„	„	8,4	„
„ 4	„	„ 5	„	„	8,1	„
„ 5	„	„ 6	„	„	7,8	„
„ 6	„	„ 7	„	„	7,5	„
„ 7	„	„ 8	„	„	7,1	„
„ 8	„	„ 9	„	„	6,6	„

§ 1318. Treffen außer den Fällen des § 1254a und des § 1259 Abs. 3 die Voraussetzungen für mehrere Renten aus der Invalidenversicherung zusammen oder tritt neben den Anspruch auf eine Rente aus der Invalidenversicherung der Anspruch auf eine Rente aus der Angestelltenversicherung, so erhält der Berechtigte die höchste Rente [1] und von den anderen Renten ohne Kinderzuschuß die Hälfte als Zusatzrente [2] [3].

V. v. 16. IV. 24 (RGBl. I S. 405).

1. Beim Vergleich mehrerer zusammentreffender Renten aus der IV. sind zwecks Ermittelung der höchsten Rente im Sinne des § 1318 ruhende Rententeile (§§ 1311 ff.) auszuscheiden; AN. **29** 222.

2. Unerheblich ist es, ob der für die Zusatzrente maßgebende Versicherungsfall vor dem 1. I. 24, dem Tage des Inkrafttretens der V. v. 16. IV. 24 oder später eingetreten ist; AN. 25 278. Auf die Wanderversicherten und ihre Hinterbliebenen ist § 1318 nicht anwendbar; AN. 25 297, Breith. 16 247.

3. Der Anspruch auf die Zusatzrente ist revisionsfähig; AN. 25 278.

XIII. Besondere Befugnisse der Versicherungsanstalten

§ 1319. Überzeugt sich die Versicherungsanstalt bei erneuter Prüfung, daß die Leistung mit Unrecht abgelehnt, entzogen, eingestellt oder zu niedrig bemessen festgestellt worden ist, so kann sie eine neue Feststellung treffen[1].

1. Die LVAnst. kann auf die Rechtskraft einer ablehnenden Entscheidung verzichten; AN. (J. und AV.) 91 164. Überzeugt sie sich, daß der Bescheid zu Unrecht ergangen ist, so hat sie Abhilfe zu schaffen; AN. 90 594 (UV.). Sie kann auch ohne Erteilung eines neuen Bescheids einen ablehnenden Bescheid zurücknehmen; AN. 99 445. Während eines schwebenden Spruchverfahrens kann die LVAnst. einen neuen Bescheid erteilen; AN. (J. und AV.) 93 115, 94 121, 95 99.

§ 1320. Die Versicherungsanstalt braucht Rentenbeträge nicht zurückzufordern[1], die sie vor rechtskräftiger Entscheidung nach dem Gesetze zahlen mußte, oder die sie zu Unrecht gezahlt hat.

G. v. 29. III 28 (RGBl. I S. 117).

1. Die Wiedereinziehung solcher Rentenbeträge soll möglichst schonend bewirkt werden; Rundschr. d. RVA. v. 29. X. 90; AN. (J. und AV.) 91 71, im allgemeinen soll nicht mehr als der dritte Teil der laufenden Rentenbeträge einbehalten werden; AN. 03 601, 10 505.

Erweist sich die Wiedereinziehung überhobener Rentenbeträge als unmöglich, so gehen die auf den Reichszuschuß entfallenden Anteile zu Lasten des Reichs; AN. (J. und AV.) 92 33.

Der Rückforderung zu Unrecht gezahlter Rentenbeträge kann der Empfänger nicht den Einwand entgegensetzen, daß er nicht mehr bereichert sei; AN. 21 405, 406.

XIV. Verhältnis zu anderen Ansprüchen

§ 1321. Fabrik-, Seemanns- und ähnliche Kassen[1] können die Invaliden-, Alters- oder Hinterbliebenenunterstützungen, die sie ihren reichsgesetzlich versicherten Mitgliedern geben, um höchstens den Wert der reichsgesetzlichen Bezüge dieser Art ermäßigen[2]. Sie müssen dann alle Beiträge oder, wenn die Arbeitgeber damit einverstanden sind, wenigstens die der Kassenmitglieder entsprechend herabsetzen.

Satzungsmäßige Leistungen, welche die Kasse vor der Entschließung der zuständigen Stellen oder vor dem 1. Januar 1891 bewilligt hat, dürfen nicht vermindert werden.

Die erforderlichen Anordnungen sind von den Kassen durch Satzungsänderung herbeizuführen; diese bedarf der Genehmigung der zuständigen Behörde. Die Behörde kann die Änderung rechtsgültig selbst vornehmen, wenn die Kasse den Antrag der beteiligten Arbeitgeber oder der Mitgliedermehrheit ablehnt.

Die Beiträge brauchen nicht ermäßigt zu werden, wenn die an den Unterstützungen gemachten Ersparnisse entweder nötig sind, um die der Kasse verbleibenden Leistungen zu decken, oder satzungsmäßig mit Genehmigung der Aufsichtsbehörde zu Wohlfahrtseinrichtungen für Betriebsbeamte, Arbeiter oder deren Hinterbliebene verwendet werden.

Die Reichsregierung bestimmt[3] das Verfahren vor dem Reichsaufsichtsamte für Privatversicherung im Falle des Abs. 3 Satz 2.

G. v. 23. VI. 23 (RGBl. I S. 454), Bek. v. 15. VII. 24 (RGBl. I S. 779).

1. Zu den im § 1281 Nr. 2 bezeichneten Kassen gehören alle im § 1321 genannten Kassen, auch wenn sie von ihrer Befugnis, die reichsgesetzlichen Bezüge auf ihre Leistungen anzurechnen, keinen Gebrauch gemacht haben; AN. **13** 438.

2. Die Kassen können ihre eigenen Leistungen ermäßigen, sie können aber in ihrer Satzung nicht bestimmen, daß auf sie die ihren Mitgliedern zustehenden reichsgesetzlichen Bezüge übergehen sollen; AN. (J. u. AV.) **95** 109.

3. Diese Bestimmung ist getroffen durch die

Bekanntmachung,

betreffend das Verfahren vor dem Kaiserlichen Aufsichtsamte für Privatversicherung im Falle des § 1321 Abs. 3 Satz 2 der Reichsversicherungsordnung.

Vom 20. XII. 11 (Zbl. **11** 745, AN. **12** 346).

Auf Grund des § 1321 Abs. 5 der Reichsversicherungsordnung hat der Bundesrat bestimmt, daß das Kaiserliche Aufsichtsamt für Privatversicherung über die Vornahme von Satzungsänderungen im Falle des § 1321 Abs. 3 Satz 2 des Reichsversicherungsordnung in dem durch § 73 des Gesetzes über die privaten Versicherungsunternehmungen v. 12. V. 01 (RGBl. S. 139) geregelten Verfahren entscheidet.

Vor der Entscheidung ist der Kassenvorstand zu hören und auf seinen Antrag zur mündlichen Verhandlung zu laden. Die Entscheidung ist mit Gründen zu versehen.

Gegen die Entscheidung steht dem Kassenvorstande der Rekurs zu. Die §§ 74 und 75 des Gesetzes über die privaten Versicherungsunternehmungen gelten entsprechend.

Der Reichskanzler.

§ 1322. Der § 1281 Nr. 2 und der § 1321 gilt auch für solche zur Invaliden-, Alters- und Hinterbliebenenfürsorge bestimmten Kassen, für die nach Ortsstatut eine Beitragspflicht besteht.

Die Unterstützungen, die solche Kassen den Hinterbliebenen ihrer reichsgesetzlich versicherten Mitglieder geben, ermäßigen sich um den halben Wert der reichsgesetzlichen Bezüge der gleichen Art. Die Unterstützungen müssen unter Hinzurechnung der reichsgesetzlichen Bezüge mindestens um den Betrag des Reichszuschusses höher sein, als die satzungsmäßigen Unterstützungen ohne die Ermäßigung sein würden. Entsprechend der Ermäßigung der Unterstützungen sind alle Beiträge oder, wenn die Arbeitgeber damit einverstanden sind, wenigstens die der Mitglieder herabsetzen. Bei Streit über die Höhe der Beitragsherabsetzung entscheidet die Aufsichtsbehörde.

Die Satzung kann bestimmen, daß die Unterstützungen und entsprechend die Beiträge um einen geringeren Teil oder gar nicht ermäßigt werden.

Satzungsmäßige Leistungen, die vor der Entschließung der zuständigen Stellen oder vor dem Inkrafttreten dieser Vorschrift bewilligt sind, dürfen nicht vermindert werden.

G. v. 23. VI. 23 (RGBl. I S. 454).

§ 1323 ist weggefallen.

G. v. 23. VI. 23 (RGBl. I S. 454).

§ 1324. Die Rentenansprüche dürfen[1] nur aufgerechnet[2] werden auf Ersatzforderungen für bezogene Unfallrenten und Entschädigungen, soweit der Versicherungsanstalt ein Anspruch darauf nach § 1542[3] zusteht,
geschuldete Beiträge[4],
gezahlte Vorschüsse[5],
zu Unrecht gezahlte Rentenbeträge[6],
die zu erstattenden Kosten des Verfahrens[7],
die von den Versicherungsanstalten verhängten Geldstrafen[8].

G. v. 21. VII. 22 (RGBl. I S. 454).

1. Dabei soll schonend verfahren werden, Einbehaltung der laufenden Rente höchstens bis zu ein Drittel; AN. **03** 263, 601, **10** 505.

2. Die RVO. hat keine Vorschriften darüber, wann eine an sich zulässige Aufrechnung erklärt werden kann, wie sie erklärt werden muß und welche Wirkung die zulässige und wirksam erklärte Aufrechnung hat. Die Voraussetzungen und die Wirkung der Aufrechnung müssen daher nach allgemeinen Grundsätzen beurteilt werden, wie sie im BGB. enthalten sind; AN. **15** 555. Erforderlich sind Gleichartigkeit und Fälligkeit beider Forderungen (§ 387 BGB.), dagegen nicht Einheit des Verfahrens und des Rechtsgrundes. Daß Rentenbeträge in einem früheren Rentenverfahren zu Unrecht gezahlt sind, steht der Zulässigkeit der Aufrechnung der in dem neuen Verfahren erwachsenen Rentenansprüche nicht entgegen; AN. **14** 553, **15** 555. Es kommt nicht darauf an, ob die Rentenbeträge ohne Verschulden des Empfängers ausgezahlt sind, oder ob ein Versehen des Feststellungsorgans vorliegt; AN. **09** 500, entscheidend für die Zulässigkeit der Aufrechnung ist, daß Rentenbeträge ausgezahlt worden sind, auf die der Empfänger keinen Anspruch hatte; AN. **15** 555. Die Aufrechnung im vollen Umfange nach § 1324 RVO. ist durch die Bestimmung des § 818 Abs. 3 BGB. nicht ausgeschlossen; EuM. **21** 419 (Bay. LVAmt).

Jedoch muß eine Wechselbeziehung zwischen Gläubiger und Schuldner vorhanden sein; AN. **00** 725. Die LVAnst. kann daher die von ihr geschuldeten Rentenbeträge nicht gegen eine von einer BG. zu Unrecht gezahlte Unfallrente aufrechnen; AN. **00** 725, ebensowenig Forderungen gegen den Versicherten selbst mit Rentenforderungen seiner Hinterbliebenen; HbdUV. I 554. Unzulässig ist auch die Aufrechnung gegen die Rente des Versicherten mit einer Schadensersatzforderung des Versicherungsträgers gegen den Erblasser des Versicherten; AN. **18** 467.

Die Aufrechnung erfolgt durch Erklärung gegenüber dem anderen Teile (§ 388 BGB.), und zwar erfolgt sie zweckmäßig durch berufungsfähigen Bescheid, damit ihre Zulässigkeit im Feststellungsverfahren (Spruchverfahren) nachgeprüft werden kann; AN. **04** 483, **10** 653, **11** 580, **00** 612, **06** 430, **15** 461. Die Revision ist auch dann zulässig, wenn wegen der zur Aufrechnung gestellten Gegenforderung an sich die Revision gemäß § 1696 ausgeschlossen wäre; AN. **12** 1185, **13** 557.

Der Aufrechnung kommt eine die Schuld aufhebende Wirkung zu (§ 389 BGB). Daher sind Rentenansprüche, soweit sie durch eine zulässige und wirksame Aufrechnung betroffen werden, in Höhe der zur Aufrechnung gestellten Gegenforderung als in dem Zeitpunkt erloschen anzusehen, in welchem beide Forderungen zur Aufrechnung geeignet einander gegenübergetreten sind; AN. **15** 555.

Hiernach besteht ein Ersatzanspruch der Gemeinde oder des Trägers der Armenfürsorge aus § 1531 insoweit nicht, als der Rentenanspruch des Versicherten infolge Aufrechnung gemäß § 1324 erloschen ist; AN. **15** 555.

3. Es muß, bevor eine Aufrechnung in Frage kommen kann, feststehen, daß die LVAnst. einen zur Aufrechnung geeigneten Anspruch hat. Dazu ist nach § 1542 erforderlich, daß die nach der RVO. Versicherten oder ihre Hinterbliebenen nach

anderen gesetzlichen Vorschriften Ersatz eines Schadens beanspruchen können, der ihnen durch Krankheit, Unfall, Invalidität oder durch den Tod des Ernährers erwachsen ist, und ferner, daß dieser Anspruch auf den Träger der JV. übergegangen ist. Diese Feststellung ist, wenn das Bestehen eines gesetzlichen Schadensersatzanspruchs oder sein Übergang auf den Versicherungsträger streitig ist, nicht im Rentenfeststellungsverfahren durch die Instanzen der Versicherung, sondern durch die ordentlichen Gerichte zu treffen; AN. **04** 483, **10** 505, 653, **12** 911, **15** 461, EuM. **9** 371.

Demgemäß darf eine auf § 1542 gestützte Ersatzforderung der LVAnst. zur Aufrechnung gegen den Rentenanspruch nur zugelassen werden, wenn sie vom ordentlichen Richter festgestellt oder der Übergang des Ersatzanspruchs gegen den Dritten auf die LVAnstalt von dem Rentenempfänger der LVAnst. gegenüber rechtsgültig anerkannt ist; AN. **10** 505, 653, EuM. **9** 371. Die Erklärung eines Rentenempfängers, wonach die LVAnst. befugt sein soll, einen vermeintlich nach § 1542 auf sie übergegangenen Schadensersatzanspruch des Rentenempfängers gegen einen Dritten gemäß § 1324 gegen den Rentenanspruch aufzurechnen, ist unwirksam, wenn sie lediglich in dem irrtümlichen Glauben abgegeben ist, daß die LVAnst. zur Aufrechnung befugt sei; AN. **11** 580.

Zu den Schadensersatzansprüchen im Sinne des § 1542 gehören nur die zivilrechtlichen, gesetzlichen Entschädigungsansprüche, z. B. aus den §§ 823ff., § 618 Abs. 3 BGB., aus dem Reichshaftpflichtgesetze v. 7. VI. 71, aus § 120a GewO., nicht aber die auf öffentlichem Rechte beruhenden Ansprüche, namentlich auch nicht die Versorgungsansprüche; AN. **15** 461.

Der im § 1542 vorgesehene Übergang eines Schadensersatzanspruchs des Versicherten gegen einen Dritten setzt voraus, daß das den Ersatzanspruch begründende Ereignis allein eine Minderung der Erwerbsfähigkeit des Versicherten um mehr als 66⅔ v. H. bewirkt hat; AN. **11** 580.

In den Fällen des § 1542 geht auf die LVAnst. bis zur Höhe der Invalidenrente der gesamte Schadenersatz über, der dem Versicherten gegen den Dritten aus Anlaß seiner Invalidität zusteht. Der Übergang umfaßt auch das sogenannte Schmerzensgeld; AN. **12** 911. Ist ein zwischen dem Versicherten und dem Dritten über den Schadensersatzanspruch geschlossener Vergleich nach § 407 BGB. der LVAnst. gegenüber unwirksam, so kann sie nach § 1542 den dem Versicherten für seine Invalidität gewährten Schadenersatz auch dann gegen den Rentenanspruch voll aufrechnen, wenn der Vergleich dahin auszulegen ist, daß nur derjenige Schaden ersetzt werden solle, der nicht durch die Invalidenrente gedeckt würde; AN. **12** 911. Die Anrechnung der Ersatzforderung eines Versicherten gegen einen Dritten auf die Invalidenrente ist nicht zulässig, wenn dem Berechtigten bereits im Zivilprozesse der Betrag der Invalidenrente von der ihm gegen den Dritten zustehenden Rentenforderung in Abzug gebracht worden ist. Der der LVAnst. durch gesetzlichen Übergang erwachsene Anspruch gegen den schadenersatzpflichtigen Dritten wird hierdurch nicht berührt; EuM. **2** 293 (Sächs. LVAmt).

4. Beitragsmarken, die rechtsgültig verwendet, demnächst aber zu Unrecht vernichtet, und deren Wert erstattet worden ist, sind trotz Vernichtung und Erstattung als rechtswirksam unter Umständen auch dann anzuerkennen, wenn der erstattete Betrag noch nicht wieder in die Kasse der LVAnst. zurückgeflossen ist. Die LVAnst. kann gegebenenfalls den Betrag mit der Rente gemäß § 1324 aufrechnen, denn das Recht zur Aufrechnung einer Forderung aus geschuldeten Beiträgen erstreckt sich auch auf den Fall der Rückforderung zu Unrecht erstatteter Beiträge; AN. **12** 937.

5. Nur solche Beträge sind als „Vorschüsse" anzusehen, welche dem Versicherten vor der endgültigen Überweisung der Rente zur Abwehr einer Notlage gewährt sind; AN. **06** 430, 431.

6. Nur Rentenbeträge aus der JV.; AN. 00 725. Der Wirkungskreis des § 1324 erstreckt sich nach dem Inhalt dieser Vorschrift sowie nach der Natur der Sache auf das Gebiet der JV.; EuM. 14 283, 284 (Bay. LVAmt).

7. Vgl. §§ 1634, 1670, 1679, 1698, 1701.

8. Vgl. § 1467 letzter Satz.

§ 1325 ist weggefallen.

G. v. 23. VII. 21 (RGBl. I S. 984).

Dritter Abschnitt.

Träger der Versicherung

A. Versicherungsanstalten

I. Äußere Verfassung

1. Errichtung

§ 1326. Die Versicherungsanstalten werden nach Bestimmung der Landesregierungen für das Gebiet des Landes, für Gemeindeverbände oder andere Gebietsteile errichtet.

Für mehrere Länder oder ihre Gebietsteile sowie für mehrere Gemeindeverbände kann eine gemeinsame Versicherungsanstalt errichtet werden.

Versicherungsanstalten, die nach dem Gesetze vom 22. Juni 1889 errichtet sind, bleiben in ihrem Bestande, vorbehaltlich der nach den §§ 1332 bis 1337 zulässigen Änderungen, erhalten[1].

1. Es bestehen folgende Versicherungsanstalten:

Nr.	Namen	Sitz	Bezirk
1	LandesVA. Ostpreußen	Königsberg	Provinz Ostpreußen
3	LandesVA. Berlin	Berlin	Stadtkreis Berlin
4	LandesVA. Brandenburg	Berlin	Provinz Brandenburg
5	LandesVA. Pommern	Stettin	Provinz Pommern
6/2	LandesVA. Grenzmark Posen-Westpreußen	Schneidemühl	Provinz Grenzmark Posen-Westpreußen
7	LandesVA. Schlesien	Breslau	die Provinzen Niederschlesien und Oberschlesien
8	LandesVA. Sachsen-Anhalt	Merseburg	Provinz Sachsen und Anhalt
9	LandesVA. Schleswig-Holstein	Kiel	Provinz Schleswig-Holstein und ehemaliges Fürstentum Lübeck
10	LandesVA. Hannover	Hannover	Provinz Hannover, Pyrmont und Schaumburg-Lippe und Lippe
11	LandesVA. Westfalen	Münster i. W.	Provinz Westfalen
12	LandesVA. Hessen-Nassau	Kassel	Provinz Hessen-Nassau
13	LandesVA. Rheinprovinz	Düsseldorf	Rheinprovinz, die Hohenzollernschen Lande und Birkenfeld*)

*) Die LVAnst. Rheinprovinz ist auch Träger der JV. für die von deutschen Arbeitgebern bei Reparationsarbeiten im Ausland beschäftigten deutschen Arbeitnehmer; § 4 der V. des RAM. zur Regelung der sozialen Versicherung der bei Reparationsarbeiten im Auslande beschäftigten Arbeitnehmer v. 10. VII. 29 (RGBl. I S. 136, AN. 29 295).

Nr.	Namen	Sitz	Bezirk
14	LandesVA. Oberbayern	München	Regierungsbezirk Oberbayern
15	LandesVA. Niederbayern	Landshut	Regierungsbezirk Niederbayern
16	LandesVA. Pfalz	Speyer	Regierungsbezirk Pfalz
17	LandesVA. Oberpfalz	Regensburg	Regierungsbezirk Oberpfalz u. Regensburg
18	LandesVA. Oberfranken	Bayreuth	Regierungsbezirk Oberfranken
19	LandesVA. Mittelfranken	Ansbach	Regierungsbezirk Mittelfranken
20	LandesVA. Unterfranken	Würzburg	Regierungsbezirk Unterfranken und Aschaffenburg
21	LandesVA. Schwaben	Augsburg	Regierungsbezirk Schwaben und Neuburg
22	LandesVA. Sachsen	Dresden	Freistaat Sachsen
23	LandesVA. Württemberg	Stuttgart	Freistaat Württemberg
24	LandesVA. Baden	Karlsruhe	Freistaat Baden
25	LandesVA. Hessen	Darmstadt	Freistaat Hessen
26	LandesVA. Mecklenburg	Schwerin i. M.	Freistaat Mecklenburg-Schwerin und Mecklenburg-Strelitz
27	Thüringische LandesVA.	Weimar	Thüringen und Coburg
28	LandesVA. Oldenburg	Oldenburg	Freistaat Oldenburg
29	LandesVA. Braunschweig	Braunschweig	Freistaat Braunschweig
30	LandesVA. der Hansestädte	Lübeck	Freie und Hansestädte Lübeck, Bremen und Hamburg

§ 1327. Die Errichtung der Versicherungsanstalt bedarf der Genehmigung des Reichsrats. Versagt er die Genehmigung, so kann er nach Anhören der beteiligten Landesregierungen die Errichtung selbst anordnen.

§ 1328. Die Landesregierung bestimmt den Sitz der Versicherungsanstalt. Reicht die Versicherungsanstalt über mehrere Länder, so bestimmen die beteiligten Landesregierungen den Sitz.

2. Örtliche Zuständigkeit

§ 1329. Die Versicherungsanstalt umfaßt alle in ihrem Bezirke Beschäftigten (§§ 153 bis 156)[1], die nicht in Sonderanstalten[2] ihrer Versicherungspflicht genügen. Werden Personen in einem Betriebe beschäftigt, dessen Sitz in dem Bezirk einer anderen Versicherungsanstalt liegt, so können sie mit Zustimmung der beteiligten Versicherungsanstalten[3] auch bei der des Betriebsitzes versichert werden. Mitglieder[4] einer Betriebskrankenkasse müssen auf Antrag des Arbeitgebers[5] dort versichert werden.

1. Für land- und forstwirtschaftliche Arbeiter eines Betriebs, der sich über mehrere Anstaltsbezirke erstreckt, ist für die Beitragsleistung nicht der Sitz des Betriebs, sondern der Beschäftigungsort maßgebend, wenn die Arbeiter nicht zur Beschäftigung an wechselnden, in verschiedenen Gemeinden gelegenen Orten angenommen sind; §§ 153, 156, AN. **12** 1199. Für das an wechselnden Orten beschäftigte Zugbegleitungs- und Lokomotivpersonal einer privaten Eisenbahngesellschaft sind Marken zu verwenden, die von einer Verkaufsstelle im Bezirke derjenigen VAnst. erworben sind, in deren Bezirke die mit der unmittelbaren Leitung der Arbeiten betraute Stelle ihren Sitz hat; §§ 1428, 155, AN. **12** 872.

Vgl. im übrigen die Anm. zu §§ 153—156 im I. Bande.

2. Sonderanstalten s. §§ 1360ff.

3. Mangels einer Verständigung ist der Beschäftigungsort entscheidend; AN. **01** 636, §§ 153 bis 156.

4. Mitgliedschaft, pflichtmäßige oder freiwillige; AN. **01** 636.

5. Zu dem Antrag des Arbeitgebers sind die beteiligten VAnst. zu hören. Der Antrag wirkt von dem Zeitpunkte ab, zu dem er bei der zuerst angegangenen VAnst. eingelaufen ist; AN. **13** 520. Streit ist nach § 1459 zu entscheiden; AN. **01** 636.

§ 1330. Beschäftigt ein Betrieb, der seinen Sitz im Inland hat, vorübergehend Personen im Ausland[1], so sind sie bei der Versicherungsanstalt des Betriebsitzes versichert.

1. Beschäftigung im Auslande ist in der Regel nicht versicherungspflichtig. Ausnahmen in den Fällen des § 1228 und in den Fällen, in denen eine Tätigkeit im Ausland Teil, Zubehör, Fortsetzung oder Ausstrahlung eines inländischen Betriebs ist; AN. (J. und AV.) **92** 48, AN. **99** 655, **09** 546, **16** 440. Dabei kommt es in erster Reihe auf den Grad der Abhängigkeit der Arbeiten im Auslande von dem inländischen Unternehmen und die Dauer und den Umfang dieser Arbeiten an; AN. **10** 549. Fälle der Ausstrahlung: Monteur stellt im Ausland eine Maschine auf; AN. **85** 345, vorübergehende Bauarbeiten im Auslande; AN. **89** 390, **09** 546, Begleitung des zu einem vorübergehenden Aufenthalt ins Ausland reisenden Arbeitgebers durch seinen Hausgehilfen; AN. **97** 333; Begr. z. RVO. S. 415. In der Luftfahrt im Auslande vorübergehend ausgeübte Tätigkeiten; EuM. **22** 518. Keine bloße Ausstrahlung bei ausländischer Zweigniederlassung; AN. **89** 390, **99** 655; selbständigem Steinbruchsbetrieb im Auslande; AN. **04** 506, bei längeren umfangreichen Montagearbeiten im Auslande; AN. **10** 641, **11** 549, **16** 610. Wegen der Schwierigkeit der Durchführung der Versicherung der im Ausland angenommenen Arbeiten werden die VAnstalten und die beteiligten Arbeitgeber von weiteren Maßnahmen oft absehen; AN. **09** 546.

Fremde Seeschiffe gelten auch während des Aufenthalts in deutschen Häfen als Ausland; AN. **97** 380, deutsche Seeschiffe gelten als deutscher Boden; AN. **98** 265.

Streit über die Versicherungspflicht wird im Verfahren nach § 1459 entschieden; AN. **04** 506.

§ 1331. Für ausländische Binnenschiffe[1] gilt, vorbehaltlich einer anderen Bestimmung der Reichsregierung[2], als Beschäftigungsort der Sitz der Versicherungsanstalt, in deren Bezirk das Schiff bei Überfahren der Grenze zuerst eintritt.

1. Ausgenommen sind nur solche Binnenschiffe, die im Inlande keinen regelmäßigen Verkehr von erheblicher Dauer unterhalten, Ziff. 7 der Bek. v. 27. XII. 99 (AN. **00** 181). Ein regelmäßiger Verkehr von erheblicher Dauer ist bei Fahrten mit einer Durchschnittsdauer von jährlich 10 Wochen anzunehmen; AN. **00** 667. Segelschiffe und Kähne mit Tragfähigkeit von weniger als 3000 Zentnern auf dem Rhein sind von der Versicherung freizulassen; HdbUV. **1** S. 162.

Durch die Vorschriften des Versailler Friedensvertrages wird die Invalidenversicherungspflicht der Besatzung ausländischer Binnenschiffe, die geschlossenes deutsches Hoheitsgebiet befahren, nicht berührt; AN. **27** 586.

2. S. § 1471.

3. Änderung der Bezirke

§ 1332. Die Bezirke der Versicherungsanstalten können geändert werden, wenn es der Ausschuß (§ 1351) oder ein beteiligtes Land beantragt und der Reichsrat genehmigt. Vor der Beschlußfassung werden die beteiligten Ausschüsse und Landesregierungen gehört. Bei Versicherungsanstalten für die Bezirke von Gemeindeverbänden[1] können auch deren Vertretungen Änderungen beantragen und müssen sonst vor Änderungen gehört werden.

Versicherungsanstalten können mit Zustimmung des Reichstags zusammengelegt, geteilt oder aufgehoben werden.

1. Gemeindeverbände im Sinne des § 1332 sind in Preußen die Provinzen (der Stadtkreis Berlin), Bek. v. 7. XII. 11 Ziff. 6 ff. (HMBl. S. 447).

§ 1333. Ohne weiteres ändert sich der Bezirk einer Versicherungsanstalt, wenn der Verwaltungsbezirk geändert wird[1].

1. Wird in Preußen ein Kreis von einer Provinz abgetrennt und einer anderen zugeschlagen, so geht er ohne weiteres auf die andere LVAnst. über; KommBer. zum JVG. S. 138.

§ 1334. Scheiden örtliche Bezirke aus einer Versicherungsanstalt aus, so behält sie ihr Vermögen und die vorhandenen Verbindlichkeiten.

§ 1335. Wird eine Versicherungsanstalt aufgelöst, so können die beteiligten Landesregierungen den aufnehmenden Anstalten das Vermögen mit allen Rechten und Pflichten übertragen oder die Übernahme durch eine andere Anstalt genehmigen. Sonst fällt das Vermögen, bei gemeinsamen Anstalten anteilig, den beteiligten Gemeindeverbänden[1] oder Ländern zu.

1. Gemeindeverbände im Sinne des § 1335 sind in Preußen die Provinzialverbände (der Stadtkreis Berlin), Erl. v. 7. XII. 11 Ziff. 6 ff. (HMBl. S. 447).

§ 1336. Einigen sich bei Auflösung einer gemeinsamen Versicherungsanstalt die Gemeindeverbände[1] oder Länder nicht über die ihnen zufallenden Vermögensanteile, so bestimmt hierüber der Reichsrat oder, wenn nur Gemeindeverbände eines Landes beteiligt sind, die oberste Verwaltungsbehörde.

1. Gemeindeverbände im Sinne des § 1336 sind in Preußen die Provinzialverbände (der Stadtkreis Berlin), Erl. v. 7. XII. 11 Ziff. 6 ff. (HMBl. S. 447).

§ 1337. Bei Streit zwischen Versicherungsanstalten über die Vermögensauseinandersetzung entscheidet, mangels Verständigung über eine schiedsrichterliche Entscheidung, der Beschlußsenat des Reichsversicherungsamts oder des Landesversicherungsamts (§ 1382).

II. Innere Verfassung

1. Satzung

§ 1338. Der Ausschuß beschließt eine Satzung. Sie muß Sitz und Bezirk[1] der Versicherungsanstalt angeben und bestimmen über

1. Namen der Versicherungsanstalt,
2. Zahl der Vertreter der Arbeitgeber und der Versicherten im Vorstand[2],
3. die Gegenstände, für die im Vorstand die Mitwirkung der Vertreter der Arbeitgeber und Versicherten bei der Beratung und den Beschlüssen erforderlich ist[3],
4. Mitgliederzahl[4], Berufung, Rechte und Pflichten des Ausschusses[5], Bestellung seines Vorsitzenden[6], Art der Beschlußfassung[7] sowie seine Vertretung nach außen im Falle des § 1354 Abs. 1 Satz 1[8],
5. Form der Willenserklärung des Vorstandes sowie seiner Unterschrift für die Versicherungsanstalt[9], Art der Beschlußfassung des Vorstandes und seine Vertretung nach außen[10],
6. Vertretung der Versicherungsanstalt gegenüber dem Vorstand,
7. Höhe der Vergütungen nach § 21 Abs. 2, 3,
8. Aufstellung des Voranschlags[11],

9. Aufstellung und Abnahme der Jahresrechnung, soweit darüber nicht die oberste Verwaltungsbehörde bestimmt,

10. Veröffentlichung der Rechnungsabschlüsse,

11. Art der Bekanntmachungen [12],

12. Änderung der Satzung.

1. Sitz und Bezirk werden nach §§ 1326 bis 1328 bestimmt.

2. Die Zahl der Vertreter beider Gruppen muß gleich sein, § 1346. Über ihre Wahl s. § 1353 Nr. 1. Stellvertreter s. § 10.

3. Die Mitwirkung kann für wichtige Gegenstände vorgeschrieben werden, nur darf der Geschäftsgang nicht unnötig verzögert werden.

4. Mitgliederzahl des Ausschusses s. § 1351.

5. Rechte und Pflichten des Ausschusses s. §§ 1351, 1353, 1347, 1354, 1400.

6. Vereinigung der Ämter des Ausschußvorsitzenden und des Vorstandsvorsitzenden unzulässig, § 1351 Abs. 4. §§ 15, 16, 16a, 16b gelten für die Wahl des Vorsitzenden nicht.

7. Schriftliche Abstimmung unzulässig, § 7; AN. **13** 608. Die Sitzungen sind nicht öffentlich, § 11; s. die Anm. dazu im I. Bande.

8. Der Vertreter ist nicht befugt, den Ausschuß im Willen zu vertreten, sondern nur berufen, die zur Ausführung des Beschlusses des Ausschusses erforderlichen Erklärungen abzugeben; AN. **16** 375.

9. Dazu gehören Bestimmungen darüber, wann es einer doppelten Unterschrift bedarf, und wann in der Reinschrift die Unterschrift des Vorsitzenden usw. durch Beglaubigung ersetzt werden kann; AN. **02** 400, s. auch §§ 1611, 1631 sowie AN. **10** 427.

10. Vertretung nach außen: § 5 Abs. 3.

11. Voranschlag s. § 1353 Nr. 2, § 1355.

12. Die Bestimmung der Zeitungen, in denen die Bekanntmachungen erfolgen, kann durch die Satzung dem Vorstand übertragen werden; AN. **15** 648. S. auch § 1350.

§ 1339. Die Satzung bedarf der Genehmigung [1] des Reichsversicherungsamts oder des Landesversicherungsamts (§ 1382). Soll die Genehmigung versagt werden, so entscheidet über sie der Beschlußsenat; die Gründe der Versagung sind mitzuteilen. Wird die Genehmigung versagt, so entscheidet auf Beschwerde der Reichsrat [2].

1. Die Genehmigung unterliegt nicht den Schranken des § 324 Abs. 2, kann auch aus Zweckmäßigkeitsgründen versagt werden; AN. **15** 648, **25** 42.

2. Die Fälle des § 1339 Satz 3 und des § 1341 Satz 3 bilden die alleinige Ausnahme von der Regel des § 84 (§ 105 Abs. 2), daß die Entscheidungen des RVA. (LVAmt) in der JV. endgültig sind.

§ 1340. Ist die Genehmigung endgültig versagt, so hat in der vom Reichsversicherungsamt oder Landesversicherungsamte festgesetzten Frist der Ausschuß über eine neue Satzung zu beschließen. Kommt kein Beschluß zustande oder wird auch die neue Satzung endgültig nicht genehmigt, so erläßt das Reichsversicherungsamt oder das Landesversicherungsamt die Satzung und ordnet auf Kosten der Anstalt das zur Ausführung Erforderliche an.

§ 1341. Die Satzung darf nur mit Genehmigung des Reichsversicherungsamts oder des Landesversicherungsamts geändert werden. Soll die Genehmigung versagt werden, so entscheidet über sie der Beschlußsenat; die Gründe der Versagung sind mitzuteilen. Wird die Genehmigung versagt, so entscheidet auf Beschwerde der Reichsrat[1].

1. S. Anm. zu § 1339.

2. Vorstand

§ 1342. Der Vorstand verwaltet die Anstalt, soweit Gesetz[1] oder Satzung nichts anderes bestimmt.

1. Das Gesetz hat dem Ausschuß Aufgaben nach §§ 1332, 1353, 1354, 1400 übertragen.

§ 1343. Er hat die Eigenschaft einer öffentlichen Behörde. Seine Geschäfte[1] führen ein oder mehrere Beamte des Gemeindeverbandes oder Landes, für den die Versicherungsanstalt errichtet ist.

1. Die laufenden Geschäfte führen die beamteten Vorstandsmitglieder; Begr. zum J.- u. AVG. S. 67, 97, 98. Der Gesamtvorstand wirkt nur mit, soweit es die Satzung bestimmt, § 1338 Nr. 3.

§ 1344. Der Gemeindeverband[1] oder die oberste Verwaltungsbehörde bestellt nach den landesgesetzlichen Vorschriften die beamteten Vorstandsmitglieder[2] und bezeichnet eines von ihnen als Vorsitzenden[3].

Reicht die Versicherungsanstalt über mehrere Gemeindeverbände[4], so tut es die oberste Verwaltungsbehörde oder der von ihr beauftragte Gemeindeverband.

Reicht die Versicherungsanstalt über mehrere Länder[4], so entscheiden über die Bestellung der beamteten Vorstandsmitglieder die beteiligten obersten Verwaltungsbehörden.

1. Gemeindeverbände sind in Preußen die Provinzialverbände (der Stadtkreis Berlin); Erl. v. 7. XII. 11 Ziff. 6ff. (HMBl. S. 447). Der Ausschuß wirkt bei der Bestellung und Gehaltsregelung nicht mit; AN. **19** 425.

2. Als beamtete Vorstandsmitglieder, deren Zahl von der Anstellungsbehörde nach Maßgabe des Geschäftsumfangs bestimmt wird (Begr. zum J.- u. AVG. S. 98, AN. **19** 425), können auch Ärzte, Mathematiker, Statistiker bestellt werden.

3. Besondere Rechte des Vorsitzenden s. §§ 8, 9, 18, 19, 1355, 1359.

4. Über mehrere Gemeindeverbände und Länder reichen hinaus die VAnstalten Sachsen-Anhalt, Schleswig-Holstein, Hannover und Rheinprovinz; über mehrere Länder reichen hinaus die VAnstalten Mecklenburg, der Hansestädte.

§ 1345. Für die dienstlichen Verhältnisse der beamteten Vorstandsmitglieder (§ 1344) gilt § 33 nicht.

§ 1346. Als nichtbeamtete Mitglieder[1] gehören dem Vorstand Vertreter der Arbeitgeber und der Versicherten in gleicher Zahl[2] an; sie müssen im Bezirke der Versicherungsanstalt wohnen.

Ist die Zahl der beamteten Mitglieder größer als die Zahl der nichtbeamteten, so scheiden bei der Beschlußfassung so viel beamtete Mitglieder aus, daß die nichtbeamteten Mitglieder in der Mehrzahl sind. Das Nähere bestimmt die Satzung.

1. Die nichtbeamteten Mitglieder des Vorstandes können Vertreter beim VA., Beisitzer des OVA. oder nichtständige Mitglieder des RVA. (LVAmt) sein; Begr. zur RVO. S. 51, 58.

2. Die Zahl bestimmt die Satzung (§ 1338 Nr. 2), der Ausschuß wählt (§ 1353 Nr. 1). Wahlordnung für die Wahl der nichtbeamteten Mitglieder des Vorstandes bei den der Aufsicht des RVA. unterstellten LVAnstalten außer der LVAnstalt Württemberg (§ 1346 Abs. 1 RVO.) v. 8. V. 28 (AN. 28 138). Über Wählbarkeit s. §§ 12—14, § 1346 Abs. 1 Halbsatz 2. Über Wahl s. § 15. Die Wahlzeit dauert 5 Jahre. Sie endet ohne Rücksicht auf den Zeitpunkt der Durchführung der Wahl mit dem Schlusse des 5. Kalenderjahres; § 16 Abs. 1. Die Wahlzeit der erstmals nach dem G. v. 8. IV. 27 (RGBl. I S. 95) neu zu wählenden Vertreter endet mit dem Schlusse des Jahres 1932; Abschn. D Art. 1 Satz 2 d. G. v. 8. IV. 27. — Die Wahlen sind nach Beendigung der Wahlzeit unverzüglich vorzunehmen; § 16a Abs. 2. Über Berufung durch die Aufsichtsbehörde und Einrücken der Stellvertreter s. § 16b. Über Ablehnung der Wahl zu Arbeitgebervertretern § 17. Über Strafbefugnis des Vorstandsvorsitzenden gegenüber Arbeitgebern § 18. Über Strafbefugnis des Vorstandsvorsitzenden gegenüber Vorstandsmitgliedern § 19. Über Entschädigung § 21. Über unbehinderte Ausübung des Amtes als Versichertenvertreter §§ 22, 139. Über Haftung § 23. Über Amtsenthebung § 24.

Verlegt ein Vertreter seine Wohnung an einen außerhalb des Anstaltsbezirks belegenen Ort, so erlischt sein Amt, wenn er auch seine Beschäftigung im Anstaltsbezirke beibehält; AN. 97 276.

§ 1347. Die Satzung[1] kann bestimmen, daß dem Vorstand noch andere besoldete oder unbesoldete Mitglieder[2] angehören sollen. Für die besoldeten setzt der Ausschuß die Anstellungsbedingungen fest. § 1346 Abs. 2 gilt entsprechend.

1. Dem Ausschuß kann die Bestimmung durch die Satzung nicht übertragen werden; AN. 25 42.

2. Es kommen nur Personen in Betracht, die über besondere für die Erledigung der Geschäfte wichtige Fachkenntnisse verfügen, die den übrigen Vorstandsmitgliedern fehlen; AN. 25 42.

§ 1348. Soweit die im Hauptamt beschäftigten Bureau-, Kanzlei- und Unterbeamten der Anstalt nicht nach Landesrecht staatliche oder gemeindliche Beamte sind, überträgt ihnen die Landesregierung die Rechte und Pflichten der staatlichen oder gemeindlichen Beamten[1 2 3 4 5 6].

1. Zu den im Hauptamt beschäftigten Bureau- usw. Beamten gehören auch die im Außendienste tätigen Kontrollbeamten; HMBl. 01 105 (OVG.), AN. 09 588, sowie die Beamten der von der VAnst. eingerichteten Hebestellen. Die Kontrollbeamten sind Beamte im Sinne des § 359 StGB.; EuM. 26 227 (OLG. Karlsruhe, Urt. v. 13. VI. 29).

Dadurch, daß den Beamten die Rechte und Pflichten der Staats- oder Gemeindebeamten übertragen werden, werden sie noch nicht eigentliche Staats- oder Gemeindebeamte; RGZ. 99 265. Für die Beamten der Preuß. LVAnstalten gilt daher § 1 des KommunalbeamtenG. v. 30. VII. 99 (GS. S. 141) nicht; PVBl. XXV 447 (OVG.), wohl aber gilt § 7 a. a. O., der bei vermögensrechtlichen Ansprüchen eine Beschränkung des Rechtsweges insoweit einführt, als er ihn von einer Vorentscheidung des Bezirksausschusses abhängig macht; RGZ. 69 183, 99 265. Die gerichtliche Verfolgung des Anspruchs wird dadurch nicht gehindert, daß der Bezirksausschuß sich für unzuständig erklärt; RGZ. 99 265. Für die Beamten der VAnstalten gelten § 169, § 172 Nr. 1, § 1234, § 1235 Nr. 1 RVO., §§ 11, 14 des AVG.

Vgl. auch Runderl. des RVA. an die seiner Aufsicht unterstehenden VGen. vom 28. XII. 26 (AN. 27 13), der die gemäß § 11 Abs. 3 AVG. getroffene E. des RAM.

über die Versicherungsfreiheit der Beschäftigten in Betrieben oder im Dienste der vom Reich beaufsichtigten Träger der Reichsversicherung vom 1. XI. 26 mitteilt.

Die Regelung der Gehälter und Ruhegehälter der im § 1348 bezeichneten Beamten ist Sache der zuständigen staatlichen oder gemeindlichen Organe und unterliegt nicht der Beschlußfassung des Ausschusses der LVAnst. Dabei müssen die für die staatlichen oder gemeindlichen Beamten geltenden Besoldungsordnungen zugrunde gelegt werden; AN. **19** 425.

2. In Preußen ist durch Erl. v. 30. XI. 99 angeordnet worden, daß den im Hauptamt beschäftigten Bureau-, Kanzlei- und Unterbeamten der VAnstalten die Rechte und Pflichten der Beamten desjenigen Gemeindeverbandes übertragen werden sollen, für den sie errichtet sind. Hiernach sind den genannten Beamten diejenigen Gehälter zu gewähren, die den entsprechenden Beamten der Provinz oder der Stadt Berlin zustehen. Auch sind sie hinsichtlich des Aufrückens in eine höhere Gehaltsstufe (Alterszulagen), der Gewährung von Wohnungsgeldzuschüssen oder Teuerungszulagen, der Gewährung von Ruhegehalt im Falle der Pensionierung, der Witwen- und Waisenversorgung und der den Beamten sonst zustehenden Gebührnisse (Reisekosten und Tagegelder bei Dienstreisen, sowie Umzugskosten bei Versetzungen) den Beamten der Provinz oder der Stadt Berlin gleichzustellen. Ferner sind für sie dieselben Anstellungsverhältnisse maßgebend, wie sie für die Provinzialbeamten und die Beamten der Stadt Berlin bestehen (diätarische Dienstzeit, Ablegung von Prüfungen, Anstellung auf jederzeitigen Widerruf, auf Kündigung, auf Lebenszeit).

Das Gesetz über die Dienstvergehen der Beamten der preuß. VAnstalten vom 17. VI. 00 (GS. S. 251) lautet:

§ 1. Auf die Dienstvergehen der bei den Versicherungsanstalten und ihren Organen im Hauptamte beschäftigten Bureau-, Kanzlei- und Unterbeamten finden die Vorschriften des Gesetzes, betreffend die Dienstvergehen der nicht richterlichen Beamten, die Versetzung derselben auf eine andere Stelle oder in den Ruhestand, vom 21. Juli 1852 (GS. S. 465) mit den aus den nachstehenden Bestimmungen sich ergebenden Maßgaben Anwendung.

§ 2. Die den Ministern und den Provinzialbehörden beigelegte Befugnis zur Verhängung von Ordnungsstrafen steht dem Vorsitzenden des Vorstandes der Versicherungsanstalt zu, jedoch dürfen die von ihm verhängten Geldbußen den Betrag von dreißig Mark nicht übersteigen.

Gegen die Disziplinarverfügungen findet innerhalb zwei Wochen die Klage bei dem Bezirksausschusse statt.

§ 3. In dem auf Entfernung aus dem Amte gerichteten Verfahren tritt an die Stelle des Regierungspräsidenten der Vorsitzende des Vorstandes der Versicherungsanstalt, an die Stelle der Bezirksregierung und des Disziplinarhofs der Bezirksausschuß und an die Stelle des Staatsministeriums das Oberverwaltungsgericht.

Die Vertreter der Staatsanwaltschaft bei dem Bezirksausschuß und dem Oberverwaltungsgerichte werden vom Minister (jetzt für Volkswohlfahrt) ernannt. Die Verhandlung vor dem Bezirksausschuß und dem Oberverwaltungsgerichte findet im mündlichen Verfahren statt. Das Gutachten des Disziplinarhofs ist nicht einzuholen.

Das Verfahren kann mit Rücksicht auf den Ausfall der Voruntersuchung durch Beschluß des Bezirksausschusses eingestellt werden.

§ 4. Auf die bei den Versicherungsanstalten und ihren Organen im Hauptamte beschäftigten Bureau-, Kanzlei- und Unterbeamten, welche Provinzialbeamte sind, findet das Gesetz keine Anwendung.

3. Die auf Grund des § 1348 beschlossenen Reglements bilden eine gesetzlich vorgesehene Ergänzung des Gesetzes selbst und gehören mithin zu den gesetzlichen Vorschriften im Sinne des § 30; vgl. auch RGZ. **48** 84.

Ihre Beschwerden können die Beamten unmittelbar beim RVA. (LVAmt) anbringen; OVG. **51** 428, AN. **21** 338.

Das Dienstalter eines Beamten, der früher bei der LVAnstalt Elsaß-Lothringen angestellt war und vor dem Inkrafttreten des preuß. Unterbringungsgesetzes vom 30. III. 20 (GS. S. 63) in den Dienst einer preuß. LVAnstalt übernommen worden ist, richtet sich ausschließlich nach dem Übernahmevertrage; AN. **24** 198.

4. Für die Versorgungsanwärter gelten die Grundsätze für die Anstellung der Inhaber eines Versorgungsscheines (Anstellungsgrundsätze) v. 26. VII. 22, 16. VII. 23 (RGBl. 23 I S. 651) und die Allgemeinen Ausführungsbestimmungen zu den Anstellungsgrundsätzen v. 16. VII. 23 (RGBl. I S. 662), Ergänzung v. 9. IV. 25 (RGBl. I S. 47), 2. Ergänzung v. 27. II. 26 (RGBl. I S. 150), 3. Ergänzung v. 31. VII. 26 (RGBl. I S. 431), 4. Ergänzung v. 18. VII. 27 (RGBl. I S. 223).

Diese Grundsätze sind als eine verbindliche reichsrechtliche Rechtsnorm anzusehen; RGZ. **48** 84.

Ein Versorgungsanwärter, der auf Grund des Anstellungsscheins für den Unterbeamtendienst als außerplanmäßiger Kanzleibeamter bei einer VAnst. angestellt ist, kann, wenn er nachträglich den Beamtenschein erhält, bei seiner Dienstbehörde seine Vormerkung in der Bewerberliste für eine Eingangsstelle des mittleren Bureaudienstes beantragen; AN. **24** 117.

5. Für Schwerbeschädigte gilt das Gesetz über die Beschäftigung Schwerbeschädigter in der Fassung der Bek. v. 12. I. 23 (RGBl. I S. 57) u. d. G. v. 8. VII. 26 (RGBl. I S. 398), dazu AusfVO. v. 13. II. 24 (RGBl. I S. 73).

6. Die Vorschriften des Art. 17 der Personal-AbbauV. v. 27. X. 23 (RGBl. I S. 999), wonach gewisse Vorschriften dieser VO. für die VersTr. galten, sind, nachdem schon durch Art. 1 d. G. v. 4. VIII. 25 (RGBl. I S. 181) der allgemeine Personalabbau bei den VersTrn. eingestellt war, durch V. v. 24. XII. 26 (RGBl. I S. 532) mit Ablauf des 31. XII. 26 außer Kraft gesetzt.

In dem Rundschreiben vom 31. I. 27 (AN. **27** 239, **28** 77) teilt das RVA. den seiner Aufsicht unterstehenden VAnstalten die Richtlinien mit, die bei der Durchführung der Personal-Abbau-V. maßgebend waren; es erwartet, daß die VAnstalten nach wie vor die Richtlinien einhalten, es werde gemäß §§ 30ff. (§§ 23, 25 u. § 1381) und insbesondere bei der Prüfung der Voranschläge nach § 1355 auch künftig auf die Beobachtung der Richtlinien sein Augenmerk richten.

Das Besoldungssperrgesetz v. 21. XII. 20 (RGBl. S. 2117) hat seine Wirksamkeit mit dem 1. IV. 26 verloren; Art. 8 d. G. v. 24. III. 25 (RGBl. I S. 30). Seit dem 1. IV. 26 gilt das G. zur einheitlichen Regelung des Wohnungsgeldzuschusses v. 27. III. 26 (RGBl. I S. 180).

Die §§ 40, 41 des BesoldungsG. v. 16. XII. 27 (RGBl. I S. 349), wonach mit dem dort bezeichneten Vorbehalt für die Dauer von zunächst 5 Jahren, beginnend mit dem 1. IV. 28, von je 3 freien oder freiwerdenden planmäßigen Beamtenstellen der Besoldungsordnung A aufsteigende Gehälter, Anlage 1 zu diesem G., eine Stelle wegfallen soll, gelten auch für die Beamten der VAnstalten, gleichviel, ob sie staatliche oder gemeindliche Beamte sind oder ihnen die Landesregierung die Rechte und Pflichten der staatlichen oder gemeindlichen Beamten übertragen hat. Ebenso gilt § 42 a. a. O. Vgl. Rundschreiben des RFM. an die obersten Reichsbehörden, betr. Wegfall von Beamtenstellen, vom 7. I. 28 (RGBl. S. 3, Reichsversicherung S. 78), Rundschreiben des RFM. an die Landesregierungen, betr. §§ 41, 42 des Besoldungsgesetzes, v. 7. I. 28 (RGBl. S. 4, Reichsversicherung S. 79).

§ 1349. Die Versicherungsanstalt trägt die Bezüge der Beamten und Unterbeamten sowie ihrer Hinterbliebenen[1].

1. Für die beamteten Vorstandsmitglieder setzt die Anstellungsbehörde die Bezüge nach Maßgabe der Besoldungsordnungen fest, ohne daß der LVAnst. eine Einwirkung hierauf zusteht: AN. 19 425. Auch diese Bezüge trägt die VAnst., Begr. z. F.- und AVG. S. 98.

§ 1350. Der Vorstand veröffentlicht im Reichsanzeiger und im amtlichen Blatte der obersten Verwaltungsbehörde Namen, Sitz und Bezirk der Versicherungsanstalt sowie den Namen des Vorsitzenden, ebenso die Änderungen.

3. Ausschuß

§ 1351. Jede Versicherungsanstalt hat einen Ausschuß [1]. Er besteht je zur Hälfte aus Vertretern der beteiligten Arbeitgeber und Versicherten [2] und zählt mindestens zehn Mitglieder.

Die oberste Verwaltungsbehörde bestimmt [3], wieviel Mitglieder dem Gewerbe und wieviel der Landwirtschaft angehören müssen.

Sie müssen im Bezirke der Versicherungsanstalt wohnen.

Die Mitglieder des Ausschusses und deren Ersatzmänner dürfen nicht dem Vorstand angehören; werden sie in den Vorstand gewählt, so scheiden sie mit dem Zeitpunkt aus dem Ausschuß aus, an dem sie zur Ausübung des Vorstandsamtes tatsächlich berufen werden [4].

Art. VI Nr. 1 des G. v. 13. IV. 22 (RGBl. I S. 455), Art. I L G. v. 19. VII. 23 (RGBl. I S. 686).

1. Der Ausschuß ist die Generalversammlung der Beteiligten; Begr. zum F.- und AVG. S. 99. Ein Überwachungsrecht gegenüber der Geschäftsführung des Vorstandes steht ihm nicht zu; Begr. z. RVO. S. 416. Selbständige Aufgaben hat er nach §§ 1332, 1353, 1347 zu erfüllen. Zur selbständigen Mitwirkung ist er berufen nach § 1354 Satz 1 und § 1400. Weitere Befugnisse kann ihm die Satzung übertragen; § 1430, § 1436 Abs. 2, § 1467. An der laufenden Verwaltung darf er nicht teilnehmen.

Die Arbeitgebermitglieder und die Versichertenmitglieder im Ausschuß bilden den Wahlkörper für die Wahlen nach §§ 73, 89, 107, die Versichertenmitglieder den Wahlkörper für die Wahlen nach §§ 858, 891, 1030.

2. Das Amt eines Ausschußmitglieds ist ein Ehrenamt (§ 21). Die Voraussetzungen für die Wählbarkeit sind in §§ 12 bis 14 vorgeschrieben; vgl. ferner § 1351 Abs. 3. Vereinigung der Ämter als Vorstands- und Ausschußmitglied nach Abs. 4 unzulässig. Nichtständige Mitglieder des RVA. (LVAmt) können die Ausschußmitglieder sein, §§ 93, 94, 107, auch Versicherungsvertreter beim VA. oder Beisitzer des OVA. Über die Wahl s. § 1351c. Die Wahlzeit dauert 5 Jahre. Sie endet ohne Rücksicht auf den Zeitpunkt der Durchführung der Wahl jeweils mit dem Schlusse des 5. Kalenderjahrs, § 16 Abs. 1 RVO. Die Wahlzeit der erstmals nach dem G. v. 8. IV. 27 (RGBl. I S. 95) neu zu wählenden Vertreter endet mit dem Schlusse des Jahres 1932, Abschn. D Art. 1 Satz 2 d. G. v. 8. IV. 27. Die Wahlen sind nach Beendigung der Wahlzeit unverzüglich vorzunehmen; „ 16a Abs. 2. Wie zu verfahren ist, wenn die Wahl der Vertreter nicht zustande kommt (Berufung durch die Aufsichtsbehörde), wenn Vertreter vor Ablauf der Wahlzeit ausscheiden (Einrücken der Stellvertreter, gegebenenfalls Berufung durch die Aufsichtsbehörde) und wenn die Gewählten die Dienste verweigern (Berufung durch die Aufsichtsbehörde), schreibt § 16b vor. Über Ablehnung der Wahl zu Arbeitgebervertretern § 17. Über Strafbefugnis des Vorstandsvorsitzenden gegenüber Arbeitgebern § 18. Über Entschädigung § 21. Über unbehinderte Ausübung des Amts als Versichertenvertreter §§ 22, 139. Über Haftung § 23. Über Amtsenthebung § 24.

3. Die Bestimmung ist in Preußen durch Erl. v. 31. VII. 22 (VMBl. S. 421) dem Oberpräsidenten übertragen. Maßgebend die Zahl der Versicherten, nicht der Betriebe.

4. Die gleichzeitige Zugehörigkeit einer Person zum Ausschuß und Vorstand ist solange miteinander vereinbar, als der Betreffende nicht zur Ausübung des Vorstandsamts herangezogen wird. Erst mit der tatsächlichen Berufung zur tatsächlichen Ausübung des Vorstandsamts scheidet er aus dem Ausschuß endgültig aus. Als tatsächliche Berufung ist bereits die Einladung zur Teilnahme an einer Sitzung des Vorstandes anzusehen; AN. 29 169.

§ 1351a. Die Versichertenmitglieder des Ausschusses werden von den Personen gewählt, die für die Wahl der Versichertenvertreter bei den zum Bezirke der Versicherungsanstalt gehörigen Versicherungsämtern wahlberechtigt sind (§§ 42, 44). Die für die Wahl der Versicherungsvertreter beim Versicherungsamte festgesetzte Stimmenzahl (§ 43) gilt auch für die Wahl der Versichertenmitglieder im Ausschuß.

Art. VI Nr. 2 des G. v. 13. IV. 22 (RGBl. I S. 455).

§ 1351b. Die Arbeitgebermitglieder des Ausschusses aus dem Gewerbe werden von den Vorständen der Vertrauensberufsgenossenschaft oder Vertrauensausführungsbehörde, die Arbeitgebermitglieder aus der Landwirtschaft von den Vorständen der zuständigen landwirtschaftlichen Berufsgenossenschaften gewählt. Sind mehrere landwirtschaftliche Berufsgenossenschaften beteiligt, so setzt das Reichsversicherungsamt das Stimmenverhältnis nach der Zahl der Versicherten fest.

Die gewerblichen Berufsgenossenschaften, die See-Berufsgenossenschaft und die Ausführungsbehörden bestimmen für jede Versicherungsanstalt die Vertrauensberufsgenossenschaft oder Vertrauensausführungsbehörde. Kommt keine Übereinstimmung zustande, so bestimmt das Reichsversicherungsamt das Nähere. Die Namen der Vertrauensberufsgenossenschaften und Vertrauensausführungsbehörden sind dem Reichsversicherungsamte mitzuteilen und von diesem zu veröffentlichen[1].

Art. VI Nr. 2 des G. v. 13. IV. 22 (RGBl. I S. 455).

1. Bekanntmachung der Namen der Vertrauensberufsgenossenschaften für die Wahl der Arbeitgebermitglieder der Ausschüsse der Landesversicherungsanstalten aus dem Gewerbe v. 27. II. 28 (Reichsanzeiger Nr. 50).

§ 1351c. Die Wahl geschieht nach den Grundsätzen der Verhältniswahl. Die Wahlordnung[1] erläßt das Reichsversicherungsamt.

Art. VI Nr. 2 des G. v. 13. IV. 22 (RGBl. I S. 455).

1. Wahlordnung für die Wahl der Mitglieder der Ausschüsse der Landesversicherungsanstalten v. 8. XII. 27 (AN. 27 569).

§ 1352. Die oberste Verwaltungsbehörde leitet die Wahl durch einen Beauftragten[1 2 3]. Reicht die Versicherungsanstalt über mehrere Länder, so bestimmen die beteiligten obersten Verwaltungsbehörden, welche von ihnen dazu berufen ist.

Für jeden Vertreter werden mindestens zwei Ersatzmänner gewählt; sie ersetzen ihn, wenn er verhindert ist, und treten, wenn er ausscheidet, für den Rest der Wahlzeit in der Reihenfolge ihrer Wahl ein[4].

Bei Streit über die Wahlen entscheidet die Behörde, welche die Wahlordnung erlassen hat[5].

Art. VI Nr. 3 des G. v. 13. IV. 22 (RGBl. I S. 455).

1. Die Bestimmung des Beamten ist in Preußen dem Oberpräsidenten übertragen; Erl. v. 31. VII. 22 (VMBl. S. 421).

2. Bei Streit entscheidet das RVA. unter Ausschluß der LVAmter. Der Beschlußsenat entscheidet nur unter den Voraussetzungen des § 1781 Abs. 2.

3. Die sächlichen Kosten der Wahl (Schreibhilfe, Formulare, Porto) trägt das Land. Die von den wahlberechtigten Vorstandsmitgliedern der KrK. etwa geforderten Entschädigungen gehören zu den Verwaltungskosten der KrK., dem Lande oder der Gemeinde fallen sie nicht zur Last; Erl. v. 27. XII. 22 (VMBl. 23 48), v. 11. VIII. 23 (VMBl. S. 418), EuM. 15 257.

4. Die Vorschrift des Abs. 2 ist nicht so zu verstehen, daß für jedes Ausschußmitglied zwei von vornherein bestimmte Ersatzmänner gewählt werden müssen, sondern sie besagt nur, daß im ganzen doppelt soviel Ersatzmänner, wie Vertreter zu wählen sind. Die Frage, in welcher Reihenfolge die Ersatzmänner beim Ausscheiden eines Mitglieds einrücken, ist im § 16 b RVO. und in den §§ 40, 28, 25 der Wahlordnungen vom 8. XII. 27 (s. Anm. 1 zu § 1351 c) geregelt. Danach rücken für die Mitglieder des Ausschusses, die vor Ablauf ihrer Wahlzeit ausscheiden, die Ersatzmänner in der nach den Höchstzahlen geordneten Reihenfolge ihrer Wahl ein; EuM. 25 419. Vgl. auch § 16 b.

5. S. § 1351 c.

§ 1353. Dem Ausschuß bleibt vorbehalten
1. die nichtbeamteten Vorstandsmitglieder zu wählen[1],
2. den Voranschlag festzusetzen[2],
3. die Jahresrechnung abzunehmen[3],
4. die Satzung zu ändern[4].

1. Wahl der nichtbeamteten Vorstandsmitglieder; § 1346.

2. Voranschlag s. § 1355. Eine Festsetzung des Voranschlags ist nur dann als ordnungsgemäß erfolgt anzusehen, wenn dem in dem Ausschuß zutage getretenen Bedürfnis nach vorangegangener Mitteilung des Voranschlags Genüge geschehen war; AN. 25 284.

3. Das Recht, die Jahresrechnung abzunehmen, schließt das Recht zur Prüfung des Kassenbestandes nicht in sich. Diese Prüfung ist Sache des Vorstandes und der Aufsichtsbehörde; AN. 18 182. Die Vorprüfung durch die zu Rechnungsprüfern gewählten Ausschußmitglieder hat im Dienstgebäude der VAnst. zu erfolgen. Die Übersendung der Belege an die Rechnungsprüfer ist unzulässig; AN. 19 172. Die Vorlegung der Kassenbücher für sich allein stellt keine Jahresrechnung dar; AN. 17 396. Unter Umständen kann der Ausschuß die Vervielfältigung von Schriftstücken auf Kosten der VAnst. und das persönliche Erscheinen eines Vertreters des Vorstandes in der Ausschußsitzung fordern; AN. 04 258.

Die Kosten, die durch die Wahrnehmung der Befugnisse des Ausschusses entstehen, sind Verwaltungskosten der LVAnst.; AN. 04 258.

4. S. § 1341.

§ 1354. Bei Erwerb[1], Veräußerung oder Belastung von Grundstücken im Werte von mehr als 1000 Reichsmark wird die Anstalt von dem Vorstand und dem Ausschuß vertreten[2]. Soweit es sich darum handelt, im Zwangsversteigerungsverfahren Grundstücke zu erwerben, die von der Versicherungsanstalt beliehen sind, ist der Vorstand allein zur Vertretung berechtigt.

B Nr. 16 der VO. v. 16. IV. 24 (RGBl. I S. 405), § 1 der V. v. 12. XII. 24 (RGBl. I S. 775).

1. S. § 27 d und die Anm. dazu im I. Bande.

2. Über Vertretung des Ausschusses s. Anm. 8 zu § 1338.

§ 1355. Der Voranschlag muß mindestens zwei Wochen, bevor ihn der Ausschuß festsetzt, der Aufsichtsbehörde vorliegen. Sie beanstandet ihn, wenn er gegen Gesetz oder Satzung verstößt oder die Leistungsfähigkeit der Versicherungsanstalt zur Erfüllung der ihr obliegenden gesetzlichen Verpflichtungen gefährdet. Berücksichtigt der Ausschuß die Anstände nicht, so muß der Vorstandsvorsitzende die Aufsichtsbehörde anrufen (§ 8)[1]. Er hat dies zu tun, wenn es die Aufsichtsbehörde verlangt. Es entscheidet der Beschlußsenat.

1. Keine Rechtsbeschwerde, sondern eine an keine Frist gebundene Aufsichtsbeschwerde; KommB. **6** 210.

4. Vermögensverwaltung

§§ 1356, 1357 sind weggefallen.

Art. III Nr. 3 des G. v. 13. VII. 23 (RGBl. I S. 636).

Die Vorschriften der §§ 1356, 1357 über Vermögensanlagen sind in den für alle VersTr. geltenden §§ 26 bis 27f enthalten.

§ 1358. Das Reichsversicherungsamt regelt die Art und Form der Rechnungsführung[1].

Die Versicherungsanstalten haben dem Reichsversicherungsamte nach seiner Anordnung Übersichten über ihre Geschäfts- und Rechnungsergebnisse[2] einzureichen. Dieses stellt alljährlich über die gesamten Rechnungsergebnisse des abgeschlossenen Geschäftsjahrs einen Nachweis auf, der dem Reichstage vorzulegen ist.

1. Bestimmungen über die Art und Form der Rechnungsführung bei den VAnsten. (Rechnungsbestimmungen) v. 30. XII. 11 (AN. **12** 402), Nachtrag vom 17. X. 16 (AN. **16** 732), Runderl. v. 20. XII. 16 (AN. **16** 784), v. 15. XI. 17 (AN. **17** 640), v. 3. XII. 18 (AN. **18** 507), v. 12. XII. 24 (AN. **25** 24).

Neue Muster für die Rentenbescheide (Anlage VII, XI und XV der Rechnungsbestimmungen) sind mit Runderl. vom 5. XI. 25 (AN. **25** 362) bekanntgegeben. Ergänzt durch Runderl. über den Inhalt der Bescheide beim Wegfall der Waisenrente und des Kinderzuschusses aus Anlaß der Vollendung des 15. Lebensjahres v. 2. IX. 26 (AN. **26** 414). Anderweite Fassung dieser Muster laut Runderl. v. 31. V. 27 (AN. **27** 324). Die jetzt gültigen Rentenbescheidmuster (Anlage VII, XI und XV der Rechnungsbestimmungen) sind mit Runderl. vom 18. VI. 28 (AN. **28** 225) mitgeteilt.

Nach dem Runderl. vom 31. I. 28 (AN. **28** 55) hat in Abänderung von Ziff. 8 des Runderl. vom 1. VI. 26 (AN. **26** 359) Titel 1 des Kap. V der Handbücher die Bezeichnung „Rentenleistungen mit Ausnahme von Titel 2" erhalten.

2. Bestimmungen über das Aufstellen der Übersichten über die Geschäfts- und Rechnungsergebnisse der VAnstalten und Sonderanstalten v. 28. V. 13 (AN. **13** 642), Runderl. v. 2. VI. 15 (AN. **15** 616), v. 17. III. 22 (AN. **22** 278), v. 12. XII. 24 (AN. **25** 24).

Für 1922 und 1923 waren keine Geschäfts- und Rechnungsergebnisse einzureichen; F Art. VI der V. v. 16. IV. 24 (RGBl. I S. 405).

Grundsätze für die Bewertung und Darstellung des Vermögens der Träger der JV. am 1. I. 24 und seine Fortschreibung; Runderl. des RVA. vom 22. II. 26 (AN. **26** 197). Ergänzt durch Runderl. vom 15. XII. 26 (AN. **27** 15) und vom 27. IX. 27 (AN. **27** 458).

Runderl. des RVA., betr. Vermögensanlagen der Träger der JV. vom 11. VII. 27. (AN. **27** 395).

Runderlasse des RVA. über den Nachweis von Rückstellungen aus Anstaltsmitteln für bestimmte spätere Verwendungszwecke vom 19. III. 29 (AN. **29** 158) und v. 8. XI. 29 (AN. **29** 419 auch Runderl. des RVA. v. 16. XII. 29 (AN. **30** 24).

5. Allgemeines

§ 1359. Ist der Vorstand oder Ausschuß noch nicht gebildet oder weigern sie sich, ihre Geschäfte zu führen, so führt sie auf Kosten der Versicherungsanstalt der Vorsitzende des Vorstandes selbst oder durch Beauftragte[1].

Art. VII des G. v. 13. IV. 22 (RGBl. I S. 455), Art. 10 des G. v. 8. IV. 27 (RGBl. I S. 95).

1. Der bisherige Abs. 2 ist durch § 16b des G. v. 8. IV. 27 ersetzt.

B. Sonderanstalten

I. Allgemeines

§ 1360. Der Reichsarbeitsminister bestimmt auf Antrag der zuständigen Stelle, welche Anstalten des Reichs, eines Landes oder eines Gemeindeverbandes als Sonderanstalten zugelassen werden und von welchem Zeitpunkt an.

Der Reichsarbeitsminister kann auf Antrag auch andere Sonderanstalten zulassen.

Die Sonderanstalten müssen den §§ 1361 bis 1366 genügen[1 2].

Art. I Nr. 8 des G. v. 21. VII. 22 (RGBl. I S. 654).

1. Es bestehen jetzt folgende Sonderanstalten:

a) die Reichsbahn-Arbeiterpensionskasse I in Berlin (Nr. 32) — die Aufsicht führt der Generaldirektor der deutschen Reichsbahn-Gesellschaft,

b) die Reichsbahn-Arbeiterpensionskasse II in Rosenheim (Nr. 35) — die Aufsicht führt unter Oberaufsicht der Gruppenverwaltung Bayern der Deutschen Reichsbahn-Gesellschaft das Zentral-Wohlfahrtsamt bei der Gruppenverwaltung in Rosenheim.

c) die Reichsbahn-Arbeiterpensionskasse III in Dresden (Nr. 36) — die Aufsicht führt unter Oberaufsicht der Hauptverwaltung der Deutschen Reichsbahn-Gesellschaft die Reichsbahndirektion in Dresden,

d) die Reichsbahn-Arbeiterpensionskasse V in Karlsruhe (Nr. 38) — die Aufsicht führt unter Oberaufsicht der Hauptverwaltung der Deutschen Reichsbahn-Gesellschaft die Reichsbahndirektion in Karlsruhe;

e) die Invaliden-, Witwen- und Waisenversicherungskasse der See-BG. (Seekasse) in Hamburg (Nr. 41) — die Aufsicht führt das RVA.,

f) die Reichsknappschaft in Berlin (Nr. 42) — die Aufsicht führt das RAM.

2. Die Zulassung einer Sonderanstalt unterliegt nicht der Prüfung im Rentenfeststellungsverfahren; AN. **16** 583.

Nach § 11 des Staatsvertrags, betr. den Übergang der Wasserstraßen auf das Reich, G. v. 29. VII. 21 (RGBl. S. 961), erfolgt die Verwaltung der Wasserstraßen unter Leitung des RVM. Der Vertrag ist nach dem G. vom 29. VII. 21 (RGBl. S. 961) mit Wirkung vom 1. IV. 21 in Kraft getreten. Demgemäß sind die bei der Reichswasserstraßenverwaltung beschäftigten Personen bei den Reichsbahn-Arbeiterpensionskassen, nicht bei den LVAnstalten versichert; EuM. **20** 255.

§ 1361. Die Leistungen der Sonderanstalt müssen den gesetzlichen Leistungen der Versicherungsanstalt mindestens gleichwertig sein[1].

1. Die Leistungen der Sonderanstalt dürfen hinter dem Werte der nach dem Gesetz vorgesehenen Fürsorge nicht zurückstehen; Begr. zum J.- und AVG. S. 78.

Es handelt sich um eine allgemeine Gleichwertigkeit; KommBer. zum J.- und AVG. S. 108.

§ 1362. Die Beiträge [1] der Versicherten für die reichsgesetzlichen Leistungen dürfen die Hälfte des gesetzlichen Betrags (§ 1392) nur übersteigen, wenn es durch die von § 1389 abweichende Berechnungsart der Sonderanstalt notwendig wird. Höher als die der Arbeitgeber dürfen sie auch dann nicht sein [2].

1. Die Sonderanstalten brauchen das Markensystem nicht einzuführen, haben es auch nicht getan außer der Sonderanstalt der See-BG., deren Satzung die Entrichtung der Beiträge durch Verwendung von Marken nur vorsieht für die Seeleute, die nicht angemustert werden, für die Seeleute, die, ohne angemustert zu sein, auf Seeschiffen beschäftigt werden, § 1046 Nr. 2, für die nach § 1046 Nr. 3 Versicherten und für die freiwillig Versicherten; vgl. § 1375.

2. Die Vorschrift des § 1362 Satz 2 gilt nach § 103 Abs. 2 RKG. für die Reichsknappschaft als Sonderanstalt der JV. nicht; obschon die Versicherten nur die Hälfte der Beiträge zur JV. zahlen, bestehen die Organe zu $^3/_5$ aus Vertretern der Versicherten.

§ 1363. An der Verwaltung der Sonderanstalten müssen die Versicherten durch Vertreter beteiligt sein, die in geheimer Wahl bestimmt sind. Ihre Zahl muß mindestens dem Verhältnis der Beiträge [1] der Versicherten zu denen der Arbeitgeber entsprechen.

1. Nur die auf Grund der RVO. für die JV. erhobenen, nicht die sonstigen satzungsmäßigen Beiträge kommen in Betracht; StenBer. zum JVG. S. 2524.

§ 1364. Bei Berechnung der Wartezeit und der Rente [1] muß für den reichsgesetzlichen Anspruch die bei anderen Sonderanstalten und bei Versicherungsanstalten zurückgelegte Beitragszeit angerechnet werden.

1. Wartezeit und Renten dürfen nicht ungünstiger bemessen werden als nach der RVO., § 1361. Für die Reichsknappschaft als Sonderanstalt der JV. gilt § 103 Abs. 1 RKG.

Die Erteilung eines Aufnahmescheins begründet die Eigenschaft eines Versicherten im Sinne des Art. 64 EG. nicht; AN. (J. und AV.) **93** 157. Die Vorschriften über das Erlöschen der Anwartschaft (§§ 1280 ff.) gelten nicht ohne weiteres für die Sonderanstalten (§ 1372). Die Satzung entscheidet; AN. **09** 463.

Nach § 23 der Satzungen der Reichsbahn-Arbeiterpensionskassen I, II, III, V laufen die Anwartschaftsfristen vom Tage des Ausscheidens aus der versicherungspflichtigen Beschäftigung; vgl. auch AN. **03** 549. Bei der Feststellung, ob die Anwartschaft vermöge der Dreivierteldeckung im Sinne des § 23 Ziff. 1 Abs. 2 der Satzung der Reichsbahn-Arbeiterpensionskasse I in d. F. v. 1. I. 26 — (§ 1280 Abs. 2 RVO.) — aufrechterhalten ist, sind auch die in Ziffer 2 daselbst aufgeführten Ersatzzeiten mitzurechnen, dagegen nicht die Wochen der aktiven Militär- und Kriegsdienstzeit, weil diese dort nicht aufgeführt sind; Art. II C des G. v. 23. VII. 21 (RGBl. S. 984) i. d. F. des G. v. 10. XI. 22 (RGBl. S. 849) — abgedruckt im Anhang IV — ist insoweit nicht entsprechend anwendbar; EuM. **25** 225. Die Anwartschaft erlischt während der Dauer der Beschäftigung nicht, auch wenn keine Beiträge geleistet werden; AN. **09** 463. Der Tag des Ausscheidens war auch maßgebend nach § 47 der seit dem 1. I. 12 in Geltung gewesenen Satzung der Norddeutschen Knappschaftspensionskasse. Beim Allgemeinen Knappschaftsverein war ausschlaggebend der Tag der Aufnahme der Beschäftigung. Ein abweichender Beschluß des Vorstandes konnte daran nichts ändern; AN. **08** 663. Das galt auch, wenn die Beschäftigung bei der Sonderanstalt nur vorübergehend war; AN. **10** 454; wenn vorher eine Quittungskarte ausgestellt war; AN. **10** 454, oder wenn der Versicherte von dem Allgemeinen Knappschaftsverein die reichsgesetzliche Invalidenrente bezogen und nach deren Entziehung die Arbeit bei einem dem Verein angeschlossenen Betrieb aufgenommen hatte; Monatsschr. **04** 699 (RVA.). — Nach § 48 der Satzung der Allgemeinen Knappschafts-Pensionskasse für das Königreich Sachsen wurden die Fristen des § 1280 vom letzten Eintritt in die reichsgesetzliche Abteilung der Kasse an gerechnet. — Die §§ 1280—1283 sind in der JV. bei der Reichsknappschaft auch für die Geltungsdauer des RKG. (a. F.), also für die Zeit vom 1. I. 24 bis 30. VI. 26 anzuwenden, obschon die Satzung des Reichsknappschaftsvereins vom 30. XI. 23 eine ausdrückliche Bestimmung hierüber nicht enthielt. Lief am 1. I. 24 eine Frist, so hängt die Berechnung von dem Rechte der früheren Sonderanstalten ab; AN. **29** 228.

Nach § 105 der Satzung der Reichsknappschaft gelten die Vorschriften der RVO. über das Erlöschen der Anwartschaft in den §§ 1280—1283, unbeschadet der Vorschriften über freiwillige Weiterversicherung, mit der Maßgabe, daß die zweijährigen Anwartschaftsfristen vom Tage des Ausscheidens aus der die Versicherungspflicht bei der Reichsknappschaft begründenden Beschäftigung ab gerechnet werden.

§§ 1442 bis 1444 sind auf die Sonderanstalten entsprechend anzuwenden, vgl. § 1372 Nr. 17.

§ 1365. Das Verfahren über die den reichsgesetzlichen Leistungen entsprechenden Ansprüche auf Invaliden-, Alters- und Hinterbliebenenbezüge muß nach den Vorschriften dieses Gesetzes geregelt sein[1].

1. Ist ein Versicherter nacheinander bei einer Sonderanstalt oder einer LVAnst. versichert gewesen, so ist zur Entscheidung über den Anspruch derjenige VersTr. zuständig, an den zuletzt Beiträge entrichtet worden sind; AN. **16** 583.

Die im § 1365 bezeichneten Ansprüche sind in dem durch die Satzung bestimmten Verfahren zu verfolgen, das vorbehaltlich des § 112 nach den Vorschriften der RVO. über das Verfahren geregelt sein muß; AN. **16** 583. Ist die Vorbereitung und Begutachtung der Anträge Organen der Sonderanstalten übertragen, so darf dasselbe Organ nicht über die Anträge entscheiden; AN. **16** 429.

Für die Reichsknappschaft als Sonderanstalt der JV. gilt § 197 RKG.

§ 1366. Wenn die Sonderanstalt besondere oder erhöhte Beiträge für die reichsgesetzlichen Leistungen erhebt, so darf sie diese auf ihre anderen Leistungen nur so weit anrechnen, daß sie auf jede reichsgesetzliche Rente mindestens den Reichszuschuß zahlt.

§ 1367. Die Beteiligung bei einer zugelassenen besonderen Kasseneinrichtung (§§ 8, 10, 11 des Invalidenversicherungsgesetzes) oder bei einer Sonderanstalt gilt der Versicherung in einer Versicherungsanstalt gleich[1].

1. Zur Beseitigung der Schwierigkeiten, die sich bei der Durchführung der Invalidenversicherung aus der Verschiedenheit der Beitragsleistung bei den VAnstalten und bei den besonderen Kasseneinrichtungen ergeben, haben die beteiligten Stellen ein Übereinkommen getroffen, das den VAnstalten mit Rundschr. des RVA. vom 26. X. 10 (AN. **10** 592) mitgeteilt worden und am 1. I. 11 in Kraft getreten ist.

Übereinkommen

zur Beseitigung der Schwierigkeiten, die sich bei der Durchführung der Invalidenversicherung aus der Verschiedenheit der Beitragsentrichtung bei den VAnstalten und bei den besonderen Kasseneinrichtungen ergeben.

1. Beim Eintritt einer Person in ein Beschäftigungsverhältnis, für das Beiträge an eine besondere Kasseneinrichtung (§§ 8 bis 10 des JVG.) zu entrichten

sind, hat die Betriebsverwaltung festzustellen, ob der Versicherte eine Quittungskarte oder Aufrechnungsbescheinigungen (§ 134 Abs. 2 des JVG.) besitzt. Auf Grund dieser Papiere hat die Betriebsverwaltung den Namen der VAnstalt, die Nummer der letzten Quittungskarte, den Vor- und Zunamen, Geburtstag und Geburtsort des Versicherten aufzunehmen. Wird eine Quittungskarte vorgezeigt, so ist auch der Ausstellungstag der Karte und die Zahl der darin enthaltenen Marken aufzuzeichnen. Dem Vorstande der besonderen Kasseneinrichtung oder einer von diesem bezeichneten Dienststelle sind die Aufzeichnungen in Abschrift mitzuteilen.

Quittungskarte und Aufrechnungsbescheinigungen sind dem Versicherten sofort zurückzugeben. Zugleich hat die Betriebsverwaltung dem Versicherten eine gedruckte Belehrung auszuhändigen. Sie muß in gemeinverständlicher Weise auf die verschiedene Art der Beitragsleistung zu einer VAnstalt und zu einer besonderen Kasseneinrichtung aufmerksam machen, den fortdauernden Wert der Quittungskarte betonen, die alsbaldige Aufrechnung der Karte empfehlen und auf die Nachteile hinweisen, die durch Verlust oder nicht rechtzeitigen Umtausch einer Quittungskarte entstehen können.

Der Vorstand der besonderen Kasseneinrichtung oder die von diesem beauftragte Stelle hat den Vorständen der in Betracht kommenden VAnstalten Benachrichtigungen nach nachstehendem Muster mitzuteilen.

2. Endigt die Mitgliedschaft eines Versicherten bei einer besonderen Kasseneinrichtung, ohne daß Erwerbsunfähigkeit im Sinne des § 5 Abs. 4 des JVG. eingetreten ist, so hat die Betriebsverwaltung dem Versicherten eine Austrittsbescheinigung zu erteilen. Diese muß enthalten den Namen der besonderen Kasseneinrichtung, den Vor- und Zunamen, Geburtstag und Geburtsort des Versicherten, die Nummer der letzten Quittungskarte und den Namen der VAnstalt, auf welche die Karte lautete.

Diese Bescheinigung ist mit dem Arbeitszeugnisse, das dem Versicherten bei seinem Austritte kraft gesetzlicher Vorschrift zu erteilen ist oder übungsgemäß erteilt wird, in einer Urkunde zu verbinden.

Wird dem Versicherten von dem Vorstande der besonderen Kasseneinrichtung eine Bescheinigung im Sinne des § 9 Abs. 2 des JVG. ausgestellt, so kann die Erteilung einer Austrittsbescheinigung durch die Betriebsverwaltung dann unterbleiben, wenn die erstere Bescheinigung dem Versicherten bei seinem Austritte behändigt wird und sie sämtliche im Abs. 1 vorgesehenen Angaben enthält.

Anlage. (Das Formular erhält die Größe einer zusammengelegten Quittungskarte.)

(Name der besonderen Kasseneinrichtung.)

Benachrichtigung.

(Vor- und Zuname)

geb. am . . . . zu . . . .
ist am . . . . Mitglied der Kasse geworden.
Er zeigte die Quittungskarte Nr. . . . . der VA. . . . .

Aufrechnungsbescheinigung über die Quittungskarte
Nr. . . . . der VA. . . . . . *)

vor.

Die vorgezeigte Quittungskarte war am . . . . ausgestellt und enthielt . . . . . . Beiträge.

Der Vorstand.

J. A.

*) Nur auszufüllen, wenn eine Quittungskarte nicht vorgezeigt wurde.

§ 1368. Die Sonderanstalten erhalten zu ihren reichsgesetzlichen Leistungen den Reichszuschuß[1].

1. Reichszuschuß s. §§ 1285, 1268, 1316, 1374, 1403, 1404, 1406, 1407.

§ 1369. Für die Rente der bei einer Sonderanstalt Versicherten gilt für jede Woche der Beteiligung nach dem 1. Januar 1924 die Lohnklasse, der sie bei einer Versicherungsanstalt nach ihrem wirklichen Lohn angehört hätten.

Art. 51 Nr. 44 des G. v. 23. VII. 23 (RGBl. I S. 454).

§ 1370. Wenn eine Sonderanstalt die Beiträge nicht durch Marken[1] erhebt, so bescheinigt sie Austretenden die Dauer ihrer Beteiligung, ihre Lohnklassen sowie die Dauer von anrechnungsfähigen Zeiten. Der Reichsarbeitsminister kann Form und Inhalt der Bescheinigung bestimmen.

Art. I Nr. 8 des G. v. 21. VII. 22 (RGBl. I S. 654).

1. Die Sonderanstalten haben, abgesehen von der Sonderanstalt der SeeBG., die zum Teil die Beiträge durch Marken erhebt (Anm. 1 zu § 1362), das Markensystem nicht eingeführt.

§ 1371. Versicherungsberechtigte in Betrieben, für die eine Sonderanstalt besteht, können sich nur bei ihr freiwillig versichern und beim Ausscheiden aus der Beschäftigung nur bei ihr die Versicherung fortsetzen (§ 1243). Versicherungspflichtige in solchen Betrieben können sich, wenn sie aus ihrer Beschäftigung ausscheiden, ohne anderswo versicherungspflichtig zu werden, nur bei der Sonderanstalt weiterversichern (§ 1244)[1].

1. Vgl. § 1440.

Besondere Bestimmungen sind getroffen zugunsten der Mitglieder der ehemaligen Pensionskasse der Reichsbahnen in Elsaß-Lothringen durch die Verordnung über die Bestellung eines Ersatzversicherungsträgers vom 6. X. 21 (RGBl. S. 1287), vgl. jetzt V. vom 21. VII. 24 (RGBl. I S. 671).

Das Recht zur freiwilligen Versicherung bei der Sonderanstalt erlischt durch Aufnahme einer versicherungspflichtigen Beschäftigung; AN. **16** 583.

Beiträge an einen unzuständigen VersTr. sind unwirksam, können aber jederzeit berichtigt werden; AN. **11** 420. Versichert sich ein aus der Pflichtversicherung bei einer Sonderanstalt Ausgeschiedener freiwillig bei einer LVAnst., so hat diese den Wert der Marken an die Sonderanstalt zu erstatten und die Sonderanstalt die Versicherung zu übernehmen; AN. **08** 498. Hat er sich nur für die Weiterversicherung eine Quittungskarte ausstellen lassen und in ihr freiwillig Marken verwendet, so wird dadurch eine neue Anwartschaftsfrist eröffnet, in welche die von der LVAnst. an die Sonderanstalt abgeführten Beiträge eingerechnet werden können; AN. **14** 440.

§ 1372. Auf die Sonderanstalten sind entsprechend anzuwenden:

I. die Vorschriften des Ersten Buches über

1. das Vermögen (§§ 25 bis 27f),

1a. die Mitteilungen zu statistischen, rechnerischen und versicherungstechnischen Arbeiten des Reichsversicherungsamts (§ 84a),

2. die Rechtshilfe (§§ 115 bis 117),

3. die Übertragung, die Verpfändung und die Pfändung der Ansprüche (§ 119),

4. die Fristen (§§ 124 bis 134),

5. die Gebühren und Stempel (§§ 137, 138);

II. die Vorschriften des Vierten Buches über

6. das Heilverfahren (§§ 1269 bis 1274),

7. die Entziehung von Invaliden- und Hinterbliebenenrenten (§§ 1304 bis 1309),

8. das Ruhen der Renten und die Kapitalabfindung (§§ 1312 bis 1317)[1],

9. das Zusammentreffen mehrerer Renten oder Kinderzuschüsse (§ 1318),

10. die neue Feststellung und die Rückforderung von Rentenbeträgen (§§ 1319, 1320),

11. das Verhältnis der Ansprüche der reichsgesetzlich Versicherten zu den Ansprüchen aus Fabrik-, Seemanns- und ähnlichen Kassen (§ 1321),

12. die Aufrechnung (§ 1324),

13. die Änderung der Bezirke (§§ 1332 bis 1337),

14. die Rechnungslegung gegenüber dem Reichsversicherungsamte (§ 1358 Abs. 2),

15. die Auszahlung durch die Post (§§ 1383 bis 1386), soweit die Sonderanstalten nicht unmittelbar zahlen,

16. die Verteilung und Erstattung der Versicherungsleistungen und die Abführung der Beträge an die Post (§§ 1403 bis 1410),

17. die Leistung von Beiträgen für eine zurückliegende Zeit (§§ 1442 bis 1444),

18. die Entscheidung von Streit im Falle des § 1460;

III. die Vorschriften des Fünften Buches über

19. die Beziehungen der Träger der Kranken- und Unfallversicherung zu den Trägern der Invalidenversicherung (§§ 1518 bis 1526, 1543a),

20. die Beziehungen zu anderen Verpflichteten, soweit sie in den §§ 1531, 1536 bis 1543 geregelt sind.

Art. I des G. v. 23. VII. 21 (RGBl. S. 984), Art. 51 Nr. 45 des G. v. 23. VI. 23 (RGBl. I S. 454), Art. III Nr. 4i des G. v. 13. VII. 23 (RGBl. I S. 636), Art. L des G. v. 19. VII. 23 (RGBl. I S. 686), A Art. I Nr. 6 der V. v. 30. X. 23 (RGBl. I S. 1057), B Nr. 17 der V. v. 16. IV. 24 (RGBl. I S. 405), Art. 99 des G. v. 14. VII. 25 (RGBl. I S. 97).

1. Hier werden auch die §§ 1311 bis 1311d einzubeziehen sein, nachdem diese Vorschriften durch das G. v. 25. VI. 26 (RGBl. I S. 311) in den Unterabschnitt XII des zweiten Abschnitts „Ruhen der Rente und Kapitalabfindung" eingefügt worden sind.

§ 1373[1]. Das Reich oder der beteiligte Gemeindeverband haftet, je nachdem die Sonderanstalt ihren Betrieben dient, für die Leistungen; sonst haftet das Land des Betriebsitzes. Sind mehrere Länder beteiligt, so haften sie anteilig nach der Zahl der Versicherten, die am Schlusse des letzten Geschäftsjahrs in den Betrieben beschäftigt waren. Ebenso regelt sich die Haftung bei Auseinandersetzungen des Vermögens §§ 1334 bis 1336).

1. Einen besonderen Fall der Haftung behandelt § 1 des G. v. 13. VI. 20 (RGBl. S. 1433): Das Reich haftet für die beim Inkrafttreten des Versailler Vertrags vorhandenen Anwartschaften auf Leistungen der Pensionskasse des Saarbrücker Knappschaftsvereins.

§ 1374. Für die Verteilung der Versicherungsleistungen (§ 1405) sind die Beiträge nach § 1392 maßgebend. Die Leistungen der Sonderanstalten werden nur so weit verteilt, als sie den Vorschriften des Vierten Buches entsprechen.

Den Sonderanstalten, die ihre Zahlungen ohne Vermittlung der Postanstalten selbst leisten[1], wird der Reichszuschuß vorschußweise am Anfange jedes Monats überwiesen. Die Vorschußzahlungen werden am Schluß jedes Geschäftsjahrs (§ 164) ausgeglichen.

B Nr. 18 der V. v. 16. IV. 24 (RGBl. I S. 405).

1. Selbst zahlende Sonderanstalten waren der Allgemeine Knappschaftsverein und zum Teil die Allgemeine Knappschaftspensionskasse für Sachsen. Auch die Reichsknappschaft zahlt die von ihr festgesetzten Renten selbst.

II. Sonderanstalt der See-Berufsgenossenschaft (Seekasse)

§ 1375. Mit Genehmigung des Reichsarbeitsministers kann die See-Berufsgenossenschaft unter ihrer Haftung eine den reichsgesetzlichen Vorschriften entsprechende Sonderanstalt[1] einrichten. Sie muß die Personen umfassen, die in den Betrieben der Genossenschaft oder in einzelnen Arten dieser Betriebe beschäftigt werden, und auch die Unternehmer, die gleichzeitig der Unfallversicherung und der Invalidenversicherung unterliegen. Beide Gruppen sind in der Sonderanstalt kraft Gesetzes versichert.

Art. I Nr. 8 des G. v. 21. VII. 22 (RGBl. I S. 654), G. v. 16. XII. 27 (RGBl. I S. 337).

1. Von der Seekasse wird in einer besonderen Abteilung unter dem Namen „See-KK." die See-KV. durchgeführt; §§ 476ff. und die Anm. dazu im II. Bande, 2. Auflage.

§ 1376. Werden die Versicherten zu Beiträgen herangezogen, so sind sie in gleicher Weise wie die Arbeitgeber bei der Verwaltung zu beteiligen.

§ 1377. Der Beitragsanteil der Arbeitgeber darf im Durchschnitt nicht niedriger sein als die Hälfte der gesetzlichen Beiträge (§ 1392). Die Beiträge der Versicherten dürfen nicht höher sein als die der Arbeitgeber.

§ 1378. Werden die Beiträge der Versicherten abgestuft, so sind auch die Renten für die Hinterbliebenen entsprechend abzustufen.

Die Wartezeit darf nicht länger als die reichsgesetzliche sein.

§ 1379. Die Sonderanstalt der See-Berufsgenossenschaft steht im übrigen den anderen Sonderanstalten gleich. Die §§ 1355, 1358 gelten für sie ohne Einschränkung. Sie wird vom Reichsversicherungsamte beaufsichtigt.

Für die Sonderanstalt der See-Berufsgenossenschaft gelten die §§ 738, 754a entsprechend.

Art. III Nr. 4k des G. v. 13. VII. 23 (RGBl. I S. 636), Bek. v. 15. XII. 24 (RGBl. I S. 779).

§ 1380. Die Errichtung der Sonderanstalt, ihre Satzung und deren Änderung bedürfen der Genehmigung des Reichsarbeitsministers. Er beschließt, nachdem die für den Bereich der See-Unfallversicherung als Vertreter der Arbeitgeber und der Versicherten gewählten nichtständigen Mitglieder des Reichsversicherungsamts gehört worden sind.

Der Reichsarbeitsminister bestimmt den Zeitpunkt, mit dem die Einrichtung wirksam wird.

Art. I Nr. 8 des G. v. 21. VII. 22 (RGBl. I S. 654).

Vierter Abschnitt.

Aufsicht

§ 1381. Das Reichsversicherungsamt führt die Aufsicht[1] über die Versicherungsanstalten.

1. Siehe Anm. zu §§ 30—34 im I. Bande.

§ 1382. Ist für ein Land ein Landesversicherungsamt[1] errichtet, so führt es die Aufsicht über die Versicherungsanstalten, die nicht über dessen Gebiet hinausreichen.

1. LVÄmter (§ 105) bestehen in Bayern, Sachsen und Baden. Nicht zuständig sind die LVÄmter in den Fällen des § 1233 Abs. 2, der §§ 1242, 1351, 1352 Abs. 3, 1358, 1379, 1383, 1386, 1403—1408, 1411 Abs. 2, 3, § 1416 Abs. 1, § 1423 Abs. 3, § 1436 Abs. 2, § 1459, § 1715a (1789).

Fünfter Abschnitt.

Auszahlung der Leistungen. Aufbringung der Mittel

I. Auszahlung durch die Post

§ 1383. Die Anstalt zahlt auf Anweisung des Vorstandes durch die Post[1], und zwar in der Regel durch die Postanstalt, in deren Bezirk der Empfänger zur Zeit des Antrags wohnte. Die Zahlstelle wird ihm vom Anstaltsvorstande mitgeteilt.

Verzieht der Empfänger, so kann er bei der Versicherungsanstalt oder bei der Postanstalt des alten Wohnorts beantragen, daß die Zahlung an die Postanstalt des neuen Wohnorts überwiesen wird.

1. Ausführungsbestimmungen (AB.) über Zahlungen auf Grund der JV. v. 29. IX. 28 (AN. 28, Anlage zu Heft Nr. 11), Berichtigungen hierzu AN. 29 90, 359. Runderlaß des RVA. v. 17. VII. 29 über die Änderungen der Begriffsbestimmungen „Zusatzrente" und „Teilrente"; AN. 29 339.

Über die auf Grund des G. über Leistungen in der J. und AV. und des G. zur Änderung der RVO., des AVG. und des RKG. vom 29. III. 28 (RGBl. I S. 116,

117) vom 1. VII. 28 ab zahlbaren höheren Renten waren nicht neue Zahlungsanweisungen zu erlassen, sondern Änderungsanweisungen nach bestimmtem Muster; Runderl. v. 13. IV. 28 (AN. **28** 143).

Die Post besorgt das Auszahlungsgeschäft und verkauft die Marken, ohne daß die VersTr. dafür eine Entschädigung zahlen, Begr. zur RVO. S. 417, KommB. zur RVO. **4** 158. Die Entschädigung zahlt das RAM.

Ehefrauen bedürfen zur Empfangnahme von Zahlungen nicht der Zustimmung des Ehemanns; AN. **87** 351.

Ist der Empfänger nicht zu ermitteln, so kann der Betrag hinterlegt und die Bestellung eines Pflegers veranlaßt werden; AN. **98** 636.

Die Zahlung an einen Nichtberechtigten befreit den VersTr. nicht; AN. **10** 641. Er hat einen Schadensersatzanspruch gegen die Post, wenn den Postbeamten ein Verschulden trifft; AN. **13** 527 (E. eines OLG.).

Ob Zahlungspflicht besteht, ist im Rentenfeststellungsverfahren zu entscheiden, der Rechtsweg ist ausgeschlossen; AN. **13** 449 (Bay. Gerichtshof für Kompetenzkonflikte).

Für die erste Rentenerhebung hat der VersTr. das Quittungsformular dem Empfänger ausgefüllt zu übersenden. In die späteren Quittungen hat der Empfänger die erforderlichen Angaben selbst einzutragen; AN. **14** 528.

Die Postanstalten sind durch Amtsblattverf. v. 17. XII. 02 (AN. **04** 245) angewiesen, bis zum 12. jeden Monats über alle länger als 1 Monat nicht abgehobenen Rentenbeträge — also z. B. bis zum 12. I. über die seit dem 1. XII. rückständig gebliebenen Rentenbeträge — für jeden Empfänger getrennt eine Anzeige an die vorgesetzte Ober-Postdirektion zu erstatten. Die Postanstalten bleiben berechtigt, auch nach Erstattung der Anzeige die Rente weiterzuzahlen, sofern der Empfänger sich zur Abhebung meldet und die Rentenzahlung nicht etwa inzwischen eingestellt ist. Eine Anzeige ist nicht zu erstatten, wenn der Postanstalt zuverlässig bekannt ist, daß der Empfangsberechtigte die Rente aus einem anderen Grunde nicht abgehoben hat, z. B. wegen Erkrankung oder vorübergehender Abwesenheit vom Wohnort, oder wenn die Rente nach besonderer Verabredung in größeren Zwischenräumen erhoben wird, wie dies namentlich bei Ortsarmenverbänden usw. vorkommt. In eine Ermittlung darüber, aus welchem Grunde der Rentenberechtigte von der Erhebung der Rente für die beiden letzten Monate Abstand genommen hat, haben die Postanstalten nicht einzutreten. Die Anzeigen sind an die VersTr. weiterzusenden. Die Einführung dieses Verfahrens ist davon abhängig gemacht, daß im Falle einer etwa versehentlich unterbliebenen Mitteilung an die VersTr. nicht etwa die beteiligten Postbeamten für den den VersTr. entstandenen Schaden haftbar gemacht werden.

Mit Rücksicht auf Art. 7 des G. zur Änderung der RVO. und des AVG. vom 25. VI. 26 (RGBl. I 311) hat das RPM. durch Verfg. (Amtsbl. des RPM. **26** 418 Nr. 408) die Postanstalten angewiesen, die Fälle, in denen für eine und dieselbe Person als Berechtigte nebeneinander laufende Zahlungen aus der U. und der JV. neu angewiesen werden oder beim Bezuge mehrerer Renten für eine Person die URente erhöht wird, den beteiligten Trägern der JV. mitzuteilen, und zwar auch dann, wenn für die nämliche Person mehrere Renten aus der JV. zu zahlen sind. Haben die VersTr. in der Anweisung über die JBezüge auf Mitteilung verzichtet, so bedarf es keiner Mitteilung. Außerdem haben die Postanstalten auf Grund der vorliegenden Anweisungen zu laufenden Rentenzahlungen festzustellen, ob für die Empfänger von URenten gleichzeitig eine Anweisung zur Zahlung einer laufenden Rente aus der JV. vorliegt, und zutreffendenfalls dem Träger der JV. Mitteilung zu machen. Die Postanstalten sind endlich angewiesen, den VAnstalten bei den Ermittlungen, in welchen Fällen für ein und dasselbe Kind an mehrere Personen (invalide Eltern, Großeltern usw.) Kinderzuschüsse gezahlt werden (§ 1291), nach Möglichkeit behilflich zu sein. Soweit Doppelzahlungen von Kinderzuschüssen bemerkt werden, sind sie den beteiligten Trägern der JV. mitzuteilen.

§ 1384. Jede Person, die berechtigt ist, ein öffentliches Siegel zu führen, ist befugt, die bei den Zahlungen erforderlichen Bescheinigungen zu erteilen und zu beglaubigen[1].

1. Die Bescheinigungen und Beglaubigungen sind gebühren- und stempelfrei, § 138.

Beglaubigung der Unterschrift ist nicht erforderlich, wenn die Quittung von einer öffentlichen Behörde oder eine zur Führung eines öffentlichen Siegels berechtigten Person unter Beidrückung des Dienstsiegels vollzogen ist oder wenn die VAnst. bei Ausstellung der Anweisung auf die Beglaubigung verzichtet hat; s. Zahlungsanweisungsmuster AN. 28 Anlage zu Nr. 11.

§ 1385. Die obersten Postbehörden können von jeder Versicherungsanstalt einen Vorschuß[1] einziehen. Das Reichsversicherungsamt bestimmt das Nähere[2].

Abschn. B Nr. 19 der VO. v. 16. IV. 24 (RGBl. I S. 405).

1. Über Verrechnung des Vorschusses s. § 1406.
2. Runderl. des RVA. vom 27. X. 26 (AN. 26 460).

§ 1386. Das Reichsversicherungsamt kann bestimmen[1], wie an Empfänger zu zahlen ist, die sich gewöhnlich im Ausland aufhalten.

1. S. §§ 25 ff. der Ausführungsbestimmungen (AB.) über Zahlungen auf Grund der JV. vom 29. IX. 28 (AN. 28 Anlage zu Nr. 11).

II. Aufbringung der Mittel

1. Allgemeines

§ 1387. Das Reich, die Arbeitgeber und die Versicherten bringen die Mittel für die Versicherung auf[1].

Das Reich leistet Zuschüsse[2] für die in jedem Jahre tatsächlich gezahlten Renten (§ 1285), die Arbeitgeber und die Versicherten entrichten für jede Woche der versicherungspflichtigen Beschäftigung (Beitragswoche) laufende Beiträge zu gleichen Teilen (§§ 1432, 1439, 1458). Für Versicherte, deren regelmäßiger wöchentlicher Entgelt 6 Reichsmark nicht übersteigt, entrichtet der Arbeitgeber die vollen Beiträge.

Die Beitragswoche beginnt mit Montag.

Art. I des G. v. 23. VII. 21 (RGBl. S. 984), B Nr. 7 des G. v. 28. VII. 25 (RGBl. I S. 157), G. v. 25. VI. 26 (RGBl. I S. 311).

1. Über Verteilung der Rentenzahlungen s. §§ 1403 ff.
2. Kein Reichszuschuß in den Fällen der §§ 1268, 1316.

Die Zuschußpflicht des Reichs ist erweitert durch Art. 3 des G. vom 8. IV. 27 (RGBl. I S. 98) und Art. 4 Abs. 3 des G. vom 29. III. 28 (RGBl. I S. 116).

Verpflichtung der VersTr., dem RVA. fortlaufend mit den vierteljährlichen Nachweisungen über die Rentenbewegung die Unterlagen zur Ermittlung des Reichsbeitrags nach bestimmtem Muster einzureichen; Runderl. vom 13. IV. 28 (AN. 28 143).

Die JV. hat auf 9 Jahre einen durch G. begründeten Anteil an pfandfreien Zöllen auf Brotgetreide und Schlachtvieh (§ 7 des ZolländerungsG. vom 17. VIII. 25; RGBl. I S. 261). Der jeweilige Jahresbetrag von 40 Millionen RM. gehört restlos zu den außerordentlichen Einnahmen der Träger der JV. Jede Anstalt weist unter Aufsicht des RVA. (LVA.) ihren Anteil daran im Haushaltplan aus. Die Verteilung der Zollmittel beruht auf einem Schlüssel, den die VAnsten untereinander mit Zustimmung des RAM. vereinbart haben. Vgl. Erl. des RVA. vom 14. I. 29 (AN. **29** 16). S. auch Runderl. vom 21. IV. 28, betr. Verteilung der nach § 7 des G. über Zolländerungen vom 17. VIII. 25 zur Verfügung stehenden Reichsmittel, vom 21. IV. 28 (AN. **28** 146). Erl. des RAM. v. 29. XII. 28 über die Verwendung der Zollmittel für die Zwecke der JV. (AN. **29** 16). Ferner Runderl. des RVA. v. 21. III. 29 (AN. **29** 158).

2. Höhe der Beiträge

§§ 1388 bis **1391** sind weggefallen.

Art. I des G. v. 23. VII. 21 (RGBl. S. 984).

Auf Grund des § 20 Abs. 2 JuAVG. waren die Beiträge gemäß dem sog. Kapitaldeckungsverfahren nach Perioden berechnet. § 32 Abs. 2 JVG. führte das sog. Prämiendurchschnittsverfahren ein. Die RVO. in ihrer ursprünglichen Fassung (§§ 1388—1391) beließ es dabei. Art. I des G. v. 23. VII. 21 strich diese §§, da für die Deckung der Rentenerhöhungen von dem Anwartschaftsverfahren abgesehen wurde. Die seit dem 1. I. 24 gültigen Beiträge (§ 1392) sind nach dem Umlageverfahren, d. h. so bemessen, daß durch sie die jeweilige Rentenlast sowie die Kosten des Heilverfahrens und der Verwaltung gedeckt werden.

§ 1392. Als Wochenbeitrag werden erhoben[1]

in der Lohnklasse	I	30	Reichspfennig,
„ „ „	II	60	„
„ „ „	III	90	„
„ „ „	IV	120	„
„ „ „	V	150	„
„ „ „	VI	180	„
„ „ „	VII	200	„

Im Falle des § 1245 Abs. 2 Satz 3 setzt der Reichsarbeitsminister die Beiträge fest. Er kann auch anordnen, daß Beiträge unter oder über einer bestimmten Lohnklasse nicht entrichtet werden dürfen.

Art. IV des G. v. 13. VII. 23 (RGBl. I S. 636), V. v. 20. XII. 23 (RGBl. I S. 1235), Abschnitt B Nr. 20 der V. v. 16. IV. 24 (RGBl. I S. 405), § 2 der V. v. 12. XII. 24 (RGBl. I S. 775), B Nr. 8 des G. v. 28. VII. 25 (RGBl. I S. 157), G. v. 8. IV. 27 (RGBl. I S. 98).

1. Nach der Beitragshöhe richtet sich der Steigerungsbetrag, § 1289. Die bis zum 31. XII. 23 verwendeten Marken können nur insoweit beanstandet werden, als die Versicherungspflicht oder die Versicherungsberechtigung in Frage steht, § 1445a. Die Vorschrift des § 1392 Abs. 1 ist hinsichtlich der Lohnklassen I—VI am Montag, dem 27. VI. 27 in Kraft getreten; Art. 6 Abs. 1 des G. v. 8. IV. 27. Vom 1. VIII. 27 an waren auch für die Zeit vor dem 27. VI. 27 die Beiträge nach den neuen Vorschriften zu entrichten; Art. 5 a. a. O. Dies galt auch für nachzuzahlende Unterschiedsbeträge; AN. **26** 310. Die Lohnklasse VII und der dazu gehörende Wochenbeitrag gelten erst vom 1. I. 28 an. Bis dahin war für Versicherte mit einem wöchentlichen Arbeitsverdienste von mehr als 36 RM. der Wochenbeitrag nach der Lohnklasse VI zu erheben; Art. 6 Abs. 2 a. a. O.

3. Militärdienst- und Krankheitszeiten

§§ 1393, 1394 sind weggefallen.

Art. II C des G. v. 23. VII. 21 (RGBl. S. 984), Abschn. B 21 der V. v. 16. IV. 24 (RGBl. I S. 405).

Die Vorschriften der §§ 1393, 1394 über Krankheitszeiten sind in § 1279, die Vorschriften des § 1393 über militärische Dienstleistungen in Art. II C des G. v. 23. VII. 21 (Anhang IV) übergegangen.

4. Gemeinlast, Sonderlast[1]

§ 1395. Die Versicherungsanstalten verwalten ihre Einnahmen und ihr Vermögen selbständig.

1. § 33 JVG. führte eine buchmäßige Trennung des Vermögens des einzelnen VersTr. in ein Gemein- und ein Sondervermögen ein. Dem Gemeinvermögen floß ein bestimmter Vomhundertsatz der Beitragseinnahmen zu, es hatte einen Teil der Rentenlast zu tragen. Dem Sondervermögen wurde der Rest der Beitragseinnahmen überwiesen, ihm fielen der übrige Teil der Versicherungsleistungen, einschließlich der Kosten des Heilverfahrens, und die Verwaltungskosten zur Last, §§ 1397, 1396, G. v. 12. VI. 16 (RGBl. S. 525), Art. I Nr. V des G. v. 20. V. 20 (RGBl. S. 1091). Das G. v. 23. V. 21 (RGBl. S. 984) hat die §§ 1396—1399 gestrichen und damit die Unterscheidung nach Gemein- und Sondervermögen aufgegeben. S. § 1405.

§§ 1396 bis **1399** sind weggefallen.

S. Anm. 1 zu § 1395.

§ 1400. Auf übereinstimmenden Beschluß des Vorstandes und des Ausschusses können die Mittel der Versicherungsanstalt über die gesetzlichen Leistungen hinaus zum wirtschaftlichen Nutzen der Rentenempfänger und der Versicherten sowie ihrer Angehörigen verwendet[1] werden.

Dazu bedarf es der Genehmigung des Reichsarbeitsministers[2]. Er kann sie widerrufen[3], wenn nach dem Gutachten des Reichsversicherungsamts das Vermögen keine genügend hohen Überschüsse mehr hat.

G. v. 23. VII. 21 (RGBl. S. 984), Art. I Nr. 8 des G. v. 21. VII. 22 (RGBl. I S. 654), Art. I Nr. 6 der V. v. 30. X. 23 (RGBl. I S. 1057).

1. Die Verwendung von Mitteln zur Förderung der Einrichtung von Krankenpflegestationen oder zur Errichtung und Unterhaltung von Schulen (§ 1274) fällt nicht unter § 1400; AN. **01** 640, Begr. zum JVG. S. 273, ebensowenig die Hingabe von Darlehen zu Wohlfahrtszwecken; eine Anlage (§ 26 Abs. 2) ist keine Verwendung im Sinne des § 1400, StenBer. zum JVG. S. 2297. Wohl aber fallen unter § 1400 die Gewährung von Sterbe- und Begräbnisgeld, die Gewährung eines höheren als des gesetzlichen Hausgeldes, § 1271, StenBer. zum JVG. S. 2297.

2. Eine Genehmigung des RAM. ist nicht erforderlich, wenn es sich lediglich um die Gewährung des Hausgeldes gemäß § 1271 RVO. auch für die Sonn- und Feiertage handelt, wohl aber für die Fälle, in denen das gesetzlich vorgeschriebene Hausgeld erhöht werden soll; Runderl. des RVA. v. 18. I. 29 (AN. **29** 220).

3. Der Widerruf läßt die bereits zugesagten Leistungen unberührt; KommBer. zum JVG. S. 91.

5. Rückversicherungsverbände

§ 1401 ist weggefallen.

Art. I des G. v. 23. VII. 21 (RGBl. I S. 984).

6. Haftung

§ 1402. Soweit das Anstaltsvermögen zur Deckung der Verbindlichkeiten nicht ausreicht, haftet den Gläubigern der Gemeindeverband, für den die Versicherungsanstalt errichtet ist[1]. Ist er unvermögend oder ist die Versicherungsanstalt für ein Land oder Teile davon errichtet, so haftet dieses. Umfaßt die Anstalt mehrere Länder oder Gemeindeverbände, so haften sie nach der Zahl der Einwohner bei der letzten Volkszählung.

1. Gemeindeverbände im Sinne des § 1402 sind in Preußen die Provinzialverbände (Stadtkreis Berlin), Erl. v. 7. XII. 11 Ziff. 6ff. (HMBl. S. 447).

7. Verteilung und Erstattung der Versicherungsleistungen. Abführung der Beträge an die Post

§ 1403. Das Reichsversicherungsamt verteilt die für die Versicherungsanstalten geleisteten Zahlungen auf das Reich und die Versicherungsanstalten[1].

G. v. 23. VII. 21 (RGBl. I S. 984), Abschn. A Art. I Nr. 6 der V. v. 30. X. 23 (RGBl. I S. 1057), A Nr. 22 der V. v. 16. IV. 24 (RGBl. I S. 405).

1. 1922 und 1923 fand eine Verteilung und eine Erstattung der Versicherungsleistungen nicht statt, F Art. IV der V. v. 16. IV. 24 (RGBl. I S. 405). Nach Art. V a. a. O. werden v. 1. I. 24 an Zahlungen der Post aus Versicherungsleistungen ehemals deutscher oder aufgelöster deutscher Träger der JV. vom Reiche und von der Gesamtheit der Träger der JV. übernommen, das Reich beteiligt sich im gleichen Verhältnis, in dem es zu Zahlungen deutscher VersTr. den Reichszuschuß leistet.

§ 1404. Die Belastung des Reichs wird unter Zugrundelegung der Zahlen der laufenden und der neu bewilligten Renten nach Maßgabe des § 1285 für jedes Jahr ermittelt. Das Reichsversicherungsamt bestimmt das Nähere[1].

Art. I des G. v. 23. VII. 21 (RGBl. S. 984).

1. S. Bek. über die Ermittlung der Belastung des Reichs aus Zahlungen der JV. bei der Abrechnung für das Jahr 1927 vom 2. V. 28 (AN. 28 147).

§ 1405. Binnen acht Wochen nach Ablauf jedes Geschäftsjahrs teilt die Deutsche Reichspost dem Reichsversicherungsamte die Beträge mit, die auf Anweisung der Versicherungsanstalten im abgelaufenen Geschäftsjahr gezahlt sind. Die Zahlungen werden, soweit sie nicht dem Reiche zur Last fallen[1], auf sämtliche Versicherungsträger nach Maßgabe ihrer Beitragseinnahmen im letzten Geschäftsjahr verteilt[2].

Art. I des G. v. 23. VII. 21 (RGBl. S. 984), Art. I Nr. 6 der V. v. 30. X. 23 (RGBl. I S. 1057), B Nr. 22 der V. v. 16. IV. 24 (RGBl. I S. 405).

1. S. § 1285.
2. In den Jahren 1922 und 1923 fand eine Verteilung und Erstattung von Versicherungsleistungen nicht statt. F Art. IV der V. v. 16. IV. 24 (RGBl. I S. 405).

§ 1406. Das Reichsversicherungsamt teilt den Versicherungsanstalten die Beträge mit, die sie zu erstatten haben. Dabei hat das Reichsversicherungsamt die Zahlungen aus dem Postvorschusse (§ 1385) mit den tatsächlichen Zahlungen auszugleichen.

Die den Berechnungen zugrunde gelegten Zahlen sind anzugeben.

Die Höhe der Beträge, die dem Reiche zur Last fallen, ist dem Reichsarbeitsminister anzuzeigen.

Art. I des G. v. 23. VII. 21 (RGBl. S. 984), Art. I Nr. 6 der V. v. 30. X. 23 (RGBl. I S. 1057).

§ 1407. Das Reichsversicherungsamt teilt der Deutschen Reichspost mit, welche Beträge das Reich und die einzelnen Versicherungsanstalten zu erstatten haben.

Art. I Nr. 6 der V. v. 30. X. 23 (RGBl. I S. 1057).

§ 1408. Binnen zwei Wochen nach Empfang der Mitteilung muß die Versicherungsanstalt der Post den Betrag aus den bereiten Mitteln zahlen. Sind keine vorhanden, so schießt sie der Gemeindeverband[1] oder das Land vor, bei gemeinsamen Versicherungsanstalten nach Verhältnis der Zahl der Einwohner bei der letzten Volkszählung.

1. Gemeindeverband im Sinne des § 1408 ist in Preußen der Provinzialverband (Stadtkreis Berlin), Erl. v. 7. XII. 11 Ziff. 6ff. (HMBl. S. 447).

§ 1409 ist weggefallen.

Abschn. B Nr. 23 der V. v. 16. IV. 24 (RGBl. I S. 405).

§ 1410. Werden die Ansprüche der Post von den Versicherungsanstalten nicht rechtzeitig gedeckt, so leitet das Reichsversicherungsamt oder das Landesversicherungsamt (§ 1382) auf Antrag der Post die Zwangsbeitreibung ein.

Sechster Abschnitt.

Beitragsverfahren

I. Marken

§ 1411. Zur Erhebung der Beiträge sind Marken[1] zu verwenden. Die Marken enthalten bis auf weiteres die Bezeichnung der Lohnklasse und des Geldwerts.

Das Reichsversicherungsamt bestimmt die Unterscheidungsmerkmale der Marken sowie die Zeitabschnitte, für die sie ausgegeben werden sollen.

Ungültig gewordene Marken können innerhalb drei Monaten[2] nach Ablauf der Gültigkeitsdauer bei den Verkaufsstellen umgetauscht werden.

Art. III Nr. 26 des G. v. 13. VII. 23 (RGBl. I S. 636).

1. Einheitsmarken werden seit dem 3. IX. 23 ausgegeben, V. v. 30. VIII. 23 (AN. 23 249).

Seit dem 28. IX. 25 galt die V. über die Ausgabe neuer Beitragsmarken für die Invalidenversicherung v. 31. VIII. 25 (AN. 25 295): Ein- und Zweiwochenmarken. Vom 27. VI. 27 ab gilt die V. v. 13. IV. 27 (AN. 27 305): zunächst nur Einwochenmarken der Lohnklassen I—VI. Durch die V. v. 30. VII. 27 (AN. 27 396) sind Einwochenmarken der Lohnklasse VII und Zweiwochenmarken aller Lohnklassen eingeführt. Auf Grund der V. v. 31. VII. 29 (AN. 29 340) sind am 30. IX. 29 die Einwochenmarken der Lohnklassen VI und VII sowie die Zweiwochenmarken aller Lohnklassen in neuer Form und Zeichnung, die Einwochenmarken der Lohnklassen IV und V in neuen Farben, sämtlich bei unverändertem Geldwert ausgegeben worden; die Marken alter Zeichnung werden aufgebraucht.

Eine Übersicht über alle seit Einführung der JV. ausgegebenen Beitragsmarken, ihren Wert, ihre Geltungsdauer gibt die „Nachweisung über die Höhe der Markenbeiträge in der JV. seit dem 1. I. 91"; AN. 29 384.

2. Der frühere Wert von Beitragsmarken, die bereits zur Zeit ihrer Verwendung ungültig waren, kann nach Ablauf der dreimonatigen Umtauschfrist nicht auf den Wert der im Berichtigungsverfahren nachzuverwendenden neuen Marken angerechnet werden; EuM. 25 230, nur wenn ihre Verwendung noch innerhalb von 3 Monaten nach dem Ablauf ihrer Gültigkeitsdauer erfolgt ist, ist die Anrechnung zulässig; AN. 30 27.

§ 1412. Die Marken werden von den Postanstalten[1] verkauft. Der Erlös ist an die Versicherungsanstalt abzuführen, in deren Bezirk die Postanstalt liegt. Die Versicherungsanstalten können auch besondere Verkaufsstellen für Marken einrichten.

Art. III Nr. 27 G. v. 13. VII. 23 (RGBl. I S. 636).

1. Zu den Postanstalten gehören nicht die Posthilfsstellen; KommBer. zum JVG. S. 159ff.

Den Postanstalten ist verboten, Marken vom Publikum gegen Erstattung des Nennwerts oder zum Umtausch gegen Postwertzeichen usw. zurückzunehmen; Erl. des Reichs-Postamts v. 20. IX. 13, Amtsbl. des RPA. S. 257.

Die für den Umtausch geltenden Bestimmungen s. im Rundschr. v. 12. III. 12 (AN. 12 511). Änderungen durch den Runderl. v. 23. VI. 22 (AN. 22 371).

II. Quittungskarte

§ 1413. Die Beiträge werden durch Einkleben von Marken in die Quittungskarte des Versicherten entrichtet[1 2 3 4 5].

1. Welche Marken einzukleben sind, schreiben §§ 1428, 1440 vor. Vgl. auch Anm. 1 zu § 1392.

Das Hineinlegen der Marke hat keine Wirkung; AN. (J. und AV.) 95 230, ebensowenig das Entwerten loser Marken. Erst durch das Einkleben hört die Marke auf, vertretbares Wertzeichen zu sein, sie ist verbraucht, rechtlich untrennbarer Bestandteil der Quittungskarte und, falls Beitragspflicht oder Beitragsrecht bestand, ein zur Begründung von Ansprüchen geeigneter Beitrag geworden; AN. 99 282, 06 286. Auch, wenn die Marke gefunden ist; AN. 13 517.

Die Gültigkeit von Beitragsmarken wird dadurch nicht berührt, daß sie außerhalb der vorgedruckten Markenfelder auf die Innen- oder Außenseite der Quittungskarte geklebt sind; EuM. 26 110.

2. Die VAnst. kann die aus der Markenverwendung sich ergebenden Rechtswirkungen nicht ablehnen, insbesondere nicht durch einseitige Vernichtung, sei es auch unter Erstattung des Wertes, aufheben; AN. 96 294, 99 381, 99 533. Selbst nicht mit Zustimmung des Versicherten; AN. 05 469, 470. Eine eingeklebte Marke kann nur unter den Voraussetzungen der §§ 1462, 1464, 1469 wirksam vernichtet werden; AN. 05 469, 05 470, 12 937. Marken, die rechtsgültig verwendet, demnächst aber vernichtet sind, und deren Wert erstattet worden ist, ohne daß die Beibringung der ent-

sprechenden Zahl von Marken der höheren Lohnklasse nachgewiesen werden kann, sind trotz Vernichtung und Erstattung als rechtswirksam auch dann anzuerkennen, wenn der erstattete Betrag nicht wieder in die Kasse der VAnst. zurückgeflossen ist. Die VAnst. kann u. U. aufrechnen (§ 1324); AN. **06** 287, **12** 937.

Ist die Marke später widerrechtlich aus der Karte entfernt worden, ist sie mit der Karte verlorengegangen oder hat sie sich von der Karte abgelöst, so ist nach § 1421 zu verfahren; AN. **06** 286. Marken, die einmal in die Karte eingeklebt sind, können nicht wieder verwendet werden. Die zweite Verwendung ist unter allen Umständen, auch wenn sie in gutem Glauben erfolgt, unwirksam; AN. **99** 282, **06** 286. Wenn die Marken sich losgelöst haben und beim Wiederbefestigen in andere Felder geraten, so handelt es sich nicht um Wiederverwendung, sondern nur um Verbesserung der ersten Verwendung; AN. **99** 282.

3. Ausnahmen von der Regel, daß die Beiträge nur durch Einkleben in die Quittungskarte entrichtet werden:

a) im Einzugsverfahren ist mit der Zahlung an die für Rechnung der VAnst. handelnde Einzugsstelle der Beitrag entrichtet, auch wenn die Beiträge veruntreut werden; AN. **03** 245, 249. Die Einzugsstelle haftet der VAnst.; AN. **00** 615; hinsichtlich der freiwilligen Versicherung s. § 1452.

b) Pflichtbeiträge, die im Berichtigungsverfahren §§ 1462, 1469 oder im Wege der Zwangsbeitreibung (§ 28) eingezogen oder beigetrieben werden, gelten mit der Ablieferung einer entsprechenden Anzahl Marken oder eines entsprechenden Geldbetrages an die zuständige Dienststelle (VA.) als entrichtet, auch wenn die Marken oder der Geldbetrag unterschlagen oder veruntreut werden; AN. **05** 580, **10** 455. Die außerhalb des Berichtigungsverfahrens erfolgte Zahlung eines Geldbetrags an den Kontrollbeamten ist keine wirksame Beitragsleistung; Monatsschr. **13** Sp. 493 (RVA.).

c) Beiträge, die irrtümlich zur AV. entrichtet waren und in Ansehung der für dieselbe Zeit zu leistenden JV.-Beiträge durch die LVAnst. von der RVAnst. für Angestellte eingefordert wurden, gelten mit dem Zeitpunkt als an die LVAnst. geleistet, an dem die RVAnst. der Überweisung der Beiträge grundsätzlich nicht widersprach. Mit diesem Zeitpunkt sind die Beiträge zur JV. rechtswirksam entrichtet, ohne daß es noch des Einklebens von Marken in die Quittungskarte bedarf, auch ist es ohne Belang, daß nach diesem Zeitpunkt die JV.-Beiträge durch Gesetzesänderung erhöht worden sind; EuM. **26** 108.

4. Für jede Woche zählt nur ein Beitrag (§ 1290); AN. **09** 419. Ausnahmen § 1242a Abs. 3, § 140 Abs. 2 RKG. Bei der Frage, für welche Woche der Beitrag gelten soll, entscheidet die Absicht des Leistenden; AN. **04** 355. Auf den Ausstellungs- oder den Aufrechnungstag kommt es nicht an; Marken können nachträglich (§§ 1442, 1443), ferner auch im voraus entrichtet werden; AN. **01** 405, 406, **09** 419. Auch der Entwertungstag ist nicht schlechthin maßgebend; vgl. AN. **09** 419, ferner § 1431.

Beiträge, die nach der Absicht des Leistenden für bestimmte Wochen entrichtet worden sind, können nicht auf andere Wochen angerechnet werden; AN. **04** 355, **05** 499, **09** 461. Eine Änderung des Rechtsgrundes der Entrichtung ist unter Umständen statthaft, namentlich dann, wenn anzunehmen ist, daß der in der Beitragsleistung bekundete Versicherungswille den anderen Rechtsgrund mit umfaßt; AN. **09** 502, **11** 492 (Anrechnung von Beiträgen, die für eine irrtümlich als versicherungspflichtig angesehene Tätigkeit entrichtet waren, auf eine andere in dieselbe Zeit fallende versicherungspflichtige Beschäftigung), ferner § 1446.

Entwertung kein Begriffsmerkmal der Verwendung, s. § 1431.

5. Die von der zuständigen Dienststelle in der vorgeschriebenen Form ausgefertigte Quittungskarte ist schon vor dem Einkleben von Marken eine inländische, öffentliche, zum Beweise von Rechtsverhältnissen erhebliche Urkunde; Begr. zum JVG.

S. 539, RGSt. **23** 178, **24** 348. Sie ist kein Legitimationspapier im Sinne des § 363 StGB.; RGSt. **23** 335, **26** 348. Sie bescheinigt, nicht endgültig, die Versicherungspflicht oder das Versicherungsrecht des Inhabers und dient als Ausweis zum Empfang einer neuen Karte; AN. (J. und AV.) **93** 157.

Die Quittungskarte genießt den Schutz der §§ 1424, 1425, 1495.

Versicherungsfreikarten erhalten die nach § 1239 von der Versicherungspflicht Befreiten, Bek. v. 24. XII. 99; AN. **00** 179. S. Anm. zu § 1239.

§ 1414. Der Versicherte[1] hat sich die Quittungskarte ausstellen zu lassen und sie beim Einkleben und Entwerten der Marken rechtzeitig vorzulegen. Die Ortspolizeibehörde kann ihn dazu durch Zwangsstrafen[2] in Geld anhalten. Hat er keine Quittungskarte oder weigert er sich, sie vorzulegen, so kann sie der Arbeitgeber[3] beschaffen und die Kosten bei der nächsten Lohnzahlung einbehalten.

1. Der Invalide kann sich zur Verwendung rückständiger Pflichtmarken eine neue Karte ausstellen lassen; AN. **96** 307. Ebenso der Rechtsnachfolger eines verstorbenen Versicherten; AN. **96** 306. Eine neue Anwartschaftsfrist wird dadurch nicht eröffnet; AN. **05** 466.

2. Zwangsstrafen in Geld von 1 bis 1000 RM., Art. II der V. v. 6. II. 24 (RGBl. I S. 44), § 2 der V. v. 12. XII. 24 (RGBl. I S. 775).

3. Will der Arbeitgeber der Bestrafung nach § 1488 entgehen, so muß er von der Befugnis nach § 1414 Satz 3 Gebrauch machen, er ist nur dann entschuldigt, wenn auch dieses Mittel versagt; AN. **02** 651.

§ 1415. Der Versicherte kann auf seine Kosten stets eine neue Karte gegen Rückgabe der alten verlangen.

Auf seine Kosten s. Ziff. 34 der preuß. Anweisung v. 20. XI. 11 (Anh. VI).

§ 1416. Die Quittungskarte enthält Jahr und Tag der Ausstellung und den Inhalt der Vorschriften der §§ 1424, 1425, 1495. Die übrige Einrichtung bestimmt das Reichsversicherungsamt[1].

Es kann für die Selbstversicherung und ihre Fortsetzung (§ 1243) besondere Karten vorschreiben[2] und die unbefugte Verwendung anderer mit Strafe bedrohen[3].

Art. I Nr. 9 des G. v. 21. VII. 22 (RGBl. I S. 654).

1. Für die Einrichtung der Quittungskarten gilt die Bek. v. 10. XI. 11 (RGBl. S. 937). Sie ist durch zahlreiche Verordnungen geändert: Bek. v. 12. X. 16 (RGBl. S. 1167), v. 30. IX. 21 (RGBl. S. 1275), v. 30. VIII. 22 (AN. **22** 371), vom 9. XII. 22 (AN. **22** 521), v. 4. IX. 23 (AN. **23** 250), v. 5. XI. 23 (AN. **23** 288), vom 19. XII. 23 (AN. **24** 5), v. 8. I. 25 (AN. **25** 25), v. 7. IX. 25 (AN. **25** 297), v. 6. X. 25 (AN. **25** 310), v. 29. XII. 25 (AN. **26** 5), v. 19. V. 27 (AN. **27** 324). Anhang V. Durch Rundschr. v. 25. IX. 05 (AN. **05** 540) hat das RVA. den seiner Aufsicht unterstellten VAnstalten empfohlen, den einzureichenden Probestücken der Quittungskarten Prüfungszeugnisse des Materialprüfungsamts beizufügen.

2. Für die Pflichtversicherung sind gelbe, für die Selbstversicherung graue Karten vorgeschrieben, I 1 der Bek. v. 10. XI. 11.

3. Wer für die Selbstversicherung und ihre Fortsetzung unbefugt gelbe Karten verwendet, kann, sofern nicht nach anderen gesetzlichen Vorschriften eine härtere Strafe eintritt, vom VA. mit einer Ordnungsstrafe belegt werden (I 2 der Bek. v. 10. XI. 11). Strafe von 1 bis 1000 RM., Art. II der V. v. 6. II 24 (RGBl. I S. 44), § 2 der V. v. 12. XII. 24 (RGBl. I S. 775).

§ 1417. Die Kosten der Karte trägt die Versicherungsanstalt des Ausgabebezirkes, wenn sie nicht für Rechnung des Versicherten zu beschaffen ist (§§ 1414, 1415).

§ 1418. Jede Karte bietet Raum für mindestens zweiundfünfzig Wochenmarken. Die Karten werden für jeden Versicherten fortlaufend beziffert. Die erste Karte wird am Kopfe mit dem Namen der Versicherungsanstalt versehen, in deren Bezirk der Versicherte zur Zeit der Ausstellung beschäftigt ist[1], jede folgende mit dem Namen der vorhergehenden (Ursprungsanstalt). Weicht die Bezeichnung einer späteren Karte ab, so ist der Name auf der ersten maßgebend.

1. Beschäftigungsort s. §§ 1329 bis 1331.

§ 1419. Die oberste Verwaltungsbehörde bestimmt, unbeschadet des § 1456, die Stellen, welche die Karten ausstellen und umtauschen (Ausgabestellen)[1].

Der Reichsarbeitsminister bestimmt die Ausgabestellen in den deutschen Schutzgebieten.

Die Ausgabestellen rechnen, wenn die Karte zurückgegeben wird, nach den eingeklebten Marken die Beitragswochen für die einzelnen Lohnklassen auf. Gleichzeitig ist die Dauer der nachgewiesenen Militärdienste und der bescheinigten Krankheiten anzugeben, die in die Zeit der Geltung der Karte fallen. Die Ausgabestellen bescheinigen dem Inhaber die Endzahlen[2].

Die Kosten für die Muster der Bescheinigungen über die Aufrechnung trägt die Versicherungsanstalt des Ausgabebezirks.

Der Reichsarbeitsminister bestimmt, wer die Kosten für die Quittungskarten und für die Muster der Bescheinigungen in den deutschen Schutzgebieten zu tragen hat.

1. Die Befugnis der obersten Verwaltungsbehörde ist erweitert durch § 1455 Abs. 1 Nr. 1, beschränkt durch § 1456.

Für Preußen gilt die Anw. für die Quittungskartenausgabe v. 20. XI. 11, abgeändert durch zahlreiche Erlasse, s. Anh. VI. Nur die zuständigen Stellen dürfen Karten ausgeben und umtauschen; AN. **13** 679, 844.

Durch Ausstellung der Karte wird die Eigenschaft des Versichertseins nicht begründet; AN. (J. und AB.) **91** 149, **93** 157.

Besondere Listen für graue Quittungskarten (Karten für Selbstversicherte) werden in Preußen nach dem Erl. v. 4. IV. 22 (BMBl. S. 236) nicht mehr geführt.

Beim Umtausch haben die Ausgabestellen die ordnungsmäßige Beitragsleistung zu prüfen und nötigenfalls zu berichtigen; Erl. v. 20. X. 21 (BMBl. S. 477).

2. Die von der zur Ausgabe von Quittungskarten befugten Dienststelle in ordnungsgemäßer Form erteilte Bescheinigung über die Endzahlen gilt als öffentliche Urkunde im Sinne des § 415 ZPO. In ihr werden durch Eintragung des Ortes, des Tages der Ausstellung und der Endzahlen rechtlich erhebliche Tatsachen bekundet. Als öffentliche Urkunde begründet sie vollen Beweis der darin bezeugten Tatsache § 418 ZPO.; AN. **04** 624, RGSt. **41** 222. Keine öffentlichen Urkunden sind Aufrechnungsbescheinigungen, die ein zur Ausgabe von Karten nicht Befugter erteilt hat; AN. **10** 431, RGSt. **44** 102. Der Nachweis der Unrichtigkeit der in einer ordnungsmäßigen Aufrechnungsbescheinigung beurkundeten Tatsachen ist zulässig. Das bloße Bestreiten genügt nicht. Ein begründetes Bestreiten muß die Spruchbehörde

zur Klarstellung des Sachverhalts veranlassen. Es wird dann anzunehmen sein, wenn Umstände geltend gemacht werden, deren nähere Prüfung die Unrichtigkeit der Bescheinigung ergeben kann; AN. **11** 420, 435. Der Inhalt einer Quittungskarte ist gegenüber der Bestätigung durch eine Aufrechnungsbescheinigung solange maßgebend, als er nicht erweislich unrichtig ist. Eine von einer Privatperson ausgestellte Aufrechnungsbescheinigung kann den Inhalt der Quittungskarte nicht widerlegen; EuM. **19** 155 (Bay. LVAmt).

Ersetzt wird die Quittungskarte durch die Aufrechnungsbescheinigung nicht. Ersatz dafür kann nur nach § 1421 geschafft werden. Die Aufrechnungsbescheinigung hat den Zweck, dem Versicherten die Kenntnis der Endzahlen zu vermitteln und gegenwärtig zu halten. Sie kann aber auch als Beweismittel dafür dienen, daß aus der Karte nachträglich Marken entfernt sind; AN. **99** 283. Es ist daher erwünscht, daß den Versicherten der hohe Wert der Aufrechnungsbescheinigung durch einen entsprechenden Aufdruck, z. B. „wichtig für den Rentenanspruch, sorgfältig aufzubewahren" vor Augen geführt wird; AN. **99** 380.

Hat der Versicherte die Aufrechnungsbescheinigung verloren, so kann er jederzeit durch die VAnst. den Stand seiner Versicherung erfahren; KommBer. z. J.- und AVG. S. 157. Ein förmlicher Ersatz ist nicht vorgesehen.

Die Aufrechnungsbescheinigung genießt nicht den Schutz der §§ 1424, 1425, 1495.

§ 1420. Die Karte soll binnen zwei Jahren nach dem Tage der Ausstellung zum Umtausch eingereicht werden. Ist dies versäumt, so muß im Streitfall der Versicherte beweisen, daß die Anwartschaft erhalten ist[1].

1. Ist die Karte rechtzeitig zum Umtausch eingereicht — entscheidend ist der Tag der Einreichung bei der zuständigen Stelle, nicht der Tag des Aufrechnungsvermerks; Monatsschr. **18** 459 (Bay. LVAmt) — so hat im Streitfalle die VAnst. zu beweisen, daß die Anwartschaft nicht erhalten ist. Bei Versäumung des rechtzeitigen Umtausches muß der Versicherte beweisen, daß die Anwartschaft erhalten ist; AN. **02** 474. Beweislast bedeutet hier nur, daß die Unmöglichkeit einer sicheren Feststellung demjenigen zum Nachteil gereicht, der zu beweisen hat; AN. **12** 891, EuM. **3** 198 (Bay. LVAmt), **6** 299 (Bay. LVAmt). Die rechtzeitige Einreichung der Karte zum Umtausch hat die bezeichnete Rechtsfolge auch dann, wenn dem Versicherten die Karte zu Unrecht wieder ausgehändigt worden ist; EuM. **11** 296 (Bay. LVAmt). Ist die Umtauschfrist versäumt, so greift die Vermutung des § 1445 Abs. 1 nicht Platz.

Die Versäumung des rechtzeitigen Umtausches ist bedeutungslos, wenn die Anwartschaft zweifellos erhalten ist; AN. **96** 152, **97** 594, **02** 474, oder wenn vor Ablauf der Umtauschfrist der Versicherungsfall eingetreten ist, der das Erlöschen der Anwartschaft hindert; AN. **99** 775.

Die nachteiligen Wirkungen der Versäumung der Umtauschfrist erstrecken sich nur auf die in Frage stehende Karte; AN. **05** 470.

Wird entgegen Ziff. 8 der Bek. v. 8. VI. 12 (RGBl. S. 367, AN. **12** 813), jetzt Ziff. 10 der V. v. 10. III. 28 (AN. **28** 106), eine verspätet eingereichte Karte vernichtet, so darf dadurch die Rechtslage des Versicherten nicht verschlechtert werden, es kann von ihm nicht mehr bedingungslos der Nachweis der Erhaltung der Anwartschaft verlangt werden; AN. **05** 466.

Verlängerung der Umtauschfrist (bis Ende 1921, Bek. v. 23. V. 20, RGBl. S. 1081 zugunsten von Versicherten deutscher und österreichisch-ungarischer Staatsangehörigkeit oder der Staatsangehörigkeit einer anderen mit dem Deutschen Reiche verbündeten oder befreundeten Macht und von Versicherten, die in deutschen oder in österreichisch-ungarischen Diensten militärische Dienstleistungen verrichteten. S. § 7 der Bek. v. 23. XII. 15 (RGBl. S. 845), § 1b der Bek. v. 28. III. 18 (RGBl. S. 165).

§ 1421. Verlorene, unbrauchbar gewordene oder zerstörte Quittungskarten werden durch neue ersetzt.

Nachweisbare Beiträge werden beglaubigt übertragen; die Versicherungsanstalt wird vorher gehört, wenn nicht die unbrauchbar gewordene Karte vorgelegt wird, und in jedem Falle nachher unterrichtet[1].

Art. III Nr. 28 des G. v. 13. VII. 23 (RGBl. I S. 636).

1. Ein förmliches Aufgebotsverfahren ist nicht vorgesehen; Begr. zum JuAVG. S. 132.

Ob die Karte beim Arbeitgeber, beim Versicherten oder bei einer Dienststelle verlorengegangen ist, ist belanglos; AN. **05** 466.

Zerstört sind Karten, wenn Marken aus ihnen sich losgelöst haben oder entfernt worden sind, ohne daß die Beitragsleistung dadurch aufgehoben worden ist; AN. **99** 282, **99** 283, **06** 286.

Durch neue ersetzt gemäß Ziff. 17 der preuß. Anweisung für Quittungskartenausgabe (Anh. VI). Die Übertragung erfolgt nach Ziff. 17 a. a. O.

Die erneuerte Karte tritt an die Stelle der ersetzten; AN. **04** 258. Die Anrechnungsfähigkeit der Marken muß nach denselben Grundsätzen geprüft werden, wie die Anrechnungsfähigkeit von Marken überhaupt; AN. **04** 420, auch dann, wenn die Karte durch Schuld der VAnst. verlorengegangen ist; dabei ist allerdings zu beachten, daß der Versicherte durch den Verlust der Karte möglicherweise in seiner Beweisführung beeinträchtigt ist; AN. **05** 466.

Nur urkundlich nachgewiesene Beiträge sind anrechnungsfähig; AN. (J. und AV.) **93** 65, AN. **96** 292, **18** 298. Eine Aufrechnungsbescheinigung kann zwar im Erneuerungsverfahren als Beweismittel dienen, macht aber die Erneuerung nicht entbehrlich; AN. **99** 283.

Die von der zuständigen Dienststelle in gehöriger Form ausgestellte Erneuerungs- und Übertragungsurkunde ist eine öffentliche Urkunde, § 418 ZPO. Die Beweiskraft kann nicht durch einfaches, sondern nur durch begründetes Bestreiten, auch noch im Rentenverfahren, beseitigt werden; AN. **04** 420, **07** 467, **11 435**, **11** 420.

Die Anfechtung kann noch im Rentenverfahren nachgeholt werden; AN. **97** 332, **04** 420, **07** 467, selbst wenn der Versicherte im Übertragungsverfahren darauf verzichtet haben sollte; AN. **05** 501.

Zuständig zur Übertragung sind die Ausgabestellen (§ 1419). Wird im Rentenverfahren die Übertragung beantragt, so können die Spruchbehörden das Rentenverfahren aussetzen und den Antragsteller auf § 1421 verweisen, aber auch selbst entscheiden; AN. 99 283, **05** 501, **18** 298, EuM. **14** 372 (Bay. LVAmt). Ist vor Einleitung eines Rentenverfahrens die Übertragung geregelt, so ist trotzdem noch im Rentenverfahren eine nachträgliche Übertragung zulässig, wenn die urkundlich festgestellte Nichtübertragung durch Führung des Gegenbeweises erfolgreich angefochten wird. In diesem Falle entscheiden die Spruchbehörden; AN. **07** 467.

Portokosten, die der Ausgabestelle bei Erneuerung der Karte außerhalb eines Rentenverfahrens erwachsen, hat die VAnst. nicht zu erstatten. Barauslagen aber, die entstehen, wenn das VA. im vorbereitenden Verfahren nach § 1617 behufs Erneuerung der Karte Ermittlungen anstellt, muß die VAnst. nach § 59 Abs. 2 ersetzen; AN. **13** 842.

§ 1422. Der Versicherte kann gegen den Inhalt der Bescheinigung (§ 1419 Abs. 3) und gegen die Übertragung oder deren Ablehnung (§ 1421 Abs. 2) Beschwerde beim Versicherungsamt erheben. Gegen die Übertragung (§ 1421 Abs. 2) kann es auch die Versicherungsanstalt. Das Versicherungsamt[1] entscheidet endgültig.

Art. III Nr. 29 des G. v. 13. VII 23 (RGBl. I S. 636).

1. Das VA., dessen Zuständigkeit sich nach § 1785 bestimmt, entscheidet ohne Versicherungsvertreter, KommBer. zur RVO. I S. 106.

§ 1423. Die eingereichten Karten gehen der Versicherungsanstalt des Bezirkes zu. Diese gibt sie nach Prüfung und Berichtigung der Eintragungen auf der Außenseite an die Ursprungsanstalt (§ 1418)[1] weiter.

Die Ursprungsanstalt kann den Inhalt aller Karten desselben Versicherten in Sammelkarten übertragen und sie statt der Einzelkarten aufbewahren.

Das Reichsversicherungsamt bestimmt[2] das Nähere. Es bestimmt auch, wann und wie sonst Quittungskarten zu vernichten sind.

Art. I Nr. 9 des G. v. 21. VII. 22 (RGBl. I S. 654).

1. Wird eine auf den Namen der ehemaligen VAnst. Elsaß-Lothringen lautende Quittungskarte zum Umtausch vorgelegt, so erhält die neue Karte die Aufschrift „Baden (früher Elsaß-Lothringen)". Wird eine auf die Namen der ehemaligen VAnst. Westpreußen oder Posen lautende Quittungskarte zum Umtausch vorgelegt, so erhält die neue Karte den Namen der VAnst. des Umtauschortes mit dem Beisatz „(früher Westpreußen)" oder „(früher Posen)". Jede folgende Karte erhält die nämliche Bezeichnung. Die Nummernfolge wird dadurch nicht berührt. Die neue Ursprungsanstalt zieht die Vorkarten von der alten Ursprungsanstalt oder von der deutschen VAnst., an die sie inzwischen abgegeben sind, ein. Werden Karten einer nichtdeutschen VAnst. zum Umtausch vorgelegt, so sind sie vorbehaltlich besonderer Vereinbarungen mit den fremden Staaten dem Antragsteller zurückzugeben. Auf Antrag ist eine neue Karte auszustellen; Preuß. Anw. v. 21. I. 24 (VMBl. **25** 22).

Runderl. d. Pr. MfV., betr. Umtausch von Saargebietsquittungskarten, v. 15.VI. 28 (VMBl. Sp. 731).

2. V. über die Einrichtung von Sammelkarten und die Vernichtung von Quittungskarten v. 8. VI. 12 (RGBl. S. 367, AN. **12** 813) in der Fassung der V. v. 9. VII. 23 (AN. **23** 198), der V. v. 17. III. 24 (AN. **24** 76), der V. v. 27. V. 25 (AN. **25** 245), der V. v. 8. II. 26 (AN. **26** 194) u. der V. v. 29. VIII. 27 (AN. **27** 429). Seit dem 15. III. 28 gilt die V. über die Einrichtung von Sammelkarten und die Vernichtung von Quittungskarten vom 10. III. 28 (AN. **28** 106).

Die Sammelkarte ist eine öffentliche Urkunde im Sinne des § 418 ZPO. Die Beweiskraft kann nur durch begründetes Bestreiten beseitigt werden; vgl. AN. **11** 435. Der nachweislich unrichtige Inhalt der Sammelkarte ist für die Rentenfeststellung nicht maßgebend; AN. **13** 417. Dem Ermessen des Vorstandes der LVAnst. bleibt es überlassen, welche Kontrollmaßregeln er beim Einstampfen von Quittungskarten ergreifen will; AN. **10** 585.

§ 1424. Die Karte darf nur die gesetzlich vorgeschriebenen Angaben enthalten und keine besonderen Merkmale[1] tragen; vor allem darf aus ihr nichts über Führung oder Leistungen des Inhabers zu entnehmen sein. Karten, die dagegen verstoßen, hat jede Behörde, der sie zugehen[2], einzubehalten und durch neue zu ersetzen. Die nachweisbaren Beiträge werden beglaubigt übertragen. Die Versicherungsanstalt wird benachrichtigt.

Art. III Nr. 30 des G. v. 13. VII. 23 (RGBl. I S. 636).

1. Insbesondere ist die Durchlochung der Marken in Form von Buchstaben oder in einer anderen den Arbeitgeber kennzeichnenden Form unzulässig; AN. **04** 363.

Strafvorschriften s. S. 1495.

2. Auch die nicht zur Durchführung des Gesetzes berufenen Behörden, Begr. zum JuAVG. S. 126.

§ 1425. Niemand darf eine Quittungskarte wider den Willen des Inhabers[1] zurückbehalten. Dies gilt nicht für die zuständigen Stellen, wenn sie die Karten zu Zwecken des Umtauschs[2], der Berichtigung[3], Aufrechnung[4], Übertragung[5], Beitragsüberwachung[6] oder beim Einzugsverfahren[7] zurückbehalten.

Wer Karten dieser Vorschrift zuwider zurückbehält, ist dem Berechtigten für Nachteile hieraus verantwortlich[8]. Die Ortspolizeibehörde nimmt die Karte ab und händigt sie dem Berechtigten aus[9].

1. Das Verbot der Zurückbehaltung von Quittungskarten gegen den Willen des Inhabers (§ 1425 Abs. 1) und folgeweise das Gebot, die Karte auf Verlangen des Versicherten diesem sofort herauszugeben, richtet sich an jedermann, der eine solche Karte in Verwahrung hat, also nicht nur an den Arbeitgeber des Versicherten, sondern auch an jeden Dritten, ja sogar an Behörden, die amtlich Quittungskarten in Gewahrsam haben, mit Ausnahme der in § 1425 Abs. 1 bezeichneten Versicherungsstellen; EuM. **26** 120 (Landesarbeitsgericht Görlitz, Urt. v. 17. I. 29).

Händigt der Arbeitgeber dem Versicherten die Karte beim Ausscheiden aus dem Dienste nicht aus, so muß er sie ihm nachsenden. Nur beim widerrechtlichen Verlassen des Dienstes braucht die Sendung nicht freigemacht zu werden; AN. **00** 842.

2. Umtausch s. §§ 1419, 1420, 1455, 1456.

3. Berichtigung s. §§ 1462, 1463, 1469.

4. Aufrechnung s. § 1419 Abs. 3.

5. Übertragung s. § 1421 Abs. 2.

6. Beitragsüberwachung s. §§. 1466—1469.

7. Einzugsverfahren s. §§ 1447 ff.

8. Eine Verletzung des § 1425 kann nur einen vor den Gerichten, gegebenenfalls den Arbeitsgerichten (§ 2 Abs. 1 Nr. 2, 3 des Arbeitsgerichtsg. v. 23. XII. 26 (RGBl. I S. 507) geltend zu machenden bürgerlich-rechtlichen Schadensersatzanspruch (§ 823 Abs. 2 BGB.) auslösen; EuM. **22** 163, 164.

Die Schadensersatzpflicht nach § 1245 Abs. 2 ist lediglich daran geknüpft, daß die Karte wider den Willen des Inhabers zurückbehalten wird. Der Begriff der Zurückbehaltung setzt nur voraus, daß der andere die Karte in Gewahrsam und die tatsächliche Möglichkeit hat, sie dem Versicherten auszuhändigen, und ferner, daß der Versicherte ihm den Willen, den Gewahrsam an der Karte zu erlangen, erkennbar gemacht hat. In letzterer Hinsicht ist aber die weitere Voraussetzung, daß der Versicherte das Verlangen auf Aushändigung am gehörigen Orte oder zu gehöriger Zeit stellt. Ein Forstarbeiter kann nicht an der Arbeitsstelle im Walde die sofortige Aushändigung verlangen, wenn der Förster, wie üblich, die Quittungskarten seiner Forstarbeiter in seinem Dienstzimmer aufbewahrt, ebensowenig kann der Versicherte zur Unzeit, z. B. nachts, die Herausgabe der Karte verlangen. Dagegen ist es für die Pflicht zur Herausgabe der Karte unerheblich, ob das Arbeitsverhältnis schon beendet ist, ob der Lohn bereits gezahlt ist und die fälligen Marken schon verwendet sind; EuM. **26** 120 (Landesarbeitsgericht Görlitz, Urt. v. 17. I. 29).

Strafvorschriften s. § 1490 Nr. 5.

9. Behandlung von Quittungskarten, die anläßlich eines Strafverfahrens zu den Akten genommen werden, Vf. des PrJust.M. v. 8. V. 03 (JMBl. S. 101; AN. **03** 506). Entsprechende Vf. der übrigen Regierungen; AN. **04** 241.

III. Entrichtung der Beiträge durch die Arbeitgeber. Nachweis des Militärdienstes und der Krankheit

§ 1426. Der Arbeitgeber[1], der den Versicherten die Beitragswoche hindurch beschäftigt[2], hat für sich und ihn den Beitrag[3 4] zu entrichten.

Beschäftigen mehrere Arbeitgeber den Versicherten während der Woche, so zahlt der erste von ihnen den ganzen Beitrag. Hat weder er noch der Versicherte selbst den Beitrag entrichtet (§ 1439), so hat der nächste Arbeitgeber den Beitrag zu entrichten, kann aber von dem ersten Ersatz beanspruchen. Ist der Versicherte gleichzeitig von mehreren Arbeitgebern versicherungspflichtig beschäftigt, so haften sie als Gesamtschuldner[5 6].

1. Arbeitgeber ist derjenige, für dessen Rechnung der Lohn gezahlt wird; Begr. zum JuAVG. S. 85; Anl. des RVA. v. 26. IV. 12 Ziff. 9ff.; AN. **12** 721. Die in Gütertrennung lebende Ehefrau eines Gewerbtreibenden, der die Betriebseinrichtung und die Rohstoffe gehören, ist neben ihrem Manne Arbeitgeber der in dem Betriebe beschäftigten Arbeitnehmer und daher als Gesamtschuldnerin zur Zahlung der Beiträge zur Reichsversicherung verpflichtet; EuM. **22** 146. Wird ein Arbeitnehmer in einem Betrieb beschäftigt, so ist in der Regel der Unternehmer zugleich der Arbeitgeber im Sinne der JV. Die Frage, ob der Landwirt oder der Dreschmaschinenbesitzer als Arbeitgeber der beim Dreschen beschäftigten sog. Überzähligen (nichttechnischen Arbeiter) anzusehen ist, kann nur nach Lage des Einzelfalls entschieden werden; AN. **27** 584. Bei Verkehrsbetrieben ist Arbeitgeber der Unternehmer des Betriebs, also derjenige, für dessen Rechnung der Betrieb geführt wird und dem das wirtschaftliche Ergebnis des Betriebs zugute kommt. Die Deutsche Reichsbahn-Gesellschaft war also nicht verpflichtet, Beiträge für Arbeiter zu entrichten, die bei der französisch-belgischen Eisenbahnregie im besetzten Gebiete beschäftigt wurden; vgl. AN. **28** 16 (AV.). Als Arbeitgeber des Leiters und der Mitglieder von Musikkapellen, die in Gast- und Kaffeehäusern aufspielen, ist regelmäßig der Wirt anzusehen; AN. **12** 940. Der Umstand, daß die Einnahmen der in einer Schankwirtschaft zum Tanz aufspielenden Musikkapelle zwischen dem Wirt und den Mitgliedern der Kapelle geteilt werden, schließt die Eigenschaft des Wirtes als Arbeitgeber der Kapelle nicht aus; AN. **13** 445. Nicht Arbeitgeber ist der Baustellenverkäufer oder der Baugeldgeber als solcher; AN. **07** 414. Nicht Arbeitgeber ist der Arbeitsvermittler; AN. **06** 512.

Der Konkursverwalter, der für die Konkursmasse versicherungspflichtige Arbeiter beschäftigt, ist als deren Arbeitgeber anzusehen. Er kann aber für Beiträge persönlich nicht vor den Instanzen der RVO. haftbar gemacht werden. Persönlich haftet er nur nach Maßgabe des § 82 der KonkO. Die Beiträge gehören zu den Massekosten, § 58 Nr. 2 a. a. O.; AN. **15** 599.

2. Als beschäftigt gilt die zur Hofarbeit verpflichtete Ehefrau eines Gutsarbeiters nur für die Wochen, in denen sie zur Arbeit kommt; AN. (J. und AV.) **92** 23. Bei einem im Jahreslohn stehenden, aber nur in den Sommermonaten beschäftigten Hirten kommt nur die Zeit der tatsächlichen Arbeitsleistung in Betracht; AN. **01** 633. Ständige Dienstbereitschaft aber, die auch in den Pausen Unfreiheit mit sich bringt, steht der wirklichen Arbeit gleich; AN. **99** 651. Als Beschäftigungszeit gilt auch die Zeit des Urlaubes, wenn der Beurlaubte Entgelt erhält und der Verfügungsgewalt des Arbeitgebers untersteht; AN. **14** 655, **15** 371, **17** 516, EuM. **3** 146. Das Beschäftigungsverhältnis erlischt auch nach Beendigung der tatsächlichen Beschäftigung nicht, solange das Dienst- oder Arbeitsverhältnis und der sich daraus ergebende Anspruch des dienstbereiten Arbeitnehmers auf den vertragsmäßigen Entgelt weiter bestehen; AN. **29** 66; vgl. auch AN. **27** 581 und EuM. **22** 238 (KV.), AN. **28** 314 (AV.).

Das Fortbestehen eines versicherungspflichtigen Beschäftigungsverhältnisses wird auch dadurch nicht ausgeschlossen, daß für die Zeit einer verhältnismäßig nicht zu langen Unterbrechung der Arbeitsleistung, in der das Beschäftigungsverhältnis fortdauert, kein Entgelt gezahlt wird. Ob es während dieser Zeit als ein entgeltliches anzusehen ist, entscheidet sich nach den Umständen des Einzelfalls; AN. **24** 84.

Über die Frage, ob beim Fortbestehen des Beschäftigungsverhältnisses für Krankheitszeiten Beiträge zu entrichten sind, s. Anm. 2 Abs. 2 zu § 1279.

3. Vgl. § 1245.

Befreiung von der Beitragspflicht kann für einen von mehreren Arbeitgebern nach Ziff. 2 der Bek. v. 27. XII. 99 (Anhang III) begründet sein; AN. **98** 564.

4. Ist wegen unzureichender Markenverwendung der Rentenanspruch abgewiesen, so hat der Versicherte einen im Rechtswege zu verfolgenden Schadenersatzanspruch (§ 278 BGB.) gegen den Arbeitgeber, wenn dieser sich dem Versicherten gegenüber ausdrücklich oder stillschweigend beim Abschluß des Arbeitsvertrags zur Markenverwendung verpflichtet hat. Dabei ist aber zu prüfen, ob und inwieweit ein mitwirkendes Verschulden des Versicherten den Ersatzanspruch ausschließt (§ 254 BGB.), RGZ. **63** 353, ArbVers. **10** 529 (RG)., Monatsschr. **25** 126 (RG.).

Der Dienstvertrag ergibt unmittelbar nicht die Verpflichtung des Arbeitgebers gegenüber dem Arbeitnehmer, für das Einkleben der Beitragsmarken in die Quittungskarte besorgt zu sein. Hat aber der Arbeitnehmer dem Arbeitgeber zum Zweck der Beitragsleistung die Quittungskarte übergeben und klebt der Arbeitgeber die Marken in die Quittungskarte ein, so entsteht aus diesem tatsächlichen Verhalten eine Pflicht auf Grund des Arbeitsvertrags zur ordnungsmäßigen Besorgung des Einklebens, deren Verletzung den Arbeitgeber schadenersatzpflichtig macht; EuM. **26** 124. (Reichsarbeitsgericht, Urt. v. 9. VIII. 29). Hingegen: Die Pflichten des Arbeitgebers in Ansehung der Sozialversicherung seiner Arbeitnehmer, vor allem Anmeldung und Beitragszahlung, sind grundsätzlich öffentlich-rechtliche, durch Zwang und Strafe gesicherte Pflichten, keine Vertragspflichten gegenüber dem Arbeitnehmer aus dem Arbeitsvertrag, auch keine Schutzgesetze i. S. des § 823 BGB. Inwiefern etwa sich der Arbeitgeber beim Abschluß des Arbeitsvertrags ausdrücklich oder stillschweigend zur Markenverwendung verpflichtet haben sollte, ist vom Arbeitnehmer nachzuweisen; EuM. **26** 124 (OLG. Braunschweig, Urt. v. 12. X. 28).

5. Grundsätzlich hat, wer den Versicherten im Laufe einer Kalenderwoche beschäftigt, den vollen Wochenbeitrag, d. i. den Wochenbeitrag in derjenigen Lohnklasse zu entrichten, der dem gesamten Wochenentgelt entspricht; AN. **28** 391. Der erste Arbeitgeber kann sich nicht darauf berufen, daß der Versicherte in derselben Woche noch bei einem anderen Arbeitgeber beschäftigt ist. Er hat den vollen Wochenbeitrag zu leisten. Auf Grund der RVO. steht ihm kein Rückgriffsrecht gegen den zweiten usw. Arbeitgeber zu. Bestreitet der erste Arbeitgeber seine Beitragspflicht, so ist sie im Verfahren nach § 1459 festzustellen. Auch der zweite und der folgende Arbeitgeber darf die Beitragsentrichtung nicht ablehnen, falls noch kein Beitrag entrichtet ist. Bestreitet er seine Beitragspflicht überhaupt oder macht er geltend, daß der frühere Arbeitgeber oder der Versicherte oder ein Dritter den Wochenbeitrag bereits geleistet habe, so ist hierüber im Verfahren nach § 1459 zu entscheiden; EuM. **22** 194 (Besch.). Bei unständig Beschäftigten (§ 441), bei denen am ersten Arbeitstag der Woche noch nicht feststeht, ob und was sie im Laufe der Woche noch verdienen werden, ist das Vierfache des Ortslohnes zugrunde zu legen; § 1 Abs. 3. der Bestimmungen des RAM. über die Berechnung des wöchentlichen Arbeitsverdienstes in der JV. vom 14. VI. 24 (RGBl. I S. 647), s. Anm. 1 zu § 1245. Unentschieden gelassen ist in der E. AN. **28** 391 die Frage, ob etwa der erste Arbeitgeber der Woche, der den vollen Beitrag geleistet hat, von dem späteren Arbeitgeber der Woche einen entsprechenden Ersatz fordern kann. Ein solcher Anspruch würde gegeben sein, wenn der Schlußsatz im § 1426

Abs. 2 auch auf einen solchen Fall anzuwenden ist, da ein Gesamtschuldner, der die Schuld tilgt, von den übrigen nach § 426 BGB. eine Ausgleichung verlangen kann. Den Streitfall würde hierüber nach § 1461 RVO. das VA. endgültig zu entscheiden haben.

6. Strafvorschriften s. § 1488.

§ 1427. Läßt sich die tatsächliche Arbeitszeit nicht feststellen[1], so ist der Beitrag für die Zeit zu entrichten, die für die Arbeit annähernd erforderlich ist. Bei Streit entscheidet auf Antrag eines Teiles das Versicherungsamt endgültig.

Die Versicherungsanstalt kann mit Genehmigung des Reichsversicherungsamts oder des Landesversicherungsamts (§ 1382) für die Berechnung besondere Bestimmungen erlassen.

1. Durch die Vorschrift soll die Beitragsbemessung für solche Fälle sichergestellt werden, in denen die Zahl der Zeiteinheiten (Tage, halbe Wochen, Wochen) nicht bekannt ist, auf die sich die Arbeitsleistung verteilt, nicht aber eine schätzungsweise Zusammenrechnung dieser Arbeitsleistungen ermöglicht werden. Da die RVO. als Maßstab für die Beitragsleistung nur die Woche kennt, so gilt die Vorschrift nur dann, wenn die Zahl der Wochen, in denen gearbeitet worden ist, sich nicht feststellen läßt. Ob sie überhaupt anwendbar, ist im Verfahren nach § 1459 zu entscheiden; AN. **03** 372.

§ 1428. Der Arbeitgeber entrichtet die Beiträge[1], indem er bei der Lohnzahlung[2] für die Dauer der Beschäftigung Marken[3] nach der Lohnklasse[4] des Versicherten in die Quittungskarte klebt. Sie sind von einer Verkaufsstelle im Bezirke der Versicherungsanstalt des Beschäftigungsorts[5] zu erwerben.

Der Arbeitgeber hat sie aus eigenen Mitteln zu erwerben.

Wenn eine Lohnzahlung nicht stattfindet, sind die Marken spätestens bei der Beendigung der Beschäftigung einzukleben.

Art. III Nr. 31 des G. v. 13. VII. 23 (RGBl. I S. 636).

1. Der Arbeitgeber, der seine Beitragspflicht nicht erfüllt, macht sich nach § 1488 strafbar und ist unter Umständen nach den Vorschriften des BGB. zum Schadensersatz verpflichtet, Anm. 4 zu § 1426. Beiträge, die hätten entrichtet werden sollen, aber nicht entrichtet worden sind, können nicht angerechnet werden; AN. (J. und AV.) **93** 65, AN. **01** 613; AN. (J. und AV.) **95** 250 (vereinbarte, jedoch nicht ausgeführte Höherversicherung). Unzulässig ist die Bewilligung einer Rente unter der Bedingung nachträglicher Beitragsentrichtung; AN. (J. und AV.) **94** 120.

2. Die Fälligkeit des Beitrags bestimmt sich nicht nach der Fälligkeit des Lohns, sondern nach der Lohnzahlung; AN. **04** 624. Abschlagszahlungen gelten nicht als Lohnzahlung, § 1434, ebensowenig Vorschüsse; AN. **02** 651. Wer den Lohn zahlt, ist belanglos. Für Kellner, die lediglich auf Trinkgelder der Gäste angewiesen sind, hat der Arbeitgeber die Marken spätestens am Ende jeder Woche zu verwenden; AN. (J. und AV.) **91** 158. Den Fall, daß keine Lohnzahlung stattfindet, regelt Abs. 3. Beiträge, die vor der Fälligkeit entrichtet sind, werden nicht unwirksam, wenn die Lohnzahlung ausbleibt; AN. **04** 624.

3. Marken s. §§ 1411 ff.

4. Lohnklasse s. §§ 1245, 1248. Marken einer zu niedrigen Lohnklasse sind an sich gültig; AN. **06** 287. Strafvorschriften in § 1488. Berichtigung nach Ziff. 20 der Preuß. Anweisung, Anhang VI.

5. Beschäftigungsort s. §§ 1329—1331.

§ 1429. Bei Versicherten, die durch Vertrag für mindestens ein Vierteljahr dem Arbeitgeber zur Arbeit verpflichtet sind, kann der Arbeitgeber die Marken zu anderer Zeit, spätestens in der letzten Woche jeden Vierteljahrs [1], einkleben. Auf jeden Fall sind die Marken bei Ablauf der Beschäftigung einzukleben.

1. Satz 1 gilt auch dann, wenn Barlohn in längeren Zeitabschnitten als vierteljährlich gezahlt wird. Vierteljahr bedeutet Kalendervierteljahr; AN. **13** 607.

§ 1430. Die Versicherungsanstalt kann den Arbeitgebern [1] gestatten, die Marken zu anderer Zeit einzukleben.

1. Nicht schlechthin allen Arbeitgebern, sondern nur bestimmten Gruppen von Arbeitgebern; KommBer. zur RVO. **4** 187.

§ 1431. Die Marken müssen entwertet [1] werden. Als Tag der Entwertung [2] soll der letzte Tag desjenigen Zeitraums angegeben werden, für welchen die Marke gilt. Die Reichsregierung bestimmt [3] das Nähere und kann Zuwiderhandlungen mit Strafe bedrohen.

1. Nach Ziff. II 5 der Bek. v. 10. XI. 11 (RGBl. S. 937) Anh. V müssen die Marken in der Weise entwertet werden, daß auf den einzelnen Marken handschriftlich oder durch Stempel ein Kalendertag (Entwertungstag) in Zahlen deutlich bezeichnet wird, z. B. 9. X. 21. Zum Entwerten ist Tinte oder ein ähnlicher festhaltender Farbstoff zu verwenden. Andere Entwertungszeichen sind unzulässig.

Als Tag der Entwertung soll der letzte Tag des Zeitraums angegeben werden, für den die Marke gilt. Gemäß § 1387 Abs. 3 ist der folgende Sonntag als Entwertungstag anzusehen. Dies gilt auch für Mehrwochenmarken; AN. **13** 417. Bei Prüfung der Frage, für welche Zeit freiwillig verwendete Marken einer Quittungskarte gelten sollen, ist der wirkliche Wille des Versicherten zu ermitteln; AN. **13** 514, **15** 768. Dieser Wille kann allerdings unter Umständen aus den Entwertungsdaten entnommen werden. Die Entwertungsdaten sind aber keineswegs ausschließlich zu berücksichtigen, vielmehr sind alle Umstände des Falles zu würdigen; AN. **15** 768, **17** 467.

2. Die Entwertung ist kein Begriffsmerkmal des Verwendens, RGSt. **40** 335. Die Unterlassung des Entwertens wirkt aber für den Versicherten nachteilig, s. §§ 1439, 1445 Abs. 1.

Die Entwertung ist eine Urkunde im Rechtssinne, Monatsschr. **14** 820 (RGSt.).

3. Die Reichsregierung (früher der Bundesrat) bestimmt, s. Bek. v. 10. XI. 11 (RGBl. S. 937), Anh. V.

§ 1432. Unbeschadet der Vorschrift des § 1387 Abs. 2 Satz 2 müssen sich die Versicherungspflichtigen bei der Lohnzahlung die Hälfte der Beiträge und, wer über die gesetzliche Lohnklasse hinaus versichert, ohne die Versicherung in einer höheren Lohnklasse mit dem Arbeitgeber vereinbart zu haben, auch den Mehrbetrag [1] vom Barlohn abziehen lassen. Die Arbeitgeber dürfen nur auf diesem Wege [2] den Beitragsteil der Versicherten wieder einziehen.

Die Abzüge sind auf die Lohnzeiten gleichmäßig zu verteilen [3] [4] [5].

B Nr. 9 des G. v. 28. VII. 25 (RGBl. I S. 157).

1. Die Hälfte der Beiträge und ...... auch den Mehrbetrag: § 1248. Besteht der Lohn nur aus Sachbezügen oder wird er von Dritten gewährt, so greift § 1437 ein; Begr. zur RVO. S. 429.

Vgl. §§ 139, 140, 1433.

Kein Abzugsrecht nach § 1242a Abs. 1 Satz 5.

2. Ergibt sich nachträglich, daß die Abzüge zu Unrecht erfolgt sind, weil Versicherungspflicht nicht bestanden hat, so kann der zu Unrecht Versicherte nicht von der VAnst. den für ihn gezahlten Beitragsteil, sondern, vorbehaltlich § 1446, nur vom Arbeitgeber den ihm zu Unrecht vorenthaltenen Teil des Lohnes verlangen. Dieser Anspruch ist im Wege der Zivilklage zu verfolgen. Der Arbeitgeber kann, vorbehaltlich § 1446, den Anspruch auf Rückzahlung gegen die VAnst. nur im Verfahren nach § 1459 geltend machen. Vgl. auch RGZ. 66 77.

3. Abs. 2 gilt in den Fällen der §§ 1429, 1430, 1439 und im Einzugsverfahren §§ 1447 ff.

4. Streit über die Berechnung und Anrechnung der Beiträge ist nach § 1461 zu entscheiden.

5. Strafvorschriften s. § 1490 Nr. 1, § 1492.

§ 1433. Sind Abzüge bei einer Lohnzahlung unterblieben, so dürfen sie nur noch bei der nächsten nachgeholt werden, es sei denn, daß der Arbeitgeber ohne sein Verschulden wirksame Beiträge nachträglich entrichtet (§ 1442)[1 2 3].

1. Nach Ablauf von 2 Lohnzahlungsperioden ist der Abzug zulässig, wenn ganze Personengruppen, die als nicht versicherungspflichtig galten, später für versicherungspflichtig erklärt worden sind; AN. 16 438.

2. Streit zwischen Arbeitgebern und Versicherten über Berechnung und Anrechnung, Erstattung und Ersatz der Beiträge wird nach § 1461 entschieden.

3. Strafvorschriften s. § 1490 Nr. 1, § 1492.

§ 1434. Abschlagszahlungen gelten nicht als Lohnzahlungen im Sinne der §§ 1428, 1432, 1433. Auf jeden Fall sind die Marken in der letzten Woche jeden Vierteljahres[1] einzukleben[2].

1. Vierteljahr = Kalendervierteljahr.

2. Streit s. Anm. 2 zu § 1433.

§ 1435. Arbeitgeber, gegen die eine Anordnung des Versicherungsamts nach § 398[1] ergangen ist, dürfen, wenn sie die Beiträge in Marken entrichten, Lohnabzüge nur für die Zeit machen, für die sie die geschuldeten Beiträge nachweislich bereits entrichtet haben.

Wo das Einzugsverfahren[2] besteht, gilt die Anordnung nach § 398 auch für die Beiträge zur Invalidenversicherung. Die Versicherten haben dann ihren Beitragsteil an den Zahltagen selbst einzuzahlen[3 4].

1. Anordnung des Versicherungsamts nach § 398. § 398 lautet:

„Auf Antrag einer Orts-, Land- oder Innungskrankenkasse sowie auf Antrag von Mitgliedern der Organe einer Betriebskrankenkasse kann das Versicherungsamt (Beschlußausschuß) widerruflich anordnen, daß Arbeitgeber, die mit Abführung der Beiträge rückständig sind und sich in einem Zwangsbeitreibungsverfahren als zahlungsunfähig erwiesen haben, nur ihren Beitragsteil einzahlen. Die von ihnen beschäftigten Versicherungspflichtigen haben dann ihren Beitragsteil an den Zahltagen selbst einzuzahlen.

Gegen diese Anordnung hat der Arbeitgeber die Beschwerde an das Oberversicherungsamt (Beschlußkammer). Es entscheidet endgültig."

In einem Zwangsbeitreibungsverfahren. „Damit soll klargestellt werden, was entsprechend der Absicht der Vorschrift nach ihrer Entstehungsgeschichte und der Rechtsprechung des RG. schon jetzt gilt, daß nämlich jede Art eines solchen Verfahrens genügt, um diese Vorschrift anwendbar zu machen. Das Beitreibungsverfahren braucht mithin nicht besonders auf die Beiträge gerichtet gewesen zu sein, und es fällt unter den Begriff auch die Zwangsvollstreckung im Zivilprozeß", Begr. zur RVO. S. 225; RGSt. **25** 258. Zahlungsunfähigkeit liegt schon dann vor, wenn der Arbeitgeber zwar noch Mittel besitzt, diese aber erst durch ein umständliches Verfahren, z. B. durch Zwangsvollstreckung in unbewegliches Vermögen, flüssig gemacht werden können, Begr. zur RVO. S. 225; AN. **01** 606.

Beschwerde ist also auch in den Fällen des § 1435 zulässig, Begr. zur RVO. S. 429.

2. Einzugsverfahren s. §§ 1447 ff.

3. Streit s. § 1461.

4. Strafvorschriften s. § 1490 Nr. 2, 3.

§ 1436. Der Reichsarbeitsminister regelt die Erhebung der Beiträge für die nach den §§ 1228[1], 1229 Versicherungspflichtigen.

Die Versicherungsanstalt regelt mit Zustimmung des Reichsversicherungsamts die Erhebung der Beiträge für die Hausgewerbtreibenden. Sie kann auch bestimmen, wieweit die Auftraggeber die Pflichten der Arbeitgeber zu erfüllen haben.

Die Regelung einer Versicherungsanstalt für die Hausgewerbtreibenden eines Bezirkes gilt auch für die außerhalb dieses Bezirkes wohnenden Arbeitgeber[2] und Auftraggeber[2] dieser Hausgewerbtreibenden.

Für die von den Hausgewerbtreibenden Beschäftigten gelten die allgemeinen gesetzlichen Vorschriften.

Art. IX des G. v. 30. IV. 22 (RGBl. I S. 465).

1. V. über die Versicherung Deutscher im Ausland v. 26. IV. 23 (RGBl. I S. 273).

§ 1. Die Beiträge für die A.- und JV. von Deutschen, die bei einer amtlichen Vertretung des Reichs oder eines Landes im Ausland oder bei deren Leitern oder Mitgliedern beschäftigt sind, können am Schluß des Kalendervierteljahrs an die VersTr. bar entrichtet werden. VersTr. in diesem Sinne sind für die AV. die RfA. in Berlin-Wilmersdorf, für die JV. bei Beteiligung des Reichs die LVAnst. Berlin, bei Beteiligung eines Landes die VAnst., welche für die Hauptstadt dieses Landes zuständig ist.

§ 2. Die Beiträge sind spätestens bis zum 15. Tage des auf das Kalenderjahr folgenden Monats portofrei abzusenden. Der Arbeitgeber hat bei der Beitragsentrichtung Vorname, Zuname, Geburtstag, Geburtsort, Gehalts- (Lohn-) Klasse des Versicherten anzugeben, für die JV. außerdem, auf welche Anstalt die Quittungskarten lauten (Ursprungsanstalt). Der VersTr. verwendet die Beiträge nach Eingang für den Versicherten.

2. S. § 162 Abs. 4, 5.

§ 1437. Die oberste Verwaltungsbehörde[1] kann bestimmen, wie der Beitragsteil Versicherungspflichtiger aus ihrem Entgelt[2] zu erstatten ist, wenn dieser nur aus Sachbezügen besteht oder von Dritten gewährt wird[3] [4].

1. In Preußen ist die Bestimmung den Regierungspräsidenten (für den Stadtkreis Berlin dem Oberpräsidenten) übertragen, Erl. v. 27. IV. 12 (HMBl. S. 398).

2. Entgelt s. § 160.

3. Streit wird nach § 1461 entschieden.

4. Strafvorschriften s. § 1490 Nr. 1, 4, § 1492.

§ 1438. Geleistete Militärdienste werden durch die Militärpapiere nachgewiesen[1].

Krankheitswochen werden durch Bescheinigungen nachgewiesen[2]. Nach Ablauf der Krankenhilfe oder der Fürsorge während der Genesung hat der Vorstand der Krankenkasse, der Ersatzkasse[3], des Versicherungsvereins auf Gegenseitigkeit oder der auf Grund landesrechtlicher Vorschriften errichteten Hilfskasse die Bescheinigung auszustellen. Im übrigen hat es der Gemeindevorstand[4] zu tun. Das Versicherungsamt kann den Vorstand der Kasse oder des Versicherungsvereins auf Gegenseitigkeit durch Zwangsstrafen in Geld[5] anhalten, diese Verpflichtung zu erfüllen.

Für die in Reichs- und Landesbetrieben Beschäftigten kann die vorgesetzte Dienstbehörde die Bescheinigungen ausstellen. In diesen Fällen ist die Krankenkasse von der Verpflichtung zur Ausstellung der Bescheinigungen vom Versicherungsamte zu entbinden[6].

1. S. Abschnitt C des G. v. 23. VII. 21 (RGBl. S. 984), Anhang IV.

§ 1438 Abs. 1 gilt auch für Militärdienstzeiten, die während des Weltkrieges in österr.-ung. Diensten oder im Dienste einer mit dem Deutschen Reiche verbündeten oder befreundeten Macht zurückgelegt waren, Bek. v. 26. XI. 14 (RGBl. S. 485), § 1 der Bek. v. 28. III. 18 (RGBl. S. 165).

2. Krankheitszeiten können auch anderweit nachgewiesen werden; AN. (I. und AV.) **92** 134, **95** 232; AN. **96** 357, **99** 284, **10** 657, EuM. **6** 299 (Bay. LVAmt), EuM. **14** 286 (Bay. LVAmt).

Den Bescheinigungen der nach § 1438 zuständigen Stellen wohnt eine gewisse Beweiskraft inne. Bescheinigungen anderer Stellen unterliegen den allgemeinen Regeln der Beweiswürdigung; AN. **99** 284.

3. Ersatzkasse s. § 503.

4. Gemeindevorstand ist in Preußen in Städten der Magistrat, wo ein solcher nicht vorhanden, der Bürgermeister (Oberbürgermeister), in Landgemeinden der Gemeindevorsteher (in der Rheinprovinz und in der Provinz Hessen-Nassau der Bürgermeister), in selbständigen Gutsbezirken der Gutsvorsteher; Erl. v. 7. XII. 11 Ziff. 5 (HMBl. S. 447).

5. Der Mindestbetrag der Geldstrafe beträgt 1, der Höchstbetrag 1000 RM., Art. II der V. v. 6. II. 24 (RGBl. I S. 44), § 2 der V. v. 12. XII. 24 (RGBl. I S. 775). Verfahren bei Ausstellung von Krankheitsbescheinigungen s. Ziff. 10 der Anw. v. 10. XI. 11 (HMBl. S. 429); Anh. VI.

6. Die Nachweisungen und Bescheinigungen sind gebühren- und stempelfrei, § 138.

IV. Entrichtung der Beiträge durch die Versicherten

§ 1439. Auch der Versicherte kann die vollen Beiträge entrichten. Der Arbeitgeber hat ihm die Hälfte, und zwar der gesetzlichen Beiträge, wenn nicht die Versicherung in einer höheren Lohnklasse vereinbart ist[1], zu erstatten.

Der Anspruch besteht nur, wenn die Marke vorschriftsmäßig entwertet ist[2]. Er ist spätestens bei der zweitnächsten Lohnzahlung zu erheben, es sei denn, daß der Versicherte ohne sein Verschulden wirksame Beiträge nachträglich entrichtet hat[3 4 5].

1. Vereinbarung nach § 1248. Die Fassung trägt der neuen Vorschrift des § 1387 Abs. 2 Satz 2 keine Rechnung.

2. Entwertet s. § 1431.

3. Dies trifft insbesondere zu, wenn Beiträge erst für längere Zeit zu zahlen sind, weil bestimmte Personengruppen erst nachträglich für versicherungspflichtig erklärt wurden oder weil aus anderen Gründen die Beitragsentrichtung ohne Schuld der Arbeitgeber und der Versicherten nicht möglich war, Begr. zum IVG. S. 330, 331.

4. Streit ist nach § 1461 zu entscheiden.

5. Strafvorschrift s. § 1491.

§ 1440. Bei der Selbstversicherung und Weiterversicherung sind Beiträge in der dem jeweiligen Einkommen[1] entsprechenden Lohnklasse, mindestens aber in der Lohnklasse 2[2], zu entrichten[3].

Freiwillig Versicherte erwerben Marken bei den Verkaufsstellen des Anstaltbezirkes, in welchem sie beschäftigt sind oder sich aufhalten. Freiwillig Versicherte können die Versicherung im Ausland fortsetzen. Zur Fortsetzung der Versicherung bei einer Sonderanstalt dürfen Marken der im § 1411 bezeichneten Art nicht verwendet werden (§ 1371).

Art. III Nr. 32 des G. v. 13. VII. 23 (RGBl. I S. 636), B Nr. 10 des G. v. 28. VII. 25 (RGBl. I S. 157).

1. „Jeweiliges Einkommen" im Sinne des § 1440 Abs. 1 ist das Einkommen, das der Versicherte jeweils in dem Zeitraum hat, für welchen die Beiträge gelten sollen; AN. **29** 421.

Zum Einkommen im Sinne des § 1440 gehören auch die Renten, Pensionen u. dgl., die nach den Militärversorgungsgesetzen gewährt werden, jedenfalls soweit es sich um Einkünfte handelt, auf die ein Rechtsanspruch besteht; EuM. **21** 270.

Der Begriff des Einkommens geht weiter als der Begriff des Arbeitsverdienstes, deckt sich aber nicht mit dem steuerpflichtigen Einkommen. Erwerbslosenunterstützung auf Grund der V. über Erwerbslosenfürsorge vom 16. II. 24 (RGBl. I S. 127) war kein Einkommen im Sinne des § 1440 Abs. 1; EuM. **20** 256; AN. **28** 165. S. auch jetzt Abs. 7 der V. zur Ausführung des AVAVG. v. 29. IX. 27 (RGBl. I S. 312).

Seit dem 1. VIII. 25 — an diesem Tage war das G. vom 28. VII. 25 (RGBl. I S. 157), das dem § 1440 die jetzige Fassung gab, in Kraft getreten —, mußten freiwillige Beiträge in der dem tatsächlichen Einkommen des Versicherten entsprechenden Lohnklasse, mindestens aber in Lohnklasse 2 auch dann entrichtet werden, wenn sie gemäß § 1443 für die vor dem 1. VIII. 25 liegende Zeit bestimmt waren; AN. **28** 127.

2. Nach dem G. v. 8. IV. 27 (RGBl. I S. 98) kommt jetzt Lohnklasse II in Betracht.

3. Auch im voraus können freiwillige Beiträge entrichtet werden; AN. **09** 419, EuM. **1** 228 (Bay. LVAmt), EuM. **9** 337 (Bay. LVAmt).

Freiwillige Beiträge können auch durch Dritte entrichtet werden; AN. **03** 538, **04** 447, **07** 491.

Allgem. Verf. des PrJustM. v. 9. X. 23, betr. die IV. von Gefangenen (JMBl. S. 662), geändert durch die AllgVerf. vom 16. I. 26 (JMBl. S. 45) und vom 30. III. 27 (JMBl. S. 132).

§ 210 der Dienst- und Vollzugsordnung für die Bayer. Strafanstalten und Gerichtsgefängnisse v. 15. III. 24 (GVBl. S. 85). — Schutz gegen den Verlust der Anwartschaften. Ob das Unterbleiben der Beitragsentrichtung für Strafgefangene auf einem Verschulden der Strafanstaltsleitung beruht, ist jedoch für die Frage der Erhaltung der Anwartschaft ohne Belang; EuM. **26** 106 (Bay. LVAmt).

S. auch § 129 AVAVG. (RGBl. 1929 I S. 153), Art. 7 der V. v. 29. IX. 27

(RGBl. I S. 312) wegen der für Arbeitslose während des Bezugs der Hauptunterstützung aus Mitteln der Reichsanstalt zu entrichtenden Beiträge.

Sind für einen freiwillig Versicherten Beiträge in einer zu niedrigen Lohnklasse entrichtet, so hängt die Wirksamkeit dieser Beiträge von ihrer Berichtigung ab. Die Berichtigung setzt das Einverständnis des Versicherten voraus. Der Versicherte, der in einer zu niedrigen Lohnklasse freiwillig Beiträge entrichtet hat, kann entweder, soweit der Anspruch auf Erstattung nicht nach § 29 Abs. 2 verjährt ist, die Beiträge zurückverlangen oder bestimmen, daß ihr Wert zur Berichtigung anderer Beitragsmarken zu niedriger Lohnklasse verwendet wurde. Die Berichtigung der in einer zu niedrigen Lohnklasse entrichteten freiwilligen Beiträge ist nicht an die einjährige Frist des § 1443 gebunden, da schon durch die Verwendung von zu niedrigen Beiträgen das Band der freiwilligen Versicherung geschaffen ist; AN. 27 462, 463. Ebenso können freiwillige Beiträge, die durch Einführung neuer Marken höheren Wertes ungültig geworden sind, unabhängig von der Frist des § 1443 berichtigt werden; EuM. 22 263. Die in einer zu niedrigen Lohnklasse entrichteten freiwilligen Beiträge über die Grenzen des § 1443 hinaus zu berichtigen, ist aber dann unzulässig, wenn der sich Versichernde bewußt unzureichende Beiträge entrichtet, oder wenn in einem Beitragsstreitverfahren nach § 1459 die Marken als unzureichend festgestellt sind und der sich Versichernde gleichwohl nicht innerhalb einer angemessenen Frist ihre Berichtigung bewirkt; AN. 29 169.

§ 1441. Auch wer sich während einer entgeltlichen, aber nicht bar bezahlten oder nur vorübergehenden Beschäftigung (§§ 1227, 1232) freiwillig versichert, hat Anspruch auf den Beitragsteil des Arbeitgebers. Dieser kann es ablehnen, mehr zu erstatten, als er gesetzlich (§ 1245) verpflichtet ist[1 2].

1. Streit ist nach § 1461 zu entscheiden.
2. Strafvorschrift s. § 1491.

V. Unwirksame Beiträge

§ 1442. Pflichtbeiträge sind unwirksam, wenn[1] sie nach Ablauf von zwei Jahren, falls aber die Beitragsleistung ohne Verschulden[2] des Versicherten unterblieben ist, nach Ablauf von vier Jahren seit der Fälligkeit entrichtet werden[3 4].

Ein Verschulden des Versicherten[2] liegt nicht vor, wenn der Arbeitgeber die Quittungskarte aufbewahrt und sie nicht zur richtigen Zeit ordnungsgemäß umgetauscht hat[2 5].

1. Die LVAnst. darf die Nachbringung von Pflichtmarken nicht in weiterem Umfange gestatten, als es § 1442 zuläßt. Ist die Ausschlußfrist des § 1442, aber nicht die Verjährungsfrist des § 29 Abs. 1 verstrichen, so bleibt das Beitreibungsrecht der LVAnst. nach § 29 Abs. 1 bestehen; AN. 13 607. Sie kann aber zur Ausübung dieses Rechts weder von der Aufsichtsbehörde noch von den Spruchinstanzen gezwungen werden; Monatsschr. 23 229, 454 (Bay. LVAmt); vgl. auch AN. 12 825. AN. 04 630. Vgl. aber § 1242a. Hat sie es gleichwohl getan oder hat sie Beiträge in weiterem Umfange eingezogen oder beigetrieben, so kann sie die Rechtmäßigkeit der Marken jedenfalls im Rentenverfahren nach § 1445 Abs. 2 nicht beanstanden; AN. 13 357, 607, EuM. 4 308 (Bay. LVAmt). In den Grenzen des § 1442 entrichtete Beiträge sind trotz Ablaufs der Beitreibungsfrist des § 29 Abs. 1 wirksam; AN. 96 152, 96 269, 12 829, 13 607. Wirksam sind auch Beiträge, die das VA. nach Ablauf der Beitreibungsfrist des § 29 Abs. 1 beigetrieben und die VAnst. verwendet

hat, obwohl sie den Fristablauf kannte oder kennen mußte; AN. **13** 818. Ebenso Beiträge, welche die VAnst. nach Ablauf der Beitreibungsfrist des § 29 Abs. 1 beigetrieben hat; AN. **13** 357.

Die Vorschrift gilt auch, wenn zu niedrige Beiträge geleistet sind und durch die richtigen Beiträge, sei es im Markenverwendungs-, sei es im Einzugsverfahren, ersetzt werden sollen; AN. **01** 407, **15** 642. Hierbei spielen die Geldwerte der ungültigen Marken in ihrem Verhältnis zu dem Geldwert der zu verwendenden Marken keine Rolle; EuM. **17** 163 (Bay. LVAmt). Marken einer unzuständigen VAnst. konnten jederzeit durch solche der zuständigen VAnst. ersetzt werden; AN. **11** 420, **13** 745. Jetzt gilt die Einheitsmarke (§ 1411), und aus der Unzuständigkeit der VAnst. können nach § 1445a Einwendungen gegen die Gültigkeit der vor dem 1. I. 24 verwendeten Marken nicht hergeleitet werden.

Vom 1. VIII. 27 an waren für die Zeit vor dem 27. VI. 27 Invalidenversicherungsbeiträge nach den Vorschriften des § 1392 Abs. 1 i. d. F. d. G. v. 8. IV. 27 (RGBl. I S. 98) zu entrichten; Art. 5 a. a. O. Dies galt auch für nachzuzahlende Unterschiedsbeträge; vgl. AN. **26** 210. Die Lohnklasse VII und der dazu gehörende Wochenbeitrag galten erst v. 1. I. 28 an; bis dahin war für Versicherte mit einem wöchentlichen Arbeitsverdienste von mehr als 36 RM. der Wochenbeitrag nach der Lohnklasse VI zu entrichten; Art. 6 Abs. 2 d. G. v. 8. IV. 27 (RGBl. I S. 98).

Der Eintritt des Versicherungsfalls hat keinen Einfluß auf die Frist des § 1442. Es können also Pflichtbeiträge auch nach Eintritt der Invalidität in den Grenzen des § 1442 wirksam nachentrichtet werden; AN. **96** 269, **99** 636.

2. Ein Verschulden des Versicherten liegt in der Regel nicht vor, wenn ihn unrichtige Belehrung einer amtlichen Stelle, auf die er sich verlassen durfte (z. B. VA., Kontrollbeamte, Einzugsstelle) oder eine Entscheidung über seinen früheren Rentenanspruch veranlaßt hat, von der Beitragsleistung abzusehen; AN. **04** 361, 362. Der Versicherte wird dadurch, daß den Arbeitgeber die Hauptschuld trifft, vom Verschulden nicht frei; EuM. **7** 267 (Bay. LVAmt).

Die Aufbewahrung der Karte durch den Arbeitgeber und die Unterlassung des rechtzeitigen Umtausches schließt aber ein Verschulden des Versicherten dann nicht aus, wenn er weiß, daß der Arbeitgeber keine Beiträge entrichtet, und er es unterläßt, den Arbeitgeber zur Entrichtung der Beiträge anzuhalten; AN. **17** 444. Kein Verschulden trifft den Versicherten, wenn er im Einzugsverfahren bei Aufnahme der Beschäftigung die Karte dem Arbeitgeber übergibt und dieser die Anmeldung unterläßt; EuM. 9 329 (Sächs. LVAmt), oder wenn er annehmen kann, daß die Einzugsstelle die Beitragsleistung überwachen und nachprüfen werde; EuM. **10** 312.

Vgl. § 1444.

Die Zulassung der vierjährigen Frist hat nicht die Wirkung, daß nach Wegfall des Entschuldigungsgrundes alle bis dahin fälligen Beiträge noch innerhalb vier Jahren seit ihrer Fälligkeit nachentrichtet werden dürfen. Vom Wegfalle des Entschuldigungsgrundes ab läuft vielmehr die zweijährige Frist, jedoch mit der Maßgabe, daß die im dritten und vierten vorangegangenen Jahre fällig gewordenen Beiträge noch innerhalb vier Jahren nach der Fälligkeit nachgebracht werden können; AN. **08** 664.

3. Die Frist ist gewahrt, wenn innerhalb des vorgesehenen Zeitraums die Marken in die Quittungskarte eingeklebt werden oder im Einzugsverfahren der Beitrag an die Einzugsstelle gezahlt oder im Berichtigungs- oder Zwangsbeitreibungsverfahren an die Dienststelle, welche die Berichtigung vornimmt oder die Zwangsbeitreibung besorgt, abgeliefert wird; s. Anm. 3 zu § 1413. Nachentrichtung von Pflichtbeiträgen auch nach dem Tode des Versicherten zulässig; AN. **96** 306.

Der Zeitraum, für den im Falle der Beitreibung Beiträge eingezogen werden können, berechnet sich nach dem Tage der Einleitung des Beitreibungsverfahrens.

Eingeleitet wird es durch eine Zahlungsaufforderung (§§ 1462, 1469); AN. **02** 392. Als Einleitung der Beitreibung gilt insbesondere auch die von einem Kontrollbeamten innerhalb seiner Vollmacht erlassene förmliche Aufforderung zur Verwendung rückständiger Marken gegenüber einem bestimmten Arbeitgeber; AN. **01** 544. Die Wirkungen der Aufforderung bleiben auch bestehen, wenn daraufhin der Arbeitgeber unter Verzicht auf eine Entscheidung nach § 1459, welche die VAnst. beantragt hatte, die Beiträge leistet; AN. **10** 457. Keine Beitreibung ist die Einziehung von Beiträgen durch die Einzugsstelle (§ 1447). Solche Beiträge können nur in den Grenzen des § 1442 angerechnet werden; AN. **01** 392. Gleiches gilt von Beiträgen, die das VA. außerhalb der Fälle des § 1462 und ohne Ersuchen der VAnst., etwa nur auf Antrag des Versicherten eingezogen hat; AN. **02** 685. Vgl. auch § 1444.

Bei Prüfung der Frage, für welche Zeit nachträglich entrichtete Pflichtbeiträge gelten sollen, ist in erster Reihe die Absicht des Leistenden entscheidend. Auf den Ausstellungs- und den Aufrechnungstag der Quittungskarte kommt es nicht an; AN. **01** 405, **01** 406, **09** 419. Der Entwertungstag kann als Beweismittel dienen (§ 1431). Im Zweifel werden, wenn ein und derselbe Arbeitgeber in Frage kommt, nachträglich entrichtete Beiträge in sinngemäßer Anwendung des § 366 BGB. in den Grenzen des § 1442 zunächst auf ältere Rückstände anzurechnen sein; AN. **01** 405. Genaue Feststellung der Kalenderwoche, für die der Beitrag gelten soll, nicht unter allen Umständen erforderlich; AN. **96** 269.

Stellt sich im Rentenverfahren heraus, daß Beiträge nachgebracht werden können, so wird das OVA. den Kläger darauf hinzuweisen und zur Stellung sachdienlicher Anträge zu veranlassen haben. Die Unterlassung der Belehrung kann aber zur Aufhebung des Urteils nicht führen, wenn dieses zur Zeit zutreffend ist; AN. **12** 825.

4. Die Fristen des § 1442 waren verlängert für Kriegsteilnehmer, und in den Fällen, in denen die Beitragsleistung infolge von Maßnahmen feindlicher Staaten behindert war, durch Bek. v. 23. XII. 15 (RGBl. S. 845), v. 28. III. 18 (RGBl. S. 165), v. 14. XII. 18 (RGBl. S. 1435). Sie liefen Ende 1921 ab, Bek. v. 25. V. 20 (RGBl. S. 1081). §§ 2, 3, 5 der Bek. v. 23. XII. 15 galten entsprechend auch für Kriegsgefangene, Internierte und sonstige infolge feindlicher Maßnahmen im Ausland zurückgehaltene Personen, die nach dem 30. VI. 21 nach Deutschland zurückkehrten. Die Fristen der §§ 2, 3 liefen 6 Monate nach Überschreiten der Reichsgrenze, spätestens mit dem 30. VI. 23 ab. Für Kriegsgefangene liefen die Fristen nicht eher ab als 6 Monate nach der Entlassung aus der Kriegsgefangenschaft, Art. II des G. v. 21. VII. 22 (RGBl. I S. 654).

Vgl. auch § 1242a Abs. 1.

5. Vgl. ferner § 1444 (Hemmung des Laufes der Frist nach § 1442).

§ 1443. Freiwillige Beiträge und Beiträge über die gesetzliche Lohnklasse hinaus dürfen für mehr als ein Jahr zurück[1] nicht entrichtet werden, ebensowenig nach Eintritt dauernder oder vorübergehender Invalidität oder für die weitere Invalidität[2 3 4 5].

1. Die Vorschrift gilt auch dann, wenn bereits Pflichtbeiträge der gesetzlichen Lohnklasse entrichtet sind; AN. 08 566. Sind Beiträge einer zu hohen Lohnklasse für länger als ein Jahr zurück entrichtet worden, so gelten die Beiträge der maßgebenden Lohnklasse als durch die höheren mitentrichtet; AN. **10** 456.

2. Freiwillige Beiträge, die durch die Einführung neuer Beitragsmarken höheren Wertes ungültig geworden sind, können unabhängig von der Frist des § 1443 berichtigt werden; EuM. **22** 263. Über die Zulässigkeit der Berichtigung in zu niedriger Lohnklasse entrichteter freiwilliger Beiträge außerhalb der Grenzen des § 1443 s. Anm. 1 zu § 1440. Personen, die vor dem Inkrafttreten des G. v. 29. III. 28 (RGBl. I

S. 117) — d. i. der 1. IV. 28 — in eine nach §§ 1234, 1235 Nr. 1, 2, § 1242 versicherungsfreie Beschäftigung eingetreten waren, konnten bis zum 31. XII. 29 freiwillige Beiträge für die Zeit vom 1. X. 23 an abweichend von den Vorschriften des § 1443 nachentrichten, auch wenn sie eine Verzichterklärung nach § 1242c i. d. F. d. V. v. 13. II. 24 (RGBl. I S. 62) nicht oder nicht rechtzeitig abgegeben hatten; Art. 4 Abs. 1 d. G. v. 29. III. 28. Freiwillige Beiträge, die vor dem Inkrafttreten dieses G. entrichtet worden sind, können nicht deshalb beanstandet werden, weil die Verzichterklärung nicht oder nicht rechtzeitig abgegeben worden ist; Art. 4 Abs. 2 a. a. O.

Nach Eintritt dauernder oder nach Ablauf von 26 Wochen vorübergehender Invalidität dürfen weder für die Zukunft (AN. **00** 696, **17** 608) noch für die Vergangenheit (AN. — J. und AV. — **92** 141, AN. **94** 332) freiwillige Beiträge entrichtet werden.

Ausnahmsweise ist die Nachbringung freiwilliger Beiträge nach Eintritt der Invalidität noch zulässig, wenn das Rentenverfahren vor dem Erlöschen der Anwartschaft eingeleitet ist und die Invalidität erst während des Verfahrens, aber nach Ablauf der Anwartschaftsfrist eintritt; AN. **12** 1191. Die Nachbringung von freiwilligen Beiträgen nach Eintritt der Invalidität ist auch dann nicht ausgeschlossen, wenn der Rentenbewerber nicht während eines Rentenverfahrens, sondern nach dessen Beendigung invalide geworden ist, falls anzunehmen ist, daß dieses Rentenverfahren ursächlich war für die Unterlassung rechtzeitiger Markenverwendung; EuM. **2** 312.

Nach Eintritt der Invalidität konnten ferner freiwillige Beiträge nachentrichtet werden gemäß § 2 Abs. 2, 3 der Bek. v. 23. XII. 15 (RGBl. S. 845) in der Fassung der Bek. v. 14. XII. 18 (RGBl. S. 1437) und nach Art. II des G. v. 21. VII. 22 (RGBl. I S. 654) in den Fällen, in denen die Beitragsleistung durch Maßnahmen feindlicher Staaten gehindert war. Als Zeitpunkt des Friedensschlusses im Sinne dieser Vorschriften galt der 10. I. 20, Bek. v. 25. V. 20 (RGBl. S. 1081). S. Anm. 4 zu § 1442.

Nach dem Tode des Versicherten können freiwillige Beiträge nicht mehr entrichtet werden, auch wenn der Versicherte noch den Auftrag dazu erteilt haben sollte; AN. **17** 510. Ausnahmen nach den oben in Abs. 4 dieser Anm. erwähnten Bek.en in den Fällen, in denen die Beitragsleistung durch Maßnahmen feindlicher Staaten gehindert war.

Für Zeiten, für die eine Altersinvalidenrente bewilligt worden ist, können, da der Bezug auch einer Altersinvalidenrente nach § 1236 Versicherungsfreiheit begründet, keine freiwilligen Beiträge entrichtet werden, auch wenn der Rentenempfänger noch nicht invalide ist; AN. **25** 48. Dagegen kann eine Witwe, die gemäß § 1258 wegen Vollendung des 65. Lebensjahres Witwenrente aus der JV. bezieht, zwar Pflichtbeiträge nicht mehr entrichten (§ 1236), wohl aber ist sie berechtigt, bis zum Eintritt dauernder oder vorübergehender Invalidität freiwillige Beiträge zur Erfüllung der Wartezeit in ihrer eigenen Versicherung zu leisten; AN. **29** 167.

Abweichend von der bisherigen Rechtsprechung (AN. **03** 371, **11** 418, **13** 745) hat der Gr. S. (AN. **26** 304) den Grundsatz aufgestellt, daß nach Erlöschen der Anwartschaft eine freiwillige Nachentrichtung von Beiträgen im Rahmen des § 1443 gemäß § 1280 Abs. 2 auch dann zulässig sei, wenn vermöge der nachentrichteten Beiträge die Anwartschaft nicht erhalten sein würde. Auch die weiteren Einschränkungen, denen nach der bisherigen Rechtsprechung die Nachbringung freiwilliger Beiträge unterlag, sind beseitigt worden. Die Nachbringung in den Grenzen des § 1443 ist auch dann zulässig, wenn vermöge der nachentrichteten Beiträge die Anwartschaft nicht erhalten sein würde und der Versicherte bei Wiederaufnahme der freiwilligen Beitragsentrichtung das 40. Lebensjahr überschritten hat. § 1280 beabsichtigte, die

Vorschriften über das Erlöschen der Anwartschaft zu mildern. Er ist unabhängig von § 1283 Abs. 3 zugunsten der Versicherten auch dann anzuwenden, wenn die Anwartschaft erloschen ist und nicht wiederaufleben kann, weil die Voraussetzungen des § 1283 Abs. 3 nicht vorliegen. Fällt der Beginn der Wirksamkeit solcher freiwilligen Beiträge in die Zeit vor vollendetem 40. Lebensjahr, so gilt für das Wiederaufleben der Anwartschaft § 1283 Abs. 1, nicht Abs. 3; AN. 27 587. Auch Versicherte, die das 60. Lebensjahr vollendet haben, werden nach endgültigem Erlöschen der Anwartschaft freiwillige Beiträge für ein Jahr zurück entrichten können, EuM. 19 377 (Besch.). Die Nachentrichtung ist auch dann zulässig, wenn das Versicherungsverhältnis bis zum Erlöschen der Anwartschaft auf einem freiwilligen Eintritt in die Versicherung (Selbstversicherung) beruht; AN. 27 589.

Der unter der Herrschaft des früheren Rechtes anerkannte Grundsatz, daß freiwillige Beiträge, die ein Altersrentenbewerber nach Vollendung des 70. (später 65.) Lebensjahres entrichtete, nur für die spätere Zeit angerechnet werden konnten (AN. 11 414), ist für die Altersinvalidenrente nicht aufrecht erhalten worden. Im Rahmen des § 1443 können nach Vollendung des 65. Lebensjahrs für die Zeit vorher auch für den Anspruch auf Altersinvalidenrente freiwillige Beiträge wirksam nachentrichtet werden; AN. 27 432, 28 115 (AV.).

3. Bei Prüfung der Frage, für welche Zeiten freiwillige Beiträge gelten sollen, entscheidet in erster Reihe die Absicht des Leistenden; AN. 01 405, 406. In der Regel wird man, wenn der Versicherte innerhalb eines Jahres nach Ablauf einer Anwartschaftsfrist freiwillige Beiträge entrichtet hat, durch welche die Anwartschaft erhalten werden kann, anzunehmen haben, daß er dies beabsichtigt habe; AN. 09 419, EuM. 10 313 (Bay. LVAmt). Ein entgegenstehender Wille ist aus den Entwertungsdaten nicht zu folgern; AN. 13 514, 15 768, 17 467. Unerheblich ist es, daß die Quittungskarte bei ihrer Ausstellung nicht als rückverwendbar bezeichnet worden ist; AN. 17 467.

Gegen die Zulässigkeit der Anrechnung freiwilliger Beiträge auf künftige, nicht ausreichend mit Beiträgen belegte Anwartschaftsfristen bestehen keine grundsätzlichen Bedenken; die Anrechenbarkeit solcher Beiträge kommt aber nur in Betracht, wenn sie der Absicht, die der Verwendende zur Zeit der Markenverwendung hatte, entspricht; Breithaupt 16 233.

4. Ebenso wie die Fristen des § 1442 waren die Fristen des § 1443 durch die in Anm. 4 zu § 1442 erwähnten Vorschriften verlängert worden.

5. Vgl. ferner § 1444 (Hemmung des Laufes der Frist des § 1443).

§ 1444. Der Entrichtung der Beiträge im Sinne der §§ 1442, 1443 steht gleich [1]

1. die von einer zuständigen Stelle an den Arbeitgeber gerichtete Mahnung [2],

2. die Bereiterklärung [3] des Arbeitgebers oder des Versicherten zur Nachentrichtung gegenüber einer solchen Stelle,

wenn demnächst die Beiträge in einer angemessenen Frist [4] entrichtet werden.

Zeiträume, in denen eine Beitragsstreitigkeit (§§ 1459 bis 1461) oder ein Verfahren [5] über einen Anspruch auf Invaliden-, Alters-, Witwen- oder Witwerrente schwebt, werden in die Fristen der §§ 1442, 1443 [6] nicht eingerechnet.

Diese Tatsachen (Abs. 1, 2) unterbrechen auch die Verjährung rückständiger Beiträge (§ 29).

1. Der Zweck der Vorschrift des Abs. 1 ist die Beseitigung von Unzuträglichkeiten, die sich aus der zeitlichen Begrenzung der Nachentrichtung von Beiträgen durch §§ 1442, 1443 ergeben. Sie trifft insbesondere die Fälle, in denen der recht-

zeitigen Beitragsentrichtung ein Hindernis entgegenstand, das der Versicherte nicht verschuldet hatte. Sie gilt nur, soweit zur Zeit der Mahnung oder Bereiterklärung Beiträge in den Grenzen der §§ 1442, 1443 noch nachentrichtet werden konnten; AN. **13** 593, **13** 745.

2. Die Mahnung behält die Rechtswirksamkeit nur, wenn demnächst in angemessener Frist die Beiträge entrichtet werden; AN. **13** 745.

3. Die Bereiterklärung muß sich auf die Nachholung der versäumten Beitragsleistung im Einzelfalle beziehen. In einer Anmeldung bei der Einzugsstelle zum Eintritt in die freiwillige Versicherung und der darin liegenden allgemeinen Bereiterklärung zur Beitragsentrichtung kann eine Bereiterklärung im Sinne des § 1444 Abs. 1 Nr. 2 nicht gefunden werden; AN. **13** 593, **13** 745.

Gleiches gilt bei der Pflichtversicherung von einem Erbieten zur Leistung der laufenden und künftigen Beiträge; Monatsschr. **14** 281. Wegen der Nachentrichtung bei der freiwilligen Versicherung nach endgültigem Erlöschen der Anwartschaft s. Anm. 2 Abs. 7 zu § 1443.

Die Bereiterklärung muß an die zuständige Stelle gerichtet sein. Als solche Stellen kommen in Betracht jede VAnst., die Einzugsstellen, die Kontrollbeamten, die Quittungskarten-Ausgabestellen; AN. **13** 593, **13** 745, EuM. **8** 29 (Bay. LVAmt). Die Bereiterklärung behält ihre Rechtswirksamkeit nur, wenn demnächst in angemessener Frist die Beiträge entrichtet werden; AN. **13** 745.

4. Die Bemessung der Frist wird nach Lage der Verhältnisse verschieden sein können; Begr. zur RVO. S. 430.

5. Ein Verfahren über Waisenrente hat die im § 1444 Abs. 2, 3 bezeichneten Wirkungen nicht; EuM. **15** 357 (Bay. LVAmt). Auch war ein Verfahren über Witwengeld (§ 1250 a. F.), das durch das G. v. 23. VII. 21 (RGBl. S. 984) beseitigt worden ist, einem Verfahren über einen der im Abs. 2 bezeichneten Ansprüche nicht gleichgestellt; AN. **13** 818.

Es können mehrere Verfahren für dieselbe Frist in Betracht kommen; Monatsschr. **24** 203 (Bay. LVAmt).

6. Hiernach wird nicht etwa die Verpflichtung oder Berechtigung zur Beitragsleistung durch einen Beitragsstreit oder ein Rentenverfahren schlechthin unterbrochen, sondern dem Versicherten nur das Recht gewährt, die während des Verfahrens unterbliebene Beitragsleistung nach Beendigung des Verfahrens wirksam nachzuholen. Gehemmt wird durch einen Beitragsstreit oder ein Rentenverfahren nicht der Lauf oder der Ablauf der Anwartschaftsfristen der §§ 1280, 1282, sondern nur der Lauf oder der Ablauf der Nachentrichtungsfristen der §§ 1442, 1443. § 1444 Abs. 2 ist demnach nur anwendbar, wenn ein Beitragsstreit oder ein Rentenverfahren in einer Zeit schwebt, während deren eine Nachentrichtungsfrist aus §§ 1442, 1443 läuft; AN. **12** 1191, **13** 516.

§ 1445. Sind die Marken einer richtig[1] ausgestellten und rechtzeitig zum Umtausch eingereichten[2] Quittungskarte ordnungsmäßig verwendet, so wird vermutet[3], daß während der belegten Beitragswochen ein Versicherungsverhältnis bestanden hat. Dies gilt nicht, wenn die Marken über einen Monat nach Fälligkeit der Beiträge, oder für das Kalenderjahr in größerer Zahl eingeklebt sind, als es Beitragswochen hat[4].

Der Versicherte kann von der Versicherungsanstalt die Feststellung der Gültigkeit der verwendeten Marken verlangen. Hat die Versicherungsanstalt die Versicherungspflicht oder die Versicherungsberechtigung anerkannt[5], so kann der Rentenanspruch nicht mit der Begründung abgelehnt werden, daß die Marken zu Unrecht verwendet sind.

Nach Ablauf von zehn Jahren seit Aufrechnung der Quittungskarte kann die rechtsgültige Verwendung der in der Aufrechnung bescheinigten Marken nicht mehr angefochten werden[6], es sei denn, daß der Versicherte oder sein Vertreter oder ein zur Fürsorge für ihn Verpflichteter die Verwendung der Marken in betrügerischer Absicht[7] herbeigeführt hat[8]. Sind für einen Versicherten Beiträge zur Invalidenversicherung entrichtet, obwohl er angestelltenversicherungspflichtig ist, so dürfen die zur Invalidenversicherung entrichteten Beiträge nur insoweit beanstandet werden, als die Nachentrichtung von Beiträgen zur Angestelltenversicherung (§ 187 des Angestelltenversicherungsgesetzes) statthaft ist.

B Nr. 11 des G. v. 28. VII. 25 (RGBl. I S. 157).

1. Richtig, d. h. von der zuständigen Stelle; AN. **13** 679, 844.

2. Rechtzeitig zum Umtausch eingereicht s. § 1420.

3. Vermutet. Abs. 1 Satz 1 schränkt das Recht der freien richterlichen Beurteilung insofern ein, als er eine Rechtsvermutung aufstellt; AN. **04** 478, **11** 420. Die Vermutung befreit nicht die Spruchstellen von Amts wegen die Anrechnungsfähigkeit der Beiträge zu prüfen und erforderlichenfalls klarzustellen. Zu Zweifeln wird kein Anlaß vorliegen bei einem Berufsarbeiter, für den regelmäßig Marken verwendet werden (AN. **00** 412), wohl aber bei angeblichen Arbeitsverhältnissen zwischen Verwandten; AN. **09** 473.

4. Die Vorschrift des Abs. 1 gilt auch für das Einzugsverfahren. Den Schwierigkeiten, die sich daraus ergeben könnten, läßt sich dadurch begegnen, daß die oberste Verwaltungsbehörde auf Grund des § 1453 den Einzugsstellen gestattet, zwar die Beiträge monatlich einzuziehen, das Kleben der Marken aber nur vierteljährlich zu besorgen; die einmonatige Frist wird dann erst von dem Tage ab zu berechnen sein, an dem nach den Bestimmungen der obersten Verwaltungsbehörde die Marken im ordnungsmäßigen Verfahren einzukleben waren; AN. **00** 842.

5. Verweigert die LVAnst. die Anerkennung, so kann der Versicherte ein Verfahren nach § 1459 beantragen; vgl. AN. **14** 837. Ein außerhalb eines Verfahrens abgegebenes Anerkenntnis genügt. Es kommt nicht darauf an, ob die VAnst. oder der Beitragleistende die Anregung dazu gegeben, ob die VAnst. das Anerkenntnis dem Versicherten oder dem Arbeitgeber gegenüber durch seine Heranziehung zur Beitragsleistung erklärt hat, ob bereits Marken verwendet worden sind. Das Anerkenntnis erstreckt sich auch auf die Zukunft, solange in den ihm zugrunde liegenden Verhältnissen keine Änderung eintritt; AN. **12** 676. Widerrufen werden kann nur ein durch Arglist erwirktes Anerkenntnis; AN. **12** 676.

Durch den Ablauf der zehnjährigen Frist des § 1445 Abs. 3 ist die Wirkung des Anerkenntnisses nicht bedingt; AN. **14** 837.

Das Anerkenntnis muß dem Arbeitgeber oder dem Versicherten gegenüber abgegeben sein und sich auf ein bestimmtes Beschäftigungsverhältnis beziehen. Formlose Erklärung genügt; AN. **12** 676.

Ein Anerkenntnis liegt in der Beitragsforderung, EuM. **4** 308 (Bay. LVAmt), **7** 272 (Bay. LVAmt), in einer Strafverfügung nach § 1488; AN. **13** 517, in einem die Rente; AN. **13** 406, oder das Witwengeld; EuM. **14** 287, bewilligenden Bescheide.

Es liegt nicht in einem lediglich auf das Fehlen der Invalidität gestützten ablehnenden Bescheid; AN. **10** 553,

nicht in der Übernahme eines Heilverfahrens; AN. **13** 405,

nicht in der Einziehung der Beiträge durch die Einzugsstelle; AN. **14** 685, EuM. **10** 316 (Sächs. LVAmt), nicht in der Vereinnahmung der von der Einzugsstelle der LVAnst. überwiesenen Beiträge,

nicht auch in der unbeanstandeten Annahme einer Quittungskarte seitens der LVAnst.; EuM. **10** 316 (Sächs. LVAmt), EuM. **2** 308 (Bay. LVAmt), EuM. **3** 212 (Bay. LVAmt). Ordnet aber die LVAnst. an, daß graue Quittungskarten durch gelbe ersetzt werden, so erkennt sie damit die Versicherungspflicht an, EuM. **1** 349 (Bay. LVAmt). Wenn die LVAnst. aus den Quittungskarten ersehen konnte, daß die Erfüllung der Wartezeit von 200 Beitragswochen davon abhing, ob mindestens 100 Beiträge auf Grund der Versicherungspflicht entrichtet worden waren, so stellt ihre Erklärung, die Wartezeit sei erfüllt, zugleich ein Anerkenntnis der Tatsache dar, daß unter den Beiträgen sich mindestens 100 Pflichtbeiträge befanden, und damit zugleich eine Anerkennung der Versicherungspflicht selbst für die Zeiträume der Verwendung dieser Marken. Ist eine solche Erklärung dem Versicherten gegenüber abgegeben, so liegt darin ein Anerkenntnis im Sinne des § 1445 Abs. 2 Satz 2; EuM. **21** 423. Ob die Anordnung eines Berichtigungsverfahrens seitens der VAnst. ein Anerkenntnis im Sinne des § 1445 Abs. 2 Satz 2 in sich schließt, kann nur nach Lage des Einzelfalls entschieden werden. Hat die VAnst. die Verwendung zu niedriger Marken bei der Quittungskartenkontrolle festgestellt und an die Gemeindeverwaltung die Aufforderung ergehen lassen, die festgesetzte Anzahl der richtigen Marken nachzuholen und die neue Karte dem Versicherten auszuhändigen, so hat sie damit die Versicherungspflicht stillschweigend anerkannt; Monatsschr. **16** 75 (Bay. LVAmt).

Ob die in einem Rentenablehnungsbescheid enthaltene Belehrung über die zur Erhaltung der Anwartschaft erforderliche Beitragsleistung als ein Anerkenntnis angesehen werden kann, ist Frage des Einzelfalls, EuM. **5** 289, **3** 210 (Bay. LVAmt).

Das Anerkenntnis bindet alle VersTr.; AN. **13** 406. Die Einzugsstellen könnten nur zufolge besonderen Auftrags oder bei nachträglicher Genehmigung des Anstaltsvorstandes ein die VAnst. bindendes Anerkenntnis abgeben; AN. **14** 685, EuM. **10** 316 (Sächs. LVAmt). Die Amtsstellen in Mecklenburg waren zur Abgabe von Anerkenntnissen nicht befugt; EuM. **9** 339. Der Vorstand der LVAnst. muß alle Handlungen und Erklärungen, zu denen er seinen Kontrollbeamten ermächtigt hat, gegen sich gelten lassen. Die Vollmacht braucht keine ausdrückliche zu sein, es genügt, daß sie aus den Umständen zu entnehmen ist. Der Dienstbetrieb der Kontrollbeamten hat sich fast durchgehends dahin entwickelt, daß sie das ganze Beitragsentrichtungsgeschäft in die Hand genommen haben, indem sie die Beteiligten belehren und zur Beitragsleistung anregen oder anhalten. Das kann nur im Einverständnis oder mit Wissen der Vorstände geschehen sein. Dann sind Erklärungen der Kontrollbeamten für sie bindend. Eine stillschweigende Ermächtigung ist nur dann nicht anzunehmen, wenn die VAnst. gegen eine so weitgehende Betätigung der Kontrollbeamten Vorsorge getroffen hat. Sie muß dafür sorgen, daß der Kontrollbeamte in zweifelhaften Fällen die Entschließung des Vorstandes einhole. Eine VAnst., die solche Vorkehrungen getroffen hat, braucht Anerkenntnisse des Kontrollbeamten nicht gegen sich gelten zu lassen, wenn sie nicht die Erklärungen des Kontrollbeamten nachträglich genehmigt hat, z. B. durch unbeanstandete Annahme seines Berichts; AN. **13** 358, **13** 360, **13** 596. Jedenfalls ist aber zur Annahme eines die VAnst. bindenden Anerkenntnisses des Kontrollbeamten das Vortragen eines Einzelfalls erforderlich, in dem nach Prüfung zu der Frage der Versicherungspflicht oder der Versicherungsberechtigung Stellung genommen wird. Aufdruck des Stempels auf die Karte, Entwertung der Marke durch den Kontrollbeamten genügen nicht; AN. **14** 685, EuM. **5** 289, **5** 294, **5** 297 (Bay. LVAmt), **5** 301 (Bay. LVAmt).

6. Nur aufgerechnete Karten sind nach Abs. 3 geschützt; AN. **18** 172. Abs. 3 gilt auch dann, wenn bereits Invalidität eingetreten war; AN. **14** 605, oder wenn der Selbstversicherte beim Eintritt in die Selbstversicherung schon das 40. Lebensjahr vollendet hatte; AN. **14** 604. Er galt auch dann, wenn vor dem 16. Lebensjahr Marken verwendet waren, vgl. AN. **14** 604 (jetzt besteht für den Eintritt in die Versicherung keine Altersgrenze).

Abs. 3 setzt nicht voraus, daß mindestens 100 Beiträge auf Grund der Versicherungspflicht geleistet sind; AN. **13** 517. Er greift aber nicht ein, soweit vor Ablauf der zehnjährigen Frist durch Anerkenntnis des Versicherten oder im Verfahren nach § 1459 oder im Spruchverfahren festgestellt ist, daß die Marken lediglich als Weiterversicherungsbeiträge verwendet worden sind; AN. **13** 485. Nach Ablauf von 10 Jahren wird aus der formalen Beitragsleistung ein unbestreitbares materielles Versicherungsrecht; AN. **12** 681. Ob die Marken als Pflicht- oder Selbstversicherungsbeiträge zu gelten haben, ist nach den Umständen des Einzelfalls, insbesondere den Erklärungen der Beteiligten, dem Alter des Versicherten, der Farbe der Karte usw. zu entscheiden; AN. **13** 406, EuM. **10** 320 (Bay. LVAmt).

Die nach Abs. 3 geschützten Marken sind geeignet, das Recht der Weiterversicherung oder der Fortsetzung der Selbstversicherung zu begründen. Die Anfechtung der späteren Marken ist nicht zulässig, wenn die tatsächlichen Verhältnisse sich nicht geändert haben; AN. **12** 1194. Die späteren Marken sind aber jedenfalls so weit nicht anrechnungsfähig, als der Rentenbewerber bei ihrer Verwendung bereits invalide war; AN. **14** 605.

Die Vorschriften über das Erlöschen der Anwartschaft (§§ 1280ff.) werden durch Abs. 3 nicht berührt; AN. **12** 680, **12** 682.

Vorgesetzliche Beschäftigungszeiten werden durch § 1445 Abs. 3 nicht geschützt; AN. **12** 938.

Die A n f e c h t u n g muß dem Versicherten, seinem gesetzlichen Vertreter oder Bevollmächtigten gegenüber erklärt werden; AN. **13** 672. Beanstandung in einem ablehnenden Rentenbescheid der VAnst. genügt; EuM. **1** 345 (Bay. LVAmt), dagegen nicht die Erklärung gegenüber einer anderen Dienststelle (Stellungnahme in einem Katasterstreitverfahren), die diese nicht weitergibt; AN. **12** 938, auch nicht ein lediglich in den Akten der VAnst. vermerktes Bestreiten der Versicherungspflicht; AN. **13** 672, AN. **12** 938.

7. I n b e t r ü g e r i s c h e r A b s i c h t, d. h. in Kenntnis des Mangels der Versicherungsberechtigung mit dem Bewußtsein der Rechtswidrigkeit und mit der Absicht, durch die Markenverwendung einen Anspruch auf Versicherungsleistungen zu begründen. Wer gefundene Marken in seine Karte einklebt, verwendet nicht Marken in betrügerischer Absicht, wenn er an sich zur Beitragsleistung berechtigt ist; AN. **13** 517. Die betrügerische Absicht muß bei der Markenverwendung vorhanden gewesen sein; AN. **12** 1194. Unrichtige Angaben bei der Beitragskontrolle begründen die Annahme einer solchen Absicht noch nicht ohne weiteres; AN. **12** 676.

8. Das A n f e c h t u n g s r e c h t i s t e i n g e s c h r ä n k t durch § 1445a und § 1445 Abs. 3 Satz 2.

§ 1445a. Die bis zum 31. Dezember 1923 verwendeten Beitragsmarken dürfen nur insoweit beanstandet werden, als die Versicherungspflicht oder die Versicherungsberechtigung in Frage steht[1].

F Art. II der VO. v. 16. IV. 24 (RGBl. I S. 405).

1. Das Verbot der Beanstandung bezieht sich nur auf die Marken der Geldentwertungszeit, also auf Marken, die für Zeiten vor dem 1. I. 24 Verwendung finden durften. Marken, die zwar in der Zeit vor, aber für die Zeit nach dem 31. XII. 23 verwendet worden sind, können ohne Einschränkung beanstandet werden; EuM. **22** 263.

VI. Irrtümlich geleistete Beiträge

§ 1446. Beiträge, die in der irrtümlichen Annahme der Versicherungspflicht[1] entrichtet worden sind und nicht zurückgefordert werden, gelten als für die Selbstversicherung oder Weiterversicherung entrichtet, wenn das Recht dazu in der Zeit der Entrichtung bestanden hat.

Der Versicherte kann die Beiträge binnen zehn Jahren[2] nach der Entrichtung zurückfordern[3], wenn ihm nicht schon eine Rente rechtskräftig bewilligt worden ist und nicht die Verwendung der Marken in betrügerischer Absicht geschehen ist.

Der Arbeitgeber kann die Beiträge nicht mehr zurückfordern, wenn vom Versicherten ihm der Wert seines Anteils erstattet ist oder seit der Entrichtung zwei Jahre[2] verflossen sind.

§ 1445a gilt entsprechend.

Bek. v. 15. XII. 24 (RGBl. I S. 779).

1. In der irrtümlichen Annahme der Versicherungspflicht entrichtet sind Beiträge schon dann, wenn die Beteiligten der Meinung waren, zur Beitragsleistung verpflichtet zu sein; AN. **15** 388. Solche Beiträge können aber nicht nur unter den Voraussetzungen des Abs. 1 als Selbstversicherungs- oder Weiterversicherungsbeiträge (EuM. **5** 434), sondern auch auf eine andere in die gleiche Zeit fallende versicherungspflichtige Beschäftigung angerechnet werden, wenn anzunehmen ist, der Versicherungswille habe sich, falls die für versicherungspflichtig gehaltene Beschäftigung nicht versicherungspflichtig sei, auf die andere Beschäftigung erstreckt; AN. **09** 502. Dies gilt auch, wenn die Beiträge von dem vermeintlich dazu verpflichteten Arbeitgeber entrichtet worden sind; AN. **11** 492. Sie können schließlich auch in den Grenzen des § 1442 auf eine frühere versicherungspflichtige, nicht genügend durch Marken belegte Beschäftigung angerechnet werden, wenn dies dem mutmaßlichen Willen des Arbeitgebers entspricht; AN. **13** 671.

Für Beiträge, die irrtümlich zum Zwecke der Selbstversicherung, ihrer Fortsetzung oder der Weiterversicherung entrichtet sind, gilt § 1416 nicht; AN. **15** 442. Ebensowenig für Beiträge, die in der irrtümlichen Annahme der Versicherungspflicht über die Grenzen des § 1443 hinaus entrichtet sind, EuM. **5** 434.

2. Die Fristvorschriften des Abs. 2 und 3 durchbrechen die Regel des § 29 Abs. 2; AN. **15** 442, **14** 455.

3. Das Rückforderungsrecht des Versicherten wird dadurch nicht ausgeschlossen, daß er sich bei Durchführung eines abgewiesenen Rentenanspruchs auf die Beiträge als freiwillige berufen hat; AN. **15** 388.

VII. Einziehung der Beiträge

§ 1447[1] [4]. Die oberste Verwaltungsbehörde kann mit Zustimmung der Versicherungsanstalt anordnen, daß Krankenkassen, andere Stellen, die sie bezeichnet, oder örtliche Hebestellen der Versicherungsanstalt[2] für deren Rechnung die Beiträge aller oder einzelner Gruppen der Versicherungspflichtigen einziehen. Sie kann dabei die Pflicht zur Meldung der Versicherten regeln.

Das gleiche kann die Versicherungsanstalt[2] selbst mit Genehmigung der obersten Verwaltungsbehörde durch ihre Satzung, ferner eine Gemeinde oder ein Gemeindeverband mit Genehmigung der höheren Verwaltungsbehörde mit Zustimmung der Anstalt durch Statut bestimmen[3].

Die oberste Verwaltungsbehörde kann das Einziehungsverfahren wieder aufheben. Auf Antrag eines Versicherungsträgers kann auch die Reichsregierung mit Zustimmung des Reichsrats das Einzugsverfahren wieder aufheben.

Art. I Nr. 10 des G. v. 21. VII. 22 (RGBl. I S. 654), Art. 51 Nr. 46 des G. v. 23.VI. 23 (RGBl. I S. 454).

1. Das Einzugsverfahren besteht darin, daß die Markenverwendung den Beteiligten abgenommen und von amtlichen Stellen besorgt wird, welche die Beiträge für Rechnung der LVAnst. von den Beteiligten erheben. Es kann angeordnet werden

a) mit Zustimmung der VAnst. von der obersten Verwaltungsbehörde (§ 110), § 1447 Abs. 1,

b) mit Genehmigung der obersten Verwaltungsbehörde durch die der Genehmigung des RVA. (LVAmt) unterliegende Satzung der VAnst., § 1447 Abs. 2,

c) mit Genehmigung der höheren Verwaltungsbehörde und Zustimmung der VAnst. durch Statut einer Gemeinde oder eines Gemeindeverbandes, § 1447 Abs. 2,

d) mit Zustimmung der VAnst. durch die Satzung einer KrK. für ihre Mitglieder und für die Mitglieder der KrK. eines Reichs- oder Staatsbetriebs durch die zuständigen Dienstbehörden, § 1456.

Zu c) Höhere Verwaltungsbehörde ist in Preußen der Regierungspräsident, an seine Stelle tritt in den Fällen der §§ 1447, 1448 der Oberpräsident, soweit es sich um Provinzialverbände und die kommunalständischen Verbände der RegBez. Kassel und Wiesbaden handelt, für den Stadtkreis Berlin der Polizeipräsident in Berlin, Bek. v. 7. XII. 11 Ziff. 1a b, Ziff. 6a (HMBl. S. 447). In dieser Bek. ist auch bestimmt, welche Verbände als Gemeindeverbände im Sinne des § 1447 gelten.

Da niemand zugleich Zwangsmitglied einer KrK. und freiwilliges Mitglied einer anderen KrK. sein kann, so kommt nur die erstbezeichnete Kasse für die Einziehung der Beiträge in Betracht; AN. **10** 458, OVG. **39** 328.

2. Die von der LVAnst. eingerichteten Einzugsstellen sind Dienststellen der LVAnst. Sie sind Organe der VAnst. Die übrigen Einzugsstellen werden von den ihnen übergeordneten Dienststellen beaufsichtigt, die KrK. vom VA. § 377. Sie sind gleichfalls Organe der VAnst., wenigstens soweit sie Pflichtbeiträge einziehen; OVG. **52** 413; AN. **09** 464, **14** 685. Die VAnst. kann sich wegen des durch Unredlichkeit der Beamten der nicht von ihr eingerichteten Einzugsstelle entstandenen Schadens an die Einzugsstelle selbst halten; AN. **00** 615.

Alle Einzugsstellen sind innerhalb der Grenzen der ihnen durch § 1447 zugewiesenen Aufgaben berechtigt und verpflichtet, von denjenigen Befugnissen Gebrauch zu machen, die § 1466 den Beauftragten der VAnst. beilegt. Sie haben also nicht nur die Beiträge einzuziehen, sondern alles, was dazu notwendig ist, zu erledigen (Ausstellung und Umtausch, Aufrechnung, Ersetzung der Quittungskarten, Überwachung der Beitragsentrichtung); OVG. **52** 413, auch abgedruckt in AN. **08** 648. Die nicht von der VAnst. errichteten Einzugsstellen haben nur in den Fällen des § 1456 keine Vergütung zu beanspruchen, vgl. AN. (J. und AV.) **91** 127.

3. Mit der Zahlung des Beitrags an die Einzugsstelle ist die Beitragsleistung vollendet, der Beitrag bleibt wirksam, auch wenn er von einem Beamten der Einzugsstelle veruntreut wird; AN. **03** 245, **03** 249, **10** 458. Die Einzugsstelle haftet; AN. **00** 615.

Markenkontobücher über den Ankauf von Beitragsmarken durch die Einzugsstelle, Reichs-Postamt, Amtsblatt Verf. v. 11. VIII. 04; AN. **04** 591, Verf. des Reichs-Postamts Nr. 911, Postnachrichtenblatt Nr. 100 v. 22. XII. 20.

4. Strafvorschriften s. §§ 1488, 1489.

§ 1448. Werden örtliche Hebestellen angeordnet, so muß sie die Anstalt auf eigene Kosten und da errichten, wo es die höhere Verwaltungsbehörde[1] bestimmt.

1. Höhere Verwaltungsbehörde s. Anm. 1 § 1447.

§ 1449. Die Versicherungsanstalt hat den Einzugsstellen eine Vergütung zu gewähren; falls die Beteiligten sich nicht einigen, setzt sie die oberste Verwaltungsbehörde[1] fest.

1. In Preußen ist die Bestimmung dem Regierungspräsidenten (für Berlin dem Oberpräsidenten) übertragen, Erl. v. 27. VI. 12 (HMBl. S. 389). Nach dem Erl. v. 11. VIII. 23 (VMBl. S. 418) wird die Vergütung nicht mehr festgesetzt, sondern den KrKen. eine Vereinbarung mit den VAnstn. überlassen. Kommt eine Vereinbarung nicht zustande, so wird die oberste Verwaltungsbehörde von den im § 1447 Abs. 3 vorgesehenen Rechte der Aufhebung des Einzugsverfahrens Gebrauch machen.

§ 1450. Die oberste Verwaltungsbehörde[1] kann mit Zustimmung der Krankenkasse die Beiträge auch für diese von den örtlichen Hebestellen einziehen lassen. Die Kasse übernimmt einen Teil der Kosten. Das Nähere bestimmt die oberste Verwaltungsbehörde nach Anhören der beteiligten Versicherungsanstalten und Krankenkassen.

1. In Preußen ist die Bestimmung dem Regierungspräsidenten (für den Stadtkreis Berlin dem Oberpräsidenten) übertragen, Erl. v. 27. VI. 12 (HMBl. S. 389).

§ 1451. Die oberste Verwaltungsbehörde regelt[1] die Befugnisse der Versicherungsanstalt gegenüber den nicht von dieser selbst eingerichteten Einzugsstellen.

1. Anweisung, betr. die Befugnisse der VAnstn. gegenüber den Einzugsstellen, v. 14. XI. 11 (HMBl. S. 387).

Auf Grund des § 1451 der Reichsversicherungsordnung wird folgendes bestimmt:

§ 1. Einzugsstellen im Sinne dieser Anweisung sind mit Ausnahme der örtlichen, von der Versicherungsanstalt eingerichteten Hebestellen die Krankenkassen, knappschaftlichen Krankenkassen, Gemeindebehörden oder andere von der obersten Verwaltungsbehörde bezeichnete Stellen, welche Beiträge zur Invalidenversicherung einziehen und Quittungskarten ausstellen, umtauschen und erneuern.

§ 2. Die Vorstände der Versicherungsanstalten sind befugt, den Geschäftsbetrieb der Einzugsstellen durch ihre Beamten prüfen zu lassen.

§ 3. Die mit der Prüfung beauftragten Beamten sind berechtigt, Akten, Listen, Bücher, Quittungskarten und sonstige Schriftstücke, die sich auf die Kartenausstellung und die Einziehung der Beiträge beziehen, einzusehen. Soweit es ihnen für die ordnungsmäßige Erledigung der Prüfung erforderlich erscheint, sind sie befugt, den ganzen Kassenbestand der Einzugsstelle aufzunehmen und zur Vergleichung des Bestandes mit dem Inhalte der Kassenbücher diese Bücher abzuschließen.

§ 4. Die Einzugsstellen sind verpflichtet, den prüfenden Beamten die im § 3 bezeichneten Akten, Listen usw. in ihren Geschäftslokalen vorzulegen, jede sie betreffende Auskunft zu erteilen und auf Verlangen des Beamten den Kassenbestand aufzuzählen und die Kassenbücher abzuschließen.

§ 5. Abgesehen von Eilfällen ist die Aufsichtsbehörde der Einzugsstelle von jeder Prüfung mindestens 3 Tage vorher zu benachrichtigen.

Die Aufsichtsbehörde kann einen Vertreter entsenden.

§ 6. Die Vorstände der Versicherungsanstalten haben der Aufsichtsbehörde das Ergebnis der Prüfung mitzuteilen; diese hat die Abstellung der gefundenen Mängel zu veranlassen. Die prüfenden Beamten sind nicht berechtigt, die Aufsichtsbehörden von Einzugsstellen unmittelbar um Abstellung von Mängeln zu ersuchen oder den Kassenführern Anweisungen zu geben.

Berlin, den 14. September 1911.

Der Minister für Handel und Gewerbe.

§ 1452. Für die freiwillige Versicherung kann die Einziehung der Beiträge nicht vorgeschrieben werden [1].

1. Die Einzugsstellen behalten, auch soweit sie freiwillige Beiträge einziehen, die Eigenschaft öffentlicher Dienststellen, wenn sie im Auftrag oder wenigstens mit Wissen der VAnst. die Einziehung freiwilliger Beiträge besorgen; dann gelten auch im Einzugsverfahren erhobene freiwillige Beiträge als mit der Zahlung entrichtet; AN. **13** 593.

§ 1453. Die oberste Verwaltungsbehörde kann das Verfahren bei Einziehung, Verwendung und Verrechnung der Beiträge näher regeln [1].

Die Beiträge werden in der Regel zugleich mit denen der Krankenkasse an deren Fälligkeitstag eingezogen [2]. Für Versicherte, von denen die Krankenkasse keine Beiträge einzieht, bestimmt die Einzugsstelle den Tag. Für die eingezogenen Beiträge werden Marken in die Quittungskarte eingeklebt. § 1414 ist entsprechend anzuwenden [3].

1. Über das Entwerten können von § 1431 abweichende Bestimmungen erlassen werden. Dies ist geschehen in Preußen durch Erl. v. 1. VI. 12 (HMBl. S. 298); im Einzugsverfahren — soweit nicht die Beiträge durch die Arbeitgeber nach § 1454 entrichtet werden —, im Berichtigungsverfahren und bei der Beitragskontrolle kann als Entwertungstag auch der Tag des Einklebens der Marken in die Quittungskarte angegeben werden.

2. Bei gleichzeitiger Einziehung der Beiträge zur KrK. und zur JV. werden auch die letzteren an dem durch die Satzung der KrK. bestimmten Fälligkeitstage der Kassenbeiträge fällig; § 393; AN. **14** 738.

3. Hat die Einzugsstelle die Karten nicht mehr zur Hand, so können die Marken in sog. Markenbewahrkarten eingeklebt werden. Das RVA. hat den LVAnsten. empfohlen, bei Aufhäufung von Marken, die beim Fehlen von Karten nicht eingeklebt werden können, die Ursprungsanstalt zu ermitteln und ihr die Marken zur späteren Verwendung zu übersenden; AN. **99** 327 Ziff. 3.

§ 1454. Auch wo das Einzugsverfahren angeordnet ist, kann die oberste Verwaltungsbehörde [1] oder der Vorstand der Versicherungsanstalt einzelnen Arbeitgebern gestatten, die Beiträge durch Verwendung von Marken nach den §§ 1426 bis 1430 selbst zu entrichten [2]. Die Verfügungen sind der Einzugsstelle mitzuteilen.

Auch Reichs-, Landes- und Gemeindebehörden können sich von dem Einzugsverfahren ausschließen. Es wird der Versicherungsanstalt und der Einzugsstelle mitgeteilt.

1. In Preußen ist die Bestimmung den Regierungspräsidenten (für den Stadtkreis Berlin dem Oberpräsidenten) übertragen, Erl. v. 27. VI. 12 (HMBl. S. 389).

2. Für das Entwerten gilt dann § 1431, Anm. 1 zu § 1453.

§ 1455. Die oberste Verwaltungsbehörde[1] kann anordnen, daß

1. Krankenkassen oder örtliche Hebestellen der Versicherungsanstalten die Quittungskarten ausstellen und umtauschen[2],

2. unständig Beschäftigte (§ 441) ihre Beitragshälfte unmittelbar entrichten, die andere der Gemeindeverband oder die Gemeinde auslegt und der Arbeitgeber erstattet; auch kann die entsprechende Anwendung der §§ 453 ff. angeordnet werden.

Die Versicherungsanstalt hat dafür den bezeichneten Stellen besondere Vergütungen zu gewähren, deren Höhe die oberste Verwaltungsbehörde festsetzt[3].

Art. 51 Nr. 47 des G. v. 23. VI. 23 (RGBl. I S. 454).

1. Für Preußen s. Ziff. 2 Abs. 1 der Anw. für die Quittungskartenausgabe; Anhang VI.

2. Ausstellen und umtauschen s. § 1419.

3. Durch Erl. des Pr. MfV. v. 25. IV. 28 (VMBl. Sp. 540) ist die Vergütung, die den KrKn. für die Ausstellung und den Umtausch der Quittungskarten von den LVAnsten. zu gewähren ist, mit Wirkung vom 1. IV. 28 ab auf 15 RPf. für jede Karte festgesetzt. Den Betriebs-KrKn. wird eine Vergütung nicht mehr gewährt: Erl. des Pr. MfV. vom 24. IV. 22 (VMBl. S. 254). Soweit sie gewährt wurde, konnte sie dem Arbeitgeber überwiesen werden; AN. **17** 400.

§ 1456. Für die Mitglieder einer Krankenkasse kann ihre Satzung, für die Mitglieder der Krankenkasse eines Reichs- oder Landesbetriebs können die zuständigen Dienstbehörden[1] das Einzugsverfahren anordnen und der Kasse die Ausstellung und den Umtausch der Quittungskarten[2] übertragen. Die Anordnung bedarf der Zustimmung der zuständigen Versicherungsanstalt. Für die Wiederaufhebung des Einzugsverfahrens gilt § 1447 Abs. 3.

§ 1449 ist nicht anzuwenden.

B 24 der V. v. 16. IV. 24 (RGBl. I S. 405).

1. Postbetriebs-KrKen. sind, abgesehen von Bayern und Württemberg, nicht mehr Einzugsstellen für die IV.: AN. **27** 305 (RVA., Runderl.).

2. Hierdurch ist die oberste Verwaltungsbehörde in der Bestimmung der Ausgabestellen beschränkt, § 1419, Begr. zur RVO. S. 427.

§ 1457. Solange jemand im Bezirk einer Einzugsstelle versichert ist, kann er bei ihr seine Quittungskarte hinterlegen.

Die oberste Verwaltungsbehörde[1] kann im Einvernehmen mit der Versicherungsanstalt die Hinterlegung vorschreiben[2]. Das Versicherungsamt kann dann den Versicherten durch Zwangsstrafen in Geld[3] dazu anhalten.

1. Zuständig ist in Preußen der Regierungspräsident, im Stadtkreise Berlin der Oberpräsident, Erl. v. 27. VI. 12 (HMBl. S. 389).

2. S. § 1452 wegen der freiwilligen Versicherung.

3. Von 1—1000 RM., Art. II der V. v. 6. II. 24 (RGBl. I S. 44), § 2 der V. v. 12. XII. 24 (RGBl. I S. 775).

Die Zwangsstrafe muß vorher angedroht, kann wiederholt angedroht und festgesetzt, aber nicht mehr festgesetzt werden, wenn die zu erzwingende Handlung vorgenommen ist. Die Strafen werden wie Gemeindeabgaben beigetrieben und fließen in die Kasse der VAnst., §§ 28, 146. Zuständig ist das VA. des Beschäftigungsorts, § 1785. Es trifft die Anordnung ohne Versicherungsvertreter, KommBer. zur RVO. **1** 606. Beschwerde nach § 1500.

VIII. Abrundung

§ 1458. Ergibt die Abrechnung zwischen Arbeitgebern und Versicherten Bruchteile von Reichspfennigen, so wird der Beitragsanteil der Arbeitgeber auf volle Reichspfennig aufgerundet, der der Versicherten nach unten auf volle Reichspfennig abgerundet.

B Nr. 25 d. V. v. 16. IV. 24 (RGBl. I S. 405).

IX. Beitragsstreitigkeiten

§ 1459. Bei Streit über die Beitragsleistung[1] entscheidet, wenn er nicht bei der Rentenfestsetzung hervortritt[2], das Versicherungsamt[3] und auf Beschwerde endgültig das Oberversicherungsamt[4]. Diese Behörden sind an die amtlich veröffentlichten grundsätzlichen Entscheidungen des Reichsversicherungsamts[5] gebunden.

Handelt es sich um eine noch nicht feststehende Auslegung gesetzlicher Vorschriften von grundsätzlicher Bedeutung, so gibt das Oberversicherungsamt die Sache unter Begründung seiner eigenen Ansicht an das Reichsversicherungsamt ab[6], wenn es der Beschwerdeführer innerhalb der Beschwerdefrist beantragt hat. Auch andere Beteiligte können diesen Antrag binnen einer Woche stellen, nachdem sie die Gelegenheit, sich zu äußern, erhalten haben. Das Reichsversicherungsamt entscheidet in diesen Fällen statt des Oberversicherungsamts[7].

1. Nach § 1459 ist über alle aus Anlaß der Beitragsentrichtung möglichen Streitigkeiten zu entscheiden; AN. **98** 330, Begr. zur RVO. S. 432. Insbesondere bei der Zwangsversicherung darüber, ob überhaupt, wann, für welche Zeit, an welche VAnst. (vgl. aber § 1460), in welcher Lohnklasse; AN. **96** 397, **00** 837 (S. 858), **02** 394, **02** 395, von wem als Arbeitgeber; AN. **00** 831, wieviel Beiträge zu entrichten waren oder zu entrichten sind, ferner ob die Vorschrift des § 1427 im gegebenen Falle überhaupt Platz greift; AN. **03** 327. Bei der freiwilligen Versicherung, ob, wann, für welche Zeit, an welche VAnst. Beiträge entrichtet werden konnten oder können; AN. **07** 553, **09** 428. Im Verfahren nach § 1459 kann auch entschieden werden, ob Invalidität noch nicht, oder, wenn sie in einem früheren Rentenverfahren festgestellt worden ist, nicht mehr besteht und deshalb Beitragspflicht oder Beitragsberechtigung begründet ist; AN. **97** 591, **05** 433. Ferner die Fragen, ob Rückstände nach § 29 Abs. 1 verjährt sind; AN. **00** 828, AN. **16** 413, ob Beiträge gemäß §§ 1442, 1443, 1444 nachentrichtet werden durften oder dürfen; AN. **02** 549, **07** 553, ob ein Anspruch auf Rückzahlung zu Unrecht geleisteter Beiträge begründet ist; AN. **99** 778, **19** 375, EuM. **22** 266 (Bay. LVAmt), wie weit ein Anerkenntnis nach § 1445 Abs. 2 Satz 2 wirkt; AN. **14** 837. Ebenso die Frage, ob Beiträge, die in der irrigen Annahme der Versicherungspflicht geleistet sind, als freiwillige gelten können; AN. **07** 553, vgl. jetzt § 1446. Streit über die Beitragsleistung liegt auch vor, wenn die nach § 1329 erforderliche Zustimmung der beteiligten VAnsten. zur Versicherung bei der VAnst. des Betriebssitzes verweigert wird; AN. **01** 636 (S. 940). Hat der Bundesrat (oder jetzt das RVA.) auf Grund des § 1242 beschlossen, daß die §§ 1234, 1235 Nr. **1**, §§ 1237, 1240, 1241 (Befreiung von der Versicherungspflicht) für bestimmte Gruppen von Beschäftigten unter gewissen Voraussetzungen gelten sollen, wenn die Befreiung vom Arbeitgeber beantragt ist, so ist ein dann entstehender Streit über das Vorliegen der Voraussetzungen der Befreiung im Verfahren nach § 1459 zu entscheiden; AN. **17** 522. Es kann überhaupt über alle die Beitragsleistung berührenden Fragen, auch soweit sie rein tatsächlicher Natur sind, „über alle aus Anlaß der Beitragsentrichtung möglichen Streitigkeiten" im Wege des § 1459 entschieden werden; AN. **98** 330, Begr. zum IVG. S. 343, Begr. zur RVO. S. 432. Da nach § 1459 über die Beitragsleistung zu entscheiden ist, so hat sich die Entscheidung stets auf die Versicherungspflicht oder das Versicherungsrecht zu erstrecken. Unzulässig wäre es, in der Entscheidung lediglich die Erwerbsfähigkeit festzustellen; AN. **11** 637.

Ist im Beschlußverfahren nach §§ 1240, 1241, das die gleichen Rechtsgarantien bietet wie das Verfahren nach § 1459 (Zuziehung der Beteiligten), über die Befreiung von der Versicherungspflicht rechtskräftig entschieden, so ist für ein Verfahren nach § 1459 kein Raum mehr; AN. **13** 483.

Gegenstand eines Streitverfahrens nach § 1459 kann nur die Leistung von Beiträgen auf Grund eines Versicherungsverhältnisses, also auf Grund der Versicherungspflicht oder die Versicherungsberechtigung sein. Die Austragung eines Schadenersatzstreits, insbesondere eines Streites darüber, ob der Arbeitgeber Ersatz zu leisten habe für bereits entrichtete, aber durch sein Verschulden verloren gegangene Beiträge, ist im Verfahren nach § 1459 nicht zugelassen. Eine Verletzung des den Schutz des Versicherten bezweckenden § 1425 kann nur einen vor den Gerichten, gegebenenfalls den Arbeitsgerichten (§ 2 Abs. 1 Nr. 2 des Arbeitsgerichtsgesetzes vom 23. XII. 26, RGBl. I S. 507) geltend zu machenden Schadenersatzanspruch (§ 823 Abs. 2 BGB.) auslösen; EuM. **22** 163.

2. Der Streit darf nicht bei der Rentenfestsetzung hervortreten. Ist dies der Fall, so haben die Spruchbehörden zu entscheiden; AN. (I. und AV.) **91** 175, **94** 122, **95** 34, EuM. **8** 302. Vgl. aber § 1488.

Streitigkeiten über Beitragsleistung können nur dann im Spruchverfahren erledigt werden, wenn sie für die Beurteilung des erhobenen Leistungsanspruchs von Bedeutung sind; EuM. **22** 266 (Bay. LVAmt). Die Einleitung eines besonderen Beitragsstreitverfahrens ist nach Stellung des Rentenantrages nur dann unzulässig, wenn von dem Ausgang des Beitragsstreits die Entscheidung über den Rentenanspruch unmittelbar abhängt. Ist ein Rentenanspruch rechtskräftig abgelehnt, so kann in einem später eröffneten Verfahren nach § 1459 darüber entschieden werden, ob noch Beiträge nachzuentrichten sind; EuM. **20** 256.

Wird gleichwohl bei einem im Rentenfeststellungsverfahren hervorgetretenen Streit über die Beitragsleistung im Verfahren nach § 1459 entschieden, so ist die Entscheidung nicht bindend; AN. (I. und AV.) **94** 122, **95** 34, AN. **96** 397, **97** 591, EuM. **8** 302.

3. Das Verfahren wird nur auf Antrag eines Beteiligten eingeleitet; AN. **97** 473. Beteiligt sind alle, die für die Beitragsleistung als Zahlende oder Empfangende in Betracht kommen; AN. **13** 483.

Der Kontrollbeamte darf nicht selbständig Anträge auf Entscheidung stellen; AN. **09** 588.

Die Nichtzuziehung eines Beteiligten bildet einen wesentlichen Mangel des Verfahrens; AN. **18** 446, EuM. **4** 313.

Das VA. (§ 1785) entscheidet ohne Versicherungsvertreter; hat der Beschlußausschuß entschieden, so liegt ein wesentlicher Mangel des Verfahrens vor; AN. **14** 655. Ein solcher Mangel ist auch die Nichtmitteilung des Ergebnisses der Beweisaufnahme an einen Beteiligten; AN. **20** 186, EuM. **4** 313 (Bay. LVAmt). Im Verfahren nach § 1459 darf nicht zugleich über die Krankenversicherungspflicht entschieden werden; AN. **17** 562. Das Verfahren richtet sich nach §§ 1780 ff., VAO. §§ 13 ff.; AN. **20** 186.

Die Beweisregeln des bürgerlichen Rechtes finden auch bei Streitigkeiten aus § 1459 keine Anwendung; der Sachverhalt ist von Amts wegen aufzuklären: AN. **12** 873

Die Entscheidung muß die Beteiligten so genau bezeichnen, daß darüber nach Lage der Akten kein Zweifel bestehen kann; AN. **04** 501, **09** 426, **09** 447, **11** 496. Eine Entscheidung über sämtliche in eigener Behausung beschäftigten Handschuhmacher der Firma X. erstreckt sich nur auf die im Verfahren besonders Genannten; AN. **04** 501, **09** 426. Als ausreichend bestimmt wurden angesehen eine Entscheidung über die Mitglieder der Stadtkapelle zu H., da aktenmäßig feststand, daß sie aus 19 Personen bestand; AN. **11** 496, dagegen nicht Entscheidungen über die bei der Rheinstrombauverwaltung des Kreises G. beschäftigten Wahrschauer, und über die beim Polizeipräs. in B. tätigen Agenten, da sie sich nicht auf bestimmte Personen beschränkten; AN. **09** 447, EuM. **4** 313.

Die Entscheidung nach § 1459 bindet auch die Spruchbehörden; AN. (J. und AB.) **93** 48, 89, AN. **97** 381, **98** 270, **01** 438. Sie trifft aber nur das streitige Beschäftigungsverhältnis; AN. (J. und AB.) **93** 48 und wirkt, solange es fortdauert. Nur wesentliche Änderungen des Beschäftigungsverhältnisses beseitigen die Wirkung der Rechtskraft; AN. **06** 489. Andere gleichartige Beschäftigungsverhältnisse werden durch die Entscheidung nicht getroffen; AN. (J. und AB.) **92** 114, **93** 89, AN. **04** 501, **09** 426.

Der Rechtskraft fähig ist nur die Entscheidung selbst, die Gründe gehen in Rechtskraft nicht über; AN. **11** 637. Ist in einem Verfahren nach § 1459 die Beitragspflicht wegen Vorliegens der Invalidität verneint, so kann in einem späteren Streitverfahren über ein neues Beschäftigungsverhältnis oder im Spruchverfahren die Frage der Invalidität vom Beginn des neuen Beschäftigungsverhältnisses an anders beurteilt werden; AN. **04** 502. Ist in einem Streitverfahren entschieden, daß für eine bestimmte Beschäftigung keine Beiträge zu entrichten seien, weil sie unter den Begriff des selbständigen Gewerbebetriebes falle, so geht nur die Entscheidung, daß diese Beschäftigung der Beitragspflicht nicht unterliege, in Rechtskraft über. Das hindert nicht, dieselbe Beschäftigung in einem späteren Streitverfahren oder im Verfahren vor den Spruchbehörden als Lohnarbeit im Sinne der Ziff. 1 der Bek,. betr. die Befreiung vorübergehender Dienstleistungen von der Versicherungspflicht, v. 27. XII. 99 (AN. **00** 181) zu behandeln; AN. **97** 381.

Nicht bindend ist eine Entscheidung gemäß § 1459, soweit es sich um vorgesetzliche Beschäftigungsverhältnisse handelt; AN. (J. und AB.) **91** 175, **93** 48, **93** 89, AN. **97** 471, **98** 270.

4. Fehlt in der Entscheidung des VA. die in § 33 VAO. vorgeschriebene Rechtsbelehrung, so wird durch ihre Zustellung die Beschwerdefrist von 1 Monat (§ 128) nicht in Lauf gesetzt; AN. **20** 186.

Die Beschlußkammer des OVA. entscheidet nur unter den Voraussetzungen des § 1781 Abs. 2. Über das Verfahren s. §§ 40 bis 42 OVAO.

Wiederaufnahme des Verfahrens nach § 1789 zulässig.

5. Das RVA. veröffentlicht seine Entscheidungen, die grundsätzliche Bedeutung haben, seit dem 1. I. 28 in den AN. für Reichsversicherung; V. v. 28. XII. 27 (RGBl. I **28** 4). Bis dahin erfolgte die Veröffentlichung auf Grund der Bek. v. 30. XII. 11 (RGBl. **12** S. 2) in den AN. des RVA.

6. Abgabe an das RVA. Aber nicht bei Tatfragen, oder vom RVA. bereits entschiedenen Rechtsfragen; EuM. **13** 229. Das Verfahren ist im § 1459 geregelt, § 1799, wonach es keines Antrags bedarf, gilt nicht; AN. **13** 679. Der Antrag darf an keine Bedingung geknüpft sein. Unzulässig ist ein Antrag, die Sache an das RVA. abzugeben, falls die Auffassung des Antragstellers nicht geteilt wird; AN. **09** 426. In dem Antrage an das OVA., die Sache „im Prinzip" zu entscheiden, wurde ein Antrag auf Abgabe an das RVA. erblickt; Monatsschr. **17** 440 (RVA.). Das OVA. ist an den Antrag nicht gebunden, wenn es die Voraussetzungen für die Abgabe nicht als gegeben ansieht. Entscheidet es selbst, so ist die Entscheidung endgültig; AN.

14 773, **13** 415. Das RVA. kann, wenn die Voraussetzungen der Abgabe nach seiner Meinung nicht vorliegen, die Sache an das OVA. zurückgeben; AN. **09** 447, **14** 773. Es kann sich auch auf die Entscheidung der grundsätzlichen Rechtsfrage beschränken; AN. **28** 391, **29** 168.

Innerhalb der Beschwerdefrist von einem Monat (§ 128) seit Zustellung der Entscheidung an die beim Streit in erster Instanz Beteiligten; AN. **04** 500, **10** 557.

Das RVA. entscheidet im Beschlußverfahren, § 1780, §§ 14, 37 bis 41 RVAO., der Beschlußsenat (§ 100) nur in den Fällen des § 1781 Abs. 2.

Durch Rundschr. v. 22. III. 02 (AN. **02** 384) hat das RVA. die seiner Aufsicht unterstellten Versicherungsanstalten ersucht, von einer Reihe gleichliegender Fälle immer nur einen oder doch nur wenige, die sich zur grundsätzlichen Erörterung eignen, vor das RVA. zu bringen.

7. Angestelltenversicherung.

„Entsteht zwischen den Versicherungsträgern der Angestelltenversicherung und der Invalidenversicherung außerhalb eines Leistungsfeststellungsverfahrens Streit darüber, ob der Versicherungspflichtige der AV. oder IV. zu unterstellen ist, so ist die schriftlich einzuholende gemeinsame Erklärung des Arbeitgebers und Arbeitnehmers maßgeblich. Wird eine Erklärung auf Anfordern der beiden Versicherungsträger binnen einer zu bestimmenden Frist nicht abgegeben, oder können Arbeitgeber und Arbeitnehmer über die Unterstellung sich nicht einigen, so wird im Beitragsstreitverfahren entschieden"; § 193 AVG. Handelt es sich um die Zugehörigkeit zur Angestellten- oder Invalidenversicherung, so ist im Verfahren der Angestelltenversicherung zu entscheiden, und zwar auch über die Zugehörigkeit zur Invalidenversicherung; § 194 Abs. 3 Satz 1 a. a. O.

Handelt es sich um die Zugehörigkeit einer Person zur AV., so ist der Ausschuß des Versicherungsamts für AV. zur Entscheidung zuständig, auch wenn mit dem Streitverfahren nach § 194 AVG. ein Verfahren im Sinne des § 1459 verbunden ist; §§ 193, 194 AVG.; AN. **24** 90. Die Vorschrift des § 194 Abs. 3 AVG. über die ausschließliche Zuständigkeit der rechtsprechenden Behörde der AV. gilt auch dann, wenn neben der Frage der Zugehörigkeit zur AV. oder IV. gleichzeitig die Frage der Versicherungspflicht an sich streitig ist; AN. **27** 24.

§ 1460. Ist es streitig, an welche von mehreren Versicherungsanstalten Beiträge für bestimmte Personen zu entrichten sind [1], so entscheidet [2] auf Antrag das Reichsversicherungsamt oder das Landesversicherungsamt (§ 1382).

1. Tritt ein Arbeitgeber oder ein Versicherter als Partei auf, so ist nach § 1459 zu entscheiden; AN. **19** 362.

2. Das RVA. (LVAmt) entscheidet im Beschlußverfahren (§ 1780). Für das RVA. gelten §§ 14, 37 bis 41 RVAO. Der Beschlußsenat (§ 100, § 108 Abs. 2) entscheidet nur unter den Voraussetzungen des § 1781 Abs. 2.

§ 1461. Allen anderen Streit [1] zwischen Arbeitgebern und Arbeitnehmern über Berechnung und Anrechnung, Erstattung und Ersatz der Beiträge (§ 1426 Abs. 2, §§ 1432 bis 1435, 1437, 1439, 1441) entscheidet das Versicherungsamt [2] endgültig [3].

1. § 1461 findet nur Anwendung, wenn Beitragspflicht und Beitragshöhe unbestritten sind. Streit hierüber ist nach § 1459 zu entscheiden; AN. **02** 545.

2. Das VA. (§ 1785) entscheidet ohne Versicherungsvertreter; KommBer. zur RVO. I S. 106.

Über Abrundung s. § 1458.

3. Die Frage, ob das RVA. über die Berechtigung des Verlangens und über

das Maß eines Ausgleichs unter den mehreren Arbeitgebern nach §§ 1715a, 1789 zu entscheiden in der Lage ist, wird in der E. AN. 28 391 dahingestellt gelassen.

§ 1462. Ist der Streit endgültig entschieden, so sorgt das Versicherungsamt [1] dafür, daß zu wenig erhobene Beiträge [2] nachträglich durch Marken gedeckt werden. Zuviel erhobene [3], die noch zurückgefordert werden können (§ 1446) [4], zieht es von der Versicherungsanstalt auf Antrag [5] wieder ein und zahlt sie den Beteiligten zurück. Die Marken werden vernichtet [6] und die Aufrechnungen berichtigt.

Art. III Nr. 33 des G. v. 13. VII. 23 (RGBl. I S. 636).

1. Das VA. (§ 1785) trifft die Anordnungen ohne die Versicherungsvertreter, KommBer. zur RVO. I S. 106. Die Kosten des Berichtigungsverfahrens hat die VAnst. nicht zu erstatten; AN. 13 751.

2. Zu wenig erhobene Beiträge, d. h. der Zahl nach zu wenig oder zu niedrige Beiträge. Die bis zum 31. XII. 23 verwendeten Marken dürfen nur insoweit beanstandet werden, als die Versicherungspflicht oder die Versicherungsberechtigung in Frage steht, § 1445a.

Vom 1. VIII. 27 an waren für die Zeit vor dem 27. VI. 27 Beiträge nach den Vorschriften des § 1392 Abs. 1 i. d. F. d. G. v. 8. IV. 27 (RGBl. I S. 98) zu entrichten; Art. 5 a. a. O. Dies galt auch für nachzuzahlende Unterschiedsbeträge; AN. 26 310. Die Lohnklasse VI und der dazu gehörende Wochenbeitrag galten erst vom 1. I. 28 an; bis dahin war für Versicherte mit einem wöchentlichen Arbeitsverdienste von mehr als 36 RM der Wochenbeitrag nach der Lohnklasse VI zu entrichten; Art. 6 Abs. 2 d. G. v. 8. IV. 27 (RGBl. I S. 98).

Die berichtigten Marken treten vollständig an die Stelle der früheren unrichtigen Marken, gelten insbesondere für den gleichen Zeitraum wie die unrichtigen Marken; AN. 96 472.

3. Zu viel erhobene Beiträge, d. h. der Zahl nach zu viel oder zu hohe Beiträge. Gegen die Höhe der bis zum 31. XII. 23 verwendeten Marken dürfen keine Einwendungen erhoben werden, § 1445a.

4. Die noch zurückgefordert werden können (§ 1446). Der Vorbehalt, den § 29 Abs. 2 hinsichtlich der §§ 1446 Abs. 2, 1462 macht, und der im § 1462 enthaltene Hinweis auf § 1446 haben nur die Bedeutung, daß bei Prüfung der Frage, ob Beiträge zurückgefordert werden können, die Verjährungsfristen des § 29 Abs. 2 und des § 1446 zu beachten sind. Der Hinweis im § 1462 auf § 1446 bezweckt nicht, das Rückforderungsrecht nach vorangegangenem Streitverfahren in weiterem Umfange zuzulassen, als es sonst bestanden hätte; AN. 15 442.

5. Der Antrag kann bis zur Entscheidung zurückgezogen werden; AN. 07 553. Der Anspruch auf Rückzahlung darf selbst beim Einverständnis der Beteiligten nicht im Rentenverfahren erörtert werden; AN. 99 778.

6. Die Vernichtung der Marken kann in diesen Fällen (anders in den Fällen des § 1469) ohne Zuziehung der VAnst. erfolgen; AN. (J. und AV.) 93 71.

Auch die Vernichtung nach § 1421 übertragener Marken ist zulässig; AN. 04 258.

Marken, die rechtsgültig verwendet, demnächst aber zu Unrecht vernichtet sind, und deren Wert erstattet worden ist, sind trotz Vernichtung und Erstattung als rechtswirksam unter Umständen auch dann anzuerkennen, wenn der erstattete Betrag noch nicht wieder in die Kasse der VAnst. zurückgeflossen ist. Die VAnst. kann gegebenenfalls nach § 1324 aufrechnen: AN. 12 937.

§ 1463. Statt die Marken zu vernichten, kann das Versicherungsamt [1] die Quittungskarte einziehen und das Gültige auf eine neuausgestellte übertragen lassen.

1. Das VA. s. § 1785.

§ 1464. Wenn die Pflicht oder das Recht zur Versicherung endgültig verneint ist, so erhalten die Beteiligten[1] die noch nicht verfallenen Beiträge auf Antrag zurück. § 1446 wird hierdurch nicht berührt[2].

1. Die Beteiligten, d. h. der Arbeitgeber und die Versicherten, aus deren Mitteln die überschüssigen Beiträge geleistet worden sind; Begr. z. JVG. S. 344.

2. Ob Beiträge verfallen sind, ist nach den allgemeinen Regeln über Verjährung, ihre Frist, Hemmung und Unterbrechung zu beurteilen, s. Anm. 4 zu § 1462. Satz 2 hat nicht den Zweck, das Rückforderungsrecht, das durch § 29 Abs. 2, § 1446 beschränkt ist, in den Fällen des § 1464 in weiterem Umfange zuzulassen, als es sonst bestanden hätte; AN. **15** 442.

Den Wertbetrag der nicht verfallenen Beiträge hat die VAnst. ohne Zinsen und ohne Abzug der Verwaltungskosten zurückzuzahlen. Portokosten braucht die VAnst., da Erfüllungsort ihr Sitz ist, nicht zu tragen; AN. **99** 379.

Die entsprechenden Marken werden vernichtet und können nicht angerechnet werden; AN. **05** 469.

Im Rentenverfahren darf über Anträge auf Rückzahlung von Beiträgen, auch wenn die Beteiligten einverstanden sind, nicht entschieden werden; AN. **99** 778.

Marken, die rechtsgültig verwendet, demnächst aber zu Unrecht vernichtet sind, und deren Wert erstattet worden ist, sind trotz Vernichtung und Erstattung unter Umständen als rechtswirksam auch dann anzuerkennen, wenn der erstattete Betrag noch nicht wieder in die Kasse der VAnst. zurückgeflossen ist. Die VAnst. kann gegebenenfalls nach § 1324 aufrechnen; AN. **12** 937.

X. Überwachung

§ 1465. Die Versicherungsanstalten überwachen[1] die rechtzeitige und vollständige Entrichtung der Beiträge. Das Versicherungsamt kann die Versicherungsanstalten mit ihrer Zustimmung und unter Vereinbarung über die Kosten dabei unterstützen[2].

1. Anweisungen über die Ausübung der Kontrolle s. AN. **01** 182, **02** 345, **03** 322.

Über Vereinbarung der VAnst. und der Landesfinanzämter, einander Mitteilung zu machen, wenn bei der Kontrolle Verstöße festgestellt werden, die einen Rückschluß auf Verstöße im Bereiche der anderen Verwaltung gestatten, s. AN. **22** 287.

2. Die allgemeine Unterstützung, von der hier die Rede ist, bildet den Gegensatz zum Rechte der VAnst. auf Rechtshilfe im Einzelfall. Bei Ersuchen um Vornahme einzelner Überwachungshandlungen ist der VersTr. nicht verpflichtet, mit dem VA. in Verhandlungen wegen der Kostenerstattung einzutreten; EuM. **5** 29.

§ 1466. Die Arbeitgeber haben dem Versicherungsamt und dem Anstaltsvorstande selbst sowie den Beauftragten[1] beider Auskunft zu geben über die Zahl der Beschäftigten[2], ihren Arbeitsverdienst und die Dauer ihrer Beschäftigung. Sie haben die Geschäftsbücher oder Listen, aus denen diese Tatsachen hervorgehen, während der Betriebszeit an Ort und Stelle vorzulegen. Auch die Versicherten[3] haben über Ort und Dauer ihrer Beschäftigung sowie ihren Arbeitsverdienst Auskunft zu geben.

Beide Gruppen sind verpflichtet, den bezeichneten Behörden und Beauftragten auf Erfordern die Quittungskarten und Bescheinigungen (§ 1419 Abs. 3) zur Prüfung und Berichtigung gegen Empfangschein auszuhändigen.

Das Versicherungsamt kann die Arbeitgeber und die Versicherten durch Zwangsstrafen in Geld[4] zur Erfüllung ihrer Pflichten (Abs. 1, 2) anhalten.

1. Die Beauftragten der VAnst., d. h. die Kontrollbeamten, sind Beamte der VAnst. im Sinne des § 1348, keine Behörden oder selbständige Dienststellen; AN. **09** 588, **01** 199. Auch keine Organe; der Begriff Organ setzt die Befugnis zum selbständigen Handeln aus eigenem Recht voraus; AN. **09** 588. Die Kontrollbeamten können daher nicht selbständige Anträge auf Entscheidung nach § 1459 stellen; AN. **09** 588. Wohl kann ihnen aber in der Dienstanweisung die Befugnis, in ihren dienstlichen Angelegenheiten Anfragen und Ersuchen (§ 115) an öffentliche Behörden zu richten, übertragen und die Pflicht auferlegt werden, den amtlichen Ersuchen öffentlicher Behörden Folge zu leisten; AN. **99** 379. Über die Frage, ob durch ihre Handlungen und Erklärungen ein Anerkenntnis nach § 1445 Abs. 2 begründet werden kann s. Anm. 5 zu § 1445.

Zu den Beauftragten des Anstaltsvorstandes gehören die Einzugsstellen, auch die nicht von der VAnst. eingerichteten; OVG. **52** 413, s. AN. **08** 648.

Wird dem Kontrollbeamten eine Wohnung oder ein Geschäftsraum nicht geöffnet, so darf er die Versicherten zur Vorlage der Quittungskarten und Aufrechnungsbescheinigungen in den Geschäftsräumen der VAnst. oder des Gemeindevorstandes schriftlich auffordern; AN. **01** 393.

2. Der Arbeitgeber hat auch anzugeben, welche Personen er beschäftigt; OVG. **52** 413, s. auch AN. **08** 648, oder beschäftigt hatte; AN. **14** 563.

3. Die Versicherten haben, selbst wenn sie die fehlenden Marken nachgebracht haben, Auskunft zu erteilen, insbesondere auch über den Arbeitgeber; die Auskunftspflicht besteht auch für diejenigen, bei denen eine erhebliche Wahrscheinlichkeit für die Versicherungspflicht nicht besteht; AN. **14** 466.

Auskunft auch über die Art der Beschäftigung; AN. **14** 446.

4. Die Geldstrafe beträgt 1 bis 1000 Reichsmark, Art. II der V. v. 6. II. 24 (RGBl. I S. 44), § 2 der V. v. 12. XII. 24 (RGBl. I S. 775). Für die Androhung, die vorangehen muß (AN. **14** 446), genügt Angabe des Strafrahmens; AN. **20** 183. Wird eine bestimmte Geldstrafe angedroht, so empfiehlt es sich, bei erneuter Androhung einen höheren Betrag zu bestimmen; AN. **14** 446. Zwischen der Androhung und Verhängung der Zwangsstrafe muß eine angemessene Frist liegen. Die Länge der Frist liegt im Ermessen der für die Straffestsetzung zuständigen Behörde; Breith. **15** 433 (Bad. LVAmt).

Das VA. (§ 1785) entscheidet ohne Versicherungsvertreter; KommBer. zur RVO. I 106, 129.

Beschwerde s. § 1500.

§ 1467. Die Versicherungsanstalten können mit Genehmigung des Reichsversicherungsamts oder des Landesversicherungsamts (§ 1382) Überwachungsvorschriften[1] erlassen. Diese Behörden können den Erlaß solcher Vorschriften anordnen und, wenn dies ohne Erfolg bleibt, sie selbst erlassen. Der Anstaltsvorstand kann Arbeitgeber und Versicherte zur pünktlichen Befolgung solcher Vorschriften durch Zwangsstrafen in Geld[2] anhalten.

1. Die Überwachungsvorschriften sind Ausführungsbestimmungen zu § 1466. Sie können daher nicht etwa Behörden oder KrKn., sondern nur den Arbeitgebern und Versicherten Pflichten auferlegen. Die Auflagen dürfen nicht dem Gesetz zuwider sein, sie müssen sich auf das unbedingt Gebotene beschränken und auch den Schein einer unnötigen Belastung vermeiden; AN. **03** 322, **20** 184. Bei erwiesener Unregelmäßigkeit kann die Führung von Listen aufgegeben werden; AN. **03** 322. Durch die Überwachungsvorschriften kann bestimmt werden, daß der Arbeitgeber Namen und Wohnort des Stellvertreters im Sinne des § 1494 Abs. 1 anzuzeigen hat. Unterläßt er dies, so kann er aber deswegen nicht bestraft werden; AN. **20** 184.

2. Die Geldstrafe beträgt 1 bis 1000 RM., Art. II, III der V. v. 6. II. 24 (RGBl. I S. 44), § 2 der V. v. 12. XII. 24 (RGBl. I S. 775). Der Festsetzung der Geldstrafe muß eine Strafandrohung vorausgehen. Es genügt Angabe des Strafrahmens; AN. **20** 183. Die Androhungen dürfen nur durch den Vorstand, im allgemeinen nicht durch den Kontrollbeamten erfolgen; AN. **20** 183. Im Einzelfalle kann die Strafandrohung vom Überwachungsbeamten ausgesprochen werden, wenn der Vorstand ihn hierzu für den Fall einer bestimmten Überwachung im voraus ermächtigt hat; AN. **27** 461. Zwischen Androhung und Verhängung der Zwangsstrafe muß eine den Umständen nach angemessene Frist liegen; Breith. **15** 433 (Bad. LVAmt).

Gegenüber Strafandrohungen und sonstigen Maßnahmen der VAnst. (Aufgabe der Führung von Listen, Verhalten des Kontrollbeamten) kommt nur die Aufsichtsbeschwerde in Betracht; AN. **14** 446. Ein Hinweis darauf empfiehlt sich nicht. Die Aufsichtsbehörde muß sich auf die Prüfung beschränken, ob Gesetz und Satzung beobachtet sind. Auf die Einzelheiten kann erst nach Festsetzung der Geldstrafe im Beschwerdeverfahren eingegangen werden; AN. **14** 781.

Beschwerde über die Straffestsetzung s. § 1500.

§ 1468. Entstehen durch die Überwachung bare Auslagen[1], so können sie dem Arbeitgeber auferlegt werden, wenn er sie durch Pflichtversäumnis verursacht hat. Auf Beschwerde entscheidet das Oberversicherungsamt[2] endgültig.

Die Kosten werden wie Gemeindeabgaben beigetrieben[3].

1. Die baren Auslagen, deren Erstattung verlangt wird, müssen einzeln nachgewiesen werden; summarische Angabe genügt nicht; AN. **86** 276.

2. Das OVA. (§ 1785). Die Beschlußkammer entscheidet nur in den Fällen des § 1781 Abs. 2.

3. S. Anm. zu § 28 im I. Bande.

§ 1469. Die Quittungskarten werden nach Einwilligung der Beteiligten[1] oder nach Schluß des Streitverfahrens von den überwachenden Behörden oder Beauftragten oder den Einzugsstellen berichtigt[2].

1. Die Einwilligung der Beteiligten macht die Berichtigung nur wirksam, wenn sie gesetzlich begründet ist. Die VAnst. darf die aus einer gültigen Markenverwendung sich ergebenden Rechtswirkungen nicht ablehnen, auch wenn die Vernichtung der Marken mit Einwilligung des Versicherten erfolgt wäre; AN. **05** 469, **05** 470. Die VAnst. kann gegebenenfalls von der Aufrechnungsbefugnis Gebrauch machen; AN. **12** 937. S. Anm. 6 zu § 1462.

Über den Schutz, den die bis zum 31. XII. 23 verwendeten Marken genießen, s. § 1445a.

Vom 1. VIII. 27 an waren für die Zeit vor dem 27. VI. 27 Beiträge nach den Vorschriften des § 1392 Abs. 1 i. d. F. d. G. v. 8. IV. 27 (RGBl. I S. 98) zu entrichten; Art. 5 a. a. O.; das Nähere s. Anm. 2 Abs. 2 zu § 1462.

2. S. auch Anm. 2 zu § 1411 und Anm. 1 zu § 1440.

§ 1470. Das Versicherungsamt kann die Versicherungsanstalten mit ihrer Zustimmung und unter Vereinbarung über die Kosten bei der Überwachung der Rentenempfänger unterstützen[1]. Hierüber beschließt der Beschlußausschuß[2]. Lehnt er ab, so beschließt auf Beschwerde das Oberversicherungsamt[3] endgültig.

1. Das Recht auf Rechtshilfe im Einzelfalle wird dadurch nicht berührt, EuM. **5** 29, s. Anm. 2 zu § 115 im I. Bande.

2. Der Beschlußausschuß s. §§ 57, 1780ff. Nach § 1781 Abs. 3 kann der Vorsitzende allein entscheiden, falls nicht eine Partei die Entscheidung des Beschlußausschusses beantragt.

3. Das OVA., und zwar die Beschlußkammer, vorbehaltlich § 1781 Abs. 3, § 78, OVAO. §§ 40 bis 42. § 1799 RVO. gilt.

XI. Besondere Vorschriften

§ 1471. Die Reichsregierung kann die Vorschriften dieses Abschnitts für die Besatzung ausländischer Binnenschiffe durch andere Bestimmungen ersetzen.

Siebenter Abschnitt.

Freiwillige Zusatzversicherung

(**§§ 1472** bis **1483**) ist weggefallen[1].

Art. I des G. v. 23. VII. 21 (RGBl. S. 984).

1. Die Erwartungen, die in der Begr. zur RVO. an die Einführung einer besonderen Zusatzversicherung geknüpft wurden, haben sich nicht erfüllt. Die Zusatzmarken sind daher beseitigt; Begr. zum G. v. 23. VII. 21, S. 12. S. die Bemerkungen zu Abschnitt D des G. v. 23. VII. 21, Anhang IV.

Achter Abschnitt.

Schluß- und Strafvorschriften

I. Krankenkassen

§ 1484. Was dieses Buch für Krankenkassen (§ 225) vorschreibt[1], gilt auch für den Reichsknappschaftsverein[2] als Träger der Krankenversicherung[3] und für Ersatzkassen hinsichtlich solcher Mitglieder, welche von der Befreiung nach § 517 Gebrauch gemacht haben.

Art. 51 Nr. 48 des G. v. 23. VI. 23 (RGBl. I S. 454), Art. VIII Nr. 14 der V. v. 27. IX. 23 (RGBl. I S. 908).

1. S. § 1438.
2. Jetzt die Reichsknappschaft; § 7 RKG.
3. S. § 17 RKG.

II. Besondere Vorschriften für Seeleute

§ 1485. Seeleute (§ 163 Abs. 2) sind bei der Versicherungsanstalt zu versichern, in deren Bezirke der Heimathafen[1] des Schiffes liegt.

G. v. 16. XII. 27 (RGBl. I S. 337).

1. S. § 480 HGB. Vgl. auch § 128 Abs. 2, § 129 Abs. 2.

§ 1486. Die Reeder dürfen die Beiträge für Seeleute nach dem Mannschaftsbedarfe der einzelnen Schiffe entrichten, wie er für ihre Unfallversicherung abgeschätzt ist. Die Versicherungsanstalt bestimmt das Nähere.

Die Reichsregierung kann für die Entrichtung der Beiträge ein anderes Verfahren anordnen, als dieses Buch vorschreibt.

III. Strafvorschriften

§ 1487 [1]. Nehmen Arbeitgeber [2] in die Nachweise oder Anzeigen [3], die sie nach den Vorschriften des Gesetzes oder den Bestimmungen der Versicherungsanstalt aufzustellen haben, Eintragungen auf, deren Unrichtigkeit sie kannten oder den Umständen nach kennen mußten, oder unterlassen sie die vorgeschriebenen Eintragungen ganz oder teilweise, so kann [4] der Anstaltsvorstand Ordnungsstrafe in Geld [5] gegen sie verhängen [6] [7].

1. Eine Bestrafung nach § 1487 schließt die Bestrafung wegen Betrugs oder Betrugsversuchs nicht aus; RGSt. **27** 391.

Die Bestrafung nach § 1487 setzt Vorsatz oder Fahrlässigkeit voraus; AN. (J. und AB.) **91** 166, AN. **14** 545.

2. Nur eine natürliche Person kann bestraft werden, nicht z. B. eine Gemeinde; AN. **20** 324.

3. Zu den Nachweisen oder Anzeigen gehören die auf Grund der §§ 1233 Abs. 2, 1436, 1447, 1466, 1467 vorgeschriebenen.

4. Der Anstaltsvorstand kann bestrafen, die Bestrafung ist in sein Ermessen gelegt; Begr. zum JuAVG. S. 140. Er kann auch die Strafe zurücknehmen; AN. **18** 353.

5. Die Geldstrafe beträgt 1 bis 1000 RM., Art. II der V. v. 6. II. 24 (RGBl. I S. 44), § 2 der V. v. 12. XII. 24 (RGBl. I S. 775).

6. Beitreibung s. §§ 28, 146. Verjährung s. §§ 147, 148.

7. Beschwerde s. § 1500.

§ 1488 [1]. Unterlassen es Arbeitgeber [2], rechtzeitig [3] für ihre versicherungspflichtig Beschäftigten die richtigen Marken zu verwenden [4] oder die Beiträge abzuführen [5], so kann [6] sie der Anstaltsvorstand mit Ordnungsstrafe in Geld [7] belegen. Unabhängig von der Strafe und der Nachholung der Rückstände kann der Vorstand dem Bestraften die Zahlung des Ein- bis Zweifachen dieser Rückstände auferlegen [8]. Der Betrag wird wie Gemeindeabgaben beigetrieben.

Das gleiche gilt, wenn Arbeitgeber bei Beschäftigung ausländischer Versicherten ihre Pflichten aus § 1233 nicht erfüllen.

Bestreitet der Arbeitgeber seine Beitragspflicht, so ist sie nach § 1459 festzustellen [9].

1. Die Vorschrift des § 1488 RVO. ist keine Strafvorschrift im Sinne des § 73 StrGB. Die Verhängung einer Ordnungsstrafe wegen Verzögerung der Markenverwendung auf Grund des § 1488 RVO. steht der späteren Verhängung einer Geldstrafe auf Grund des § 1492 RVO. nicht im Wege; EuM. **24** 412 (OLG. Breslau, II. StS., Urt. v. 22. V. 28).

2. Die Verhängung einer Strafe nach § 1488 setzt Verschulden des Arbeitgebers voraus. Jede Fahrlässigkeit genügt; AN. **14** 738, **16** 385. Wer als Arbeitgeber Versicherungspflichtige beschäftigt, muß sich über die Pflichten unterrichten, die Gesetz und Ausführungsbestimmungen ihm auferlegen. Unterläßt er das, so trifft ihn bei Verletzung dieser Pflichten mindestens der Vorwurf der Fahrlässigkeit; AN. **13** 482. Nur eine natürliche Person kann bestraft werden; AN. **20** 324. Kommen

für dieselbe Beitragswoche mehrere Arbeitgeber in Betracht, so ist jeder verantwortlich; Begr. zur RVO. S. 435, AN. **14** 738. Will der Arbeitgeber der Bestrafung entgehen, so muß er gegebenenfalls von der Befugnis, eine Quittungskarte zu besorgen, Gebrauch machen; AN. **02** 651.

3. Rechtzeitig s. §§ 1428ff.

4. Verwenden s. § 1413. Das Einkleben von Marken in nicht fortlaufender Reihenfolge ist nicht strafbar; AN. (J. und AV.) **91** 166.

5. Abzuführen sind die Beiträge, und zwar die richtigen, im Einzugsverfahren in den durch die Ausführungsbestimmungen festgesetzten Terminen. Die Worte „rechtzeitig" beziehen sich auch auf die Worte „die Beiträge abzuführen"; AN. **13** 482.

6. Der Anstaltsvorstand kann bestrafen; die Bestrafung ist in sein Ermessen gestellt; Begr. zum JuAVG. S. 140. Er kann die Strafe zurücknehmen; AN. **18** 353. Beschwerde s. § 1500.

7. Die Geldstrafe beträgt mindestens 1, höchstens 1000 RM., Art. II der V. v. 6. II. 24 (RGBl. I S. 44), § 2 der V. v. 12. XII. 24 (RGBl. I S. 775). Verjährung s. §§ 147, 148. Beitreibung s. §§ 28, 146.

8. Bei der Auferlegung der Zahlung des Ein- bis Zweifachen der Rückstände handelt es sich um eine besonders geartete Nebenstrafe mit dem ausgesprochenen Zwecke, die Hauptstrafe nach dem Vorbilde der Steuerstrafen zu verschärfen; Begr. zur RVO. S. 435 Abs. 1; AN. **12** 874, **14** 383.

Wird eine Hauptstrafe festgesetzt, so kann die Nebenstrafe nur gleichzeitig mit ihr, nicht noch nach der Rechtskraft der Hauptstrafe auferlegt werden; AN. **14** 383. Die Nebenstrafe kann nur im Falle der Festsetzung einer Hauptstrafe verhängt werden. Durch eine nachträgliche Aufhebung der Ordnungsstrafe wird die Auferlegung der Zahlung des Ein- bis Zweifachen der Rückstände ohne weiteres hinfällig; Breith. **15** 522.

Auch die Zahlung nach § 29 Abs. 1 verjährter Rückstände kann auferlegt werden; AN. **14** 386.

Es kann jeder beliebige, das Zweifache nicht übersteigende Betrag festgesetzt werden; AN. **17** 274, **17** 656. Die entsprechenden Beitragsmarken sind für diese Beträge nicht zu verwenden; AN. **12** 874.

Beschwerde nach § 1500; AN. **14** 383. Die Beschwerdeinstanz kann die Nebenstrafe auch aus Zweckmäßigkeitsgründen aufheben; AN. **17** 448.

9. Das Strafverfahren ist dann auszusetzen bis zur Entscheidung nach § 1459; auch die VAnst. kann sie beantragen; AN. **14** 453. In der Bestrafung des Arbeitgebers nach § 1488 liegt ein Anerkenntnis im Sinne des § 1445 Abs. 2; AN. **12** 676, **13** 517.

§ 1489 [1]. Wer seiner Pflicht zuwider Versicherungspflichtige nicht meldet (§ 1447) [2], kann vom Versicherungsamte mit Ordnungsstrafe in Geld [3] bestraft werden.

1. Bestrafung aus § 1488 schließt die Bestrafung aus § 1489 nicht aus; AN. **13** 482.

2. Nicht meldet, d. h. nicht an- oder nicht abmeldet, auch nicht rechtzeitig anmeldet oder abmeldet (§ 1447); Begr. zur RVO. S. 435, AN. **16** 383.

Unter die Strafvorschrift fällt auch das Unterlassen der auf Grund des § 1447 Abs. 1 Satz 2, § 1453 Abs. 1 vorgeschriebenen rechtzeitigen Anzeige von einer Änderung des Lohns, welche die Zugehörigkeit des Versicherten zu einer anderen Lohnklasse herbeiführt; AN. **13** 482.

Die Verjährung der Strafverfolgung (§ 147) beginnt beim Unterlassen rechtzeitiger Anmeldung mit der verspäteten Meldung, spätestens mit Beendigung des Beschäftigungsverhältnisses; AN. **16** 567 (KV.), bei unrichtiger Meldung mit ihr; AN. **23** 160 (KV.), bei vorzeitiger Abmeldung mit ihr; AN. **22** 189, EuM. **15** 74 (KV.), beim Unterlassen der Abmeldung mit der Nachholung; AN. **17** 163, **19** 449

(KV.), bei einer unvollständigen Meldung mit der Nachholung der fehlenden Angabe oder beim Wegfall der Pflicht zur Meldung; EuM. 15 74 (KV.).

Unterbrochen wird die Verjährung durch jede der Aufklärung des Sachverhalts dienende Anhörung des Beschuldigten seitens des VA. und in der Beschwerdeinstanz seitens des OVA., ebenso durch einen Abgabebeschluß nach § 1799; AN. **19** 295 (KV.).

3. Die Geldstrafe beträgt mindestens 1, höchstens 1000 RM., Art. II der V. v. 6. IV. 24 (RGBl. I S. 44), § 2 der V. v. 12. XII. 24 (RGBl. I S. 775).

Das VA. kann eine von ihm erlassene Strafverfügung nicht zurücknehmen; AN. **18** 353.

Beschwerde s. § 1500.

§ 1490. Mit Geldstrafe[1] oder mit Haft werden bestraft[2], wenn nicht nach anderen gesetzlichen Vorschriften härtere Strafe verwirkt ist[3],

1. Arbeitgeber, die vorsätzlich[4] ihren Beschäftigten höhere Beiträge vom Lohne abziehen, als dieses Gesetz zuläßt,
2. Arbeitgeber, die vorsätzlich[5] der Vorschrift des § 1435 Abs. 1 zuwiderhandeln,
3. Arbeitgeber, die im Falle des § 1435 Abs. 2 Lohnabzüge machen, wenn das Versicherungsamt die Anordnung nach § 398 erlassen hat,
4. Angestellte, die vorsätzlich mehr abziehen, als dieses Gesetz zuläßt,
5. Personen, die dem Berechtigten eine Quittungskarte widerrechtlich vorenthalten[6].

1. Geldstrafe 3 bis 10000 RM., V. v. 6. II. 24 (RGBl. I S. 44), § 2 der V. v. 15. XII. 24 (RGBl. I S. 775).

2. Fortgesetzte Zuwiderhandlungen können als eine einheitliche Straftat angesehen werden, wenn die mehreren Handlungen mit Rücksicht auf die Einheitlichkeit des Vorsatzes, die Einheit des verletzten Rechts sowie die Gleichartigkeit und den äußeren Zusammenhang ein innerlich zusammenhängendes Ganzes bilden; RGSt. **12** 102, **14** 32, **18** 317.

3. § 1490 gilt nur hilfsweise, wenn nicht, wie z. B. in den Fällen der Nr. 1, 4 nach § 263 StGB., wegen Betrugs oder nach § 1492 eine härtere Strafe eintritt; RGSt. **30** 86.

4. Vorsätzlich, Irrtum über Sinn und Tragweite der Vorschrift entschuldigt nicht; RGSt. **30** 86.

5. Höhere Beiträge abzieht, als dieses Gesetz zuläßt, s. §§ 1432, 1433. Über Abzug s. Anm. 2 zu § 1492.

6. Widerrechtlich vorenthalten s. § 1425.

§ 1491. Mit Geldstrafe[1] oder mit Haft werden bestraft, wenn nicht nach anderen gesetzlichen Vorschriften härtere Strafe verwirkt ist[2], Versicherte, die vorsätzlich für selbstentrichtete Beiträge vom Arbeitgeber mehr als zulässig[3] oder von mehreren Arbeitgebern den vollen Beitragsteil für dieselbe Woche fordern oder den erhobenen Betrag nicht zur Entrichtung der Beiträge verwenden, oder die Beitragsteile erheben, ohne daß von ihnen die vollen Beiträge entrichtet sind.

1. Geldstrafe s. Anm. 1 zu § 1490.

2. S. Anm. 3 zu § 1490.

3. Mehr als zulässig, s. §§ 1439, 1441, 1248, § 1387 Abs. 2 Satz 2.

§ 1492. Arbeitgeber werden mit Gefängnis bestraft, wenn sie vorsätzlich[1] Beitragsteile, die sie den Beschäftigten vom Lohn abgezogen[2] oder von ihnen erhalten haben, nicht für die Versicherung verwenden[3].

Daneben kann auf Geldstrafe und Verlust der bürgerlichen Ehrenrechte erkannt werden.

Bei mildernden Umständen kann ausschließlich auf Geldstrafe erkannt werden[4].

1. Der zum Merkmal des inneren Tatbestandes des § 1492 erhobene Vorsatz ist ein allgemeiner und nicht auf die Bereicherungs- und Schädigungsabsicht beschränkt; EuM. **11** 411 (RGSt.), Breith. **15** 384 (Bay. ObersttLG.). Es genügt zur Erfüllung des inneren Tatbestandes, daß der Arbeitgeber es bewußt unterlassen hat, die den Arbeitern bei den Lohnzahlungen gekürzten Beitragsteile zur JV. zu verwenden; EuM. **26** 125 (Bay. ObersttLG., Urt. v. 27. V. 29). Der Vorsatz muß auf die Nichtverwendung der Beiträge gerichtet sein und ist auch dann vorhanden, wenn er erst gefaßt wurde, nachdem der Abzug vom Lohn gemacht war; Reger **36** 356 (RGSt.). Fahrlässigkeit genügt nicht. Teilnahme im Sinne der §§ 47 ff. StGB. ist, wenn mehrere gleichzeitig als Arbeitgeber Versicherungspflichtige beschäftigen, zu einem Vergehen nach § 1492 möglich; RGSt. **45** 398. Vgl. auch Anm. 1 zu § 1488 und Anm. 4 zu § 1497.

Ist ein Arbeitgeber wegen Nichtverwendung des Beitragsteiles eines Versicherten rechtskräftig zur Strafe verurteilt worden, so kann er nicht wegen Nichtverwendung von Beitragsteilen anderer Versicherter bestraft werden, wenn sich die Einbehaltung und Nichtverwendung auf denselben Zeitraum erstreckt. Denn die letztere Nichtverwendung ist nicht nur an sich, sondern auch im Verhältnis zu der schon abgeurteilten als eine im Fortsetzungszusammenhang begangene Unterlassung anzusehen, selbst wenn verschiedene VersTr. in Frage kommen; EuM. **26** 116 (RG., Urt. v. 22. IV. 29) — zu § 533 RVO. Vgl. auch AN. **16** 383, 384.

2. Es genügt, wenn der Arbeitgeber tatsächlich, sei es auch stillschweigend, von dem Abzugsrecht Gebrauch macht; RGSt. **34** 442. Er kann nicht geltend machen, er habe weitere Mittel, als die zur Lohnzahlung erforderlichen nicht auftreiben können; RGSt. **30** 161, **40** 235. Ein Arbeitgeber, dessen Barmittel nur noch zur Zahlung der Löhne, abzüglich der von den Arbeitern zu tragenden Vers.Beitragsteile, ausreichen, darf an die Arbeiter nur so viel Lohn auszahlen, daß die den Löhnen entsprechenden und die Arbeitgeber treffenden Beitragsteile in seinen Händen bleiben; sonst verstößt er gegen § 1492. Dagegen ist ein Arbeitgeber nicht strafbar, wenn er einen Lohn überhaupt nicht auszahlt oder wenn er den Arbeitern die Löhne aus Geldmangel nur in den Büchern gutschreibt und die auf die Arbeitnehmer fallenden Beiträge nicht entrichtet, oder wenn er den Arbeitern zur Deckung ihres Lohnguthabens Forderungen abtritt, denn in allen diesen Fällen hat eine tatsächliche Kürzung des vollen Lohnbetrags, ein wirklicher Lohnabzug nicht stattgefunden; EuM. **26** 125 (Bay. ObersttLG., Urt. v. 27. V. 29). Zum Begriffe des Abzugs vom Lohne gehört jede tatsächliche Kürzung des vollen Lohnbetrags. Zum vollen Lohne gehört auch der vom Arbeitgeber übernommene, an sich auf den Versicherten entfallende Beitragsteil; RGSt. **40** 42. Wird gegenüber einer eingeklagten Dienstlohnforderung eine angebliche Forderung auf Erstattung des für den Versicherten entrichteten Beitragsteils einredeweise aufgerechnet, so liegt darin kein Lohnabzug, sondern nur das Verlangen, bei der späteren Lohnzahlung den dem Versicherten etwa zukommenden Lohn zu kürzen, also erst einen Abzug vornehmen zu können; RGSt. **39** 435.

3. Verwenden s. § 1413. Beim Einzugsverfahren setzt die vorsätzliche Nichtverwendung im Sinne des § 1492 Fälligkeit der Beiträge voraus, weil vor diesem Zeit-

punkt die Hebestelle die Beiträge nicht einziehen, der Arbeitgeber nicht zur Zahlung angehalten werden kann; Monatsschr. **15** 85 (RGSt.).

4. Geldstrafe s. Anm. 1 zu §§ 1490. Vgl. auch § 27b RStG. i. d. F. d. V. vom 6. II. 24 (RGBl. I S. 44).

§ 1493. Die gleichen Strafvorschriften gelten

1. wenn eine Aktiengesellschaft, ein Versicherungsverein auf Gegenseitigkeit, eine eingetragene Genossenschaft, eine Innung oder andere juristische Person Arbeitgeber ist, für die Mitglieder des Vorstandes,

2. wenn eine Gesellschaft mit beschränkter Haftung Arbeitgeber ist, für die Geschäftsführer,

3. wenn eine andere Handelsgesellschaft Arbeitgeber ist, für alle persönlich haftenden Gesellschafter, soweit sie von der Vertretung nicht ausgeschlossen sind,

4. für die gesetzlichen Vertreter geschäftsunfähiger und beschränkt geschäftsfähiger Arbeitgeber sowie für die Liquidatoren einer Handelsgesellschaft, eines Versicherungsvereins auf Gegenseitigkeit, einer eingetragenen Genossenschaft, einer Innung oder einer anderen juristischen Person[1].

1. Es kann nur eine natürliche Person bestraft werden; AN. **20** 324. Will der Anstaltsvorstand gegen eine juristische Person vorgehen, so hat er zunächst den Schuldigen zu ermitteln. Geschieht dies nicht, weil wegen der Verjährungspflicht Schwierigkeiten entstehen oder andere Gründe vorliegen, so kann er gegen die einzelnen Vorstandsmitglieder namentlich Strafverfügungen erlassen. Von der Vermutung eines Verschuldens könnte sich das einzelne Vorstandsmitglied nur durch den Nachweis befreien, daß die Beitragsleistung für die beschäftigten Personen nicht zu den ihm nach der Geschäftsordnung obliegenden Aufgaben gehört. Mit der Bezahlung der Strafe durch ein Mitglied werden die anderen befreit; AN. **16** 385.

Der Konkursverwalter, der für die Konkursmasse versicherungspflichtige Personen beschäftigt, ist deren Arbeitgeber. Für Beiträge kann er nicht vor den Instanzen der RVO., sondern nur nach § 82 der KonkO. haftbar gemacht werden, er unterliegt aber den Strafvorschriften der §§ 1487, 1488; AN. **15** 599.

§ 1494. Der Arbeitgeber darf die Pflichten, die ihm dieses Gesetz oder die Satzung auferlegt, Betriebsleitern, Aufsichtspersonen oder anderen Angestellten[1] seines Betriebs übertragen.

Handeln solche Stellvertreter den Vorschriften zuwider, die den Arbeitgeber mit Strafe bedrohen, so trifft sie die Strafe[2]. Neben ihnen ist der Arbeitgeber strafbar[3], wenn

1. die Zuwiderhandlung mit seinem Willen geschehen ist, oder

2. er bei der Auswahl[4] und Beaufsichtigung[5] der Stellvertreter nicht die im Verkehr erforderliche Sorgfalt[6] beobachtet hat; in diesem Falle darf gegen den Arbeitgeber auf keine andere Strafe als auf Geldstrafe erkannt werden[7].

Die Zahlung des Ein- bis Zweifachen der rückständigen Beiträge (§ 1488) kann auch dem Stellvertreter auferlegt werden. Neben ihm haftet für diesen Betrag der Arbeitgeber, falls er nach Abs. 2 bestraft ist.

1. Sie brauchen nicht Stellvertreter im Sinne des § 45 GewO. zu sein; RGSt. **21** 287. Betriebsleiter s. III. Buch, Anm. 1 zu § 913.

Mitteilung an die VAnst. nicht Voraussetzung für die Rechtswirksamkeit der Übertragung; AN. **14** 449.

Hat der Arbeitgeber die Pflichten einem Angestellten übertragen, so kann er, wenn der Angestellte gegen § 1488 verstößt, abgesehen von den Fällen des § 1494 Abs. 2, auch dann nicht bestraft werden, wenn die Überwachungsvorschriften ihn verpflichten, Name und Wohnort des Stellvertreters dem Anstaltsvorstande mitzuteilen, und er dieser Pflicht nicht genügt hat. Wegen dieser Pflichtverletzung kann er nicht in eine Ordnungsstrafe genommen werden; AN. 20 184. Die Übertragung muß tatsächlich erfolgt sein und im Zweifelsfalle vom Arbeitgeber nachgewiesen werden; AN. 00 842.

2. Eine gegen den Inhaber oder gesetzlichen Vertreter einer Firma gerichtete Strafverfolgungsmaßnahme unterbricht nicht die für den Stellvertreter laufende Verjährung; AN. 23 160.

3. Die Vorschrift hat nicht die Bedeutung, daß der Arbeitgeber neben dem Angestellten nur bestraft werden kann, wenn dieser bestraft wird; Reger 26 373 (Bay. OberstLG.).

4. Bei der Auswahl läßt es der Arbeitgeber an der erforderlichen Sorgfalt fehlen, wenn er nachträglich von Handlungen oder Unterlassungen des Stellvertreters, die mit Strafe bedroht sind, Kenntnis erhält, ihn aber nicht entläßt; OVG. 19 326.

5. Bei der Beaufsichtigung läßt es der Arbeitgeber an der im Verkehr erforderlichen Sorgfalt insbesondere fehlen, wenn er dem Stellvertreter nicht die zur Lohnzahlung erforderlichen Mittel zur Verfügung stellt. Der Vorwurf mangelnder Beaufsichtigung kann dem Arbeitgeber nicht gemacht werden, wenn er aus persönlichen Gründen, z. B. wegen Krankheit oder wegen räumlicher Entfernung keine Aufsicht ausüben konnte; Gewerbearchiv V 163, IV 652 (KG.).

6. Der Begriff der im Verkehr erforderlichen Sorgfalt ist dem § 831 Abs. 1 BGB. entnommen; Begr. zur RVO. S. 254.

7. Die Vorschrift sorgt dafür, daß nicht etwa bei einem nur fahrlässigen Vergehen auf Verlust der bürgerlichen Ehrenrechte erkannt werden kann; Begr. zur RVO. S. 254. Gegen den Arbeitgeber, der nach § 1494 die Pflichten einem Stellvertreter übertragen hat, darf auf keine andere Strafe als auf Geldstrafe auch dann erkannt werden, wenn er bei der Auswahl und Beaufsichtigung des Stellvertreters nicht die im Verkehr erforderliche Sorgfalt beobachtet hat, nicht aber, wenn die Zuwiderhandlung des Stellvertreters mit seinem Wissen geschehen ist; EuM. 20 246 (RGSt.).

Eine gegen den Inhaber oder gesetzlichen Vertreter einer Firma gerichtete Strafverfolgungsmaßnahme ist nicht geeignet, die gegen den nach § 1494 verantwortlichen Angestellten laufende Verjährung zu unterbrechen; AN. 23 160 (KV.).

§ 1495. Wer[1] Quittungskarten[2] mit unzulässigen Eintragungen oder mit besonderen Merkmalen[3] versieht, kann vom Versicherungsamte[4] mit Ordnungsstrafe in Geld[5] bestraft werden.

Mit der gleichen Strafe kann bestraft werden, wer in Quittungskarten den Vordruck fälschlich ausfüllt oder die zur Ausfüllung des Vordrucks eingetragenen Worte oder Zahlen verfälscht[6] oder wissentlich eine solche Karte gebraucht.

Wer die Eintragungen, Merkmale oder Fälschungen in der Absicht macht, den Inhaber Arbeitgebern gegenüber kenntlich zu machen, wird mit Geldstrafe oder mit Gefängnis bis zu sechs Monaten bestraft[7]. Bei mildernden Umständen kann statt der Gefängnisstrafe auf Haft erkannt werden.

Eine Verfolgung wegen Urkundenfälschung (§§ 267, 268 des Reichs-Strafgesetzbuchs)[8] tritt nur gegen Personen ein, welche die Fälschung in der

Absicht begangen haben, sich oder anderen einen Vermögensvorteil zu verschaffen oder anderen einen Schaden[9] zuzufügen.

1. Die Strafvorschrift richtet sich gegen die Arbeitgeber, die Versicherten und gegen Dritte; RGSt. **36** 351.

2. Die Quittungskarte ist schon vor dem Einkleben von Marken eine öffentliche Urkunde; RGSt. **23** 178, **42** 79, kein sog. Legitimationspapier im Sinne des § 363 StGB.; RGSt. **23** 335, **24** 348, § 363 StGB. ist daher nicht anwendbar, auch wenn eine verfälschte oder fälschlich angefertigte Quittungskarte nur zum Zwecke des besseren Fortkommens verwendet wird; RGSt. **42** 79.

Aufrechnungsbescheinigungen genießen den Schutz des § 1495 nicht; AN. **99** 283.

3. Unzulässig sind die vom Gesetz oder von den Ausführungsbestimmungen nicht vorgesehenen Eintragungen; RGSt. **32** 263. Änderung der Nr. der Karte fällt nicht darunter; RGSt. **32** 263.

Der Beamte, der den Geburtstag des Antragstellers beim Eintragen in die Karte zurück- oder vordatiert, kann sich nach § 348 StGB., der Antragsteller, der dies herbeiführt, nach § 271 und, wenn er sich damit einen Vermögensvorteil verschaffen will, nach § 272 strafbar machen; RGSt. **42** 79.

Besondere Merkmale sind alle sinnlich wahrnehmbaren Zeichen, auch wenn sie den Arbeitgeber kennzeichnen, z. B. Durchlochung der Beitragsmarken mit Buchstaben; AN.'**04** 363, oder verdeckte, für den Eingeweihten wahrnehmbare Vermerke; RGSt. **22** 416. Auch vorschriftswidrige Entwertungszeichen können darunter fallen; RGSt. **22** 321, AN. **98** 187 (RGSt.).

Das Beseitigen oder Ändern des Entwertungsvermerks kann den Tatbestand des § 1497 erfüllen; EuM. **11** 413 (RGSt.).

Die Handlung muß mit Wissen und Willen vorgenommen sein, auf die Absicht, in der es geschah, kommt es nicht an. Ein Irrtum, der Inhalt und Bedeutung des Strafgesetzes betrifft, kann nur bei der Strafzumessung berücksichtigt werden; RGSt. **22** 416.

4. Zuständig ist das VA. des Tatortes oder des Wohnsitzes des Täters zur Zeit der Zuwiderhandlung; AN. **22** 190.

5. Ordnungsstrafe von 1—1000 Reichsmark, Art. II der V. v. 6. II. 24 (RGBl. I S. 44), § 2 der V. v. 12. XII. 24 (RGBl. I. S. 775).

6. Verfälscht, d. h. die von der zuständigen Dienststelle eingetragenen Worte oder Zahlen ändert; RGSt. **36** 351.

7. Die Vorschrift richtet sich nicht nur gegen den Arbeitgeber, der die Karte in rechtmäßigem Gewahrsam hat; Begr. zur RVO. S. 436.

Die Kennzeichnung kann erfolgen durch gesetzlich oder bestimmungsgemäß nicht vorgesehene Vermerke; RGSt. **36** 351.

8. Voraussetzung für die Anwendung der §§ 267, 268 StGB. auf den Tatbestand des § 1495 RVO. ist, daß die Verfälschung der Quittungskarten in der Absicht begangen wird, sich oder andern einen Vermögensvorteil zu schaffen oder andern einen Schaden zuzufügen; EuM. **24** 412 (OLG. Breslau, II. Straffen., Urt. v. 22. V 28.)

9. Es braucht kein vermögensrechtlicher Schaden zu sein; RGSt. **34** 243.

§ 1496. Mit Gefängnis nicht unter drei Monaten, neben dem auf Verlust der bürgerlichen Ehrenrechte erkannt werden kann, wird bestraft[1], wer Marken fälschlich anfertigt oder verfälscht[2], um sie als echte zu verwenden, oder wer zu demselben Zwecke falsche Marken sich verschafft, verwendet, feilhält oder in Verkehr bringt.

1. Die Strafvorschrift schließt, wenn ihre Merkmale gegeben sind, die Anwendung der §§ 267, 268, 263 StGB. aus; RGSt. **32** 116, **34** 259, **42** 131.

2. Verfälschung einer Marke ist nur eine Änderung der Merkmale der echten Marke. Änderung des Entwertungsvermerks zum Zwecke der Wiederverwendung der Marke geht in dem Tatbestande des § 1497 auf; EuM. **11** 413 (RGSt.).

§ 1497. Mit der gleichen Strafe (§ 1496)[1] wird bestraft, wer wissentlich[2] bereits verwendete[3] Marken wieder verwendet[4] oder zur Wiederverwendung sich verschafft, feilhält oder in Verkehr bringt. Bei mildernden Umständen[5] darf auf Geldstrafe[6] oder Haft erkannt werden.

1. Die Strafe schließt, wenn ihre Merkmale gegeben sind, die Anwendung der §§ 267, 268, 263 StGB. aus; RGSt. **32** 116, **34** 259, **42** 131.

2. Wissentlich. Ein doloses Verhalten des Täters ist insoweit erforderlich, als er die Tatumstände, aus denen sich der Schluß auf die bereits erfolgte Verwendung ergibt, gekannt und ihre Bedeutung erkannt haben muß, derart, daß er entweder Kenntnis von der Herkunft der Marke gehabt oder sich absichtlich der Wahrheit verschlossen hat; RGSt. **38** 286. Ein über das Bewußtsein der erfolgten Verwendung hinausgehendes Bewußtsein der Rechtswidrigkeit oder gar die Absicht, die VAnst. zu schädigen, wird nicht verlangt; RGSt. **38** 343.

3. Verwendet sind Marken, wenn sie in eine Karte mit dem Willen eingeklebt worden sind, auf Grund eines Versicherungsverhältnisses den erforderlichen Beitrag zu entrichten oder im Einzugsverfahren dessen Entrichtung zu bezeugen; RGSt. **34** 259, **39** 161, **42** 131. Als verwendet können nicht Marken gelten, die nur versehentlich in eine Karte eingeklebt sind; RGSt. **23** 339. Belanglos ist es, ob die Marken entwertet sind; RGSt. **23** 339, **40** 335, ob die Anwartschaft erloschen ist; RGSt. **38** 343.

4. Wieder verwendet. Wer aus einer verlorenen und wiederaufgefundenen Karte, deren Inhalt in eine neue Karte übertragen ist, Marken auslöst und anderweit verwendet, z. B. in die Ersatzkarte einklebt, um sie als weitere Beiträge gelten zu lassen, macht sich nach § 1497 strafbar, es sei denn, daß der Täter auf Grund eines tatsächlichen oder zivilrechtlichen Irrtums angenommen hat, zur Zeit der Einklebung der später abgelösten Marken zur Beitragsleistung nicht verpflichtet gewesen zu sein; ein solcher Irrtum schließt die Strafbarkeit nach § 59 StGB. aus. Hielt sich aber der Täter irrtümlich für berechtigt, infolge der Wiederauffindung der erneuerten Karte aus der Ersatzkarte Marken abzulösen und anderweit zu verwenden, so betrifft dieser Irrtum die Tragweite der gesetzlichen Strafvorschrift und ist deshalb unbeachtlich; RGSt. **40** 335. Ein Wiederverwenden von Marken liegt auch dann vor, wenn auf die in einer Karte enthaltenen Marken ohne Entwertungsdaten solche rechtswidrig gesetzt werden, um den Anschein zu erwecken, daß sie für eine andere Zeit geklebt seien; RGSt. **39** 161, **42** 131, oder wenn der Entwertungsvermerk auf der Marke beseitigt oder verändert wird, um ihre nochmalige Verwendung ins Werk zu setzen; EuM. **11** 413 (RGSt.). Die Veränderung von Entwertungsvermerken auf den Beitragsmarken, um ihre nochmalige Verwendung zu bewerkstelligen, erfüllt das Tatbestandsmerkmal der gesetzwidrigen Wiederverwendung von Beitragsmarken im Sinne des § 1497. Die Vorschrift des § 1497 ist gegenüber der des § 1492 die schwerere, die Bestrafung hat daher aus ihr zu erfolgen, selbst wenn sich eine Tateinheit zwischen den §§ 1492 und 1497 annehmen ließe; EuM. **24** 412 (OLG. Breslau, **II.** Straffen., Urt. v. 22. V. 28). Es fällt aber nicht unter die Strafvorschrift, wer aus einer verlorenen und wiederaufgefundenen Karte, deren Inhalt in die neue Karte nicht übertragen ist, Marken auslöst und in die Ersatzkarte einklebt, um den Nachweis der erfolgten Beitragsentrichtung zu führen; RGSt. **38** 259; ebensowenig wer Marken, die sich aus einer Karte losgelöst haben, in diese wieder einklebt, auch wenn dabei die Markenfelder vertauscht werden. Wer Marken aus einer Karte lostrennt und dem Kontrollbeamten, der das Fehlen von Marken in einer anderen Karte gerügt hat, zur Verwendung übergibt, ist nach § 1497 nur dann strafbar, wenn die Marken in die andere Karte eingeklebt werden; vor der

Einklebung ist der Begriff der Verwendung nicht erfüllt, die Hingabe zum Einkleben in die eigene Karte ist keine Verwendung; RGSt. **34** 259.

5. Bei mildernden Umständen darf nicht etwa eine Gefängnisstrafe unter 3 Monaten verhängt werden; RGSt. **46** 354, EuM. **11** 413 (RGSt.).

6. Geldstrafe s. Anm. 1 zu § 1490.

§ 1498. In den Fällen der §§ 1496, 1497 ist zugleich auf Einziehung [1] der Marken zu erkennen, auch wenn sie dem Verurteilten nicht gehören. Das muß auch geschehen, wenn keine bestimmte Person verfolgt oder verurteilt werden kann.

1. Einziehung keine Nebenstrafe, sondern polizeiliche Präventivmaßregel; RGSt. **14** 161. Da „verwendet" nicht gleichbedeutend ist mit „eingeklebt", eine in die Quittungskarte eingeklebte Marke vielmehr nur dann als verwendet gelten kann, wenn die Einklebung in Betätigung eines bestimmten Willens erfolgte, so gehört zur Erfüllung des Tatbestandes des § 1498 insoweit auch ein gewisses subjektives Moment, bei dessen Fehlen nicht einmal der objektive Tatbestand des Vergehens gegeben ist; RGSt. **38** 259.

§ 1499. Wer ohne schriftlichen Auftrag einer Versicherungsanstalt oder einer Behörde Stempel, Siegel, Stiche, Platten oder andere Formen, die zur Herstellung von Marken dienen können, oder Abdrücke solcher Formen anfertigt, sich verschafft oder einem anderen als der Versicherungsanstalt oder der Behörde überläßt, wird mit Geldstrafe bis zu 150 Reichsmark oder mit Haft bestraft.

Neben der Geldstrafe oder Haft kann auf Einziehung der Stempel, Siegel, Stiche, Platten oder Formen erkannt werden, auch wenn sie dem Verurtelten nicht gehören.

§ 1500. Auf Beschwerden gegen Strafverfügungen der Anstaltsvorstände und der Versicherungsämter [1] entscheidet das Oberversicherungsamt [2] (Beschlußkammer) endgültig [3].

1. Auch in den Fällen der §§ 1466, 1467; AN. **13** 368 und des § 1488 Abs. 1 Satz 2: AN. **14** 383.

2. Zuständigkeit des OVA. § 1785. In den Fällen des § 1495 Abs. 1, 2 entscheidet der Tatort oder der Wohnsitz des Täters zur Zeit der Zuwiderhandlung; AN. **22** 190.

3. Beschlußkammer § 78, § 1781 Abs. 3.

Abgabe an das RVA. nach § 1799; AN. **13** 415, 520. Gegen eine Entscheidung, die das OVA. unter Verletzung der nach § 1799 vorgeschriebenen Abgabepflicht erlassen hat, ist kein Rechtsmittel gegeben; AN. **13** 415.

Beschlußsenat § 1781 Abs. 1; AN. **12** 1200, **13** 368.

Die Nachprüfung im Beschwerdeverfahren erstreckt sich auf die Rechtsmäßigkeit und Höhe der Strafe; AN. **14** 446.

Anhang I.

Einführungsgesetz zur Reichsversicherungsordnung

V. Invaliden- und Hinterbliebenenversicherung.

Art. 64. Werden Versicherte [1] innerhalb der ersten fünf Jahre invalide, nachdem die Versicherungspflicht für ihren Berufszweig in Kraft getreten ist [2], so wird ihnen auf die Wartezeit für die Invalidenrente (§ 1278 Nr. 1 Reichsversicherungsordnung) [3] die Dauer derjenigen früheren Beschäftigung [4] angerechnet, für welche die Versicherungspflicht inzwischen eingeführt worden ist.

Die Anrechnung geschieht indessen nur so weit, als die Beschäftigung in die letzten fünf Jahre vor Eintritt der Invalidität fällt [5], und nur bei Versicherten, die nach dem Inkrafttreten der Versicherungspflicht für ihren Berufszweig mindestens vierzig anrechnungsfähige Beitragswochen auf Grund der Versicherungspflicht nachweisen [6] können.

Die Anrechnungsfähigkeit von freiwilligen und Pflichtbeiträgen, die vor dem Inkrafttreten der Versicherungspflicht des Berufszweigs rechtswirksam verwendet sind, wird hierdurch nicht berührt.

1. Versicherter ist, wer nach Inkrafttreten der Versicherungspflicht für seinen Berufszweig eine versicherungspflichtige Beschäftigung ausgeübt hat; AN. (J. und AV.) **91** 156, **95** 213. Wer über diesen Zeitpunkt hinaus krank ist, gilt nicht als ver- versichert, solange er nicht eine versicherungspflichtige Beschäftigung aufnimmt; AN. (J. und AV.) **92** 140, **94** 130. Ausstellung der Quittungskarte genügt nicht; AN. (J. und AV.) **91** 149. Ebensowenig Aufnahmeschein einer Sonderanstalt; AN. (J. und AV.) **93** 157.

Der Versicherte kann wählen, auf welche von mehreren Beschäftigungen, die er ausgeübt hat, er seinen Anspruch stützen will; AN. **99** 636, **05** 582.

Bei vorübergehender Invalidität § 1255 Abs. 3 werden die 5 Jahre vom Beginn der 27. Woche rückwärts gerechnet; AN. (J. und AV.) **94** 131.

Art. 64 gilt nicht für die sog. Altersinvalidenrente; AN. **24** 142.

Die beitragslose vorgesetzliche Zeit nach Art. 64 wirkt nicht anwartschaftserhaltend (§ 1280 RVO.) und bewirkt nicht das Wiederaufleben der Anwartschaft (§ 1283 RVO.): AN. **29** 307.

Für Ansprüche auf Hinterbliebenenfürsorge nach Art. 3 des Ges. über Leistungen in der JV. v. 12. VII. 29 (RGBl. I S. 135, AN. **29** 305 — s. unten bei Art. 71 EG. zur RVO.) ist die Wartezeit nach § 1278 RVO. maßgebend. Bei der Berechnung dieser Wartezeit sind auch vorgesetzliche Beschäftigungszeiten nach Maßgabe des Art. 64 zu berücksichtigen; AN. **30** 83.

2. Der Wiedereintritt der Versicherungspflicht für Ruhegehaltempfänger nach Art. 73 Abs. 2 des EG. steht nicht dem Inkrafttreten der Versicherungspflicht für ihren Berufszweig gleich; EuM. **12** 303.

3. Die Verweisung auf § 1278 (die Numerierung ist nach Wegfall der Altersrente beseitigt) hat nicht den Sinn, daß nach Inkrafttreten der Versicherungspflicht mindestens 100 Pflichtbeiträge nachgewiesen sein müssen; AN. **00** 677.

4. Auf die vorgesetzliche Wartezeit darf, abgesehen von einer bereits versicherungspflichtigen Beschäftigung, nur eine im unmittelbaren Anschluß an die Wartezeit versicherungspflichtig gewordene Tätigkeit angerechnet werden; AN. **18** 288.

Krankheitszeiten können auf die vorgesetzliche Wartezeit angerechnet werden; AN. (J. und AV.) **91** 152.

Die Zeit vor Vollendung des 16. Lebensjahrs scheidet bei Beschäftigungen vor dem 1. I. 23 aus, da sie die Versicherungspflicht nicht hätte begründen können; AN. (J. und AV.) **92** 134.

5. Fünf Jahre vor Eintritt der Invalidität, d. h. zurückgerechnet vom Beginn der Invalidität; AN. (J. und AV.) **91** 137, **95** 136, auch wenn die Rentenzahlung später beginnt; AN. (J. und AV.) **94** 131. Für Mitglieder von Zuschußkassen (§ 1321) berechnet sich die Frist nicht nach dem Eintritt der Berufsinvalidität, sondern dem der reichsgesetzlichen Invalidität; AN. **99** 380.

6. Wer vor Ablauf der 40. Woche invalide wird, hat keinen Anspruch auf Rente; AN. (J. und AV.) **92** 55, 140. Vorher auf Grund anderer Vorschriften entrichtete Pflichtbeiträge werden auf die 40 Wochen nicht angerechnet; AN. (J. und AV.) **95** 261. Krankheitswochen sind als Beitragswochen anzurechnen; AN. (J. und AV.) **92** 54. S. Anm. 1.

Art. 65 ist weggefallen.

B Art. II d. G. v. 10. XI. 22 (RGBl. I S. 849).

Art. 66. Im Falle des Artikel 64 steht für die Zeit vor der Begründung der Versicherungspflicht eine nach § 30 Abs. 2 bis 6 des Invalidenversicherungsgesetzes oder nach den §§ 1393, 1394 der Reichsversicherungsordnung anrechnungsfähige Militärdienst- oder Krankheitszeit[1] sowie die Zeit des früheren Bezugs einer Invalidenrente (§ 47 Abs. 4 des Invalidenversicherungsgesetzes, § 1309 der Reichsversicherungsordnung[2]) einem Arbeits- oder Dienstverhältnisse gleich.

Das gleiche gilt für höchstens vier Monate während eines Kalenderjahrs[3] von Zeiten

1. der vorübergehenden Unterbrechung[4] eines ständigen Arbeits- oder Dienstverhältnisses[5] zu einem bestimmten Arbeitgeber,
2. solcher Unterbrechung einer berufsmäßigen Beschäftigung, welche vorübergehend wiederzukehren pflegt (Saisonarbeit),
3. einer des Verdienstes halber geleisteten Beschäftigung mit Spinnen, Stricken oder ähnlichen leichten häuslichen Arbeiten, die bei älteren oder schwächlichen Leuten landesüblich sind[6].

B Art. II d. G. v. 10. XI. 22 (RGBl. I S. 849).

1. Eine Krankheit, die über den 1. I. 91 hinaus dauerte, war für die vor- und die nachgesetzliche Zeit im ganzen nur bis zu 1 Jahr anzurechnen; AN. **96** 178, **97** 413. Die über den 1. I. 91 hinübergreifende Woche zählte als eine vor- und eine nachgesetzliche Woche; AN. **96** 255.

Die Vorschriften des Art. 66 über Militärdienstzeiten gelten entsprechend für Militärdienstzeiten, die während des Krieges im Dienste einer mit dem Deutschen Reiche verbündeten oder befreundeten Macht zurückgelegt waren; Bek. v. 26. XI. 14 (RGBl. S. 485), § 1 der Bek. v. 28. III. 18 (RGBl. S. 165).

2. § 1309 Satz 1 ist durch Art. III Nr. 23 des G. v. 13. VII. 23 (RGBl. I S. 636) beseitigt.

3. Während eines Kalenderjahrs sind Unterbrechungen der in Nr. 1—3 bezeichneten Tätigkeiten nur bis zur Höchstdauer von 4 Monaten anzurechnen; AN. (J. und AV.) **92** 49. Wie sich die Unterbrechungen auf das Jahr verteilen, ist gleichgültig; AN. (J. und AV.) **93** 2. Eine Arbeitspause von mehr als 4 Monaten kann ganz angerechnet werden, wenn sie sich auf zwei Kalenderjahre verteilt und auf jedes Kalenderjahr nicht mehr als 4 Monate entfallen; AN. (J. und AV.) **95** 261. Eine Krankheit wird nur angerechnet, wenn sie die Berufsarbeit unterbricht, aber nicht wenn sie in eine Arbeitspause fällt; AN. (J. und AV.) **92** 48, **95** 259.

4. Keine vorübergehende Unterbrechung des Arbeitsverhältnisses, wenn die Unterbrechung länger ist als die Arbeitszeit; AN. (J. und AV.) **92** 28.

Der Grund der Unterbrechung kann zur Beurteilung ihrer vorübergehenden oder dauernden Natur wichtig sein, ist aber abgesehen davon für die Anrechnung der Unterbrechung belanglos; AN. (J. und AV.) **92** 49 (Hinfälligkeit und Krankheit); AN. **97** 333, **99** 639 (Arbeit im Auslande), **98** 631 (Besuch bei Verwandten).

5. Zu dem Begriff des ständigen Arbeitsverhältnisses gehört, daß es wenigstens für die Zeit seiner Dauer die Arbeitskraft des Versicherten voll in Anspruch nimmt. Es ist nicht gegeben, wo es sich nur um eine Reihe wiederkehrender, an sich vorübergehender Dienstleistungen handelt; AN. (J. und AV.) **92** 28. Ständig: Deicharbeiter, der mehrere Monate des Jahres beschäftigt ist, im übrigen aber sich bereit halten muß und fast jeden Monat herangezogen wird; AN. (J. und AV.) **94** 39. Bindender Vertrag nicht wesentlich; AN. (J. und AV.) **91** 187, **95** 245.

Wechsel in der Person des Arbeitgebers braucht das ständige Arbeitsverhältnis nicht zu unterbrechen; AN. (J. und AV.) **91** 187. Eine an Krankheit sich anschließende Zeit ohne Beschäftigung kann als Unterbrechung gelten; AN. (J. und AV.) **95** 259. Eine Unterbrechung kann auch angerechnet werden, wenn der Versicherte während der Pause anderweit arbeitet; AN. (J. und AV.) **92** 4.

Kein ständiges Arbeitsverhältnis liegt vor, wenn ein Tagelöhner während der Sommermonate alljährlich von einer größeren Anzahl von Arbeitgebern nacheinander zur Arbeit herangezogen wird; AN. (J. und AV.) **95** 260.

6. Findet während einer vorübergehenden Unterbrechung im Sinne der Nr. 1 eine Beschäftigung im Sinne der Nr. 3 statt, so kann die Unterbrechung, auch wenn sie mit einer Beschäftigung im Sinne der Nr. 3 ausgefüllt ist, immer nur mit höchstens 4 Monaten angerechnet werden; EuM. **16** 370 (Sächs. LVAmt).

Art. 67 ist weggefallen.

B Art. II des G. v. 10. XI. 22 (RGBl. I S. 849).

Art. 68. Bis zum 31. Dezember 1930 werden auf die Wartezeit für den Anspruch auf Hinterbliebenenbezüge (§§ 1252, 1278 Nr. 1[1] der Reichsversicherungsordnung) auch die nach dem Invalidenversicherungsgesetz entrichteten Beiträge angerechnet. Nach diesem Zeitpunkt kommen auf die Wartezeit nur die für die Zeit nach dem 1. Januar 1912 entrichteten Beiträge in Anrechnung.

1. Die Bezugnahme auf § 1278 Nr. 1 — jetzt § 1278 schlechthin —, der von der Wartezeit für die Invalidenrente sowohl bei Pflicht- als auch bei Selbstversicherung handelt, ergibt, daß auch Beiträge zur Selbstversicherung anzurechnen sind, vgl. Begr. zur RVO. S. 39, 40.

Art. 69 ist weggefallen.

Art. II F des G. v. 23. VII. 21 (RGBl. S. 984).

Art. 70. Sofern nach dem 1. Januar 1912 die Invalidenversicherung auf Berufszweige neu erstreckt wird, gilt Art. 64 bei Berechnung der Wartezeit für die Hinterbliebenenansprüche.

Art. 71[4]. Keinen Anspruch auf Fürsorge nach dem Vierten Buche der Reichsversicherungsordnung haben die Hinterbliebenen solcher Versicherten, welche am 1. Januar 1912 bereits verstorben waren.

Das gleiche gilt für die Hinterbliebenen solcher Versicherten, welche an dem genannten Tage im Sinne des § 5 Abs. 4 des Invalidenversicherungsgesetzes dauernd erwerbsunfähig waren und dann verstorben sind, ohne inzwischen die Erwerbsfähigkeit wieder erlangt zu haben[1].

Der § 1291 der Reichsversicherungsordnung gilt nur für die Empfänger von Invalidenrenten, deren dauernde Invalidität nach dem 31. Dezember 1911 eingetreten ist oder deren Rente gemäß § 1255 Abs. 3 der Reichsversicherungsordnung nach diesem Tage beginnt[2].

Bestand der Anspruch auf die Invalidenrente bis zum 1. Januar 1924, so wird vom 1. April 1927 an der Kinderzuschuß und die Hinterbliebenenfürsorge nach den allgemeinen Vorschriften gewährt; die Absätze 2 und 3 finden insoweit keine Anwendung[3].

G. v. 8. IV. 27 (RGBl. I S. 98).

1. Für die Versagung des Anspruchs auf Hinterbliebenenrente genügte es nicht, daß die Invalidität über den 1. I. 12 bis zum Tode gedauert hatte, sie mußte schon am 1. I. 12 eine dauernde (§ 1255) gewesen sein; AN. **13** 476. Hinterbliebenenfürsorge war also nicht ausgeschlossen, wenn zwar vor dem 1. I. 12 Krankenrente gewährt, aber erst nach dem 1. I. 12 dauernde Invalidität eingetreten, die Krankenrente in Invalidenrente umgewandelt und der Versicherte ohne Wiedererlangung der Erwerbsfähigkeit gestorben war; AN. **13** 730. Sie war auch dann nicht ausgeschlossen, wenn der Versicherte vom 1. I. 12 bis zu seinem Tode zu Unrecht eine Rente für dauernde Invalidität bezogen hatte; die Rentenbewilligung ließ zwar dauernde Invalidität vermuten, die Vermutung konnte aber durch den Nachweis wiedereingetretener Erwerbsfähigkeit entkräftet werden; AN. **13** 815, EuM. 8 427 (Bay. LVAmt), EuM. **10** 415 (Sächs. LVAmt).

2. Wurde eine schon am 31. XII. 11 gewährte Krankenrente wegen späteren Eintritts dauernder Invalidität in eine Dauerrente umgewandelt, so war der im § 1291 bezeichnete Kinderzuschuß nicht zu gewähren; AN. **14** 434.

3. Nach Art. 19 Abs. 2 des G. v. 25. VI. 26 (RGBl. I S. 311) sollten seinen Vorschriften für die Zeit nach dem Inkrafttreten alle Ansprüche ohne Rücksicht auf die Zeit ihrer Entstehung unterliegen. Ob Art. 19 Abs. 2 in Art. 71 (Abs. 1—3) EG. eingriff, ob also nunmehr auch den Hinterbliebenen solcher Versicherten, die am 1. I. 12 bereits verstorben oder die an dem genannten Tage bereits dauernd invalide waren und dann verstorben sind, ohne die Erwerbsfähigkeit wieder erlangt zu haben, Anspruch auf Hinterbliebenenrente zustand, war bestritten. Das RVA. hatte diese Frage für die Waisenrente verneint; AN. **27** 18, und auch für den Kinderzuschuß die Fortgeltung des Art. 71 Abs. 3 angenommen; AN. **27** 245. Diese Entscheidungen sind überholt, und die Fortgeltung des Art. 1 Abs. 1—3 ist durch den neuen Abs. 4 eingeschränkt. Dem vor dem 1. I. 12 dauernd invalid gewordenen Berechtigten steht der Kinderzuschuß, falls die besonderen Voraussetzungen des Anspruchs gegeben sind, erst vom 1. IV. 27, dem Tage des Inkrafttretens des Art. 71 Abs. 4 (Art. 6 d. G. v. 8. IV. 27) an zu; EuM. **21** 494.

Nach Art. 3 Abs. 1 Nr. 1 des G. v. 8. IV. 27 deckt das Reich bis auf weiteres aus seinen Mitteln vom 1. IV. 27 an die Hinterbliebenenrenten aus Art. 71 Abs. 4, soweit sie den Trägern der JV. zur Last fallen. Nach einer Auskunft des RAM. übernimmt das Reich bis auf weiteres die Deckung sämtlicher Hinterbliebenenrenten, die durch Änderung des Art. 71 hinzugekommen sind, also auch die der Alterswitwenrenten; Runderl. d. RVA. v. 14. V. 27 (AN. **27** 324). Vgl. die V.en zur Durchführung des G. v. 8. IV. 27: 1. V. v. 8. IV. 27 (RGBl. I S. 99), 2. V. v. 13. VI. 27 (RGBl. I S. 129), 3. V. v. 29. VII. 27 (RGBl. I S. 243). Ferner wird auch die durch das Ges. v. 12. VII. 29 (RGBl. I S. 135, AN. **29** 305) eingeführte Erhöhung des Steigerungsbetrags um 15 v. H. als Reichsbeitrag vom Reich gedeckt; Runderl. des RVA. v. 22. VII. 29 (AN. **29** 340), Buchstabe E.

4. Art. 71 ist durch nachstehenden Art. 3 des Ges. über Leistungen in der Invalidenversicherung v. 12. VII. 29 (RGBl. I S. 135, AN. **29** 305) mit Wirkung ab 1. X. 29 abgeändert worden.

Art. 3. Anspruch auf Fürsorge nach dem Vierten Buche der Reichsversicherungsordnung haben vom 1. Oktober 1929 an auch die Hinterbliebenen solcher Versicherten, die am 1. Januar 1912 bereits verstorben oder die an diesem Tage im Sinne des § 5 Abs. 4 des Invalidenversicherungsgesetzes dauernd erwerbsunfähig waren und dann verstorben sind, ohne inzwischen die Erwerbsfähigkeit wieder erlangt zu haben[1 2 3].

1. Vgl. ferner Art. 4 und 5 des Ges. v. 12. VII. 29 s. oben in Anm. 2 zu § 1289.

2. Hierzu nachstehende Ziffern I und II der Verordnung des RAM. zur Durchführung des Ges. über Leistungen in der Invalidenversicherung v. 17. VII. 29 (RGBl. I S. 135, AN. **29** 305):

I. Zu Artikel 3 des Gesetzes vom 12. Juli 1929:

§ 1. Tatsachen, die zur Begründung des Versicherungsanspruchs nach Artikel 3 geeignet sind, aber nicht mehr festgestellt werden können, sind zu berücksichtigen, wenn sie glaubhaft gemacht werden.

Ist die Wartezeit erfüllt, aber nicht mehr festzustellen, wieviel Beiträge gültig entrichtet worden sind, so beträgt für den Fall des Artikels 3 der Gesamtsteigerungsbetrag bei Witwen- (Witwer-) Renten 24 Reichsmark, bei Waisenrenten 12 Reichsmark für das Jahr. Weist der Berechtigte nachträglich die Zahl der Beiträge nach, so ist der Steigerungsbetrag nach der Vorschrift des Gesetzes zu berechnen, wenn dies für den Berechtigten günstiger ist.

II. Zu den Artikeln 2, 3 des Gesetzes vom 12. Juli 1929:

§ 2. Soweit die Verteilung der gültig entrichteten Beiträge auf die Lohnklassen nicht mehr festzustellen ist, gilt für jede Beitragsmarke ein einheitlicher Steigerungsbetrag von 16 Reichspfennig. Weist der Berechtigte nachträglich die Verteilung der Beiträge auf die Lohnklassen nach, so ist der Steigerungsbetrag nach der Vorschrift des Gesetzes zu berechnen, wenn dies für den Berechtigten günstiger ist.

(Die Schlußvorschrift Ziffer IV s. oben in Anm. 2 zu § 1289.)

3. Der Anspruch auf Hinterbliebenenfürsorge nach Art. 3 wird nicht dadurch ausgeschlossen, daß die Hälfte der für den Versicherten entrichteten Beiträge gemäß § 31 J. u. AVG. oder § 44 JVG. erstattet worden ist; AN. **30** 82.

Für Ansprüche auf Hinterbliebenenfürsorge nach Art. 3 ist die Wartezeit des § 1278 RVO. maßgebend. Bei der Berechnung dieser Wartezeit sind auch vorgesetzliche Beschäftigungszeiten nach Maßgabe des Art. 64 EG. zur RVO. zu berücksichtigen; AN. **30** 83.

Art. 72. Für die Zeit nach dem 1. Januar 1912 dürfen Marken in alten Werten (§ 130 des Invalidenversicherungsgesetzes) nicht mehr verwendet werden.

Ungültig gewordene Marken können binnen zwei Jahren nach Ablauf ihrer Gültigkeitsdauer bei den Markenverkaufsstellen gegen gültige Marken im gleichen Geldwert umgetauscht werden.

Art. 73. Nach dem 1. Januar 1912 werden diejenigen wieder versicherungspflichtig [1], welche gemäß § 5 Abs. 1, 2 des Invalidenversicherungsgesetzes befreit waren, wenn nicht bei ihnen die Voraussetzungen des § 1234 der Reichsversicherungsordnung zutreffen.

Dasselbe gilt für die nach § 6 Abs. 1, § 7 des Invalidenversicherungsgesetzes Befreiten, solange sie nicht nach der Reichsversicherungsordnung neu von der Versicherungspflicht befreit sind.

1. Der Wiedereintritt der Versicherungspflicht nach Art. 73 steht nicht dem Inkrafttreten der Versicherungspflicht für einen Berufszweig gleich; EuM. **12** 303.

Art. 74—78 haben keine Bedeutung mehr.

Art. 79. Ansprüche auf Invaliden- oder Altersrenten, über die am 1. Januar 1912 das Feststellungsverfahren noch schwebt [1], unterliegen vorbehaltlich des Artikels 71 Abs. 3 und der Artikel 85, 94—99, den Vorschriften der Reichsversicherungsordnung, wenn diese für die Berechtigten günstiger ist [2]. Soweit hiernach die Reichsversicherungsordnung anzuwenden ist, gilt ihre Nichtanwendung auch dann als Revisionsgrund (§ 1697 der Reichsversicherungsordnung), wenn das Schiedsgericht sie noch nicht anwenden konnte [3].

1. Hat die VAnst. den wiederholten Anspruch formlos abgewiesen, so gilt das Verfahren nicht als schwebend, wenn weder die Pflicht noch die Absicht, einen Bescheid zu erteilen, bestanden hat; AN. **00** 411, **00** 692.

Das Verfahren schwebt, solange über den Antrag nicht endgültig entschieden ist; AN. **00** 404.

Art. 79 gilt auch für ein schwebendes Rentenentziehungsverfahren; AN. **12** 890.

2. Die Rechtslage nach dem neuen G., im ganzen genommen, muß mit der Rechtslage nach dem alten G. verglichen werden. Es darf nicht ein besonderes aus den günstigen Vorschriften des einen und des anderen Gesetzes zusammengesetztes Ausnahmerecht für schwebende Ansprüche geschaffen werden; AN. **00** 404.

Art. 79 findet zugunsten des Versicherten auch Anwendung, wenn nur die LVAnst. Revision eingelegt hat, eine reformatio in peius bleibt aber ausgeschlossen; AN. **00** 412, **12** 681.

Neuere Vorschriften über die Versicherungspflicht können auf ältere Tatbestände nicht angewendet werden; AN. **00** 698, **02** 288.

Gleiches gilt von den Vorschriften über die Berechtigung zur freiwilligen Versicherung; AN. **00** 697, **01** 638.

Eine Anwartschaft, die nach altem Recht erhalten war, geht nicht dadurch verloren, daß sie nach dem neuen Recht nicht als erhalten gelten kann; AN. **00** 406, **02** 477.

3. Die Frage, ob die Revision zulässig ist, ist lediglich nach § 1696 zu entscheiden: AN. **20** 283.

Art. 80. Der Artikel 61 [1] gilt entsprechend für Invaliden- und Altersrenten.

1. Art. 61 lautet: „Soweit eine festgestellte Rente nach altem, aber nicht nach neuem Recht ruht, gelten für sie die Vorschriften der RVO. über Ruhen der Rente vom Tage des Inkrafttretens dieser Vorschriften an; in solchen Fällen ist neuer Bescheid zu erteilen."

Art. 81. Die Aufsichtsbehörde bestimmt den Tag, bis zu welchem die Versicherungsanstalten und die zugelassenen besonderen Kasseneinrichtungen (Sonderanstalten) die Änderung ihrer Satzungen nach der Reichsversicherungsordnung zu beschließen haben. Dieser Tag ist so zu bestimmen, daß die Satzungen am 1. Januar 1912 gültig werden können.

Kommt ein Versicherungsträger der Anordnung nicht rechtzeitig nach, so ändert die Aufsichtsbehörde die Satzung.

Art. 82[1].

1. Ist weggefallen.

Art. III Nr. 42 des G. v. 13. VII. 23 (RGBl. I S. 636).

Art. 83. Besondere Kasseneinrichtungen, die nach den Gesetzen vom 22. Juni 1889 und vom 13. Juli 1899 zugelassen sind, gelten bis zum 31. März 1912 ohne neue Zulassung durch den Bundesrat als Sonderanstalten nach den §§ 1360 bis 1380 der Reichsversicherungsordnung. Sie müssen vom Inkrafttreten der Hinterbliebenenversicherung an Hinterbliebenenbezüge nach der Reichsversicherungsordnung gewähren.

Die Rechtswirksamkeit der seit dem Inkrafttreten der Hinterbliebenenversicherung bis zum 31. März 1912 entrichteten Beiträge kann nicht deshalb bestritten werden, weil ihre Höhe sich nachträglich als unzureichend erwiesen hat.

Art. 84[1].

1. Art. 84 betraf die Vorlage der gesetzlichen Vorschriften über die Altersrente durch den Bundesrat an den Reichstag im Jahre 1915; ist nunmehr gegenstandslos.

Anhang II.

Bestimmung von Berufsgruppen der Angestelltenversicherung. Vom 8. III. 24

(RGBl. I S. 274, 410).

Geändert durch die V.en vom 4. II. 27 (RGBl. I S. 58) und vom 15. VII 27 (RGBl. I S. 222).

Auf Grund des § 1 Abs. 5 des Angestelltenversicherungsgesetzes in der Fassung des Gesetzes vom 10. November 1922 (RGBl. I S. 849) wird nach Anhören der Reichsversicherungsanstalt für Angestellte und des Reichsversicherungsamts bestimmt:

A. Zu den Angestellten im Sinne des § 1 Abs. 1 Nr. 2 — technischen Angestellten — gehören insbesondere, sofern sie nicht unter § 1 Abs. 1 Nr. 2 fallen:

Anm. „Röntgentechniker" sind in der Bestimmung von Berufsgruppen der AV. nicht enthalten, sind aber nach § 1 Abs. 1 AVG. versicherungspflichtig; AN. 29 172.

I. In der Textilindustrie;

1. Ingenieure, Techniker;

2. Musterzeichner, Vorzeichner; Patroneure, Dessinateure oder unter einer ähnlichen Bezeichnung Tätige, sofern sie überwiegend mit nicht lediglich mechanischen, technischen oder mit künstlerischen Aufgaben betraut sind:

3. Vorwerks-, Web-, Spinn- (Fleyer-, Droßle-), Selfaktor-, Kamm-, Haspel-, Flecht-, Krempel-, Stuhl-, Lüstrier-, Zwirn-, Bandwirker-, Lager-, Schlicht-, Passier-, Scheren-, Bleicher-, Putz-, Drucker-, Stopf-, Färber-, Nopp-, Wasch-, Liefer-, Saal-, Rauh-, Walk-, Spul-, Appreturmeister und -untermeister, Obervorrichter, Warenschauer, Aufseher oder unter einer ähnlichen Bezeichnung Tätige, sofern sie

a) nicht nur vorübergehend mit der Leitung oder Beaufsichtigung eines Betriebs oder eines Betriebsteils oder mit der Entscheidung über die Arbeitsabnahme beschäftigt und nicht überwiegend in der Arbeit an der Maschine oder sonst körperlich tätig sind oder

b) sonst in einer für die Zwecke des Betriebs wesentlichen, nicht überwiegend körperlichen Arbeit unter eigener Verantwortung tätig sind, z. B. Bleichermeister, Färbermeister, sofern sie die Bleichlösungen und Farben selbstständig bestimmen und herstellen.

Bei Anwendung der Nr. 3 dieses Abschnitts ist eine körperliche Tätigkeit, die wesentlicher Bestandteil der Aufsicht oder Anleitung ist, der beaufsichtigenden oder anleitenden Tätigkeit zuzurechnen.

Anm. Ein Betriebsteil im Sinne des Abschn. A 1 Nr. 3a ist ein in sich geschlossener, bis zu einem gewissen Grade selbständiger Teil des gesamten Unternehmens, nicht aber eine als solche unselbständige Werksabteilung; AN. 27 266.

Für die Zwecke des Betriebs wesentlich im Sinne des Abschn. A I N. 3b ist die Arbeit, wenn die persönlichen Eigenschaften des Ausführenden ihren Wert entscheidend oder doch erheblich beeinflussen; AN. 27 266.

Die V. vom 15. VII. 27 (RGBl. I S. 222), durch die der Abs. 2 eingefügt wurde, ist rechtsgültig; AN. 28 315.

Versicherungspflichtig nach § 1 Abs. 1 Nr. 2 AVG. i. V. mit Abschnitt A I 3 b sind

1. Webmeister einer Textilfabrik, die neben der Vorrichtung der Webstühle, überwiegend die Weber zu beaufsichtigen und anzuleiten und dabei Fehler an den Webstühlen abzustellen haben,

2. Rauhmeister einer Textilfabrik, die neben der Zurichtung der Rauhmaschinen überwiegend die Rauher anzuleiten und zu beaufsichtigen haben; AN. 28 315.

II. Im Bergbau:

1. Betriebsführer, Steiger, technische Aufseher und andere Personen, deren Befähigung zur Leitung und Beaufsichtigung eines Bergwerksbetriebs von der Bergbehörde geprüft und anerkannt ist,

2. Ingenieure, Markscheider, Maschinen-, Bau-, Vermessungstechniker, Kokereiassistenten; Analytiker, sofern sie nach der Verkehrsanschauung als Angestellte gelten,

3. Maschinen-, Schmiede-, Elektro-, Brikettmeister und -untermeister oder unter einer ähnlichen Bezeichnung Tätige, sofern sie

a) nicht lediglich vorübergehend mit der Leitung oder Beaufsichtigung eines Betriebs oder eines Betriebsteils oder mit der Entscheidung über die Arbeitsabnahme beschäftigt und nicht überwiegend in der Arbeit an der Maschine oder sonst körperlich tätig sind oder

b) sonst in einer für die Zwecke des Betriebs wesentlichen, nicht überwiegend körperlichen Arbeit unter eigener Verantwortung tätig sind,

4. Fahrhäuer, Oberhäuer, Feldes-, Maschinen-, Förder-, Schießaufseher-, Lampen-, Schachtmeister oder unter einer ähnlichen Bezeichnung als Aufsichtspersonen Tätige, die nicht zu den zu 1 und 3 Genannten gehören, sofern sie nach der Verkehrsanschauung als Angestellte gelten,

5. Fördermaschinisten, sofern sie wegen der Größe ihrer Verantwortung, vornehmlich bei Beschäftigung auf Steinkohlenbergwerken, nach der Verkehrsanschauung als Angestellte gelten,

6. Markenkontrolleure, Wiege-, Wagemeister, Verwieger oder Verwiegeaufseher, sofern sie bei ihrer Tätigkeit schriftliche Arbeiten in größerem Umfang zu erledigen haben.

Anm. Die Versicherungspflicht von Vorwiegern in einem Hüttenbetrieb ist nicht nach Abschnitt A II Nr. 6, sondern nach § 1 Abs. 1 Nr. 2 AVG. zu beurteilen. Vorwieger in einem Hüttenbetrieb, die überwiegend mit der Bedienung der Wage beschäftigt sind, Wiegezettel ausschreiben, Eintragungen einfacher Art in Wiege- und ähnliche Bücher machen und keine Aufsicht über Arbeiter führen, sind nicht versicherungspflichtig nach dem AVG.; AN. 28 122.

III. In der chemischen Industrie:

1. Chemiker, Physiker, Laboratoriums-, Chemo- und Färbereitechniker; Laboranten, sofern sie nach der Verkehrsanschauung als Angestellte gelten,

2. Laboratoriums-, Betriebs-, Misch-, Pulver-, Prüfungs-, Destillier-, Saalmeister und -untermeister, Aufseher oder unter einer ähnlichen Bezeichnung Tätige, sofern sie

a) nicht lediglich vorübergehend mit der Leitung oder Beaufsichtigung eines Betriebs oder eines Betriebsteils oder mit der Entscheidung über die Arbeitsabnahme beschäftigt und nicht überwiegend in der Arbeit an der Maschine oder sonst körperlich tätig sind oder

b) sonst in einer für die Zwecke des Betriebs wesentlichen, nicht überwiegend körperlichen Arbeit unter eigener Verantwortung tätig sind.

Anm. Laboranten, die in einem chemischen Laboratorium eines Hüttenbetriebs ohne fachliche Sonderausbildung oder sonstige chemische Vorbildung beschäftigt werden, unterliegen der Angestelltenversicherungspflicht gemäß § 1 Abs. 1 Nr. 2 des AVG. erst dann, wenn sie auf Grund einer gewissen längeren Ausbildung in dem Laboratorium in der Lage sind, Analysen, Proben und Untersuchungen, die ein gewisses Maß chemischer Fachkenntnisse und chemisches Verständnis erfordern, selbständig und ohne dauernde Überwachung auszuführen; AN. 30 31.

IV. In der Metallindustrie:

1. Ingenieure, Techniker, Betriebskalkulatoren, Betriebsassistenten,

2. Zeichner, Vorzeichner (nicht Ankörner); Modelleure, Photographen oder unter einer ähnlichen Bezeichnung Tätige, sofern sie überwiegend mit nicht lediglich mechanischen, technischen oder mit künstlerischen Aufgaben betraut sind,

3. Gießer-, Schmelz-, Former-, Maschinen-, Schlosser-, Dreher-, Schmiede-, Revisions-, Kabinett-, Lager-, Platz-, Montage-, Richtmeister und -untermeister, Obermonteure, Werkführer, Aufseher oder unter einer ähnlichen Bezeichnung Tätige, sofern sie

a) nicht lediglich vorübergehend mit der Leitung oder Beaufsichtigung eines Betriebs oder eines Betriebsteils oder mit der Entscheidung über die Arbeitsabnahme im Innen- oder Außendienst beschäftigt und nicht überwiegend in der Arbeit an der Maschine oder sonst körperlich tätig sind oder

b) sonst in einer für die Zwecke des Betriebs wesentlichen, nicht überwiegend körperlichen Arbeit unter eigener Verantwortung tätig sind.

Anm. Sog. Kontrolleure, die in der Werkstatt einer Maschinenfabrik die Werkstücke im Verlaufe der Herstellung auf ihre Zeichnungsmäßigkeit hin zu prüfen haben, bei Nichtbeanstandung eines Werkstücks den Kontrollstempel auf das Werkstück setzen und dem Arbeiter den Akkordschein unterschreiben, bei erheblichen Abweichungen des Werkstücks von der Zeichnung die Entscheidung des Kontrollobermeisters über die Abänderung oder die eventuelle Verwendung des Werkstücks einzuholen haben, sind nicht mit der Entscheidung über die Arbeitsabnahme im Innendienst beschäftigt und daher nicht nach Abschnitt IV Nr. 3 oder § 1 Abs. 1 Nr. 2 AVG. versicherungspflichtig; AN. 29 71.

V. In der Industrie der Steine und der Erden:

1. Techniker, insbesondere Steinmetztechniker; technische Hilfskräfte, sofern sie nach der Verkehrsanschauung als Angestellte gelten,

2. Steinbruch-, Steinmetz-, Säge-, Ziegel-, Former-, Maschinen-, Brenn-, Torf-, Schamotte-, Laboratoriums-, Misch-, Prüfungs-, Destillier-, Lademeister, -untermeister und -poliere, Obermüller, Aufseher oder unter einer ähnlichen Bezeichnung Tätige, sofern sie

a) nicht lediglich vorübergehend mit der Leitung oder Beaufsichtigung eines Betriebs oder eines Betriebsteils oder mit der Entscheidung über die Arbeitsabnahme beschäftigt und nicht überwiegend in der Arbeit an der Maschine oder sonst körperlich tätig sind oder

b) sonst in einer für die Zwecke des Betriebs wesentlichen, nicht überwiegend körperlichen Arbeit unter eigener Verantwortung tätig sind,

3. Sprengstoffaufseher, die nicht zu den zu 2 Genannten gehören, sofern sie schriftliche Arbeiten in größerem Umfang zu verrichten haben oder sonst nach der Verkehrsanschauung als Angestellte gelten.

VI. In der Glas- und keramischen Industrie:

1. Ingenieure, Techniker, Chemiker, Optikergehilfen, Refraktionisten,

2. Mustermaler, Musterzeichner, Modelleure, Graveure, oder unter einer ähnlichen Bezeichnung Tätige, sofern sie überwiegend mit nicht lediglich mechanischen, technischen oder mit künstlerischen Aufgaben betraut sind,

3. Glasbläser-, Brenn-, Schleifer-, Polier-, Glasier-, Glasmaler-, Hütten-, Prüffeldmeister und -untermeister, Obermaler, Oberdreher, Oberlithographen, oder unter einer ähnlichen Bezeichnung Tätige, die nicht zu den zu 2 Genannten gehören, sofern sie

a) nicht lediglich vorübergehend mit der Leitung oder Beaufsichtigung eines Betriebs oder eines Betriebsteils oder mit der Entscheidung über die Arbeitsabnahme beschäftigt und nicht überwiegend in der Arbeit an der Maschine oder sonst körperlich tätig sind oder

b) sonst in einer für die Zwecke des Betriebs wesentlichen, nicht überwiegend körperlichen Arbeit unter eigener Verantwortung tätig sind.

VII. In der Bekleidungsindustrie:

1. Zuschneider, Direktricen oder andere überwiegend in nicht lediglich mechanischer Formgebung Tätige,

2. Musterzeichner,

3. Näh-, Plätt-, Hutmachermeister und -untermeister, Direktricen, Einrichter oder unter einer ähnlichen Bezeichnung Tätige, sofern sie

a) nicht lediglich vorübergehend mit der Leitung oder Beaufsichtigung eines Betriebs oder eines Betriebsteils oder mit der Entscheidung über die Arbeitsabnahme beschäftigt und nicht überwiegend in der Arbeit an der Maschine oder sonst körperlich tätig sind oder

b) sonst in einer für die Zwecke des Betriebs wesentlichen, nicht überwiegend körperlichen Arbeit unter eigener Verantwortung tätig sind.

VIII. In der Lederindustrie:

1. Modelleure, sofern sie überwiegend mit nicht lediglich mechanischen, technischen oder mit künstlerischen Aufgaben betraut sind,

2. Gerber-, Leisten-, Zuschneide-, Stanzerei-, Stepp-, Zwick-, Boden-, Maschinen-, Wende-, Ausputz-, Finish-, Portefeuille-, Handschuhmacher-, Sattler-, Dekorationsmeister und -untermeister, Aufseher oder unter einer ähnlichen Bezeichnung Tätige, sofern sie

a) nicht lediglich vorübergehend mit der Leitung oder Beaufsichtigung eines Betriebs oder eines Betriebsteils oder mit der Entscheidung über die Arbeitsabnahme beschäftigt und nicht überwiegend in der Arbeit an der Maschine oder sonst körperlich tätig sind oder

b) sonst in einer für die Zwecke des Betriebs wesentlichen, nicht überwiegend körperlichen Arbeit unter eigener Verantwortung tätig sind.

IX. In der Papierindustrie:

1. Ingenieure, Techniker,

2. Papier-, Streich-, Kocher-, Schleiferei-, Kalander-, Kartonnagen-, Wellpappen-, Buchdruck-, Buchbinder-, Stereotyp-, Saalmeister und -untermeister, Oberlithographen, Faktoren, Aufseher oder unter einer ähnlichen Bezeichnung Tätige, sofern sie

a) nicht lediglich vorübergehend mit der Leitung oder Beaufsichtigung eines Betriebs oder eines Betriebsteils oder mit der Entscheidung über die Arbeitsabnahme beschäftigt und nicht überwiegend in der Arbeit an der Maschine oder sonst körperlich tätig sind oder

b) sonst in einer für die Zwecke des Betriebs wesentlichen, nicht überwiegend körperlichen Arbeit unter eigener Verantwortung tätig sind.

X. Im Druckgewerbe:

1. Faktoren, sofern sie unter dieser Bezeichnung oder als Betriebsleiter, Saalmeister, Oberdrucker oder unter einer ähnlichen Bezeichnung nicht lediglich vorübergehend mit der Leitung oder Beaufsichtigung eines Betriebs oder eines Betriebsteils beschäftigt und nicht überwiegend in der Arbeit an der Maschine oder sonst körperlich tätig sind,

2. Korrektoren nur, sofern sie überwiegend Faktorenarbeit im Sinne von 1 verrichten.

XI. In Graphik und Kunstgewerbe:

1. Maler, Kupferstecher, Graveure, Modelleure, Photographen oder sonstige Graphiker oder Kunstgewerbler, sofern sie freischaffend oder wiedergebend künstlerisch tätig sind,

2. Stahlgraveur-, Kupferstechermeister und -untermeister, Oberlithographen, Faktoren oder unter einer ähnlichen Bezeichnung Tätige, sofern sie

a) nicht lediglich vorübergehend mit der Leitung oder Beaufsichtigung eines Betriebs oder eines Betriebsteils oder mit der Entscheidung über die Arbeitsabnahme beschäftigt und nicht überwiegend in der Arbeit an der Maschine oder sonst körperlich tätig sind oder

b) sonst in einer für die Zwecke des Betriebs wesentlichen, nicht überwiegend körperlichen Arbeit unter eigener Verantwortung tätig sind.

XII. Im Vermessungswesen und Kartographie:

1. Landmesser, Kataster-, Vermessungstechniker,

2. Kulturamtszeichner, Kartographen, Kupferstecher, Pantographisten, technische Hilfsarbeiter oder unter einer ähnlichen Bezeichnung im Vermessungswesen und Kartographie Tätige, sofern sie überwiegend mit nicht lediglich mechanischen technischen Aufgaben betraut sind,

3. Kupferstecher, Guillocheure oder unter einer ähnlichen Bezeichnung Tätige, die nicht zu den zu 1 Genannten gehören, sofern sie

a) nicht lediglich vorübergehend mit der Leitung oder Beaufsichtigung eines Betriebs oder eines Betriebsteils oder mit der Entscheidung über die Arbeitsabnahme beschäftigt und nicht überwiegend in der Arbeit an der Maschine oder sonst körperlich tätig sind oder

b) sonst in einer für die Zwecke des Betriebs wesentlichen, nicht überwiegend körperlichen Arbeit unter eigener Verantwortung tätig sind.

XIII. In der Holzindustrie:

1. Musterzeichner, Bildhauer, Modelleure, sofern sie überwiegend mit nicht lediglich mechanischen, technischen oder mit künstlerischen Aufgaben betraut sind,

2. Holzhauer-, Hobelwerk-, Bildhauer-, Tischler-, Modelltischler-, Drechsler-, Knopfmacher-, Kamm-, Spritzerei-, Lackier-, Färber-, Spinn-, Bürstenmachermeister und -untermeister, Aufseher oder unter einer ähnlichen Bezeichnung Tätige, sofern sie

a) nicht lediglich vorübergehend mit der Leitung oder Beaufsichtigung eines Betriebs oder Betriebsteils oder mit der Entscheidung über die Arbeitsabnahme beschäftigt und nicht überwiegend in der Arbeit an der Maschine oder sonst körperlich tätig sind oder

b) sonst in einer für die Zwecke des Betriebs wesentlichen, nicht überwiegend körperlichen Arbeit unter eigener Verantwortung tätig sind.

XIV. In der Nahrungs- und Genußmittelindustrie:

1. Chemiker, Nahrungsmittelchemiker, Techniker, Bautechniker,

2. Müller-, Metzger-, Räucher-, Brau-, Siede-, Brenn-, Back-, Keller-, Tabak-, Zigarren-, Sortiermeister und -untermeister, Obermälzer-, Weinküfer-, Brau-, Gärführer, Aufseher oder unter einer ähnlichen Bezeichnung Tätige, sofern sie

a) nicht lediglich vorübergehend mit der Leitung oder Beaufsichtigung eines Betriebs oder eines Betriebsteils oder mit der Entscheidung über die Arbeitsabnahme beschäftigt und nicht überwiegend in der Arbeit an der Maschine oder sonst körperlich tätig sind oder

b) sonst in einer für die Zwecke des Betriebs wesentlichen, nicht überwiegend körperlichen Arbeit unter eigener Verantwortung tätig sind.

XV. Im Baugewerbe:

1. Architekten, Bauingenieure, Bautechniker,
2. Zeichner,
3. Bauaufseher-, Maurer-, Zimmer-, Straßenbaumeister, Poliere, Schachtmeister oder unter einer ähnlichen Bezeichnung Tätige, sofern sie

a) nicht lediglich vorübergehend mit der Leitung oder Beaufsichtigung eines Betriebs oder eines Betriebsteils oder mit der Entscheidung über die Arbeitsabnahme beschäftigt und nicht überwiegend in der Arbeit an der Maschine oder sonst körperlich tätig sind oder

b) sonst in einer für die Zwecke des Betriebs wesentlichen, nicht überwiegend körperlichen Arbeit unter eigener Verantwortung tätig sind.

XVI. In der Land- und Forstwirtschaft:

1. Landwirtschaftliche Verwalter und Inspektoren, Meierei-, Molkerei-, Brennereiverwalter, Förster,
2. Techniker, Gartenbautechniker,
3. Wirtschafter, Wirtschaftsvögte, Schweine-, Schaf-, Futter-, Gestüts-, Geflügel-, Fisch-, Wiesen-, Garten-, Wald-, Holzmeister, Ökonomiebaumeister, Obergärtner, Obermeier, Oberschweizer oder unter einer ähnlichen Bezeichnung Tätige, die nicht zu den zu 1 und 2 Genannten gehören, sofern sie

a) nicht lediglich vorübergehend mit der Leitung oder Beaufsichtigung eines Betriebs oder eines Betriebsteils oder mit der Entscheidung über die Arbeitsabnahme beschäftigt und nicht überwiegend in der Arbeit an der Maschine oder sonst körperlich tätig sind oder

b) sonst in einer für die Zwecke des Betriebs wesentlichen, nicht überwiegend körperlichen Arbeit unter eigener Verantwortung tätig sind.

Anm. Ein Landwirtschaftseleve, der in der Ausbildung für einen der im Abschn. A XVI Nr. 1 genannten Berufe begriffen ist, nur körperliche Arbeit zu leisten hat und außer freiem Unterhalt ein sog. Taschengeld von 20 Reichsmark monatlich erhält, unterliegt der Versicherungspflicht nach § 1226 Abs. 1 Nr. 4 RVO.; AN. 29 166.

XVII. Im Verkehrswesen:

1. Fahrdienstleiter, Bahnmeister, verantwortlich im Zugmelde- oder Verschiebedienste Tätige; Lokomotiv-, Triebwagen- und Zugführer auf Staatsbahnen oder Staatsbahnanschlußgleisen oder solchen Bahnen, die nach der Betriebsart Staatsbahnen entsprechen; Fahrkartenrevisoren, Betriebskontrolleure,
2. Maschinen-, Lade-, Boden-, Werk-, Wagenmeister, Werkführer, Materialienverwalter oder unter einer ähnlichen Bezeichnung Tätige, sofern sie

a) nicht lediglich vorübergehend mit der Leitunng oder Beaufsichtigung eines Betriebs oder eines Betriebsteils oder mit der Entscheidung über die Arbeitsabnahme beschäftigt und nicht überwiegend in der Arbeit an der Maschine oder sonst körperlich tätig sind oder

b) sonst in einer für die Zwecke der Betriebs wesentlichen, nicht überwiegend körperlichen Arbeit unter eigener Verantwortung tätig sind,

3. Betriebs-, Haltestellenaufseher oder unter einer ähnlichen Bezeichnung als Aufsichtspersonen Tätige, die nicht zu den zu 1 und 2 Genannten gehören, sofern sie nach der Verkehrsanschauung als Angestellte gelten,

4. Wiegemeister, sofern sie bei ihrer Tätigkeit schriftliche Arbeiten in größerem Umfang zu erledigen haben,

5. Bahnagenten, sofern sie schriftliche Arbeiten in größerem Umfange zu erledigen haben oder sonst nach der Verkehrsanschauung, insbesondere im Hinblick auf die Größe der Haltestelle oder die Art ihrer tariflichen Behandlung, als Angestellte gelten.

Anm. Lokomotiv- und Triebwagenführer einer Industriebahn, die im Gegensatz zur Reichsbahn nicht dem öffentlichen Verkehr dient und deren Verkehr sich nicht auf der freien Strecke und auf Stationen abwickelt, sind nicht versicherungspflichtig nach § 1 Abs. 1 Nr. 2 AVG. in Verbindung mit Abschnitt A Ziffer XVII Nr. 1; AN. 28 198. Das gleiche gilt auch für die Zugführer einer derartigen Industriebahn; AN. 29 343, 344, sowie für die Rangiermeister einer solchen Bahn, die in einer aus 3 Mann bestehenden Rotte lediglich als I. Rangierer im Rangierdienste arbeiten, keine selbstständigen Anordnungen treffen dürfen, sondern lediglich nach den Anweisungen des Aufsichtsbeamten handeln; AN. 29 343.

Schlafwagenschaffner, die in der Hauptsache mit körperlichen Arbeiten, nämlich mit dem Bewachen und Instandhalten der Schlafwagen, Herrichten der Bettplätze, Aufräumungsarbeiten und Hilfeleistungen für die Reisenden beschäftigt sind, daneben noch Vordrucke ausfüllen, Bettkarten sowie Speisen und Getränke an die Reisenden verkaufen, gehören nicht zu den nach dem Angestelltenversicherungsgesetz, sondern zu den nach § 1226 RVO. versicherungspflichtigen Personen; AN. 30 26.

XVIII. In Polizei und Feuerwehr:

1. Beamte der allgemeinen, der Gesundheits-, Gewerbe-, Bau-, Forst-, Wasser-, Deichpolizei und der Feuerwehr mit der Maßgabe des § 9 des Versicherungsgesetzes für Angestellte, Fleischbeschauer und Trichinenbeschauer,

2. im Forst-, Jagd- oder sonstigen Sicherheitsdienste Tätige und Feuerwehrleute, die nicht zu den zu 1 Genannten gehören, sofern sie nach der Verkehrsanschauung, insbesondere im Hinblick auf ihre denjenigen der zu 1 Genannten gleichstehende Aufgaben und Kenntnisse, als Angestellte gelten.

XIX. In Haus- und Gastwirtschaft:

1. Hausdamen, Gesellschafterinnen, Empfangsdamen bei Ärzten, Zahnärzten oder Photographen,

2. Küchenchefs, Maschinen-, Handwerks-, Kellermeister, Küfer, Oberkellner, Auskunfts-, Empfangs-, Etagen-, Personalchefs, Portiers, Wirtschafterinnen oder unter einer ähnlichen Bezeichnung Tätige, sofern sie

a) nicht lediglich vorübergehend mit der Leitung oder Beaufsichtigung eines Betriebs oder eines Betriebsteils oder mit der Entscheidung über die Arbeitsabnahme beschäftigt und nicht überwiegend in der Arbeit an der Maschine oder sonst körperlich tätig sind oder

b) sonst in einer für die Zwecke des Betriebs wesentlichen, nicht überwiegend körperlichen Arbeit unter eigener Verantwortung tätig sind.

Anm. Eine Empfangsdame bei einem Zahnarzt, welche die Patienten zu empfangen, Sprechzeiten zu vereinbaren, den Fernsprecher zu bedienen, Instrumente zuzureichen und zu reinigen, Zahnfüllungen herzustellen und schriftliche Arbeiten zu erledigen hat, ist versicherungspflichtig nach § 1 Abs. 1 Nr. 2 AVG. i. V. mit Abschnitt A XIX Nr. 1; AN. 30 33.

XX. Bühnenwesen:

1. Dramaturgen, überwiegend mit nicht lediglich mechanischen Aufgaben betraute Theatermaler und Kostümzeichner, Solorepetitoren, Souffleure,

2. Theater-, Maschinenmeister, Requisiteure, Inspizienten, Oberbeleuchter, Oberschneiderinnen, Obergarderobieren oder unter einer ähnlichen Bezeichnung Tätige, sofern sie

a) nicht lediglich vorübergehend mit der Leitung oder Beaufsichtigung eines Betriebs oder eines Betriebsteils oder mit der Entscheidung über die Arbeitsabnahme beschäftigt und nicht überwiegend in der Arbeit an der Maschine oder sonst körperlich tätig sind oder

b) sonst in einer für die Zwecke des Betriebs wesentlichen, nicht überwiegend körperlichen Arbeit unter eigener Verantwortung tätig sind.

B. Zu den Angestellten im Sinne des § 1 Abs. 1 Nr. 3 — Büroangestellten — gehören insbesondere:

1. Redakteure, Bibliothekare, Archivare, Bibliographen, Referenten bei Behörden, wissenschaftliche Hilfsarbeiter, Sekretäre,

2. Bürovorsteher, Dolmetscher, Buchhalter, Korrespondenten, Expedienten, Chiffreure, Rechnungsprüfer, Rendanten, Rechnungsführer, Rentmeister, Registratoren, Kalkulatoren, Statistiker, Kartothekführer, Tarifeure, Lektoren, Kanzleivorsteher, Stenographen, Hand- und Maschinenschreiber, Maschinenrechner, Zeichner, Lagerverwalter, Lageristen, sofern sie bei ihrer Tätigkeit auch mit Lagerbuch- oder Lagerkartothekführung beschäftigt sind, Telephonisten, Telegraphisten, Ferndrucker, Funkentelegraphisten, Reklameleiter, Geld- und Kuponzähler, Botenmeister, Versicherungsinspektoren.

Anm. Sogenannte „Hallentelephonisten", die im wesentlichen an den in einer Gasthofhalle oder in den dazu gehörigen Räumen aufgestellten Fernsprechzellen tätig sind, insbesondere die Fernsprechgebühren anzunehmen und die Gäste an die Fernsprecher zu holen haben, mit der eigentlichen Fernsprechvermittlung aber nichts zu tun haben, gehören nicht zu den Telephonisten im Sinne des Abschn. B Nr. 2, sie sind Gehilfen im Sinne des § 1226 Abs. 1 Nr. 4 RVO.; AN. 28 316.

3. Kassierer und Kassenboten, sofern sie bei ihrer Tätigkeit schriftliche Arbeiten in größerem Umfang zu erledigen haben.

Anm. Fahrkartenausgeber einer Hochbahn, die an den Schaltern der Bahnhöfe Fahrkarten verkaufen und über die verkauften Fahrkarten nach Vordrucken abrechnen, sind nicht versicherungspflichtig nach dem AVG., sondern nach § 1226 Nr. 1 RVO.; AN. 29 70.

4. Arbeitsvermittler, Berufsberater.

C. Zu den Angestellten im Sinne des § 1 Abs. 1 Nr. 6 — Angestellten in Berufen der Erziehung und Wohlfahrt — gehören insbesondere Assistenzärzte, Zahntechniker. Lehrer-, Fach-, Kunst-, Sportlehrer, Prediger, Missionare, wissenschaftliche Assistenten von Hochschulinstituten, geprüfte Kindergärtnerinnen, Erzieherinnen, Jugendleiter, Wohlfahrtspfleger, Fürsorger, Sozialbeamtinnen, Kranken-, Fürsorge- und Wirtschaftsschwestern, Pfleger in Krankenanstalten, Röntgenassistentinnen, Hebammen, Krankenbesucher, sofern sie zugleich eine ermittelnde Tätigkeit ausüben, Hausväter von Rettungshäusern und Asylen, sofern sie erzieherische Aufgaben haben oder sonst nach der Verkehrsanschauung, insbesondere im Hinblick auf ihre Aufsichtsbefugnisse als Angestellte gelten.

Anm. Krankenbesucher einer KrK. unterliegen der Versicherungspflicht gemäß § 1 Abs. 1 Nr. 6 AVG. in Verbindung mit Abschn. C, sofern sie neben dem Besuch der Kranken zugleich Ermittlungen, wenn auch einfacher Art, anzustellen haben; AN. 29 174.

D. Zu den Angestellten im Sinne des § 1 Abs. 1 Nr. 7 (Schiffahrtsangestellten) gehören in der Binnenschiffahrt (ohne Baggerschiffahrt) insbesondere

1. Führer von maschinell angetriebenen Personenfahrzeugen mit einer Schiffsmannschaft von mindestens zwei Personen. Ausgenommen sind Fahrzeuge für den Verkehr von einem Ufer zum anderen. Diese Ausnahme gilt nicht für das Hafengebiet Harburg, Altona und Hamburg. Das Hafengebiet Hamburg umfaßt die Elbe von der Einmündung der Dove-Elbe bis zu der Linie, welche die Westseite des Köhlbrandhöfts mit der Westspitze des Altonaer Leitdamms verbindet, nebst allen auf dieser Strecke mit dem Elbstrom in Verbindung stehenden, der Ebbe und Flut unbehindert zugänglichen Wasserstraßen und Wasserflächen, soweit sie zum Hamburgischen Gebiete gehören, die Wasserflächen zwischen der Alsterschleuse und den Schleusen am Graskeller, an der Michaelisbrücke und an der Mühlenbrücke, die Häfen in Waltershof einschließlich der dort zwischen dem südlichen Elbufer und dem davor stehenden Dückdalben einzurichtenden Schiffsliegeplätze, das Köhlfleth und die mit der Elbe in Verbindung stehenden Hafeneinschnitte vor Finkenwärder.

2. Führer sonstiger maschinell angetriebener Fahrzeuge.

a) in der Streckenfahrt mit einer Schiffsmannschaft von mindestens zwei Personen,

b) bei ausschließlicher Streckenfahrt auf künstlichen Wasserstraßen, bei Fahrt im Hafendienst und örtlichen Verkehre mit einer Schiffsmannschaft von mindestens drei Personen.

3. Der erste Steuermann auf Rheindampfern, die lediglich der Personenbeförderung dienen.

Anm. Kondukteure auf einem die Elbe befahrenden Personendampfer sind nicht versich.pflichtig nach dem AVG., sondern nach § 1226 Abs. 1 Nr. 3 RVO.; AN. 29 345.

E. Die Bestimmung von Berufsgruppen der Angestelltenversicherung vom 16. XII. 23 (Reichsministerialblatt S. 2016) wird aufgehoben.

Zur Erläuterung dient das folgende

Schreiben des Reichsarbeitsministers vom 8. III. 1924, betr. Ausführungsbestimmungen zu § 1 Absatz 5 des Versicherungsges. für Angestellte. — II² 443/24 — (RABl. S. 163)

Die Ausführungsbestimmungen zu § 1 Abs. 5 des Versicherungsges. für Angestellte in der Fassung vom 10. XI. 22 (RGBl. I S. 849) werden jetzt im RGBl. I S. 274 veröffentlicht werden.

Ich bemerke dazu im allgemeinen, daß die Ausführungsbestimmungen sich darauf beschränken können, die Berufsgruppen nach den für ihre Tätigkeit verwendeten Bezeichnungen nur dort zu benennen, wo die Berufsbezeichnung ganz eindeutig und für absehbare Zeit unverrückbar eine Angestelltentätigkeit kennzeichnet (z. B. Chemiker, Stenograph). In allen anderen Fällen war es erforderlich, die Merkmale anzugeben, an denen eine Tätigkeit als Angestelltentätigkeit zu erkennen ist. Soweit hierbei eine Umschreibung der Tätigkeit durch zusammenfassende Kennzeichnung ihres Gegenstandes oder durch Zusammenstellung bestimmter Einzelheiten nicht zweifelsfrei möglich war, insbesondere weil die Verhältnisse örtlich oder auch innerberuflich verschieden liegen, wird man auf die Verkehrsanschauung zurückgehen und prüfen müssen, ob nach ihr in dem Arbeitsverhältnis ein Angestelltenverhältnis zu erblicken ist oder nicht. Hierbei wird auch der tariflichen Behandlung der Arbeitnehmer vielfach erhebliches Gewicht zukommen. Wo erforderlich, ist der Gesichtspunkt betont worden, daß die Angestelltentätigkeit dann die Angestellteneigenschaft eines auch mit anderen Aufgaben beschäftigten Arbeitnehmers begründet, wenn sie in dessen gesamter Tätigkeit überwiegt. Dieses Überwiegen wird im allgemeinen durch den größeren Umfang der Angestelltentätigkeit, möglicherweise aber auch durch ihre größere sachliche Bedeutung gekennzeichnet. Mit Rücksicht darauf geben die Ausführungsbestimmungen ein möglichst umfassendes Bild der Angestelltenschaft, um dadurch einer rechtlichen Unsicherheit tunlichst entgegenzuwirken.

Bei den „technischen Angestellten" ist der naheliegende Weg gewählt, die Angestellten der einzelnen Industrien und Gewerbe zusammenzustellen. Dabei ist naturgemäß nicht ausgeschlossen, daß gleichartige und gegebenenfalls auch unter denselben Bezeichnungen beschäftigte Angestellte auch in anderen Industrien und Gewerben tätig sein können.

Der Ausdruck „Werkmeister" des § 1 Abs. 1 Nr. 2 AVG. bedeutet eine sachliche Eigenschaft eines als Arbeitnehmer Tätigen. Fehlt diese Eigenschaft, so ist die dem Arbeitnehmer etwa beigelegte Bezeichnung eines „Meisters" für seine Versicherungspflicht ohne Belang, wie umgekehrt auch die Werkmeistereigenschaft eines Arbeitnehmers grundsätzlich nicht dadurch berührt wird, daß er unter einer Bezeichnung tätig ist, die in anderen Gewerben oder Betrieben für sonstige Angestellte oder für Arbeiter gebräuchlich ist. Entsprechend der übereinstimmenden Auffassung der Beteiligten und der Rechtsprechung wird unter Anlehnung an § 133a GewO. diese Eigenschaft denn als vorliegend erachtet, wenn der Arbeitnehmer nicht lediglich vorübergehend mit der Leitung oder Beaufsichtigung eines Betriebs oder Betriebsteils beschäftigt ist. In gleicher Übereinstimmung sind bisher auch solche Arbeitnehmer als Werkmeister angesehen worden, die nicht mit dem eigentlichen Arbeitsvorgang beschäftigt sind, sondern das abschließende Urteil über das Arbeitsergebnis, die Entscheidung über die Arbeitsabnahme, zu treffen haben. Vorausgesetzt wird auch hier, daß die bezeichneten Aufgaben für die Beurteilung der Tätigkeit des Arbeitnehmers ausschlaggebend sind. Dies ist dann nicht der Fall, wenn der Arbeitnehmer überwiegend körperlich tätig ist. Eine „leitende" Befugnis wird dabei nicht notwendig dadurch ausgeschlossen, daß ihre Ausübung wiederum unter der Leitung eines anderen (Arbeitgebers, Ingenieurs, Betriebsführers) stattfindet. Soweit hier Zweifel denkbar sind, werden auch die Umschreibungen „werkmeisterähnlicher" Tätigkeiten in den Ausführungsbestimmungen einen Beurteilungsmaßstab abgeben können. Die Gruppen dieser „werkmeisterähnlichen" Personen umschreiben die Ausführungsbestimmungen nach Möglichkeit durch Anführung bestimmter Einzelheiten ihrer Tätigkeit. Im übrigen stellen sie die Anerkennung der Angestellteneigenschaft auf die Wesentlichkeit der (nicht überwiegend körperlichen) Arbeit für die Zwecke des Betriebs und auf die eigene Verantwortung des Arbeitnehmers ab. Wo auch dies nicht möglich, gleichwohl aber ein Angestelltenverhältnis denkbar ist, bezeichnen sie die Verkehrsanschauung mit ihren Beurteilungsmaßstäben ausdrücklich als das Maßgebende.

Bei den „Bureauangestellten" gehen die Ausführungsbestimmungen davon aus, daß die Eigenschaft des Bureauangestellten nicht durch die „Tätigkeit in einem Bureau", sondern die „Beschäftigung mit Bureauarbeit" — soweit es sich nicht um leitende oder kaufmännische Angestellte handelt — bedingt wird. Aus dieser Erwägung heraus sind z. B. die Lagerverwalter, Telephonisten und Botenmeister unter den Bureauangestellten genannt.

Die Zeichner führt der Entwurf unter den Bureauangestellten des § 1 Abs. 1 Nr. 3 auf. Gleichzeitig nennt er aber die Musterzeichner jeweils noch unter den technischen Angestellten der Nr. 2, um den Anschauungen der beteiligten Kreise gerecht zu werden, die zwischen den Zeichnern mit technischer und künstlerischer Tätigkeit und den bureauangestellten Zeichnern unterscheiden, und um die Zusammenstellung der technischen Angestellten der einzelnen Industrien möglichst umfassend zu gestalten.

Anm. Durch die Bestimmung von Berufsgruppen hat sich, wenn vor ihrem Erlaß über die Versicherungspflicht eines Beschäftigungsverhältnisses rechtskräftig entschieden worden ist, die Rechtslage geändert; die rechtskräftige Entscheidung steht einer Nachprüfung des Beschäftigungsverhältnisses nicht entgegen; RVA. E. v. 30. XI. 26, II AV. 24/25.

Anhang III.

III. Bekanntmachung[1] des Reichskanzlers vom 27. XII. 1899, betr. die Befreiung vorübergehender Dienstleistungen von der Versicherungspflicht gemäß § 4 Abs. 1[2] des Invalidenversicherungsgesetzes

(RGBl. **99** 725.)

Auf Grund des § 4 Abs. 1[2] des Invalidenversicherungsgesetzes (RGBl. S. 463) hat der Bundesrat beschlossen, daß es bei den unter dem 24. XII. 91 (RGBl. S. 399), 24. I. 93 (RGBl. S. 5) und 31. XII. 94 (RGBl. S. 543) veröffentlichten Bestimmungen über die Befreiung vorübergehender Dienstleistungen von der Versicherungspflicht mit den aus der nachstehenden Fassung sich ergebenden Veränderungen sein Bewenden behalten soll.

Vorübergehende Dienstleistungen sind danach als eine die Versicherungspflicht begründete Beschäftigung (§ 4 Abs. 1[2] des Invalidenversicherungsgesetzes) dann nicht anzusehen,

1. wenn sie von solchen Personen, die berufsmäßig Lohnarbeit überhaupt nicht verrichten

a) nur gelegentlich, insbesondere zu gelegentlicher Aushilfe,

b) zwar in regelmäßiger Wiederkehr, aber nur nebenher und gegen ein geringfügiges Entgelt, welches für die Dauer der Beschäftigung zum Lebensunterhalt nicht ausreicht und zu den für diese Zeit zu zahlenden Versicherungsbeiträgen nicht in entsprechendem Verhältnisse steht,

verrichtet werden;

2. wenn sie von solchen Berufsarbeitern, die in einem regelmäßigen, die Versicherungspflicht begründenden Arbeits- oder Dienstverhältnisse zu einem bestimmten Arbeitgeber stehen, ohne Unterbrechung dieses Verhältnisses bei anderen Arbeitgebern nebenher, sei es nur gelegentlich zur Aushilfe, sei es regelmäßig verrichtet werden.

Dasselbe gilt

3. für Dienstleistungen zur schleunigen Hilfe bei Unglücksfällen oder Verheerungen durch Naturereignisse oder zur schleunigen Beseitigung von Verkehrs- oder Betriebsstörungen, sofern diese Dienstleistungen nach ihrer Art die Dauer von zwei Arbeitstagen voraussichtlich nicht übersteigen werden;

4. für Dienstleistungen in Verpflegungsstationen oder ähnlichen Einrichtungen, wenn sie gegen eine Geldentschädigung verrichtet werden, welche nicht als Entgelt für die gelieferte Arbeit, sondern als eine Unterstützung zum Zwecke des besseren Fortkommens gewährt wird;

5. für Dienstleistungen von Bediensteten ausländischer Eisenbahnverwaltungen in Eisenbahnbetrieben des Inlandes, soweit diese Bediensteten in letzteren vorübergehend beschäftigt werden;

6. für Dienstleistungen im Inlande von Bediensteten ausländischer Betriebe, soweit diese mit einzelnen Betriebshandlungen vorübergehend in das Inland hinübergreifen;

7. für Dienstleistungen des Personals ausländischer Schiffe, die im Binnenschiffahrtsverkehre deutsche Wasserstraßen befahren, sofern nicht diese Schiffe nach der Entscheidung der unteren Verwaltungsbehörde [3] des Beschäftigungsorts (§ 65 Abs. 4 [4] des Invalidenversicherungsgesetzes) im Inland einen regelmäßigen Verkehr von erheblicher Dauer unterhalten;

8. für Dienstleistungen auf Seeschiffen [5] im Auslande, wenn sie von solchen Personen verrichtet werden, die nicht zur Schiffsbesatzung gehören;

9. für Dienstleistungen von Indiern, Japanern, Chinesen, Malayen, Zanzibariten, Negern und andern farbigen Seeleuten auf deutschen Seeschiffen bei der Küstenschiffahrt in asiatischen, australischen, ost- oder westafrikanischen Gewässern sowie in dem Verkehre zwischen asiatischen, australischen, ost- und westafrikanischen Häfen oder zwischen diesen und europäischen Häfen, in letzterem Verkehre jedoch nur, wenn es sich um den Dienst in den Kohlen- und Kesselräumen der Dampfschiffe handelt und wenn bei der Anmusterung im Auslande zugleich die Rückfahrt ausbedungen ist.

Die Regierungen der einzelnen Bundesstaaten sind ermächtigt, mit Zustimmung des Reichskanzlers widerruflich anzuordnen, daß und inwieweit vorübergehende Dienstleistungen solcher Ausländer, denen der Aufenthalt in

Grenzgebieten des Inlandes auf fest bestimmte kurze Zeit behufs Ausführung vorübergehender Arbeiten behördlich gestattet ist, sowie vorübergehend im Inlande stattfindende Dienstleistungen solcher Ausländer, welche übungsgemäß in Flößereibetrieben beschäftigt werden, im Sinne des Invalidenversicherungsgesetzes als eine versicherungspflichtige Beschäftigung nicht anzusehen sind.

1. Erläuterung s. Anl. des RVA. Ziff. 30.

Neuere Entscheidungen.

Zu Ziffer 1: Berufsmäßiger Lohnarbeiter ist ein Landwirt, der als solcher ein Jahreseinkommen von 1350 Mark hat, daneben als Gemeinderechner 200 Mark und als Desinfektor 70 Mark jährlich verdient; Monatsschr. **15** 84.

Zu Ziffer 1a: Gelegentlich ist die Beschäftigung von Landwirten und deren Söhnen, die zu Vermessungsarbeiten bei der Zusammenlegung von Grundstücken herangezogen werden; Monatsschr. **14** 678. Die Beschäftigung von Schulkindern, die während weniger Ferienwochen Lohnarbeit verrichten, ist versicherungsfrei. Diese Dienstleistungen sind bei der Kürze der einzelnen Arbeitsabschnitte und der Länge der zwischen diesen liegenden Zeiträume nur als gelegentliche anzusehen, außerdem ist nicht anzunehmen, daß die wirtschaftliche Stellung der Beschäftigten zu einem erheblichen Teile auf dem Verdienste aus der Arbeit beruht; EuM. **20** 150. Dagegen ist nicht als gelegentlich verrichtet die Lohnarbeit anzusehen, wenn sie von Personen, die vor dem Kriege selbständig waren, infolge der durch den Krieg veränderten Verhältnisse übernommen wird: AN. **15** 560.

Zu Ziffer 1b: Ob ein Entgelt geringfügig ist, kann nur im Einzelfall unter Vergleichung mit den übrigen Einkünften des Beschäftigten und unter Berücksichtigung seiner Lebenshaltung entschieden werden. Einen gewissen Anhalt — nicht eine feste Abgrenzung — gibt hierbei der Umstand, ob der Entgelt ein Drittel des Ortslohns übersteigt; AN. **14** 766.

2. An die Stelle des § 4 Abs. 1 JVG. tritt § 1232 RVO., Art. 104 EG. zur RVO.

3. An die Stelle der unteren Verwaltungsbehörde tritt das Versicherungsamt des Beschäftigungsorts (§ 1785 Abs. 1 RVO.), und zwar entscheidet der Vorsitzende allein (§ 1781); gegen seine Entscheidung findet binnen einem Monat (§ 128) Beschwerde an das Oberversicherungsamt statt (§ 1792).

4. An die Stelle des § 65 Abs. 4 JVG. tritt § 1331 RVO.

5. Deutsche Seefahrzeuge s. § 163.

Anhang IV.

Gesetz über die anderweite Festsetzung der Leistungen und der Beiträge in der Invalidenversicherung. Vom 23. VII. 1921

(RGBl. S. 984)

Von diesem Gesetz hat nur noch Art. II Abschnitt C Bedeutung. Es lautet Abschnitt C in der Fassung des G. vom 10. XI. 1922 (RGBl. S. 849):

C. Als Beitragswochen werden die vollen Wochen [1] angerechnet, in denen der Versicherte in Mobilmachungs- oder Kriegszeiten [2] zur Erfüllung der Wehrpflicht eingezogen gewesen ist [3] oder freiwillig militärische Dienstleistungen [4] verrichtet hat. Für jede Woche wird ein Steigerungssatz [7] von dreißig Pfennig berechnet.

Als Beitragswochen werden die vollen Wochen angerechnet, in denen der Versicherte

1. zur Erfüllung der Wehrpflicht in Friedenszeiten eingezogen gewesen ist,

2. wegen einer Krankheit[5] zeitweise arbeitsunfähig und nachweislich verhindert gewesen ist, seine Berufstätigkeit fortzusetzen.

Die in Abs. 1 und 2 bezeichneten Wochen werden jedoch nur denen angerechnet, die vorher berufsmäßig nicht nur vorübergehend versicherungspflichtig beschäftigt[6] gewesen sind. Für jede Woche wird ein Steigerungssatz[7] von zehn Pfennig gerechnet.

1. Die vollen Wochen s. Anm. 2 zu § 1279 u. AN. **00** 648.

2. Kriegszeiten. Eine militärische Dienstleistung in Mobilmachungs- oder Kriegszeiten endete nicht schon mit der förmlichen Beendigung des Kriegszustandes, sondern erst mit der Entlassung aus dem Herresdienst. Als Tag, an dem der Weltkrieg sein Ende erreicht hat, ist für die hier in Frage stehenden Versicherungsgebiete der 10. I. 20 bestimmt (Bek. v. 25. V. 20, RGBl. S. 1081). Bis zu diesem Zeitpunkte sind daher auch die bei der vorläufigen Reichswehr zurückgelegten Dienstzeiten als Kriegszeiten anzusehen; AN. **23** 255. Als Kriegsdienst kann nur die Heeresdienstzeit bis zum 10. I. 20 angerechnet werden. Eine über diesen Tag hinausreichende Krankheitszeit kann, auch wenn der Versicherte sich noch im Heeresdienst befunden hat, nicht auf die Wartezeit angerechnet werden, Monatsschr. **27** 199 (AB.).

3. Zur Erfüllung der Wehrpflicht ... eingezogen gewesen ist. Ein- oder Mehrjährig-Freiwillige dienten zur Erfüllung der Wehrpflicht. Sie traten zwar freiwillig ein: der Grund des Eintritts war aber die Erfüllung der Wehrpflicht. Wer als Kapitulant weiterdiente, hatte auf Anrechnung der weiteren Dienstzeit in Friedenszeiten keinen Anspruch; Begr. zum JuAVG. S. 84. Vier-, fünf- und sechsjährig-Freiwillige Marinesoldaten galten nach § 31 Abs. 3 der Marineordnung vom 3. IV. 09 vom vierten Dienstjahre an als Kapitulanten. Ebensowenig dienten zur Erfüllung der Wehrpflicht Zöglinge der Unteroffizierschulen, Avantageure, Zöglinge der Schiffsjungenabteilung (§ 34 der Marineordnung vom 3. IV. 09). Im übrigen ist für die Beurteilung dieser Fragen die Auffassung der Militärbehörden maßgebend. Danach ist der Aufenthalt der vor ihrer Entlassung Erkrankten und bei der allgemeinen Entlassung zwar Mitentlassenen, jedoch als sog. Passanten dem Militärlazarett überwiesenen als Militärdienstzeit anzusehen. Die Zeit der Verbüßung einer Freiheitsstrafe, soweit sie länger als 6 Wochen dauert, gilt nicht als Dienstzeit, § 7 Ziff. 3 der Wehrordnung vom 22. XI. 88. Dagegen ist die nachgeleistete Dienstzeit als solche anzurechnen; AN. **02** 399.

Zur militärischen Dienstleistung gehört auch die Beförderung zum und vom Garnisonorte, weil der Dienstpflichtige auch in dieser Zeit unter dem Befehle der Militärbehörde steht; AN. **99** 160. Dagegen ist die vor dem Rekruteneinstellungstermine liegende Dienstzeit eines als unsicherer Dienstpflichtiger im Sinne des § 33 Abs. 2 des Reichs-Militärgesetzes vom 2. V. 74 (RGBl. S. 45) in der Fassung vom 6. V. 80, 31. XII. 85, 27. I. 90, 25. III. 99, 14. VI. 12 und 22. VII. 13, § 7 Ziff. 2 der Wehrordnung vom 22. XI. 88 eingestellten Mannes keine zur Erfüllung der Wehrpflicht geleistete Dienstzeit. Die vorzeitige Einstellung des unsicheren Dienstpflichtigen ist nur eine Sicherungsmaßregel, sie soll sein Entweichen verhindern. Sie sichert nur die Erfüllung der Wehrpflicht, während die Erfüllung selbst bei den unsicheren Dienstpflichtigen erst zu derselben Zeit beginnt wie bei den übrigen Dienstpflichtigen; AN. **05** **418**.

Nur Dienstleistungen im deutschen Heere und in der kaiserlichen Marine kamen früher in Betracht; AN. **04** 362. Jeder bei den Schutztruppen abgeleistete Dienst stand einem entsprechenden Dienste im Heere oder in der Marine gleich, § 18 des Wehrgesetzes für die Schutzgebiete vom 22. VII. 13 (RGBl. S. 610). Für den Weltkrieg galten die Bek.en vom 26. XI. 14 (RGBl, S. 485), vom 23. XII. 15 (RGBl. S. 845), vom 28. III. 18 (RGBl. S. 165).

Während die Anrechnungsfähigkeit einer Krankheit davon abhängig gemacht ist, daß sie den Versicherten verhindert, seine Berufstätigkeit fortzusetzen, bedurfte es der Einführung einer solchen Bestimmung bezüglich der militärischen Dienstleistungen nicht, weil diese naturgemäß in der Regel — Ausnahmen wären unter Umständen nur bei zeitweisen Beurlaubungen während des Militärdienstes denkbar — die Ausübung der Berufsarbeit verhindern; AN. **09** 420.

Nach Eintritt dauernder und vorübergehender Invalidität können weitere Wochen militärischer Dienstleistung nicht angerechnet werden; Soergel I 247 (RVA).

Die allgemeine Wehrpflicht ist jetzt abgeschafft; Art. 173 der Verfassung des Deutschen Reichs, § 1 des G. v. 1. VIII. 20 (RGBl. S. 1608). Nach dem 1. I. 21 ist eine Anrechnung der Dienstzeit bei der Reichswehr jedenfalls ausgeschlossen; G. v. 21. VII. 20 (RGBl. S. 1608).

4. Militärische Dienstleistungen. Der Begriff umfaßt nicht alle Dienstleistungen für militärische Zwecke. Eine militärische Dienstleistung setzt vielmehr ein militärisches Dienstverhältnis voraus. Darunter ist nur ein solches von Personen des Soldatenstandes zu verstehen; AN. **16** 438, **16** 440. Wer Person des Soldatenstandes war, ergab sich aus §§ 4, 5 des MilStGB. und dem ihm als Anlage beigefügten Verzeichnis der zum deutschen Heere und zur Marine gehörenden Militärpersonen.

Auch die im Dienste des österreichischen Roten Kreuzes während des Krieges geleistete freiwillige Krankenpflege war kein Militärdienst; EuM. **14** 268.

Die Angehörigen der durch G. v. 12. XII. 18 (RGBl. S. 1424) gebildeten freiwilligen Volkswehr, die auf Grund des Erl. des Preuß. Kriegsministeriums vom 15. XII. 18 (Armee-Verordnungsbl. S. 739) und des Aufrufs der Reichsregierung zur Gestellung von Freiwilligen (Armee-Verordnungsbl. **19** 17) bei den Grenzschutztruppen eingetretenen Freiwilligen und die Mitglieder der vorläufigen Reichswehr, G. v. 6. III. 19 (RGBl. S. 295) sowie der für Berlin vorübergehend aufgestellten republikanischen Soldatenwehr waren Personen des Soldatenstandes. Gleiches galt von den Mitgliedern der Bürger-, Einwohner-, Sicherheits- und ähnlichen Wehren, wenn und solange sie auf Anordnung einer militärischen Kommandobehörde an einen Freiwilligen- oder Truppenverband angegliedert waren und auf Befehl einer solchen Stelle militärischen Dienst taten. Soweit die genannten Personen zu den Personen des Soldatenstandes gehörten, waren ihre Dienste im Sinne der Vorschrift zu C Abs. 1 freiwillige militärische Dienstleistungen in Kriegszeiten.

Die Mitglieder der von Arbeiter- und Soldatenräten gebildeten Wehren konnten an sich als Personen des Soldatenstandes nicht angesehen werden. Wurde aber ein Soldat im Einzelfalle zu einer solchen Wehr kommandiert, so blieb er Person des Soldatenstandes; AN. **18** 317, **18** 339.

Vgl. Schreiben des Reichsarbeitsministers v. 25. VI. 19 (HMBl. S. 227).

Kriegsgefangenschaft. Die V. über Anrechnung der Zeit der Kriegsgefangenschaft als Dienstz. v. 30. XI. 18 (RGBl. **19** 183, Armee-Verordnungsbl. **18** 761) lautet:

„Den Angehörigen des deutschen Heeres, der Marine, der Schutz- und Landesverteidigungstruppen in den Schutzgebieten, die während des Krieges — gleichviel ob bei den deutschen Streitkräften oder den Streitkräften eines mit dem Deutschen Reiche verbündeten oder befreundeten Staates — in Kriegsgefangenschaft geraten sind oder noch geraten, ist die Zeit der Kriegsgefangenschaft als Dienstzeit anzurechnen, wenn nicht nachgewiesen ist, daß eigenes Verschulden vorgelegen hat.

— —

Das Preuß. Kriegsministerium wird hiermit ermächtigt, im Einverständnis mit den Staatssekretären des Reichs-Marineamts und des Reichs-Kolonialamts, dem Bayer. Ministerium für militärische Angelegenheiten, dem Sächs. Ministerium für Militärwesen sowie dem Kriegsministerium von Württemberg die erforderlichen Erläuterungen und Ausführungsbestimmungen hierzu zu erlassen, insbesondere auch darüber, in welchen Fällen die Voraussetzung „daß eigenes Verschulden vorgelegen hat" erfüllt ist, und von wem und nach welchen Grundsätzen die Entscheidung der Frage zu treffen ist, ob jemand „während der Kriegsgefangenschaft besonderen Gefahren für Leben und Gesundheit ausgesetzt war". Die Ausführungsbestimmungen sollen dafür Vorsorge treffen, daß gegen die Entscheidung dem Betroffenen der Rechtsweg offensteht." Vgl. Ausführungsbestimmungen v. 18. XII. 18 (Armee-Verordnungsbl. S. 762).

Zeiten der Zivilgefangenschaft in Feindesland können nicht als Militärdienstzeiten angerechnet werden, selbst dann nicht, wenn es sich um Wehrpflichtige handelt, die zum Heeresdienst eingezogen wären, falls sie nicht in Gefangenschaft geraten wären; AN. **17** 616.

Das Recht zur Nachentrichtung von Beiträgen war den Kriegsgefangenen, Internierten und sonstigen durch feindliche Maßnahmen im Ausland zurückgehaltenen Personen durch Art. II des G. v. 21. VII. 22 (RGBl. I S. 654) in gewissem Umfange gewährt.

5. Die Vorschriften über die Anrechnungsfähigkeit von Krankheitszeiten sind in § 1279 aufgenommen.

6. Berufsmäßig nicht nur vorübergehend . . . beschäftigt, s. Anm. 6 zu § 1279, ferner AN. **06** 280, **07** 463, **09** 420, **16** 750 (Anrechnung einer Militärdienstzeit, obwohl für die unmittelbar vorhergegangene Zeit von 6 Monaten keine Beiträge entrichtet waren); EuM. **11** 293 (Bay. LVAmt). Auch ohne daß das Erfordernis des Abs. 3 (§ 1393 Abs. 2 RVO. in der ursprünglichen Fassung) erfüllt war, sind durch § 1 der Bek. v. 23. XII. 15 (RGBl. S. 845) und § 1 der Bek. v. 28. III. 18 (RGBl. S. 165) während des Weltkrieges zurückgelegte Militärdienstzeiten unter bestimmten Voraussetzungen für anrechnungsfähig erklärt worden.

7. Für Ersatzzeiten, vorbehaltlich § 1279a, kein Steigerungsbetrag, § 1289. Vgl. auch § 1242a Abs. 1 Satz 3.

Abschnitt D behandelt die Abfindung für laufende Zusatzrenten (§§ 1472 ff. RVO., aufgehoben durch Art. I d. G. v. 23. VII. 21, RGBl. S. 984) und der Erstattung des Wertes der verwendeten Zusatzmarken an diejenigen, die noch keinen Anspruch auf Zusatzrente erworben hatten. Diese Vorschriften sowie die Bek. über die Berechnung der Abfindung an Empfänger einer Zusatzrente v. 12. X. 21 (RGBl. S.1308) haben infolge der Geldentwertung ihre Bedeutung verloren. Eine Aufwertung ist nicht erfolgt.

Anhang V.

Bek. über die Einrichtung der Quittungskarten für die Invaliden- und Hinterbliebenenversicherung sowie das Entwerten und Vernichten der Beitragsmarken

vom 10. XI. 11 (AN. **12** 326), geändert durch die Bek.en vom 12. X. 16 (AN. **16** 671), vom 30. IX. 21 (AN. **21** 398), vom 30. VIII. 22 (AN. **22** 371), die V.en vom 9. XII. 22 (AN. **22** 521), vom 4. IX. 23 (AN. **23** 250), vom 5. XI. 23 (AN. **23** 288), vom 19. XII. 23 (AN. **24** 5), vom 8. I. 25 (AN. **25** 25), 7. IX. 25 (AN. **25** 297), 6. X. 25 (AN. **25** 310), 29. XII. 25 (AN. **26** 5), 19. V. 27 (AN. **27** 324).

I. Einrichtung der Quittungskarten.

1. Die Quittungskarten sind für die Pflichtversicherung in gelber Farbe und für die Selbstversicherung in grauer Farbe nach den anliegenden Mustern

A und B herzustellen. (Die jetzt gültigen Muster sind in den AN. **25** 26—29 abgedruckt, Ergänzungen durch V.en vom 9. IX. 25 [AN. **25** 297], vom 6. X. 25 [AN. **25** 310], vom 29. XII. 25 [AN. **26** 5], u. vom 19. V. 27 [AN. **27** 324].) Zur Herstellung der Quittungskarten ist Zellstoff zu verwenden. Der Stoff muß eine mittlere Reißlänge von 4000 Metern und eine mittlere Dehnung von 3 vom Hundert haben, darf nur schwach geglättet angefertigt werden und muß im Geviertmeter ein Gewicht von 270 bis 290 Gramm, im Durchschnitt 280 Gramm, aufweisen. Von den Bestimmungen über Art und Beschaffenheit des Stoffes kann das Reichsversicherungsamt Abweichungen zulassen [1].

In der Färbung müssen die Karten den im Reichsversicherungsamt niedergelegten Mustern entsprechen. Metanilgelb und ähnliche säureempfindliche gelbe Farbstoffe dürfen nicht verwendet werden.

2. Für die Selbstversicherung und ihre Fortsetzung (§ 1243 a. a. O.) sind besondere Quittungskarten von grauer Farbe wie bisher zu verwenden. Wer hierfür gelbe Quittungskarten unbefugt verwendet, kann, sofern nicht nach anderen gesetzlichen Vorschriften eine härtere Strafe eintritt, vom Versicherungsamte mit einer Ordnungsstrafe in Geld belegt werden.

3. Personen, für die früher auf Grund der Versicherungspflicht Beiträge entrichtet worden sind, dürfen auch im Falle der Selbstversicherung nur gelbe Quittungskarten A verwenden.

II. Entwerten und Vernichten der Beitragsmarken.

1. Arbeitgeber und Versicherte, die Beitragsmarken in die Quittungskarten einkleben, sind zum Entwerten sämtlicher Marken verpflichtet [2].

2. Die Stellen, welche die Beiträge einziehen (Krankenkassen und andere, von der obersten Verwaltungsbehörde bezeichnete Stellen oder örtliche Hebestellen der Versicherungsanstalten), sind verpflichtet, die den eingezogenen Beiträgen entsprechenden und eingeklebten Marken zu entwerten.

3. Das Entwerten der Marken liegt in den Fällen zu 1 und 2 demjenigen ob, welcher die Marken einzukleben hat; er hat sie alsbald nach dem Einkleben zu entwerten.

4. Diejenigen Organe der Versicherungsanstalten, Behörden oder Beamten, welche die Kontrolle der Beitragsentrichtung ausüben, sind verpflichtet, alle in den Quittungskarten befindlichen Marken zu entwerten, die noch nicht entwertet sind.

5. Die Marken müssen in der Weise entwertet werden, daß auf den einzelnen Marken handschriftlich oder durch Stempel ein Kalendertag (Entwertungstag) in Zahlen deutlich bezeichnet wird, z. B. „9. 10. 21" für den 9. Oktober 1921. Als Tag der Entwertung soll bei Beitragsmarken der letzte Tag desjenigen Zeitraums angegeben werden, für welchen die Marke gilt. Zum Entwerten ist Tinte oder ein ähnlich festhaltender Farbstoff zu verwenden.

Für das Einzugsverfahren, das Berichtigungsverfahren und die Beitragskontrolle kann die oberste Verwaltungsbehörde eine andere Art des Entwertens vorschreiben [3].

Andere Entwertungszeichen sind unzulässig.

6. Marken, die nicht bereits anderweit entwertet worden sind, hat die Ver-

sicherungsanstalt zu entwerten. Die Form des Entwertens bleibt der Versicherungsanstalt überlassen.

7. Beim Entwerten dürfen die Marken nicht unkenntlich gemacht werden, insbesondere müssen der Geldwert, die Lohnklasse und der Name der Versicherungsanstalt ersichtlich bleiben.

8. Wer den vorstehenden oder den von der obersten Verwaltungsbehörde gemäß Nr. 5 Abs. 2 getroffenen Anordnungen zuwiderhandelt, kann für jeden Fall, sofern nicht nach anderen Vorschriften eine härtere Strafe eintritt, vom Versicherungsamte mit einer Ordnungsstrafe in Geld belegt werden[4].

9. Die Vernichtung der Marken erfolgt dadurch, daß sie durch einen darauf gesetzten Vermerk für ungültig erklärt werden. Dabei ist auf die Außenseite der Quittungskarte handschriftlich oder durch Stempel unter Einrückung der Zahl der vernichteten Marken der Vermerk „. . . Marken vernichtet" sowie die Bezeichnung der die Vernichtung vornehmenden Stelle zu setzen.

10. Vorhandene Vorräte von Quittungskarten können aufgebraucht werden.

1. Durch Erl. v. 6. X. 23 — II 3476 — hatte das RVA. versuchsweise die Anforderungen an die Festigkeit und Stoffzusammensetzung des Quittungskarten-Kartons herabgesetzt. Er ist durch den Erl. v. 9. I. 26 — II 5105 — aufgehoben.

2. Vgl. § 1431 und die Anm. dazu.

3. Eine andere Art des Entwertens vorschreiben. Auf Grund der Ziffer II 5 Abs. 2 hat der PrHM. durch Erl. v. 1. VI. 22 (HMBl. S. 298) unter Aufhebung der Erl. v. 9. I. und 23. III. 12 (HMBl. S. 21 und 144) bestimmt, daß im Einzugsverfahren (§§ 1447 ff.) — soweit nicht die Beiträge durch die Arbeitgeber nach § 1454 entrichtet werden —, im Berichtigungsverfahren und bei der Beitragskontrolle als Tag der Entwertung der Beitragsmarke auch der Tag des Einklebens der Marken in die Quittungskarten angegeben werden kann.

Entsprechende Bestimmungen sind auch in einigen anderen Ländern erlassen.

4. Belegt werden. Die Geldstrafe beträgt 1 bis 1000 Reichsmark, Art. III der VO. v. 6. II. 24 (RGBl. I S. 44) § 2 des G. v. 12. XII. 24 (RGBl. I S. 775). Für die Beschwerde gilt § 1500.

Anhang VI.

Anweisung für die Quittungskartenausgabe[1]

(HMBl. **11** 429, AN. **12** 336)

I. Teil. Stellen für die Ausstellung, den Umtausch und die Erneuerung von Quittungskarten. Formulare der Quittungskarten

Die Quittungskarten werden ausgestellt und umgetauscht durch die Ortspolizeibehörden, in Gemeinden mit staatlicher Polizeiverwaltung auch durch die Gemeindevorstände, ferner durch die Orts-, Land-, Betriebs- und Innungskrankenkassen und durch die örtlichen Hebestellen der Versicherungsanstalten (Ausgabestellen).

In Ortspolizeibezirken, die mehrere Gemeinden oder selbständige Gutsbezirke umfassen, können die Ortspolizeibehörden mit Genehmigung des Landrats oder, soweit die Ortspolizei von den Landräten wahrgenommen wird, mit Genehmigung des Regierungspräsidenten diese Obliegenheiten den Gemeinden (Gutsbesitzern) übertragen.

Sofern für die Verwaltung der Ortspolizei oder für die Verwaltung städtischer Angelegenheiten besondere örtliche Bezirke (Reviere) bestehen, sind die Vorsteher dieser Bezirke zur Ausgabe der Karten verpflichtet, in Gemeinden mit staatlicher Polizeiverwaltung mit der Maßgabe, daß die Vorsteher der städtischen örtlichen Bezirke zur Ausgabe von Karten nur auf Anweisung des Gemeindevorstandes verpflichtet sind.

1. In der jetzt gültigen Fassung.

Bildet der Gemeindevorstand ein Kollegium, so hat er für die Wahrnehmung des Kartengeschäfts besondere Beamte zu bestellen. Diese sind befugt, ein Siegel zu führen, das den preußischen Adler und die Umschrift: „Ausgabestelle für Quittungskarten in ....“ enthält. Die anderen Ausgabestellen, welche nicht zur Führung eines öffentlichen Dienstsiegels berechtigt sind, führen bei den mit der Ausgabe von Karten verbundenen Geschäften ein Dienstsiegel, das die Aufschrift „Ausgabestelle für Quittungskarten“ und als Umschrift den Namen und Sitz der Ausgabestelle enthält.

In Gemeinden mit mehr als 10000 Einwohnern sind die Geschäftsräume der Ausgabestellen äußerlich durch Anbringung von Tafeln mit der Aufschrift „Ausgabestelle für Quittungskarten“ kenntlich zu machen; die Buchstaben der Aufschrift müssen eine Höhe von mindestens 10 cm haben.

2. **Verpflichtet** zur Ausgabe der Karten ist die Stelle, in deren Bezirk der Versicherte bei Stellung des Antrags auf Ausgabe einer Karte beschäftigt ist. Wohnt er nicht an seinem Beschäftigungsorte, so ist auch die Stelle zur Ausgabe der Karte verpflichtet, in deren Bezirk er wohnt oder sich aufhält. Findet die Beschäftigung vorübergehend im Ausland, aber in einem Betriebe statt, dessen Sitz im Inlande belegen ist, so ist zur Ausgabe der Karte die Stelle verpflichtet, in deren Bezirk der Sitz des Betriebs gelegen ist. Zur Ausgabe der Karten für Hausgewerbtreibende ist die Stelle verpflichtet, in deren Bezirk die Betriebstätte des Hausgewerbtreibenden gelegen ist.

Krankenkassen (Ziff. 1 Abs. 1) sind zur Ausgabe von Karten nur für ihre Mitglieder verpflichtet[2]. Die übrigen Ausgabestellen dürfen die Ausgabe von Karten für Kassenmitglieder nicht ablehnen.

Zur Ausgabe der Karten für Personen, welche sich dauernd im Ausland aufhalten und dort gemäß § 1440 Abs. 2 die Versicherung freiwillig fortsetzen, sind alle Stellen verpflichtet.

2. Es steht im Ermessen der KrK., die Zahl- und Meldestellen, sofern dort Angestellte der KrK. beschäftigt werden, mit der Ausstellung der Quittungskarten zu betrauen; Erl. d. PrMfV. v. 9. XII. 25 (VMBl. S. 472).

3. Neben diesen Ausgabestellen sind auch die Vorstände der Versicherungsanstalten und ihre Überwachungsbeamten zur Ausgabe der Karten **befugt**.

Arbeitgeber sind mit Zustimmung der für den Sitz ihres Betriebes zuständigen Ausgabestelle berechtigt, unter Beachtung der Vorschriften unter Ziffer 7 den Vordruck auf der Vorderseite der Karte auszufüllen und die ausgefüllte Karte der Ausgabestelle zur Stempelung vorzulegen. Die Ausgabestelle hat vor Aufdrückung des Siegels die Richtigkeit der Eintragung nachzuprüfen. Die Formulare sind den Arbeitgebern von der Ausgabestelle unentgeltlich zu liefern.

4. Die Formulare der Karten werden vom Reichskanzler [3] bekanntgemacht.

3. Nach § 1416 ist das RVA. zuständig.

II. Teil. Quittungskarten für Pflichtversicherung und Weiterversicherung

Gelbes Formular (A).

1. Abschnitt: Ausstellung der ersten Karte.

5. Die erste Karte wird Personen ausgestellt, die auf Grund des Versicherungszwanges (§§ 1226, 1228, 1229) neu in die Versicherung eintreten. Für Personen, welche in einer Sonderanstalt (§§ 1360—1374) versichert sind, sowie für angemusterte Seeleute, die in der Sonderanstalt der See-Berufsgenossenschaft (§§ 1375—1380) versichert sind, werden Karten nicht ausgestellt. Die Ausstellung der Karten erfolgt, sofern nicht in Einzelfällen abweichende Anordnungen ergehen, auf Antrag des Versicherten oder seines Arbeitgebers (§§ 1414, 1415). Vor der Ausstellung ist zu prüfen, ob die Person, für welche die Karte ausgestellt werden soll, versicherungspflichtig ist. Besonders sorgfältig ist zu verfahren, wenn der Antragsteller bereits in hohem Alter steht und so der Möglichkeit der Invalidität nahegerückt ist oder wenn er kränklich ist und eine offensichtliche Veränderung seiner Beschäftigungsverhältnisse nicht vorliegt, oder endlich, wenn er bei nahen Verwandten beschäftigt ist, mit denen er in häuslicher Gemeinschaft lebt.

Die erste Karte darf auch ausgestellt werden, wenn der Antragsteller glaubhaft nachweist, daß er in eine bestimmte versicherungspflichtige Tätigkeit nur eintreten kann, wenn er im Besitz einer Karte ist.

6. Etwaige Zweifel über die Versicherungspflicht sind durch Nachfrage bei dem Arbeitgeber oder anderen zuverlässigen Personen auf dem kürzesten Wege zu beheben. Bleiben trotzdem Bedenken bestehen, oder hat der Antragsteller bereits das sechzigste Lebensjahr vollendet, so ist die Ausstellung der Karte zunächst abzulehnen und der Vorstand der Versicherungsanstalt unter Mitteilung der Gründe unter Fristsetzung um eine baldige Äußerung zu ersuchen.

Die Ausgabestelle kann in diesen Fällen dem Antragsteller eine Bescheinigung über die Stellung des Antrags erteilen.

Widerspricht der Vorstand der Versicherungsanstalt nicht rechtzeitig, so hat die Ausgabestelle die Karte auszustellen. Bei Widerspruch ist die Sache als Streitigkeit im Sinne der §§ 1459, 1460 kurzer Hand an das Versicherungsamt abzugeben und die endgültige Erledigung dieser Streitigkeit abzuwarten. Je nach dem Ergebnisse dieses Verfahrens ist die Ausstellung der Karte, sofern sie noch nicht erfolgt war, vorzunehmen oder endgültig abzulehnen. War die Karte bereits ausgestellt, so ist nötigenfalls ihre Einziehung und die Vernichtung der etwa verwendeten Marken nach Maßgabe des § 1462 zu veranlassen.

Wird jugendlichen Personen, die den Ausgabestellen als Fürsorgezöglinge bekannt sind, eine Karte ausgefertigt, so sind hiervon die Fürsorger oder Anstaltsleiter, unter deren Gewalt sie stehen, zu benachrichtigen.

Wird die Ausstellung der Karte aus anderen Gründen als wegen Zweifel über die Versicherungspflicht endgültig abgelehnt, so steht dem Antragsteller die Beschwerde im Aufsichtswege zu.

7. Bei der Ausfüllung des Formulars ist in folgender Weise zu verfahren:

Neben dem am Kopfe der Karte befindlichen Vermerk „Versicherungsanstalt" ist der Name der Anstalt einzutragen, in deren Bezirk der Versicherte bei Ausstellung der Karte beschäftigt ist, bei Hausgewerbtreibenden der Name der Anstalt, in deren Bezirke sich die Betriebstätte des Hausgewerbtreibenden befindet. Bei der Schiffsbesatzung deutscher Seefahrzeuge ist, soweit Karten überhaupt ausgestellt werden (Ziffer 5), der Name der Versicherungsanstalt einzutragen, in deren Bezirke sich der Heimathafen des Schiffes befindet. Findet die Beschäftigung vorübergehend im Ausland, aber in einem Betriebe statt, dessen Sitz im Inlande belegen ist, so ist der Name der Versicherungsanstalt einzutragen, in deren Bezirke der Sitz des Betriebes liegt.

Für das Personal ausländischer Binnenschiffe ist der Name der Versicherungsanstalt einzutragen, in deren Bezirk das Schiff beim Überfahren der Grenze zuerst eintritt. Hiernach kommen in Betracht für den Rhein und die Saar die Versicherungsanstalt Rheinprovinz und für die Elbe die Versicherungsanstalt Freistaat Sachsen.

Abkürzungen des Namens der Versicherungsanstalt sind unzulässig.

Sodann ist die Bezeichnung der die Karte ausstellenden Stelle (z. B. „Ausgabestelle in . . . .", „Amtsvorsteher in . . . .", „Ortskrankenkasse in . . . .") und das Datum der Ausstellung einzutragen.

Der Vermerk für die Eintragung der Listennummern ist da, wo Listen über gelbe Karten nicht geführt werden, zu durchstreichen.

Die Ausfüllung des Vermerks „Verwendbar für die Zeit seit dem . . .ten" hat auch ohne Antrag stets dann zu erfolgen, wenn in die Karte für die Zeit vor ihrer Ausstellung, z. B. bei nachträglicher Feststellung der Versicherungspflicht, oder bei unterbliebener rechtzeitiger Ausstellung der Karte, Marken einzukleben sind. Die Ausgabestellen haben zur Vermeidung nachträglicher Berichtigungen vor Ausfertigung jeder Karte den Versicherten zu fragen, ob in die Karte Marken für eine vor dem Ausstellungstage liegende Zeit eingeklebt werden sollen. Im übrigen ist bei Ausfüllung des Vermerks mit besonderer Vorsicht zu verfahren, da die Gefahr naheliegt, daß Personen, welche sich nachträglich die Möglichkeit eröffnen wollen, Anspruch auf eine Rente oder auf eine höhere Rente zu erheben, Anträge auf Ausfüllung stellen. Es sind daher die tatsächlichen Verhältnisse sorgfältig zu prüfen und nötigenfalls die Versicherungsanstalten, die nachträglich belastet werden sollen, zu hören. Wenn die Karte auf mehr als 6 Monate zurück verwendbar erklärt werden soll, ist vor der Ausstellung eine Äußerung der Versicherungsanstalten herbeizuführen. Ein mehr als vier Jahre zurückliegender Zeitpunkt darf nicht eingetragen werden (§§ 1442, 1443).

Der Vermerk ist, sofern er nicht ausgefüllt werden soll, zu durchstreichen.

Die Karte erhält die Nummer 1.

Sodann sind Vor- und Zuname, Berufsstellung, Geburtsort

und Geburtszeit sowie der Wohnort nebst Straße und Hausnummer des Inhabers einzutragen, bei Angabe mehrerer Vornamen ist der Rufname zu unterstreichen. Bei Frauen ist der Vorname des Mannes und der Vorname der Frau, ferner der Zuname des Mannes und der Geburtsname der Frau einzutragen, z. B. Ehefrau (Witwe) Karl Anton Schulz, Clara geb. Schäfer. Hierbei ist zur Unterscheidung des Versicherten von anderen Personen besondere Sorgfalt geboten. Bei Angabe der „Berufsstellung“ [4] ist neben der allgemeinen Bezeichnung „Arbeiter“, „Gehilfe“, „Geselle“, usw., wenn möglich, auch der besondere Berufszweig, in dem der Versicherte bei Ausstellung der Karte beschäftigt ist, einzutragen, z. B. „landwirtschaftlicher Arbeiter“, „Schlossergeselle“ usw. Dabei ist zu beachten, daß auch Personen, welche die Gesellenprüfung nicht bestanden haben, als Gesellen bezeichnet werden können.

Eintragungen oder Merkmale, die durch das Gesetz nicht vorgesehen sind, sind unzulässig und strafbar (§ 1424, 1495). Insbesondere darf die Person des Arbeitgebers nicht in die Karte eingetragen werden. Karten, die dagegen verstoßen, hat jede Behörde, der sie zugehen, nach § 1424 einzubehalten.

4. Durch Erl. v. 11. III. 26 (VMBl. Sp. 316) ist den Ausgabestellen eine genaue Prüfung der Berufsbezeichnung vor Ausstellung der Quittungskarte zur Pflicht gemacht. Nach dem Erl. v. 18. IX. 25 (VMBl. S. 402) sollen auf den Quittungskarten Köchinnen, Stützen, Hausmädchen und Kindermädchen als Hausgehilfen, nicht aber als Hausangestellte bezeichnet werden.

8. Unmittelbar nach der Ausstellung ist die Karte auszuhändigen, oder dem Versicherten durch Vermittlung des Arbeitgebers kostenlos zuzustellen.

2. Abschnitt: Der Umtausch der Quittungskarten.

9. Der Umtausch findet der Regel nach erst dann statt, wenn die für die Einklebung von Marken bestimmten Felder der Karte gefüllt sind, oder, wenn seit Ausstellung der Karte eine Zeit von etwa 1½ Jahren verflossen ist (§§ 1419, 1420). Personen, die zur Ableistung ihrer Militärdienstzeit eingezogen werden, können ihre Karten bei den Ausgabestellen auch schon dann einliefern, wenn sie noch nicht ganz mit Marken gefüllt sind. In diesen Fällen ist eine neue Karte nicht auszustellen und auf der Vorderseite der über die abgegebene Karte zu erteilenden Aufrechnungsbescheinigung zu vermerken „Neue Karte nicht ausgestellt“. Auf seine Kosten kann jedoch der Versicherte jederzeit die Ausstellung einer neuen Karte gegen Rückgabe der alten verlangen (§ 1415).

Bei dem Umtausch der Karte sind folgende Geschäfte zu unterscheiden:

A. die Aufrechnung der alten Karte;

B. die Ausstellung der Bescheinigung über die aus der Aufrechnung sich ergebenden Endzahlen;

C. die Ausstellung der neuen Karte;

D. die Einsendung der aufgerechneten Karten an die Versicherungsanstalt.

A. Die Aufrechnung der alten Karte.

10. Die alte Karte wird sogleich nach Rückgabe auf ihrer Innenseite an der durch den Vordruck bezeichneten Stelle nach folgenden Grundsätzen aufgerechnet:

I. Die in der Karte durch Marken nachgewiesenen Beitragswochen sind ohne Rücksicht darauf, ob die Marken auf verschiedene Versicherungsanstalten lauten, lediglich nach Lohnklassen zusammenzurechnen; das Zahlenergebnis ist für jede Lohnklasse getrennt in die entsprechenden Spalten der Tabelle einzutragen. Hierbei sind auch die etwa übertragenen Marken zu berücksichtigen, die als ungültig bezeichneten Marken aber wegzulassen.

II. An der vorgemerkten Stelle sind die bescheinigten geleisteten Militärdienste und Krankheiten, die für den Zeitraum vom Tage der Verwendbarkeit der Karte bis zu ihrer Aufrechnung nachgewiesen werden, nach dem Datum des Beginns und der Beendigung der einzelnen Militärdienste und Krankheiten einzutragen.

Die Einrechnung dieser Zeiten in die Zahl der ordentlichen Beitragswochen sowie die Zusammenrechnung der Dauer der einzelnen Militärdienste und Krankheiten ist bei Aufrechnung der Karte nicht zulässig. Reicht der Vordruck für Krankheitszeiten nicht aus, weil mehr als fünf (sechs) Krankheitsfälle einzutragen sind, so können unter handschriftlicher Änderung des Vordrucks auch die für geleistete Militärdienste bestimmten Spalten, soweit sie für diese nicht verwendet werden, zur Eintragung von Krankheiten benutzt werden.

III. Zum Nachweis einer Krankheit genügt die Bescheinigung des Vorstandes der Orts-, Land-, Betriebs- oder Innungskrankenkasse, des Bezirksknappschaftsvereins[5], der Ersatzkasse, des Versicherungsvereins auf Gegenseitigkeit oder der auf Grund landesrechtlicher Vorschriften errichteten Hilfskasse (§ 1438 Abs. 2 und Artikel 68 des Einführungsgesetzes). Für die Zeit, die über die Dauer der von den Kassen zu gewährenden Krankenhilfe oder der Fürsorge während der Genesung hinausreicht, sowie für Personen, die einer solchen Kasse nicht angehört haben, genügt die Bescheinigung des Gemeindevorstandes (§ 1438 Abs. 2) oder der Vorsteher der für die Zwecke der Gemeindeverwaltung eingerichteten besonderen örtlichen Bezirke. Für die in Reichs- und Staatsbetrieben Beschäftigten kann die Bescheinigung über die Krankheit durch die vorgesetzte Dienstbehörde ausgestellt werden (§ 1438 Abs. 3). Die Anerkennung sonstiger Nachweise (z. B. ärztlicher Atteste, Zeugnisse von Krankenhäusern über die Krankheit usw.) ist nicht ausgeschlossen.

Für die Eintragung einer Krankheit ist im einzelnen folgendes zu beachten:

a) Krankheiten, die durch Bescheinigungen der Kassenvorstände, der Gemeindevorstände oder der Bezirksvorsteher nachgewiesen werden (III), sind nur dann zu berücksichtigen, wenn sie nach dem unten abgedruckten, probeweise ausgefüllten Formular bescheinigt sind.

b) Es sind nur solche Krankheiten einzutragen, die mindestens eine volle Beitragswoche (Montag bis einschließlich Sonntag) gedauert haben.

c) Krankheiten, welche die Erkrankten sich vorsätzlich oder bei Begehung eines durch strafgerichtliches Urteil festgestellten Verbrechens oder durch schuldhafte Beteiligung bei Schlägereien oder Raufhändeln zugezogen haben, sind nicht einzutragen.

d) Krankheiten von Personen, die sich, nachdem die Versicherungspflicht fortgefallen ist, freiwillig weiterversichern oder die vor Beginn der Krankheit eine die Versicherungspflicht begründende Beschäftigung überhaupt nicht oder nur vorübergehend gehabt haben, sind, soweit sie in die Zeit der Weiterversicherung fallen, nicht zu berücksichtigen.

e) Ergibt sich, daß der Erkrankte durch die Krankheit nicht verhindert gewesen ist, seine die Versicherungspflicht begründende Beschäftigung fortzusetzen, oder sind für die Dauer der Krankheit wegen Fortsetzung des die Versicherungspflicht begründenden Arbeits- oder Dienstverhältnisses Beitragsmarken entrichtet worden, so ist die Eintragung abzulehnen.

f) Wenn die Krankheit ununterbrochen über ein Jahr dauert, wird die weitere Dauer nicht eingetragen.

g) Die an eine Krankheit sich anschließende, mit Arbeitsunfähigkeit verbundene Genesungszeit wird der Krankheit gleichgeachtet. Dasselbe gilt für die Dauer von acht Wochen[6] bei einer Arbeitsunfähigkeit, die durch Schwangerschaft oder ein regelmäßig verlaufenes Wochenbett veranlaßt ist.

h) Bei Erteilung der Krankheitsbescheinigungen an Wöchnerinnen sind im Absatz 2 des für die Krankheitsbescheinigung vorgeschriebenen Musters die Worte „hat sich die Krankheit" usw. bis „zugezogen" (; er") zu streichen[7].

Anlage.

Krankheitsbescheinigung.
(§ 1438 der Reichsversicherungsordnung.)

Der Maurergeselle Ernst Krause, in Oberdorf, geboren im Jahre 1855 zu Stettin, Stadtkreis Stettin, Provinz Pommern (Mitglied der unterzeichneten Ortskrankenkasse), war vom 10. Juli 1900 bis zum 13. September 1900 krank und arbeitsunfähig.

Der Erkrankte hat sich die Krankheit weder vorsätzlich noch bei Begehung eines durch strafgerichtliches Urteil festgestellten Verbrechens oder durch schuldhafte Beteiligung bei Schlägereien oder Raufhändeln zugezogen; er war vor Beginn der Krankheit der Invalidenversicherungspflicht unterworfen und hat berufsmäßig und nicht lediglich vorübergehend Lohnarbeit verrichtet.

Braunshof, den 14. September 1900.

Der Gemeindevorstand.
(Siegel.) Schulz,
Bürgermeister.

Allgemeine Ortskrankenkasse.
Herrmann.

5. Jetzt Bezirksknappschaft, § 9 Abs. 2 RKG. (RGBl. 1926 I S. 361).
6. Jetzt zwölf Wochen; s. § 1279 letzter Abs., in der F. des Art. I § 4 des G. über Wochenhilfe v. 18. V. 29 (RGBl. I S. 98, AN. 29 214).
7. Hinzugefügt durch den Erlaß des Min. f. Volksw. v. 11. II. 29 (VMBl. Sp. 177).

IV. Geleistete Militärdienste werden durch Vorlegung der Militärpapiere nachgewiesen (§ 1438 Abs. 1).

Die Eintragung von Militärdiensten ist zu versagen:

a) bei solchen, die nicht zur Erfüllung der Wehrpflicht stattgefunden haben; für die Dauer von Mobilmachungs- oder Kriegszeiten werden jedoch auch freiwillig geleistete Militärdienste angerechnet;

b) bei Militärdiensten während der freiwilligen Weiterversicherung;

c) wenn der Inhaber der Karte vor Beginn der Militärdienste eine die Versicherungspflicht begründende Beschäftigung überhaupt nicht oder nur vorübergehend gehabt hat.

V. Vor Eintragung der Militärdienst- und Krankheitszeiten ist ihre Anrechnungsfähigkeit zu prüfen. Ergeben sich hierbei Zweifel, und gelingt ihre Beseitigung nicht, so sind die Militärdienste und Krankheiten zu berücksichtigen. Der Versicherungsanstalt ist jedoch sogleich oder bei Übersendung der aufgerechneten Karte von den Bedenken Mitteilung zu machen[8].

8. Wegen Anrechnung und Eintragung der Dauer der Ausweisung oder Verdrängung aus dem besetzten Gebiet s. VO. v. 7. II. 25 (RGBl. I S. 10) — s. Anm. zu § 1279a — und Pr. Erl. v. 12. III. 25 (VMBl. S. 124).

B. Die Ausstellung der Bescheinigung über die aus der Aufrechnung sich ergebenden Endzahlen.

11. Die Ausgabestellen bescheinigen dem Inhaber die Endzahlen der Aufrechnung nach einem Muster, das der Aufrechnungstabelle in der Karte entspricht. Legt der Inhaber der Karte ein Sammelbuch für Bescheinigungen vor, so ist dieses zu benutzen.

Die Bescheinigung ist im unmittelbaren Anschluß an die Aufrechnung auszustellen und mit der neuen Karte auszuhändigen. Unbestellbar gebliebene und in Verwahrung genommene Aufrechnungsbescheinigungen können von den Ausgabestellen ein Jahr nach Ablauf des Kalenderjahres, in dem sie eingegangen sind, vernichtet werden.

12. Gegen die Aufrechnung der abgegebenen Karte und gegen den Inhalt der Bescheinigung steht dem Versicherten binnen einem Monat nach ihrer Aushändigung (§§ 1422, 128) die Beschwerde beim Versicherungsamte zu, das endgültig entscheidet.

13. Wird die Beschwerde als begründet anerkannt, so ist die Aufrechnung und die Bescheinigung nötigenfalls auf einem besonderen mit ihr zu verbindenden Blatte mit Tinte zu berichtigen. Das Verfahren ist kostenlos.

C. Die Ausstellung der neuen Karte.

14. Die neue Karte wird sofort gegen Rückgabe der alten nach den für die Ausstellung der ersten Karte maßgebenden Vorschriften (Ziffern 5 bis 8) mit folgenden Änderungen ausgestellt:

I. Die Ausstellung der neuen Karte darf in der Regel von einer besonderen Feststellung darüber, ob zur Zeit die Versicherungspflicht besteht, nicht abhängig gemacht werden. Vielmehr hat im allgemeinen jeder Inhaber einer Karte Anspruch auf ihren Umtausch. Nur in solchen Fällen ist die Ausstellung einer neuen Karte abzulehnen, in denen die Ausgabestelle die pflichtmäßige Überzeugung gewinnt, daß die alte Karte zu Unrecht ausgestellt worden ist oder daß der Antragsteller bereits invalide ist (§ 1255 Abs. 2).

In Zweifelsfällen ist die Ausstellung der neuen Karte zunächst abzulehnen und der Vorstand der Versicherungsanstalt unter Mitteilung der Gründe um eine baldige Äußerung zu ersuchen. Das gleiche hat zu geschehen, wenn der Antragsteller bereits mit einem Antrag auf Bewilligung einer Invalidenrente unter Anerkennung seiner Invalidität zurückgewiesen worden ist, weil er die Wartezeit nicht erfüllt hatte[9].

9. Die Ausstellung einer neuen Karte zum Zwecke der Weiterversicherung soll Personen, die der AV. unterliegen, nicht grundsätzlich verweigert werden; Erl. v. 12. XI. 25 (VMBl. S. 446).

II. Die Karte wird am Kopf mit dem Namen der Versicherungsanstalt versehen, die auf der vorhergehenden eingetragen war (Ursprungsanstalt). Weicht die Bezeichnung einer späteren Karte ab, so ist der Name auf der ersten maßgebend (§ 1418)[10].

10. Über Umbezeichnung von Quittungskarten aus Anlaß des Ausscheidens und der Auflösung von LVAnstalten s. Anm. 1 zu § 1423.

III. Die neue Karte erhält als Nummer die Zahl, welche auf die Zahl der aufgerechneten Karte, soweit diese zu ermitteln ist, folgt. Enthält die alte Karte beispielsweise die Zahl 3, so ist die neue mit der Zahl 4 zu bezeichnen. Als „Berufsstellung“ ist, wie sich aus dem Vordruck ergibt, die Berufsstellung des Inhabers zur Zeit der Ausstellung der neuen Karte einzutragen, auch wenn auf der früheren Karte eine andere Berufsstellung angegeben war. Solche Verschiedenheiten werden sich z. B. dann ergeben, wenn Lehrlinge Gesellen geworden sind, oder wenn der Versicherte in einen anderen Beruf übergetreten ist. Ist die bisherige Berufsstellung nur vorübergehend aufgegeben, um sie bei geeigneter Arbeitsgelegenheit wieder einzunehmen, kann auch die frühere Beschäftigung eingetragen werden.

IV. Der Versicherte ist zu fragen, ob in die neue Karte Marken für einen vor dem Tage der Ausstellung der neuen Karte liegenden Zeitraum eingeklebt werden sollen. Ist dies der Fall, so gilt für die Ausfüllung des Vermerks „Verwendbar für die Zeit seit dem . . . .ten“ das unter Ziffer 7 Abs. 6 Gesagte.

V. In den Fällen der Ziffer 9 Abs. 1 Satz 2 erfolgt die Ausstellung der neuen Karte auf Grund der Aufrechnungsbescheinigung. Hierbei ist in die neue Karte die Zahl einzutragen, die auf die in der Aufrechnungsbescheinigung bezeichnete Karte folgt. Wird diese Aufrechnungsbescheinigung nicht vorgelegt, so erhält die neue Karte die Nummer, welche auf die Nummer der für den Versicherten zuletzt ausgestellten Karte, soweit diese zu ermitteln ist, folgt, sonst die Nummer 1.

D. Die Einsendung der aufgerechneten Karten an die Versicherungsanstalt.

15. Die abgegebenen Karten sind sorgfältig aufzubewahren und spätestens vierteljährlich an die Versicherungsanstalt des Bezirks der Ausgabestelle portofrei als Sendung mit Wertangabe zu übersenden. Bei Übersendung durch die Bahn genügt es, daß die absendende Stelle ihr Interesse an der Lieferung im Frachtbriefe angibt. Wünschen der Versicherungsanstalt wegen Einhaltung kürzerer Einsendungstermine ist zu entsprechen. Vor Ablauf der Beschwerdefrist und vor Erledigung der etwa eingelegten Beschwerde ist die Karte nicht abzusenden.

Diese Bestimmungen gelten auch für gefundene, zurückgelassene oder unbestellbar gebliebene verwahrte Karten.

16. Die Ausgabestellen haben mit der Karte zugleich die Bescheinigungen über Krankheiten (Ziffer 10, III), und zwar auch dann, wenn die Eintragung

der Krankheit abgelehnt worden ist (Ziffer 10, IIIa), sowie Nachweise über Beschäftigungen, welche in die Zeit vor Inkrafttreten der Versicherungspflicht für den Berufszweig des Versicherten fallen, abzunehmen und mit der Karte an die Versicherungsanstalt des Bezirks zu übersenden. Die Krankheitsbescheinigungen und Arbeitsnachweise sind den aufgerechneten Karten beizufügen.

Das gleiche gilt von Bescheinigungen, die nach § 1370 Personen auszustellen sind, die aus einer Sonderanstalt ausscheiden. Militärpapiere sind nicht abzunehmen.

3. Abschnitt: Die Erneuerung (Ersetzung) von Quittungskarten.

17. Verlorene, unbrauchbar gewordene oder zerstörte Karten werden nach folgenden Grundsätzen durch neue ersetzt (§ 1421):

I. Die Außenseite erhält genau die Aufschriften der zu erneuernden Karte, soweit sie nachweisbar sind, also auch die Bezeichnung der Ausgabestelle und die Nummer der Karte. Ist der Name der Versicherungsanstalt, die Bezeichnung der Ausgabestelle und die Nummer der Karte nicht festzustellen, so erhält die erneuerte Karte den Namen der Versicherungsanstalt, in deren Bezirk der Versicherte zur Zeit der Erneuerung beschäftigt ist, die Bezeichnung der die Erneuerung bewirkenden Ausgabestelle und die Nummer 1. An den Kopf der Karte oder an eine andere geeignete Stelle ihrer Außenseite ist der Vermerk „Erneuert" und das Datum des Erneuerungstages zu setzen; an dem für das Siegel bestimmten Platze ist das Siegel der Ausgabestelle abzudrucken.

II. In die Innenseite der neuen Karte ist auf den zur Aufnahme von Marken bestimmten Feldern, in der Regel oben links beginnend, mit möglichster Raumersparnis einzutragen, für wieviel Beitragswochen in der zu erneuernden Karte nachweislich Marken für die einzelnen Lohnklassen enthalten waren. Dabei ist der Zeitraum, für den die Marken nach ihrer Entwertung verwendet sind, anzugeben. Der Nachweis des Inhalts der zu erneuernden Karte ist Sache des Inhabers. Ist diese Karte noch vorhanden, so ist ihr erkennbarer Inhalt ohne weitere Prüfung in die neue Karte einzutragen. Im übrigen bedarf es eines glaubhaften Nachweises. In der Regel genügt hierzu die Vorlegung der Lohnlisten des Arbeitgebers, wenn aus ihnen die Verwendung der Marken zweifellos hervorgeht, oder eine zuverlässige Auskunft des Arbeitgebers, der Einzugsstelle oder Mitarbeiter des Versicherten.

Vor Übertragung der Beiträge ist die Versicherungsanstalt zu hören, wenn nicht die unbrauchbar gewordene Karte vorgelegt wird; sie wird in jedem Falle nachher unterrichtet (§ 1421 Abs. 2).

Die Übertragung erfolgt nach folgendem Muster:

„Bei Erneuerung der Karte übertragen:

10 W. II. V. A. Freistaat Sachsen für die Zeit von ..... bis .....
13 W. III. V. A. Brandenburg für die Zeit von ..... bis .....
8 W. V. V. A. Rheinprovinz für die Zeit von ..... bis .....

Halle, den 5. März 1900. (Name des den Übertragungsvermerk ausstellenden Beamten.)

(Dienstsiegel.)"

Dabei bedeuten die Abkürzungen W. „Beitragswochen", V. A. „Versicherungsanstalt", die römischen Ziffern I, II, III, IV, V die Lohnklassen[11], die arabischen Ziffern die Anzahl von Beitrags w o c h e n[12], für welche Marken der Lohnklasse und Versicherungsanstalt beigebracht waren; z. B. können die oben aufgeführten 13 Wochen III. Versicherungsanstalt Brandenburg aus einer nach dem 1. Januar 1911 verwendeten, für einen Zeitabschnitt von 13 Wochen hergestellten Beitrags marke III. Lohnklasse der Versicherungsanstalt Brandenburg herrühren. Der Übertragungsvermerk ist von dem übertragenden Beamten zu unterschreiben. Die in der unbrauchbar gewordenen Karte vorhandenen Marken dürfen weder entfernt noch in die neue Karte eingeklebt werden.

Wird nicht glaubhaft nachgewiesen, ob und wieviel Beitragsmarken in der zu erneuernden Karte enthalten waren, so ist von der Markenübertragung abzusehen und in die erneuerte Karte der Vermerk aufzunehmen: „Bei Erneuerung der Karte waren Beitragsmarken nicht zu übertragen." Dieser Vermerk bedarf weder der Unterschrift noch der Beidrückung des Siegels.

11. Zu beachten ist, daß für zwei Beitragswochen gemeinsam eine Zweiwochenmarke verwendet werden kann.

12. Jetzt gilt die Einheitsmarke (§ 1411) und es bestehen 7 Lohnklassen, I bis VII (§ 1392).

III. Die erneuerte Karte ist dem Versicherten auszuhändigen. Die etwa vorhandene alte Karte behält die Ausgabestelle ein und vermerkt unter Beidrückung ihres Siegels auf der Außenseite: „Nach Erneuerung einbehalten". Auf die Innenseite dieser Karte ist der Vermerk zu setzen, der gemäß II Abs. 4 in die neue Karte einzutragen ist. Die Aushändigung der neuen Karte hat Zug um Zug mit der etwaigen Übergabe der alten Karte zu geschehen.

18. Der Versicherte ist befugt, binnen einem Monat nach Aushändigung der neuen Karte gegen den Inhalt der Übertragung Beschwerde zu erheben. Auf die Beschwerde und das Verfahren finden die Bestimmungen unter Ziffern 12, 13 Anwendung. Nach Ablauf der Beschwerdefrist oder nach Beendigung des Beschwerdeverfahrens ist die alte Karte, sofern eine solche eingereicht ist, der für den Bezirk der erneuernden Stelle zuständigen Versicherungsanstalt einzusenden (Ziffer 15).

Eine Erneuerung der Karte findet, abgesehen von den Fällen des § 1421, noch statt:

a) wenn die Karte wegen einer unzulässigen Eintragung von einer Behörde einbehalten wird (§ 1424);

b) wenn im Falle des § 1462 das Versicherungsamt an Stelle der Vernichtung der irrtümlich beigebrachten Marken die Einziehung der Karte und die Übertragung ihres Inhalts auf eine neue Karte anordnet (Ziffer 26);

c) wenn für den Inhaber einer gelben Karte (Formular A) eine graue Karte (Formular B) hätte ausgestellt werden müssen.

Ist die Behörde zur Ausstellung von Karten nicht berechtigt, so hat sie wegen Ausstellung der neuen Karte eine zuständige Stelle zu ersuchen.

4. Abschnitt: Berichtigung von Quittungskarten[13].

13. Die Ziffern 19 bis 26 beziehen sich auf die Fälle, in denen das V A. nach den §§ 1459 bis 1464 RVO. bei Beitragsstreitigkeiten, also weder im Wege der Rechts-

hilfe (§§ 115 bis 117), noch bei der Beitragsüberwachung (§ 1470), die Karten zu berichtigen hat.

Ziff. 27 Abs. 1 legt den Ausgabestellen im Dienstaufsichtswege die gleiche Pflicht auf, wenn sich bei der Aufrechnung oder Erneuerung von Karten ergibt, daß Marken in unvorschriftsmäßiger Weise verwendet sind. Diese Tätigkeit ist als zur Quittungskartenausgabe gehörig anzusehen, und daher nach Ziff. 34 grundsätzlich kosten- und gebührenfrei.

Die Überwachungshandlungen im Sinne der §§ 1465 bis 1470 RVO. sind in Ziff. 27 Abs. 2 besonders erwähnt.

Erl. des HM. v. 22. IV. 13 (HMBl. S. 553).

Die Auslagen, die den VÄmtern in Ausübung ihrer Tätigkeit nach Ziff. 19 und 20 erwachsen, sind von den VAnstalten nicht zu erstatten; AN. **13** 751.

19. Sind in einer Karte zu wenig Marken eingeklebt, so hat das Versicherungsamt dem verpflichteten Arbeitgeber das nachträgliche Einkleben der fehlenden Marken aufzugeben. Kommt der Arbeitgeber dieser Anordung innerhalb der gesetzten Frist nicht nach, so ist das Beitreibungsverfahren gemäß §§ 28, 29 einzuleiten. Für den beigetriebenen Betrag sind die fehlenden oder richtigen Marken anzukaufen, einzukleben und zu entwerten. Die Beiträge gelten in dem Augenblicke der Ablieferung des Betrages an Geld oder Marken an das Versicherungsamt als entrichtet.

20. Sind in einer Karte Marken einer zu niedrigen Lohnklasse eingeklebt, so hat das Versicherungsamt von dem verpflichteten Arbeitgeber den Unterschied zwischen den zu niedrigen Marken und den richtigen Marken einzuziehen und gegen Einsendung des eingezogenen Geldbetrags von der Versicherungsanstalt die richtigen Marken einzufordern. Diese sind in die Karten einzukleben und die zu niedrigen Marken zu vernichten.

Die Vernichtung der Marken erfolgt dadurch, daß sie durch einen darauf gesetzten Vermerk als ungültig erklärt werden. Dabei ist auf die Außenseite der Karte unter Einrückung der Zahl der vernichteten Marken der Vermerk „. . . Marken vernichtet" sowie die Bezeichnung der die Vernichtung vornehmenden Stelle zu setzen. Der Vernichtungsvermerk ist auch bei Übertragung der Marken zulässig, wenn die alten Marken nicht mehr vorhanden sind.

21. Können die Beiträge nicht beigetrieben werden, so ist dem Versicherten anheimzustellen, die Beiträge für die fehlenden oder zu niedrigen Marken selbst zu zahlen. Ist der Versicherte hierzu nicht bereit, so ist von dem Berichtigungsverfahren abzusehen, die Karte mit den minderwertigen Marken aufzurechnen, Aufrechnungsbescheinigung zu erteilen und dem Versicherten eine neue Karte auszustellen, sofern letzteres nicht bereits geschehen.

Die aufgerechnete Karte ist mit den entstandenen Vorgängen der Versicherungsanstalt einzusenden.

22. Sind zu viel Marken beigebracht, so hat das Versicherungsamt die überschießenden Marken nach Ziffer 20 Abs. 2 zu vernichten, und den Wert der vernichteten Marken zwecks Rückzahlung an die Beteiligten von der Versicherungsanstalt einzufordern.

23. Ein Berichtigungsverfahren wegen angeblicher Verwendung von Marken einer zu hohen Lohnklasse hat das Versicherungsamt nur einzuleiten, wenn dargetan wird, daß Arbeitgeber und Versicherter sich nicht über

eine Versicherung in der betreffenden höheren Lohnklasse geeinigt haben (§ 1248). Wird das Verfahren eingeleitet, so sind die zu hohen Marken nach Ziffer 20 Abs. 2 zu vernichten, die richtigen Marken von der Versicherungsanstalt einzufordern, und einzukleben. Der überschießende Wert der verwendeten Marken ist von der Versicherungsanstalt zur Rückzahlung an die Beteiligten einzufordern.

24. Sind Marken einer unrichtigen Versicherungsanstalt beigebracht, so ist die nachträgliche Einklebung von Marken der richtigen Versicherungsanstalt in der Weise vorzunehmen, daß das Versicherungsamt den Wert der zu vernichtenden Marken von der unrichtigen Versicherungsanstalt und die erforderliche Zahl von Beitragsmarken von der richtigen Versicherungsanstalt einfordert[14].

14. Jetzt gilt die Einheitsmarke, § 1411.

25. Soweit die Einziehung der Beiträge durch Krankenkassen, oder besondere Hebestellen erfolgt. (§§ 1447—1457), bleibt diesen die Durchführung des Berichtigungsverfahrens überlassen. Den Wert der nachträglich von ihnen beigebrachten Marken haben diese Stellen, sofern es ihnen nicht ratsam erscheint, eine frühere Erstattung zu fordern, mit dem nächsten regelmäßigen Beitrage einzuziehen.

26. Die Versicherungsämter können an Stelle der Vernichtung von Marken die Karte nach den Vorschriften des 3. Abschnitts erneuern (§ 1463). Bei der Übertragung des Inhalts sind nur die gültigen Eintragungen zu berücksichtigen, die vernichteten Marken also außer Betracht zu lassen. Die eingezogene Karte ist nach Ziffer 17, III zu behandeln.

Sind Marken in bereits aufgerechneten und umgetauschten Karten vernichtet worden, so bedarf es gleichzeitig der Berichtigung der Aufrechnungen und der von den Inhabern der Karte zu diesem Zwecke einzuziehenden Bescheinigungen über die Aufrechnungen. Bei Berichtigung der Karte sind die eingeklebten Marken zu entwerten.

27. Ergibt sich bei der Aufrechnung oder Erneuerung von Karten, daß Marken in unvorschriftsmäßiger Weise verwendet sind, so hat die Ausgabestelle, sofern die Beteiligten mit der Berichtigung einverstanden sind, diese nach den vorstehenden Bestimmungen herbeizuführen[15].

Ergibt sich die Notwendigkeit einer Berichtigung bei der Überwachung, so haben die überwachenden Organe, Behörden oder Beamten, sofern die Beteiligten mit der Berichtigung einverstanden sind, gemäß § 1469 die Berichtigung selbst vorzunehmen.

15. Der Erl. v. 20. X. 1921 (VMBl. S. 477) weist darauf hin, daß es nach Ziff. 27 Abs. 1 zu den Aufgaben der Ausgabestellen gehört, bei dem Umtausch der Quittungskarten die ordnungsmäßige Beitragsleistung zu prüfen und nötigenfalls zu berichtigen.

III. Teil. **Quittungskarten für Selbstversicherung und ihre Fortsetzung**

Graues Formular (B).

28. Ausstellung der ersten Quittungskarte. Die erste Karte wird auf Antrag solchen Personen ausgestellt, welche auf Grund der Selbstversiche-

rung in die Versicherung eintreten. Personen, die sich bei einer Sonderanstalt (§§ 1360ff.) selbstversichern, werden Karten nicht ausgestellt. Vor der Ausstellung ist die Versicherungsberechtigung des Antragstellers zu prüfen.

Im übrigen finden auf die Ausstellung der Karte die Bestimmungen der Ziffern 6 bis 8 mit der Maßgabe entsprechende Anwendung, daß bei der Ausfüllung des Formulars neben dem am Kopf der Karte befindlichen Vermerk „Versicherungsanstalt" bei sich selbstversichernden Personen, welche nicht beschäftigt werden, der Name der Versicherungsanstalt einzutragen ist, in deren Bezirk sie sich aufhalten. In den Vermerk „Verwendbar für die Zeit seit dem ... ten ..." darf bei der ersten Karte überhaupt kein Zeitpunkt, bei späteren Karten nur ein nicht mehr als ein Jahr zurückliegender Zeitpunkt eingetragen werden (§ 1443).

29. Umtausch der Quittungskarten. Auf den Umtausch der Karten finden die Vorschriften der Ziffern 9 bis 15 entsprechende Anwendung, jedoch werden bei der Aufrechnung der alten Karte nur die durch Marken nachgewiesenen Beitragswochen zusammengerechnet und für jede Lohnklasse getrennt in die für die betreffende Lohnklasse bestimmte Spalte der Tabelle eingetragen. Eine Eintragung von geleisteten Militärdiensten und Krankheitszeiten findet nicht statt. Auch in die Bescheinigung über die aus der Aufrechnung sich ergebenden Endzahlen sind dementsprechend geleistete Militärdienste und Krankheitszeiten nicht einzutragen.

30. Die Erneuerung (Ersetzung) von Quittungskarten. Auf die Erneuerung (Ersetzung) der Karten finden die Bestimmungen unter Ziffer 17, 18 entsprechende Anwendung. Eine Erneuerung der Karte B durch Ausstellung einer Karte A hat stattzufinden, wenn ein Versicherter zu Unrecht eine Karte B benutzt und umgekehrt.

31. Berichtigung von Quittungskarten. Da die freiwillige Versicherung in jeder beliebigen Lohnklasse zugelassen ist[16], so findet eine Berichtigung von Karten nur statt, wenn Marken einer unrichtigen Versicherungsanstalt[17] verwendet sind. In diesem Falle ist gemäß Ziffer 24 zu verfahren.

16. Siehe aber jetzt § 1440 Abs. 1.

17. Jetzt gilt die Einheitsmarke § 1411.

IV. Teil. Schlußbestimmungen.

31. Fehlt einem Versicherten die Karte, weil sein Arbeitgeber die bisherige, noch verwendbare Karte widerrechtlich einbehalten hat, so ist eine neue Karte mit der auf die Nummer der zurückbehaltenen Karte folgenden Nummer auszustellen und durch Vermittlung der zuständigen Polizeibehörde dem Arbeitgeber die alte Karte abzunehmen und seine Bestrafung auf Grund des § 1490 Ziffer 5 herbeizuführen. Die abgenommene Karte ist wie eine zum Umtausch vorgelegte Karte zu behandeln.

Fehlt einem Versicherten die Karte, weil er es unterlassen hat, sie sich von dem früheren Arbeitgeber zurückgeben zu lassen, obwohl dieser zur Aushändigung bereit ist, so hat die Ausgabestelle auf den Versicherten einzuwirken, daß er die Karte im eigenen Interesse beschafft. Dieser Einwirkung kann in geeigneten Fällen (z. B. bei kontraktbrüchigen Versicherten) von der Ortspolizeibehörde durch Androhung und Verhängung von Geldstrafen bis zu 10 Mark[18] Nachdruck verschafft werden. Auch kann die Ausgabestelle die Karte auf Kosten des Versicherten beschaffen.

18. Die Geldstrafe beträgt nach Art. II der V. v. 6. II. 24 (RGBl. I S. 44) und § 2 der V. v. 12. XII. 24 (RGBl. I S. 775) 1 bis 1000 Reichsmark.

33. Den Versicherten, welche einer Sonderanstalt (§§ 1360ff.) angehören, ist die Karte auf ihren Antrag jederzeit aufzurechnen. Bescheinigte Militärdienste und Krankheiten sind bei der Aufrechnung nur insoweit zu berücksichtigen, als sie für die Zeit zwischen dem Verwendbarkeitstage der aufzurechnenden Karte und dem Tage des Eintritts in die Kasseneinrichtung nachgewiesen werden. Auf die Vorderseite der Aufrechnungsbescheinigung ist unten der Vermerk zu setzen: „Neue Karte nicht ausgestellt". Eine neue Karte ist erst beim Ausscheiden des Versicherten aus der Sonderanstalt auszustellen, und zwar auf Grund dieser Aufrechnungsbescheinigung oder einer vom Versicherten vorzulegenden Austrittsbescheinigung. Hierbei ist in die neue Karte die Zahl einzutragen, die auf die in der Aufrechnungs- oder Austrittsbescheinigung bezeichnete Karte folgt. Wird diese Aufrechnungs- oder Austrittsbescheinigung nicht vorgelegt, so erhält die neue Karte die Nummer, welche auf die Nummer der für den Versicherten zuletzt ausgestellten Karte, soweit diese zu ermitteln ist, folgt, sonst die Nummer 1.

34. Die Ausstellung, der Umtausch und die Erneuerung der Karte sowie die Erteilung der Bescheinigung erfolgen kosten- und gebührenfrei.

Nur in zwei Fällen hat die Ausgabestelle für die Ausstellung einer Karte von den Beteiligten Ersatz der Kosten, die auf fünf Reichspfennig[19] für jede Karte festgesetzt werden, zu beanspruchen:

I. wenn der Versicherte, bevor in seiner Karte für mindestens 30 Wochen Beitragsmarken verwendet sind, die Ausstellung einer neuen Karte gegen Rückgabe der älteren Karte beantragt (§ 1415). In Fällen der Ziffer 18 erfolgt jedoch die Aufrechnung und Ausstellung der Karten stets kostenlos;

II. wenn die Ausstellung der Karte von dem Arbeitgeber beantragt wird, weil der Versicherte selbst die rechtzeitige Beschaffung einer Karte zu Unrecht unterlassen hat (§ 1414). Beantragt dagegen der Arbeitgeber die Ausstellung einer Karte im Auftrage des Versicherten, so sind Kosten nicht zu fordern.

Im Zweifelsfalle hat der Umtausch der Karte kostenfrei zu erfolgen.

19. Durch Erl. v. 19. I. 24 (VMBl. S. 72).

35. Alle Eintragungen sind deutlich und ohne Rasuren mit einer Tinte zu bewirken, welche weder verbleicht noch verwischt oder abdruckt, mit Ort und Datum zu versehen, und durch Beidrückung des Siegels zu beglaubigen. Einer Unterschrift des Beamten bedarf es nur in dem Falle der Ziffer 17, II. Häufig wiederkehrende Eintragungen können vorbehaltlich der Bestimmung in Ziffer 36 durch Druck oder durch Stempelung erfolgen. Korrekturen dürfen nur durch einfaches Durchstreichen bewirkt werden, sie sind mit dem Datum zu versehen, und durch Beidrückung des Siegels zu beglaubigen.

Bei allen mit der Ausstellung, dem Umtausch, der Erneuerung und der Berichtigung von Karten zusammenhängenden Geschäften ist darauf zu achten, daß dem Versicherten wiederholte zeitraubende Gänge und sonstige Weiterungen erspart bleiben. Auch dürfen den Arbeitgebern und den Versicherten im Verkehr mit den Ausgabestellen Portokosten nicht entstehen.

36. Den Ausgabestellen wird von der für ihren Bezirk zuständigen Versicherungsanstalt die erforderliche Anzahl von Formularen zu Karten und Aufrechnungsbescheinigungen kostenlos zur Verfügung gestellt werden; Formulare, in denen der Name der Versicherungsanstalt vorgedruckt ist, dürfen nicht geliefert werden. Die spätere Ergänzung des Vorrats hat die Ausgabestelle bei der Versicherungsanstalt rechtzeitig zu beantragen; dabei sind die für Karten von den Beteiligten erhobenen Beträge (Ziffer 34) zu verrechnen, wenn die Versicherungsanstalt mit der Ausgabestelle kein anderes Abkommen getroffen hat.

Anhang VII.

Richtlinien über Gesundheitsfürsorge in der versicherten Bevölkerung. Vom 27. II. 1929

(RGBl. I S. 69.)

Auf Grund des Abschnitts C des Gesetzes über Ausbau der Angestellten- und Invalidenversicherung und über Gesundheitsfürsorge in der Reichsversicherung vom 28. Juli 1925 (Reichsgesetzbl. I S. 157) erläßt die Reichsregierung nach Anhören der Spitzenverbände der Träger der Kranken-, Unfall- und Invalidenversicherung und der Ärzte, nach Anhören der Reichsversicherungsanstalt für Angestellte und der Reichsknappschaft, mit Zustimmung des Reichsrats und eines achtundzwanziggliedrigen Ausschusses des Reichstages die folgenden Richtlinien:

I. Teil. **Gesundheitsfürsorge.**

§ 1. Die Gesundheitsfürsorge im Sinne dieser Richtlinien umfaßt allgemeine Maßnahmen und Maßnahmen im Einzelfalle zur Bekämpfung der Volkskrankheiten und zur Hebung der Volksgesundheit.

II. Teil. **Arbeitsgemeinschaften für Gesundheitsfürsorge.**

§ 2. Zur Förderung der gemeinsamen Zwecke in der Gesundheitsfürsorge sollen sich die Versicherungsträger untereinander und mit den Trägern der öffentlichen und freien Wohlfahrtspflege, mit den staatlichen und kommunalen Gesundheitsbehörden, mit der Ärzteschaft und anderen beteiligten Stellen in Arbeitsgemeinschaften, Zweckverbänden oder ähnlichen Vereinigungen verbinden. Aufgabe der Arbeitsgemeinschaften ist das Zusammenwirken ihrer Mitglieder zur Erreichung einer umfassenden und planmäßigen, zusammenhängenden und möglichst wirksamen Gesundheitsfürsorge für die fürsorgebedürftige Bevölkerung, unbeschadet der besonderen Aufgaben, die den Gemeinschaftsmitgliedern nach Gesetz oder Satzung obliegen. Durch Arbeitsgemeinschaften werden die Ausgaben für unnötige Doppelleistungen vermieden und Mittel zur Steigerung der notwendigen Leistungen freigemacht; die Gesundheitsfürsorge im ganzen wird dadurch einfacher und wirtschaftlicher.

§ 3. Verfassung und Geschäftsführung, Arbeitsgebiet und Arbeitsweise, Aufbringung und Verwendung der Mittel regeln die Beteiligten durch Vereinbarung. Dabei wird auf das geschichtlich Gewordene und das örtliche Kräfteverhältnis die gebotene Rücksicht zu nehmen sein. Bestehende Arbeitsgemeinschaften sind zu fördern und auszubauen. Die Bildung einer Reichsarbeitsgemeinschaft ist anzustreben.

III. Teil. **Gesundheitsfürsorge für tuberkulöse und geschlechtskranke Versicherte.**

§ 4. Die Gesundheitsfürsorge der Versicherungsträger bei der Bekämpfung der Tuberkulose und der Geschlechtskrankheiten in der versicherten Bevölkerung umfaßt Maßnahmen im Einzelfall und allgemeine Maßnahmen.

1. Abschnitt.

Gesundheitsfürsorge für tuberkulöse Versicherte.

a) Maßnahmen im Einzelfalle.

§ 5. Personenkreis. (1) Versicherte im Sinne dieses Abschnitts sind die Personen, die gegen Krankheit, Invalidität oder Berufsunfähigkeit versichert sind.

(2) Als mitversichert gelten der Ehegatte und die Kinder, die Witwe (der Witwer) und die Waisen von Versicherten; dabei stehen den ehelichen Kindern die Angehörigen gleich, für die Kinderzuschüsse zu den Renten der Versicherten oder Waisenrenten bewilligt werden können.

(3) Zu den Versicherten gehören auch die Empfänger von Renten aus der Invaliden-, Angestellten- und knappschaftlichen Versicherung.

§ 6. Leistungen. Aus der Versicherung kann ein Heilverfahren (Heilmaßnahme) oder eine sonstige die Gesundheit fördernde Fürsorge (Fürsorgemaßnahme) bewilligt werden.

§ 7. (1) Heilmaßnahmen sind:

1. ärztliche Behandlung, Versorgung mit Arznei und anderen Heilmitteln,

2. Kur und Verpflegung in einer Anstalt, insbesondere in einer Tuberkuloseheilstätte, in einem Tuberkulosekrankenhaus oder in einem allgemeinen Krankenhaus (Anstaltspflege),

3. Aufenthalt in einer Erholungsstätte, insbesondere einer Tages- oder Walderholungsstätte, in einem Genesungsheim oder einer sonstigen Einrichtung (Erholungsaufenthalt),

4. Gewährung von Hauspflege.

(2) Zu den Heilmaßnahmen gehört auch die Anwendung der Gasbrust und die Abgabe von Nahrungs- und Stärkungsmitteln.

§ 8. (1) Der Bewilligung von Heilmaßnahmen muß eine ärztliche Untersuchung vorangehen. Die Untersuchung muß, erforderlichenfalls durch einen Facharzt oder durch eine Beobachtung im Krankenhause, so gründlich durchgeführt werden, wie es zur Beurteilung der Krankheit und für die rechte Auswahl der Heilmaßnahmen erforderlich ist.

(2) Die Heilmaßnahmen müssen nach der Beschaffenheit des Krankheitsfalles notwendig und ausreichend sein. Hiernach bestimmen sich Art und Umfang, Beginn und Dauer. Der Heilerfolg wird davon abhängen, daß die Heilmaßnahmen rechtzeitig gewährt werden.

§ 9. (1) Bei der Gewährung von Anstaltspflege wird das folgende zu beachten sein:

(2) In Tuberkuloseheilstätten gehören tuberkulöse Lungenkranke mit ausgesprochenen Krankheitserscheinungen, wenn sie Aussicht auf Heilung oder wesentliche Besserung bieten, ferner tuberkulöse Lungenkranke mit der Gefahr rasch fortschreitender Verschlechterung, insbesondere Kranke mit sogenannten Frühentzündungen. Sie können auch in Tuberkulosekrankenhäusern untergebracht werden. In diese Krankenhäuser sowie in die Tuberkuloseabteilungen der allgemeinen Krankenhäuser oder in andere geeignete Anstalten wären auch nicht heilstättenfähige tuberkulöse Lungenkranke aufzunehmen.

(3) Handelt es sich nur um ruhende oder doch nicht zur Ausdehnung neigende Lungenveränderungen ohne ausgesprochene Krankheitserscheinungen, insbesondere nur um geringfügige Lungenspitzenveränderungen, so ist in der Regel von der Unterbringung in Tuberkuloseheilstätten oder -krankenhäusern abzusehen. Für die Behandlung genügt ein entsprechend bemessener, gegebenenfalls zu wiederholender Aufenthalt in einer Walderholungsstätte oder, falls keine Ansteckungsgefahr besteht, in einem Erholungsheim.

§ 10. Nach Beendigung der Anstaltspflege soll der Zustand des Kranken nach Maßgabe ärztlichen Rates weiterbeobachtet werden. Die erforderliche Nachbehandlung — zum Beispiel durch Nachfüllung einer Gasbrust — soll gewährt werden.

§ 11. Zur sonstigen Fürsorge (§ 6) gehört die Förderung von wirtschaftlichen Fürsorgemaßnahmen (§ 12) und von Maßnahmen zum Schutze der Angehörigen gegen Ansteckung (§ 13).

§ 12. Die wirtschaftlichen Fürsorgemaßnahmen können zum Gegenstande haben:

1. Verbesserung der Ernährung und Kleidung, Verbesserung, Beschaffung und Erhaltung der Wohnung und des Hausrats, Beschaffung von Betten, Entseuchung der Wohnung und andere Maßnahmen zur Umbildung der äußeren Verhältnisse, in denen der Tuberkulöse lebt und die seinen Zustand verschlimmern oder den Heilerfolg beeinträchtigen können,

2. die Berufsfürsorge, insbesondere die Förderung des Überganges zu einem anderen zuträglicheren Berufe, Beschaffung von Arbeitsgelegenheit und Arbeitsgeräten sowie ähnliche Maßnahmen.

§ 13. Zum Schutze gegen Ansteckung gehört die Beratung und Untersuchung der Angehörigen, mit denen der Tuberkulöse in häuslicher Gemeinschaft lebt, vor allem die regelmäßige Untersuchung der Kinder und Jugendlichen, soweit notwendig mittels Röntgenstrahlen. Bei Gefährdung oder Erkrankung sollen unter den allgemeinen Voraussetzungen die geeigneten Maßnahmen getroffen werden. Können heilstättenunfähige Lungenkranke mit offener Tuberkulose nicht in geeigneten Anstalten (§ 9) untergebracht werden, so wird anzustreben sein, daß andere eine ausreichende Abtrennung der Schwerkranken ermöglichende Einrichtungen und Vorkehrungen getroffen werden.

§ 14. Verfahren. (1) Im Verhältnis der Krankenkassen zu den Versicherungsanstalten sorgen die Versicherungsanstalten für die Durchführung der Heilmaßnahmen und für die Förderung der Fürsorgemaßnahmen.

(2) Krankenkassen im Sinne der Richtlinien sind auch die Ersatzkassen (§ 503ff. der Reichsversicherungsordnung). Versicherungsanstalten im Sinne der Richtlinien sind die Träger der Invaliden- und Angestelltenversicherung einschließlich der Ersatzkassen (§ 363ff. des Angestelltenversicherungsgesetzes).

(3) Für eine planmäßige, zusammenhängende und möglichst wirksame Gesundheitsfürsorge werden sich die Versicherungsträger gegenseitig unterstützen.

§ 15. Die Krankenkassen treffen, soweit erforderlich in Vereinbarungen, Vorsorge dafür, daß ihnen die Kassenärzte, die (Tuberkulose-) Fürsorgestellen und die sonst berufenen Stellen die tuberkulösen Versicherten und Angehörigen von Versicherten unverzüglich bezeichnen. Der Mitteilung ist das Ergebnis der Untersuchung mit einer gutachtlichen Äußerung über die erforderlichen Maßnahmen beizufügen.

§ 16. (1) Die Krankenkassen ergänzen die Mitteilungen (§ 15) durch Angaben über das Versicherungsverhältnis, die (Tuberkulose)- Fürsorgestelle und alle Umstände, die für die Entscheidung über Art und Umfang der Maßnahmen von Bedeutung sind.

(2) Soweit Versicherungsleistungen nur auf Antrag gewährt werden, soll der Berechtigte veranlaßt werden, den Antrag zu stellen und die erforderlichen Beweisstücke beizubringen.

(3) Die Kassen senden die Verhandlungen mit dem Antrag an die Versicherungsanstalt und benachrichtigen zugleich die (Tuberkulose-) Fürsorgestelle.

(4) Die örtliche Zuständigkeit der Versicherungsanstalten der Invalidenversicherung richtet sich nach den zwischen ihnen getroffenen Vereinbarungen.

§ 17. Die Versicherungsanstalten können mit den Krankenkassen, den (Tuberkulose-) Fürsorgestellen und den sonst berufenen Stellen ein Verfahren vereinbaren, das von den Richtlinien im § 14 Abs. 1, §§ 15, 16 abweicht. Dabei darf die Pflicht zur Benachrichtigung der (Tuberkulose-) Fürsorgestelle (§ 16 Abs. 3) nicht ausgeschlossen werden.

§ 18. Wenn (Tuberkulose-) Fürsorgestellen oder sonst berufene Stellen auf Grund einer Vereinbarung nach § 17 bei einer Versicherungsanstalt eine Heilmaßnahme der im § 7 Abs. 1 Nr. 2 und 3 bezeichneten Art anregen, so gilt § 16 Abs. 2 entsprechend. Sie teilen ihre Anregung zugleich der Krankenkasse mit.

§ 19. Werden Heil- oder Fürsorgemaßnahmen bei einer nicht zuständigen Versicherungsanstalt beantragt, so gibt sie den Antrag an die zuständige Anstalt ab.

§ 20. (1) Die Versicherungsanstalten ermitteln, was noch zur Klärung des Sachverhalts notwendig ist; sie holen erforderlichenfalls Gutachten von

(Tuberkulose-) Fürsorgestellen oder Ärzten und andere zweckdienliche Auskünfte ein. Soweit der Fall der (Tuberkulose-) Fürsorgestelle noch nicht mitgeteilt ist, veranlassen sie diese Mitteilung.

(2) Vor der Auswahl der Ärzte, die regelmäßig mit der Erstattung von Gutachten betraut werden, sollen die Versicherungsanstalten die Ärzteschaft hören.

§ 21. (1) Sobald der Sachverhalt genügend geklärt ist, entscheidet die Versicherungsanstalt über den Antrag.

(2) Für die Entscheidung ist die Gesamtheit der Verhältnisse mit Rücksicht auf das ärztlich festgestellte Bedürfnis maßgebend. Dabei sollen Wünsche, die der Kranke für die Auswahl der Heilstätte oder einer sonstigen Anstalt wegen seiner persönlichen Verhältnisse oder seines religiösen Bekenntnisses äußert, beachtet werden.

(3) Die Gesundheitsfürsorge soll vorzugsweise den Tuberkulösen zustatten kommen, bei denen Aussicht besteht, die Invalidität, Berufsunfähigkeit oder Gebrechlichkeit abzuwenden oder wieder zu beseitigen.

(4) Die Zahl und Art der Beiträge zur Invaliden- und Angestelltenversicherung ist nicht von entscheidender Bedeutung. Bei Versicherten mit geringer Zahl von Beiträgen und bei Angehörigen von Versicherten kann die Gewährung der Heilmaßnahmen von einem angemessenen Zuschuß des Versicherten oder einer dritten Seite, insbesondere eines Trägers der Wohlfahrtspflege, abhängig gemacht werden.

(5) Der Bescheid ist dem Antragsteller, der Krankenkasse, dem anzeigenden Arzte und der (Tuberkulose-) Fürsorgestelle mitzuteilen.

(6) Wird ein Antrag auf Bewilligung von Heilmaßnahmen abgelehnt, so kann der Antragsteller binnen einer nach den Umständen angemessenen Frist die Entscheidung des bei der Versicherungsanstalt hierfür zu bestellenden Ausschusses anrufen; dem Ausschuß müssen ehrenamtliche Mitglieder eines Versicherungsorgans angehören.

§ 22. (1) Die Versicherungsanstalt kann die Durchführung der Heilmaßnahmen ganz oder teilweise einer Krankenkasse — in der Regel der zuletzt zuständigen — übertragen.

(2) Bis zum Eingreifen der Versicherungsanstalt hat die Krankenkasse die Leistungen zu gewähren, soweit ein Anspruch darauf besteht oder mit dem Aufschub Gefahr verbunden ist.

(3) Für die gegenseitigen Erstattungsansprüche gelten die allgemeinen Vorschriften; zur Vereinfachung der Erstattung können die Versicherungsträger Vereinbarungen treffen.

§ 23. (1) Für die Durchführung der Heilmaßnahmen können sich die Versicherungsträger durch Vereinbarungen die Mitwirkung der öffentlichen und freien Wohlfahrtspflege sichern.

(2) Die Versicherungsanstalten sorgen dafür, daß Heil- und Fürsorgemaßnahmen ineinandergreifen und keine den Versicherten schädigende Unterbrechung erfahren. Sie treffen über die Durchführung der Fürsorgemaßnahmen mit den Trägern der öffentlichen und freien Wohlfahrtspflege Vereinbarungen.

(3) Soweit geeignete Einrichtungen der öffentlichen und freien Wohlfahrtspflege vorhanden sind, sollen sich die Versicherungsträger ihrer bedienen und von der Schaffung neuer eigener Einrichtungen absehen.

§ 24. Die beteiligten Versicherungsträger geben sich gegenseitig und der (Tuberkulose-) Fürsorgestelle von der Beendigung und dem Erfolge der Heilmaßnahme Kenntnis.

b) Allgemeine Maßnahmen.

§ 25. (1) Zu den allgemeinen Maßnahmen gegen Tuberkulose, für die von den Versicherungsträgern zum Nutzen der versicherten Bevölkerung Mittel aufgewendet werden dürfen, gehören insbesondere:

1. Schaffung, Förderung und Unterhaltung einer ausreichenden Zahl von gut geleiteten, zweckmäßig ausgestatteten und gelegenen

a) (Tuberkulose-) Fürsorgestellen,

b) Heil- und Genesungsanstalten für tuberkulös erkrankte Erwachsene und für tuberkulös erkrankte oder tuberkulös gefährdete Kinder,

c) Anstalten zur Unterbringung schwerkranker ansteckungsfähiger Tuberkulöser,

d) Walderholungsstätten, Tageserholungsstätten und ähnlichen Einrichtungen,

2. Aufklärung über die Tuberkulose, ihre Verhütung und Bekämpfung,

3. Förderung von Einrichtungen, die

a) gesundheitlich Gefährdete planmäßig erfassen, durchmustern und rechtzeitig betreuen,

b) die körperliche Widerstandsfähigkeit stärken, die gesundheitliche Lebenshaltung bessern und Leibesübungen pflegen.

(2) Dabei sollen zunächst vorhandene Einrichtungen berücksichtigt und ausgestaltet werden (§ 23 Abs. 3).

(3) Für die Träger der Invaliden- und Angestelltenversicherung kommt ferner in Betracht, die Schaffung von Wohnungen dadurch zu erleichtern, daß sie Darlehen zu bevorzugten Bedingungen gewähren.

§ 26. Die Versicherungsträger sollen die ihnen gehörenden Tuberkulose-Heilstätten und -Krankenhäuser zur Aus- und Fortbildung von Studierenden der Medizin, Ärzten und Krankenpflegern zur Verfügung stellen. Sie können sich an sonstigen Einrichtungen für eine solche Aus- und Fortbildung beteiligen.

2. Abschnitt.

Gesundheitsfürsorge für geschlechtskranke Versicherte.

a) Maßnahmen im Einzelfalle.

§ 27. Personenkreis. (1) Versicherte im Sinne dieses Abschnitts sind die Personen, die gegen Krankheit versichert sind.

(2) Als mitversichert gelten der Ehegatte und die Kinder von Versicherten; dabei stehen den ehelichen Kindern die Angehörigen gleich, für die in der Invaliden- und Angestelltenversicherung Kinderzuschüsse bewilligt werden können.

§ 28. Leistungen. Zu den Maßnahmen im Einzelfalle gehören:

1. ärztliche Behandlung, Versorgung mit Arznei und anderen Heilmitteln,
2. Kur und Verpflegung in einer Anstalt (Anstaltspflege),
3. die Beratung des Erkrankten unter besonderem Hinweis auf die Einrichtung und den Zweck der Beratungsstellen.

§ 29. Der § 8 gilt entsprechend.

§ 30. Anstaltspflege ist nicht nur bei besonderer Schwere der Krankheitserscheinungen, sondern auch dann angezeigt, wenn eine sachgemäße Durchführung der Heilmaßnahmen außerhalb des Krankenhauses nicht gewährleistet ist, oder wenn nur durch die Aufnahme in ein Krankenhaus eine Weiterverbreitung der Krankheit verhindert werden kann, insbesondere auch, wenn der Beruf des Erkrankten die Aufnahme in ein Krankenhaus notwendig macht.

§ 31. Der § 10 gilt entsprechend.

§ 32. Verfahren. (1) Die Maßnahmen werden von den Krankenkassen nach den für sie geltenden Vorschriften über Art, Umfang und Dauer der Leistungen, im übrigen von den Versicherungsanstalten durchgeführt. Die beteiligten Versicherungsträger können eine abweichende Regelung vereinbaren.

(2) Die Krankenkassen sollen der Versicherungsanstalt die ihnen bekannten Fälle mitteilen, in denen für geschlechtskranke Versicherte oder Angehörige von Versicherten Maßnahmen erforderlich sind, in denen aber eine Leistungspflicht der Krankenkassen nicht oder nicht mehr besteht. Die örtliche Zuständigkeit der Träger der Invalidenversicherung richtet sich nach den zwischen ihnen getroffenen Vereinbarungen.

(3) Soweit Beratungsstellen für Geschlechtskranke vorhanden sind, sollen die Versicherungsträger mit ihnen nach näherer Vereinbarung zusammenwirken.

(4) Die §§ 19, 20, § 21 Abs. 1 bis 4 und 6 gelten entsprechend; der Bescheid ist dem Antragsteller mitzuteilen.

§ 33. Die Versicherungsanstalt kann die Durchführung der Maßnahmen in dem Umfang, den sie für geboten hält, einer Krankenkasse — in der Regel der zuletzt zuständigen — übertragen. Die Versicherungsanstalt erstattet der Krankenkasse die entstehenden Kosten.

§ 34. (1) Wenn Geschlechtskranke glaubhaft machen, daß sie ihr Leiden der Krankenkasse nicht offenbaren können, ohne Nachteil für ihre Person befürchten zu müssen, soll auf Antrag die Versicherungsanstalt die Durchführung der erforderlichen Heilmaßnahmen veranlassen. Die entstehenden Kosten erstattet die Krankenkasse nach Maßgabe ihrer Leistungspflicht; die Mehrkosten trägt die Versicherungsanstalt.

(2) Als Nachweis für die Kassenmitgliedschaft des Geschlechtskranken genügt eine entsprechende Erklärung der Versicherungsanstalt. Der Name des Geschlechtskranken darf der Kasse nicht mitgeteilt werden.

b) Allgemeine Maßnahmen.

§ 35. (1) Zu den allgemeinen Maßnahmen gegen Geschlechtskrankheiten, für die von den Versicherungsträgern zum Nutzen der versicherten Bevölkerung Mittel aufgewendet werden dürfen, gehören insbesondere:

1. Errichtung, Förderung und Unterhaltung einer ausreichenden Zahl von gut geleiteten und zweckmäßig ausgestatteten Beratungsstellen für Geschlechtskranke,

2. Aufklärung über die Geschlechtskrankheiten, ihre Verhütung und Bekämpfung.

(2) Dabei sollen zunächst vorhandene Einrichtungen berücksichtigt und ausgestaltet werden (§ 23 Abs. 3).

3. Abschnitt.

Gemeinsames.

§ 36. Aus den Richtlinien kann weder für den Versicherten und seine Angehörigen noch für Dritte ein Anspruch hergeleitet werden. Ein anderweit begründeter Anspruch, insbesondere der Anspruch auf Krankenhilfe, Familienhilfe oder sonstige Versicherungsleistungen, bleibt unberührt.

§ 37. Durch die Bestimmungen der Richtlinien wird die Verpflichtung des Reichs (Versorgung der Kriegsbeschädigten), der Fürsorgeverbände und etwaiger sonstiger Stellen zur Betreuung der tuberkulösen und geschlechtskranken Versicherten nicht berührt.

§ 38. Die Versicherungsträger sollen für die Durchführung der Gesundheitsfürsorge den Bruchteil der Einnahmen, der dem Bedürfnis in der versicherten Bevölkerung genügt und zugleich die sonstigen Verpflichtungen der Versicherungsträger berücksichtigt, in ihrem Haushalt jährlich bereitstellen. Dies wird den Versicherungsanstalten der Invalidenversicherung durch die Überweisung von Reichsmitteln aus § 7 des Gesetzes über Zolländerungen vom 17. August 1925 (Reichsgesetzbl. I S. 261) erleichtert.

§ 39. Streitigkeiten der Versicherungsträger untereinander auf Grund der Richtlinien entscheidet das Reichsversicherungsamt (Landesversicherungsamt), soweit nicht eine gesetzliche oder anderweitige Regelung — zum Beispiel durch einen Schiedsvertrag der Arbeitsgemeinschaft (§ 2) — Platz greift.

§ 40. Auf die Reichsknappschaft als Träger der Kranken-, Invaliden- oder Angestelltenversicherung, auf die See-Krankenkasse und Seekasse finden die Richtlinien Anwendung, soweit sich nicht ein anderes daraus ergibt, daß die Kranken- und Rentenversicherung von einem einheitlichen Träger durchgeführt wird.

IV. Teil. Schlußbestimmungen.

§ 41. Sofern die Richtlinien nach Gegenstand und Zweck erfüllt sind, können die Versicherungsträger in Vereinbarungen von den Richtlinien abweichen.

§ 42. Zur Durchführung der Richtlinien kann der Reichsarbeitsminister nach Anhörung der Beteiligten Muster oder Vordrucke aufstellen, insbesondere für Anzeigen, Gutachten und Abrechnungen.

§ 43. Die Richtlinien treten in Kraft mit Wirkung vom 1. April 1929.

Berlin, den 27. Februar 1929.

Der Reichsarbeitsminister.

VIII. Zusammenstellung der Montage von 1886—1945.

Monate	Tabelle 1	Tabelle 2	Tabelle 3	Tabelle 4	Tabelle 5	Tabelle 6	Tabelle 7
Januar	1 8 15 22 29	2 9 16 23 30	3 10 17 24 31	4 11 18 25	5 12 19 26	6 13 20 27	7 14 21 28
Februar	5 12 19 26	6 13 20 27	7 14 21 28	1 8 15 22	2 9 16 23	3 10 17 24	4 11 18 25
März	5 12 19 26	6 13 20 27	7 14 21 28	1 8 15 22 29	2 9 16 23 30	3 10 17 24 31	4 11 18 25
April	2 9 16 23 30	3 10 17 24	4 11 18 25	5 12 19 26	6 13 20 27	7 14 21 28	1 8 15 22 29
Mai	7 14 21 28	1 8 15 22 29	2 9 16 23 30	3 10 17 24 31	4 11 18 25	5 12 19 26	6 13 20 27
Juni	4 11 18 25	5 12 19 26	6 13 20 27	7 14 21 28	1 8 15 22 29	2 9 16 23 30	3 10 17 24
Juli	2 9 16 23 30	3 10 17 24 31	4 11 18 25	5 12 19 26	6 13 20 27	7 14 21 28	1 8 15 22 29
August	6 13 20 27	7 14 21 28	1 8 15 22 29	2 9 16 23 30	3 10 17 24 31	4 11 18 25	5 12 19 26
September	3 10 17 24	4 11 18 25	5 12 19 26	6 13 20 27	7 14 21 28	1 8 15 22 29	2 9 16 23 30
Oktober	1 8 15 22 29	2 9 16 23 30	3 10 17 24 31	4 11 18 25	5 12 19 26	6 13 20 27	7 14 21 28
November	5 12 19 26	6 13 20 27	7 14 21 28	1 8 15 22 29	2 9 16 23 30	3 10 17 24	4 11 18 25
Dezember	3 10 17 24 31	4 11 18 25	5 12 19 26	6 13 20 27	7 14 21 28	1 8 15 22 29	2 9 16 23 30

Monate	Tabelle 8	Tabelle 9	Tabelle 10	Tabelle 11	Tabelle 12	Tabelle 13	Tabelle 14
Januar	2 9 16 23 30	3 10 17 24 31	4 11 18 25	5 12 19 26	6 13 20 27	7 14 21 28	1 8 15 22 29
Februar	6 13 20 27	7 14 21 28	1 8 15 22 29	2 9 16 23	3 10 17 24	4 11 18 25	5 12 19 26
März	5 12 19 26	6 13 20 27	7 14 21 28	1 8 15 22 29	2 9 16 23 30	3 10 17 24 31	4 11 18 25
April	2 9 16 23 30	3 10 17 24	4 11 18 25	5 12 19 26	6 13 20 27	7 14 21 28	1 8 15 22 29
Mai	7 14 21 28	1 8 15 22 29	2 9 16 23 30	3 10 17 24 31	4 11 18 25	5 12 19 26	6 13 20 27
Juni	4 11 18 25	5 12 19 26	6 13 20 27	7 14 21 28	1 8 15 22 29	2 9 16 23 30	3 10 17 24
Juli	2 9 16 23 30	3 10 17 24 31	4 11 18 25	5 12 19 26	6 13 20 27	7 14 21 28	1 8 15 22 29
August	6 13 20 27	7 14 21 28	1 8 15 22 29	2 9 16 23 30	3 10 17 24 31	4 11 18 25	5 12 19 26
September	3 10 17 24	4 11 18 25	5 12 19 26	6 13 20 27	7 14 21 28	1 8 15 22 29	2 9 16 23 30
Oktober	1 8 15 22 29	2 9 16 23 30	3 10 17 24 31	4 11 18 25	5 12 19 26	6 13 20 27	7 14 21 28
November	5 12 19 26	6 13 20 27	7 14 21 28	1 8 15 22 29	2 9 16 23 30	3 10 17 24	4 11 18 25
Dezember	3 10 17 24 31	4 11 18 25	5 12 19 26	6 13 20 27	7 14 21 28	1 8 15 22 29	2 9 16 23 30

Hilfstabelle

Jahr	Tabelle	Wochen	Jahr	Tabelle	Wochen	Jahr	Tabelle	Wochen	Jahr	Tabelle	Wochen
1886	4		1901	7		1916	9		1931	5	
1887	3		1902	6		1917	1	53	1932	10	
1888	8	53	1903	5		1918	7		1933	2	
1889	7		1904	10		1919	6		1934	1	53
1890	6		1905	2		1920	11		1935	7	
1891	5		1906	1	53	1921	3		1936	12	
1892	10		1907	7		1922	2		1937	4	
1893	2		1908	12		1923	1	53	1938	3	
1894	1	53	1909	4		1924	13		1939	2	
1895	7		1910	3		1925	5		1940	14	53
1896	12		1911	2		1926	4		1941	6	
1897	4		1912	14	53	1927	3		1942	5	
1898	3		1913	6		1928	8	53	1943	4	
1899	2		1914	5		1929	7		1944	9	
1900	1	53	1915	4		1930	6		1945	1	53

Sachverzeichnis

Die Zahlen bezeichnen Seiten.

Die Zahlen bezeichnen Seiten.

B

Die Zahlen bezeichnen Seiten.

Die Zahlen bezeichnen Seiten.

Die Zahlen bezeichnen Seiten.

I

J

Die Zahlen bezeichnen Seiten.

Die Zahlen bezeichnen Seiten.

N

Die Zahlen bezeichnen Seiten.

Die Zahlen bezeichnen Seiten.

U

W

Die Zahlen bezeichnen Seiten.